欧州統合と社会経済イノベーション

地域を基礎にした政策の進化

編著 八木紀一郎
Yagi Kiichiro

清水耕一
Shimizu Koichi

徳丸宜穂
Tokumaru Norio

日本経済評論社

目　次

序章　市場統合の補償から「新しい成長」の手段へ
　　　　………………………………………………八木紀一郎・清水耕一　1
　補論1　第5期多年度財政枠組（MFF2014-2020）の概要　15
　補論2　イギリスのEU離脱問題と結束政策　27

第1部　社会経済イノベーション戦略と地域政策

第1章　「欧州2020」戦略とその地域政策をめぐって………長尾伸一　37
　1　はじめに　37
　2　リスボン戦略と小国モデル　39
　　2.1　リスボン戦略における「市場」と「社会」　39
　　2.2　リスボン戦略の中間評価と批判　42
　　2.3　「ヨーロッパ・モデル」と小国の成功例　45
　3　エコロジー的構造転換のEU社会経済発展戦略への組み込みと
　　　その結果　51
　　3.1　エコロジー的構造転換とそのガバナンス　51
　　3.2　「欧州2020」の目標と実績　57
　　3.3　EU社会経済発展戦略の展望　63
　4　市場統合、構造転換と地域　66
　　4.1　地域政策　66
　　4.2　「欧州2020」とEUにおける政策調整メカニズム　68
　　4.3　スマート・スペシャリゼーション戦略の策定　71
　　4.4　スマート・スペシャリゼーション戦略の意味と展望　77
　5　結論　80

第2章　危機の中の欧州政治と地域政策の変容
　　　　──マルチレベル・ガバナンスの再構成………………………住沢博紀　89
　1　ポスト・デモクラシーとポスト・ナショナルの視点　89
　　1.1　財政・ユーロ危機から EU 統合・社会危機へ　89
　　1.2　イギリス離脱国民投票後の EU 改革の動き　91
　　1.3　ポスト・デモクラシーとポスト・ナショナルを含む4つの
　　　　マトリクス　94
　2　リスボン条約前後の EU の政治課題　99
　　2.1　EU 法（あるいは国際条約）・司法制度による決定　101
　　2.2　マルチレベル・ガバナンスの意義と限界　103
　3　包括的成長の政治的役割と地域政策　105
　4　EU 議会の政党配置と2014年欧州議会選挙　107
　5　EU 統合の複数路線化とマルチレベル・ガバナンスの再構成　116

第3章　EU 地域政策の進化と現状………………………………………清水耕一　127
　1　EU の結束政策　127
　2　1989〜2013年における結束政策　130
　　2.1　1989-1993年期　130
　　2.2　1994-1999年期　133
　　2.3　2000-2006年期　135
　　2.4　2007-2013年期　137
　3　欧州2020戦略のもとでの結束政策の新展開　141
　　3.1　欧州2020戦略と結束政策　141
　　3.2　2014-2020年結束政策のレギュレーション　147
　　3.3　「地域アジェンダ2020」とプレイス・ベイスト・
　　　　アプローチ（PBA）　153
　4　結びにかえて　157

第4章　欧州環境・エネルギー政策の地域的次元…………八木紀一郎　165
　1　環境政策とエネルギー政策の統合　165
　2　欧州環境エネルギー政策における三位一体　170

3　野心的な将来ビジョン　173
　4　環境・エネルギー政策における地域的次元　176
　　4.1　分断された欧州　176
　　4.2　地域政策を場にした環境政策統合　180
　　4.3　ローカル・レベル　182
　5　（補足）2015年「エネルギー同盟」の政策パッケージ　183

第5章　移民・難民問題に反映した欧州の内外地域構造　八木紀一郎　189
　1　欧州統合の人的試練　189
　2　欧州難民危機とEU　190
　3　欧州拡大後EUの移民・難民政策　200
　4　移民の「社会的統合」　204
　5　地域の統合と人の統合　207

第2部　地域を基礎にした政策の進化

第6章　欧州地域間協力の歴史と新基軸　清水耕一　217
　1　共同体イニシアチブInterregから欧州地域間協力へ　217
　2　欧州地域間協力（Interreg）の進化　219
　　2.1　Interreg I：1990-1993年　221
　　2.2　Interreg II：1994-1999年　223
　　2.3　Interreg III：2000-2006年　226
　　2.4　Interreg IV：（「欧州地域間協力」）：2007-2013年　231
　3　Interreg VとEGTCの可能性　235
　　3.1　2014-2020年期 Interreg Vのレギュレーション　236
　　3.2　欧州地域間協力団体（EGTC）　241
　4　結びにかえて　254

第7章　EUのマクロリージョン戦略
　　　　──地域アーキテクチュアの視点から　田中　宏　263
　1　はじめに　263

 2　マクロリージョンとマクロリージョン戦略とは何か　265
  2.1　マクロリージョンの定義　265
  2.2　マクロリージョン戦略の特徴：機能性と弾力的な統合的枠組み　266
  2.3　従来型の地域協力との違い　267
  2.4　マクロリージョン戦略の発生と背景　268
 3　マクロリージョン戦略の分析方法をめぐって　271
  3.1　クロススケールガバナンスの検討　271
  3.2　地域政策のパラダイム転換：場所から積み上げるアプローチ　273
  3.3　EU ガバナンスとアーキテクチュアの転換　274
 4　地域統合、リージョナリズムと地域アーキテクチュア　275
  4.1　アーキテクチュアとは　275
  4.2　アーキテクチュアから見たリージョン：architecture of region　276
  4.3　地域的アーキテクチュア（regional architecture）との違い　277
  4.4　地域アーキテクチュアの6つの特質　279
  4.5　EGTC と地域アーキテクチュア　283
 5　EU ドナウ・マクロリージョン戦略　284
  5.1　ドナウ川・地域の歴史的特徴と統合上の特徴　284
  5.2　EU ドナウ・リージョン戦略とは何か　287
  5.3　EU ドナウ・リージョン戦略（EUSDR）の現状　293
  5.4　欧州委員会による EUSDR の2年間の総括と欧州議会の MRS の総括　294
 6　結論　295

第8章　ドイツのハルツ改革の特徴と EU 諸国　　保住敏彦　305

 1　はじめに　305
 2　ハルツ改革の成立事情　307
 3　ハルツ改革の内容とその特徴　309
 4　ハルツ改革の影響　317
 5　労働市場政策の進化としてのハルツ改革に対する評価　319
 6　ハルツ改革と EU への参加の影響　322

第9章　EUの社会保障・労働政策とユーロ危機
　　　　──イタリアの事例を中心に ………………………… 平野泰朗　327

1　問題の所在：ユーロ危機、社会保障、雇用　327
　1.1　EUにおける社会保障　327
　1.2　ユーロ危機の影響　328
　1.3　ユーロ危機の中の雇用と社会保障改革　329
2　年金改革のマクロ経済的分析　330
3　危機へのイタリア政府の対応　331
4　緊縮政策と年金改革　335
5　労働政策　336
　5.1　EUの新自由主義的な賃金政策　336
　5.2　イタリアの労働市場政策　339
6　おわりに：社会保障政策と労働政策　343

第10章　越境労働市場の発展：オーバーライン地域の挑戦
　　　　………………………………………………………… 土井康裕　347

1　はじめに　347
2　各地域の経済比較　350
　2.1　産業構造と生産性　352
　2.2　労働市場　355
3　越境労働市場の行政的な枠組みの変遷　357
　3.1　越境通勤の制度と移動人数の変遷　357
　3.2　行政機関の枠組み　361
4　越境労働市場の課題　364
5　ドイツ公共職業安定所による取り組み　367
　5.1　Serviceの開設とフランス労働市場への施策　367
　5.2　フライブルグ・ミュルーズ労働市場調査　369
6　結論　372

第11章　スペインにおける再生可能エネルギー政策と
　　　　電力システムのモデル ……………………… ユイス・バユス　377

1　はじめに　377
2　スペインの再生可能エネルギー政策　379
　2.1　EU の政策とスペインの政策　379
　2.2　スペインにおける RE 政策の結果　382
　2.3　「電力財政赤字」問題　386
3　自治州レベルの再生可能エネルギー政策　387
　3.1　カスティリア・イ・レオン自治州における風力発電政策とその結果　387
　3.2　カタルーニャ自治州における風力発電政策とその結果　388
4　カタルーニャ自治州における「地域社会優先モデル」の取り組み　390
　4.1　劦同組合「ソム・アナルジア」（Som Energia）の事例　391
　4.2　オルディス村の事例　392
5　結論　394

第12章　EU・フィンランドにおけるイノベーション政策の新展開
　　　　──「進化プロセス・ガバナンス」型政策の出現とその可能性
　　　　………………………………………………………………… 德丸宜穂　399

1　はじめに　399
2　需要・ユーザ主導型イノベーション政策　401
3　EU のイノベーション政策とその転換　402
　3.1　2000年代における変容：DUI 政策の強調　402
　3.2　「イノベーションの公共調達」政策と制度改革　405
4　フィンランドのイノベーション政策とその転換　407
　4.1　フィンランドのイノベーションシステム　407
　4.2　フィンランドにおける政策転換　408
　4.3　新たな政策議論と PPI 政策　411
5　事例研究：「イノベーションの公共調達」（PPI）の実施体制・実施プロセス　412
　5.1　政策実施に関与する公的・準公的機関の組織と行動　412
　5.2　ナーンタリ市におけるパッシブハウス公共調達の事例　416
　5.3　政策のインパクト　420

6　考察：「進化プロセス・ガバナンス」型政策の誕生とその含意　423
　　6.1　「進化プロセス・ガバナンス」型政策　423
　　6.2　社会制度的条件の影響　425
　　6.3　EUイノベーション政策の＜地域化＞への含意　426
　7　結語　427

第13章　地域を基礎においた社会的・経済的イノベーション
　　　　──ソーシャル・イノベーションとスマート・スペシャリゼーション
　　　　　　‥‥‥‥‥‥‥‥‥‥‥‥‥‥‥‥‥‥‥‥‥‥‥‥‥‥‥ 八木紀一郎　435

　1　イノベーション政策の領域拡大　435
　2　ソーシャル・イノベーション　438
　3　スマート・スペシャリゼーション　443
　　3.1　「成長のための知識」グループとドミニク・フォレイ　445
　4　EU地域政策への採用　448
　5　「新自由主義」的市場統合に対応する「埋め込み」？　452
　補　地域政策へのスマート・スペシャリゼーションの導入の実際；
　　　ポーランドの場合　454

あとがき　463
索　引　465
執筆者紹介　471

欧州統合と社会経済イノベーション

地域を基礎にした政策の進化

序章
市場統合の補償から「新しい成長」の手段へ[1]

八木紀一郎
清水耕一

　21世紀初頭、欧州連合（以下EU）は、共通通貨ユーロを実現しただけでなく、旧東欧諸国の加盟を受け入れ、地理的拡大とともに統合の深化が誇らかに語られていた。EU内周辺諸国の高成長は中心諸国の経済にも好影響を与え、統合欧州の課題は知識基盤型経済の確立によって北米・東アジア諸国に負けない競争力をつけることだとされていた。しかし、このバラ色の展望は2008年の世界金融恐慌とともに暗転した。

　欧州の金融機関が軒並み弱体化しただけでなく、財政の健全性に疑いがもたれた諸国の国債が信用を失い、ギリシャ、アイルランド、ポルトガルと救援を必要とする諸国が次々に現れた。財政調整の制度のないEUでは、救援は自動的には行われず、あくまでそれぞれの国ごとの財政再建が基本である。そのため救援の条件として財政緊縮を要求された諸国はしばしば政権交代を余儀なくされ、EUへの不満が高まった。他方、救援する欧州中央銀行などを支える側の国でも次から次へと続く負担に対する国民の不満が噴出した。EUは財政主権を有する独立国の経済的連合という制度的特性からして、はじめから想定されていない事態に直面した。

　それだけでなく、経済危機のなかで失業が増加した英仏などの先進国においても、移民排斥の風潮にのって反EUのナショナリズムが強まり、欧州議会でも無視できない勢力となった。2015年には、百万人近いシリア等の難民がトルコ、ギリシャからハンガリーをへて欧州中心部をめざすという異常事態が発生し、EUがそれまで形成してきた共通難民政策を混乱に陥れた。ド

イツやスウェーデンのような難民受け入れに積極的な国においても、若い難民移民の不行跡が世論を悪化させた。域内自由通行を実現していたシェンゲン領域の外部国境では難民流入を阻止するフェンスが構築され、域内国境でも検問が再導入された。そのなかで、パリ、ブリュッセルでの連続テロ事件が欧州で育った移民2世によって引き起こされたことは、すでに欧州内に居住している移民に対しても猜疑心を高めるものであった。

　もともとEUの規制を嫌う意識が強かったイギリスでは、EU残留・離脱の国民投票の実施を公約としていた保守党が政権についた。首相キャメロンはEUから一定の妥協を引き出したうえで国民投票に臨んだが、2016年6月23日に行われた投票では、離脱支持が51.9パーセントを占め、残留支持を僅差で上回った。国民投票を大衆の不満のガス抜きとして利用しようとした思惑が外れ、英国の自由を侵害する外部のエリート組織というEU像が雪だるまのように膨らんだ結果である。EU離脱後のEUとイギリスとの関係がどうなるか、また、他のEU諸国でこの英国民の意思表示がどのような連鎖反応を引き起こすかは、本稿の執筆時点ではまだ不明である。欧州統合の歴史的プロジェクトが、その開始以来最大の試練に直面しており、これまでの「拡大・深化」路線からの何らかの転進が必要とされていることは確実であると思われる。

　しかし、欧州統合の現実を客観的に判断するには、経済・社会危機や政治的対立の側面のみならず、繰り返し現れる対立、あるいは潜在的な対立のなかから妥協を成立させてきたEUの現実的な姿をも視野に入れなければならない。いったん妥協が成立すると、それは対立者どうしを結びつけるカスガイになった。代表的な例が共通農業政策（Common Agricultural Policy：CAP）と、しばしば結束政策（cohesion policy）[2]とも呼ばれる欧州地域政策である。本研究では、農業という特定産業とその従事者の利害から完全には脱しきれないCAPではなく、地域という政策統合の場を有するこの分野の新しい動向に焦点をあてている。それは市場統合の代償として各国利害の妥協から生まれたこの政策が、地域間格差の是正を目的とした再分配政策

（辻 2003）という性格を維持しながらも、EU 資金の援助による地域開発を EU の基本政策によって方向づけるとともに、地域を基礎とした成長という新しい視点から展開されつつあることに注目するからである。

　実際、2008〜2013年の経済金融危機が EU の経済ガバナンスに根本的な変化を引き起こすとともに、EU の結束政策も再編されることになった（Berkowitz et al. 2015）。2000-2013年期の結束政策は、主として低開発地域の開発と産業衰退地域の構造転換という優先目標の対象となる加盟国の実施プログラムに対する構造基金および結束基金による資金援助が中心であった。それはリスボン戦略（成長・雇用・イノベーション）およびヨーテボリ戦略（持続的成長）という EU の基本戦略に焦点を絞った政策展開および資金援助にはなっていなかった。ところが経済金融危機の深化とともに、EU は経済ガバナンス面において、ユーロピアン・セメスター、財政規律の強化・監視、マクロ経済不均衡是正手続き、金融部門に対する EU レベルでの監視を実施するようになった（cf. 田中 2013；伊藤 2014）。特にユーロピアン・セメスターでは、欧州委員会が公表する年次成長サーベイとアラート・メカニズム・レポート（加盟国のマクロ経済不均衡の実態調査）を出発点として閣僚理事会や欧州議会における検討や各国（改革計画と安定計画あるいは収斂計画を提出）との調整を経て「加盟国に対する経済・財政政策提言」がなされ、各国はこの提言に従って構造改革を進めることを要求されるようになった。それと同時に、結束政策についても、予算配分をマクロ経済ガバナンスに従わせるマクロ経済コンディショナリティーが導入され、結束政策の各国の実施プログラムは EU の成長戦略とその優先目標の達成のために貢献することが求められるようになった（Berkowitz et al. 2015）。

　すなわち、2010年6月に欧州理事会によって採択された2014-2020年期の成長戦略「欧州2020」は 2 S 1 I（「知的な成長 smart growth」「持続可能な成長 sustainable growth」「社会的包摂を進める成長 inclusive growth」[3]）を「優先事項」とするとともに、①20-64歳人口の就業率を少なくとも75パーセントに引き上げる、②研究・開発に対 GDP 比3パーセントを投資する、③温

室効果ガス排出を対1990年比で少なくとも20パーセント（条件が整えば30パーセント）削減し、またエネルギー効率を20パーセント高める、④中等教育の中退率を10パーセントまで引き下げ、30-34歳年齢層中の高等教育および専門職業教育修了者の比率を少なくとも40パーセントに高める、⑤貧困ライン以下で生活している人々を25パーセント削減して、2千万人以上を貧困と排除から救出する、という5つの主要目標をかかげている（COM（2010）2020 final）。結束政策はこの「欧州2020」戦略の展開のために、CAPの一部、科学技術政策、環境政策、社会政策と融合しながら上記諸目標の実現のために貢献することが求められるようになったのである。

　2015年時点においてEU経済は緩やかな回復局面にあり、2016年以降は景気回復が加速すると予測されている（COM（2015）690 final）。しかし、ギリシャ危機は持続し、クロアチア、キプロス、フランス、ポルトガル、ブルガリア、イタリアも過度のマクロ経済不均衡を解消しえていないように（アラート・メカニズム・レポート2016[4]）、「欧州2020」の5つの主要目標も達成困難な状態にある。とはいえ、「欧州2020」戦略の具体的テーマである「成長と雇用」（2S1I）の促進は、ユーロピアン・セメスターに従った加盟国政府の改革計画による経済社会政策のみではなく、地域・地方レベルにおいて地域アクターが進める経済社会開発にも負っている。したがってEUが財政金融危機をどのように解決するのか（あるいは解決しえないのか）という問題、さらには移民問題の動向はEUの将来を考えるうえで重要なテーマであることに変わりはなく、こうした問題の重要性は否定しえないが、本書では一般に（とくに日本では）関心の薄いEUの地域政策[5]に焦点を当て、その実態と方向性を紹介することにしたい。このような地域政策を紹介する意義は、以下にあると考える。

　第1に、地域政策はEUが独自の中期予算計画（多年度財政枠組：MFF―補論1参照）のもとに日常的に展開している政策であることによる。地域政策が「結束政策」と表現されるように、加盟国間の資金再分配を伴って実施されるこの政策が、欧州各国（特に受益国・受益地域・受益者）を

EUに結び付ける役割を果たしているからである。新しいMFFの策定が近づくごとに、利害対立する加盟国間の調整[6]や、加盟国政府と欧州委員会・欧州議会などの数年にわたる交渉が行われて最終案が決定される。いったん決定されれば、MFF期間[7]のあいだはMFFに従って欧州の名前が冠された活動が持続する。それは金融・市場統合・外交等の領域外におけるEUの独自の活動であって、いわば現場レベルのEUの存在理由である。

第2に、2014-2020年期の地域政策について、EUはこの政策領域とそれに従来向けられていた政策資金（構造基金）をその野心的な成長戦略「欧州2020」を実現するための手段として再編成したが、それは現在の日本で成長戦略や地域振興政策を考える際にも参考になる。結束政策の資金（構造基金と結束基金）は、受取自治体が自由に使える日本の地方交付税交付金と異なって、使途に一定の制約がある。すなわち、結束政策の優先目標をサブナショナルな地域・地方において展開するために欧州委員会と加盟国間がパートナーシップ契約[8]を結び、その枠内で加盟国内の結束政策実施プログラムが策定され、欧州委員会に承認されてはじめて交付される。この実施プログラムは、EUの基本政策によって方向づけられているとはいえ、加盟国およびサブナショナルな地域・地方のイニシアチブによって策定されるものである。ただし、EUの結束政策は補完性原則（決定は可能な限り市民に近いところで行い、EUや国は地域圏・地方ができないことを行う）とアディショナリティー原則（資金をEUと加盟国が共に負担するマッチング・ファンド）に従って、加盟国・地域・地方のイニシアチブを資金面でサポートするという方針をとっている。しかも、配分された各種の構造基金は地域において統合して使用できるように変更されている。このようなEUの地域政策の仕組みは、日本の地域政策を見直し、地方自治や分権化の将来を考える上で参考になると思われる。

第3に、前記事項と重なるが、2014-2020年期の地域政策は、加盟国の国家主権を残しながらも、サブナショナルな次元の地域圏・地方自治体および地域市民社会を活性化して、地域を基礎にした政策展開（place-based approach）を図るなど、以下のような注目すべき制度的・政策的なイノベーションを含んでいる。

① 国家を超えた地域的連携という政策的イノベーションである共同体イニシアチブプログラム Interreg（1990年に開始）の展開とともに地域圏・地方自治体、ローカル市民社会から地域のイニシアチブを生かした重層的な決定構造が出現している。かつては国家が対外関係（外交）・対内関係（内務行政・地方自治）を取り仕切る専権的単位であったが、超国家組織としての EU と下位地域が結びつくことによって、国家は中間的な、またしばしば地域と並列的に扱われる調整単位に相対化され

図0-1　マルチレベル・ガバナンスのイメージ

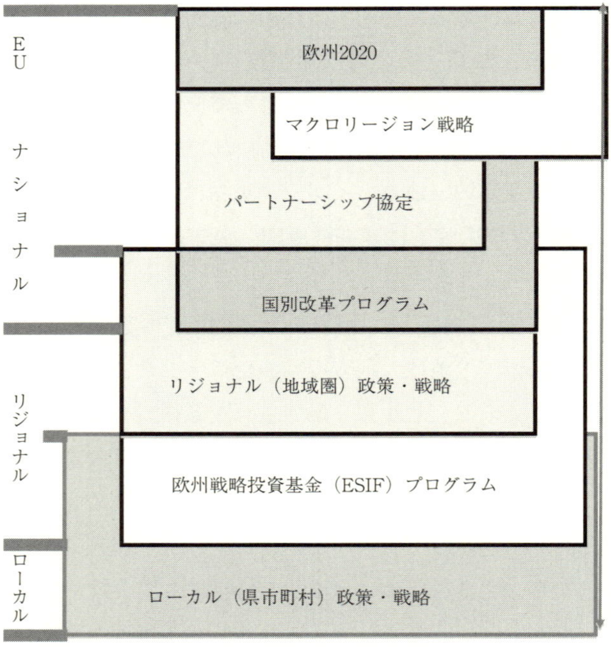

EU	ナショナル	リジョナル	ローカル
欧州2020			
マクロリージョン戦略			
パートナーシップ協定			
国別改革プログラム			
リジョナル（地域圏）政策・戦略			
欧州戦略投資基金（ESIF）プログラム			
ローカル（県市町村）政策・戦略			

出所）DG for Regional and Urban Policy（2015）

た。これはマルチレベル・ガバナンスと呼ばれる。図 0-1 のマルチレベル・ガバナンス構造はスウェーデンの例であるが、EU（欧州委員会）、加盟国政府（国家）、サブナショナルな地域・地方の関係は加盟国ごとに中央集権化−分権化の程度が異なり、そのためにマルチレベル・ガバナンスの構造は多様である。例えば中央集権的なイギリスの場合、国家が対 EU のゲートキーパーという役割を演じるために、EU−国家−地域・地方は垂直的な階層に従ってガバナンスされ、中央政府によって地域・地方のイニシアチブが抑制されていた。これに対して分権化の進んだベルギーや再統一後のドイツのような連邦国家の場合、EU−国家−地域・地方関係はいわば三角関係になり、ベルギーのように国家が EU と地域・地方の間の連絡役程度の役割を果たすにすぎなくなったり、あるいは旧東ドイツ諸州のように地域・地方が国家を介さずに直接に EU と結びついたりするケースも認められている（清水 2010）。マルチレベル・ガバナンスは特定のガバナンス構造を意味するわけではないが、EU はこの名称の下にサブナショナルな地域・地方の自治体・公的機関・市民団体・NGO のイニシアチブによる地域開発ガバナンスを期待し、また発展させてきている。

② 結束政策によって進められる地域開発は雇用・中小企業・競争力政策、環境・エネルギー政策等の政策を統合する場になっている。それは、住民の生活に近い地域レベルで展開される施策として教育研修・福祉・社会的包摂等を含むように、社会的性格をもたざるをえない。社会的弱者の能力向上・経済参加を促進する包摂的成長の領域では、政府（官）と営利企業（民）の二元論を超えて、行政・企業・住民間の協働や、NPO やボランティア、ソーシャル・ビジネス、住民主体の居住改善などの社会的協働の活動分野が広がっている。これらの協働活動においては、ICT の普及やその効果的利用が有益なことが多い。EU は研究・イノベーション政策、労働・社会政策、地域政策等で、政府の行政的活動と市場的な営利活動に属さない、これらの社会的活動におけるイ

ノベーションを「ソーシャル・イノベーション（social innovation）」と呼び、発展させるべき重点課題としている。さらに、地域の競争力を高める政策においても、地域の大学や研究機関、住民、企業等の発見と学習のプロセスのなかで焦点領域を発見して、総花的ではない特化型の集積を作り出すという「スマート・スペシャリゼーション（smart specialization）」のコンセプトが採用され、「ホライゾン2020」の研究・イノベーション政策と地域競争力強化政策を結合することが目指されている。科学技術・イノベーション政策と地域政策が２ＳＩＩの社会経済発展戦略の下に統合されるなかでは多くの革新的なアイデアとアプローチが必要とされるのである。

　以上のようなEUの地域政策は、それが単に生産要素の円滑な移動を妨げるだけにとどまるならば、市場統合によって経済的な効率を高めようとする欧州統合の基本目的に背反する政策であるように見える。しかし、欧州全体を見るなら、そこには市場統合の恩恵にあずかることの少ない地域が多く含まれ、大きな地域間経済格差とともに物的・人的・自然資源の過少雇用という不効率が存在する。それゆえにEUは市場統合に対する補償あるいは再分配政策として「結束」という言葉のもとに共通地域政策を誕生させた。2014-2020年期の最新の結束政策では、単なる再分配政策による地域間格差の是正から、欧州の基本的成長戦略との積極的結合に舵が切られ、地域の必要と潜在力にもとづく積極的な地域開発戦略を支援するものとして構想されている[9]。しばしば市場原理主義者からその経済的な合理性に疑問が投げかけられてきた結束政策が、新しい成長戦略を掲げるEUに独自の資金と政策手段・可能性を与えるに至ったことは、いわば欧州統合のパラドクスの１つと言えるだろう。
　広域市場統合と競争促進による効率化という、それ自体としては新自由主義的な基調にたった欧州経済統合の歴史的大プロジェクトがどれだけの社会性および持続可能性を有したプロジェクトになりうるかというのが私たちの

関心事項であった。それらを両立可能にするためには、人々の協働能力を拡大するさまざまな技術イノベーションとともに、コンセプト、アプローチ、そしてビジョンにおけるイノベーションをも伴わなければならない。日本、そして米国以上に明確な将来ビジョンを打ち出している欧州から、社会経済イノベーションという視角において多くを学ぶことが出来ると私たちは考えている。

本書の概要

本書はその第1部において、21世紀に入って以降のEUの社会経済発展戦略と地域政策の結合について理解を深めるための5つの視角からの総論的な考察をおさめている。

最初の第1章は、EUの社会経済発展戦略の背後に1990年代以降の「エコロジー的近代化論」があり、それが知識基盤社会・知識基盤経済という構想（リスボン戦略）と結びついて「欧州2020」に発展してきたと論じる。近年の競争力強化政策は新自由主義基調の政策であるが、地域を基盤とした協働と結合することによって「社会的市場経済」を維持することが意図されている。知識経済学から生まれた「スマート・スペシャリゼーション」が画一的でない地域発展戦略として重視されているが、その成否はまだ明らかではない。

第2章は欧州政治論から欧州の統合進化の持続能力とその条件を考察する。領域拡大と経済危機のもとでも、これまでの保守中道派と社会民主主義という欧州統合の与党連合が欧州政治の中心を占める勢力配置はそれなりの安定性をみせていた。しかし欧州の秩序に挑戦するかのようなテロ事件の続発と急増したシリア難民の流入は反移民の風潮を強め、それに同調するポピュリズム政治の高揚をもたらした。2016年6月、欧州統合のプロジェクトはその最も脆弱であった一環（イギリスとの関係）でまず崩れた。この章では欧州議会や各国の国政選挙での各政治潮流の盛衰を確認しながら、欧州政治の再編を展望しつつ、EUが形成してきたマルチレベル・ガバナンスの将来

について検討する。高失業率が続く経済状況と競争的なデモクラシーのもとで地域を基礎にして欧州統合のプロジェクトを再出発させるためには、残留諸国においても超国家的なEU、加盟国政府、下位地域と市民社会、地域連合といった政策形成・実施における多元的な関係（マルチレベル・ガバナンス）を新しい状勢に応じて再構築しなければならない。

　EUの地域政策の具体的な制度・政策やその成果についての基礎知識は、域内市場の統合が完成し、EUの多年度財政枠組のなかに地域政策が定着して以降の地域政策の発展を説明する第3章で得られる。とくに21世紀に入って以降、「地域を基礎にしたアプローチ（place-based approach）」が重視され、地域政策と成長戦略との結合が深まり、現在では地域政策の主要目標のなかに成長戦略の項目が取り入れられるだけでなく、スマート・スペシャリゼーションのように地域の競争力強化が目標とされている。

　第4章では、加盟国の経済安全保障にかかわるとして国家主権の厚い壁によって発展が妨げられていた欧州エネルギー政策が、地球温暖化というグローバル課題への対応という環境政策的関心と結びつくことでモメンタムを得て、ごく最近では「エネルギー同盟」の構想にまで浮上した経緯と背後の地域構造が論じられる。エネルギーの安全保障、広域市場統合による効率化、そして環境的な持続可能性が「三位一体」をなして環境・エネルギー政策として追求されているが、それは欧州全体のエネルギー流通を結びつけるインフラ構築と都市部・農村部における持続可能性を追求するローカルな活動に分かれている。

　第5章では、難民のEU域内への流入問題からはじめて、移民問題が欧州統合にどのようにかかわっているかを考察している。各国および欧州議会の選挙であらわれる政治スペクトルのなかで、反欧州が反移民と結びついているように、「欧州統合」の試練は、通貨・金融・財政面での「統合」の試練とともに、欧州域内・域外での人間の移動（移民）による「統合」の試練として現れている。この章では、2014-15年難民危機をそれ以前から構造的に存在している移民問題と結びつけてとらえ、欧州の地域構造と欧州先進国社

会の人口構造における統合と緊張の関連を論じている。

　各論を配した第2部では、その第6章と第7章で地域政策のイノベーションというべき、地域間協力プロジェクト（Interreg）の発展、とりわけクロスボーダー・コーオペレーションとマクロリージョンがとりあげられる。第6章は、欧州委員会が加盟国から独立して予算を執行できる「共同体イニシアチブ」に始まり、数次のInterregをへて「地域間協力」（Interreg V）へと発展し、現在ではEGTC（欧州地域間協力団体）の設立やコミュニティー主導地域開発（community-led local development）案などによって、マルチレベル・ガバナンスの強化がはかられている実情が説明される。第7章は、ドナウ流域地域やバルト海地域のような広域を対象としたマクロリージョンが、下部の地域間協力プロジェクトの支援・調整をドナウ流域の全体を視野に入れて行うという入れ子構造になっていることを指摘する。とくにドナウ流域地域のマクロリージョンは、かつてバルカンと呼ばれた不安定な地域に各国の国内政治に左右されない地域間協力を構築し、経済発展を促進する広域地域戦略なのである。

　次の3章は、欧州統合の社会保障政策・労働政策との関連を探求する。第8章は欧州において勝者とみなされるドイツの好パフォーマンスの背景を2000年代初頭の第2期シュレーダー政権の労働市場改革（ハルツ改革）から跡づける。労働市場政策を雇用保護型から積極的労働市場政策に転換させたこの改革は、共通通貨ユーロで結合された欧州広域市場のもとでドイツ産業の競争力を生み出したとされる。しかし、相対的な低失業率の実現は非正規労働者の増加と裏腹の関係にあり、手放しで高評価を与えるわけにはいかない。それに対して、第9章では、広域市場統合で弱者になったとみなされるイタリアでの社会保障制度改革がとりあげられている。イタリアではEUの露骨な政治的圧力のもとで、財政緊縮とともに年金などの社会保障制度改革が行われた。しかし、冷静に考察してみると、この改革の相当部分は、財政危機が表面化しない場合でも、広域市場のなかで必要な調整とみなされるものであった。商品市場の広域統合が実現しても労働市場の広域統合がそれに

追いつかない以上、強い国にも弱い国にも調整が課されるのである。第10章は、ドイツ・フランス・スイスの３国が隣接し、越境通勤労働市場が発展している上部ライン地域における労働市場の実態と労働市場政策を探求したものである。労働市場の統合は一気にすすむものではないが、この事例のように、周辺的な統合は各地で成立・進行している。したがって、とくにEU域内（シェンゲン領域内）の国境隣接地域では、それにともなう調整を組み入れた労働市場政策が必要になる事例がさらに出現するものと思われる。

第11章は環境・エネルギー政策の分野で、FIT制度の導入によって再生可能エネルギーの急速な普及を実現したが、その後FITを廃止したスペインにおける同エネルギー普及のあり方を国内の地域差に着目して分析する。その差異が、とくに風力発電の供給システムの違いによって左右されていると論じられる。第12章はEUのイノベーション政策、とりわけフィンランドで先駆的に行われている公共調達を組みこんだイノベーション政策をとりあげ、イノベーションの進化的なプロセスを地域社会に開かれたかたちでガバナンスしていくという方式が生まれてきていると論じる。これは研究・イノベーションの促進と地域のニーズ充足をむすびつける革新性をもったイノベーション・システムの１形態である。

最後の第13章では、新自由主義的な広域市場統合と両立する「結束政策」は、イノベーションと競争力を促進する政策にならざるをえないという観点のもとに、近年EUが追求しているソーシャル・イノベーションとスマート・スペシャリゼーションという２つのアプローチをとりあげる。前者は社会的ニーズに市場領域を超えて対応するイノベーションであり、後者は地域的特化による競争力強化を狙うものであるが、いずれも地域等の社会的領域を組み込んで学習と発見の過程を組織していくという共通性を有している。

本書は、以上の、序章をのぞくと13の章からなる構成をもって、欧州統合の危機の時代にも地域を基礎にした政策進化が進んでいることを示そうとするものである。

注

1) 本序章は八木（2016）の序論部分を一部利用している。
2) 欧州地域政策は欧州委員会（European Commission）のなかで地域総局（Directorate-General for Regional and Urban Policy）が所管するEUの政策分野の総称であるが、1992年のマーストリヒト条約に「経済的・社会的結束」（リスボン条約で「経済的・社会的・地域的結束 economic, social, and territorial cohesion」に発展）という目的が書き込まれて以来「結束政策 Cohesion Policy」とも呼ばれることが多い。
3) Inclusive growth を「社会的包摂を進める成長」とするのはもちろん意訳である。外務省は inclusive を「あまねく広がる」と意訳しているが、Inclusive growth が労働市場から排除されて貧困状態にある人々（失業者あるいは本人の意に反した過少雇用者・不安定雇用者）の雇用（労働市場への包摂）を促進する成長を意味するものであることから、「社会的包摂を進める成長」という意訳を選択した。なお、直訳の「包摂的成長」を採用している場合も、「社会的包摂を進める成長」の短縮版として理解していただきたい。
4) 欧州委員会の経済金融問題 Web site（http://ec.europa.eu/economy_finance/economic_governance/macroeconomic_imbalance_procedure/index_en.htm）による。
5) 例外は EU の地域政策について、その成立から21世紀初頭にいたるまでを総覧的に検討した辻（2003）である。本書執筆者の半数は、2002年から2006年のあいだに若森章孝関西大学教授（当時）を代表とする科研費補助金助成共同研究「国境を越える地域ガバナンス」に参加して以来欧州地域政策の研究を続けてきた。この共同研究の成果である若森・八木・清水・長尾編（2007）は、本書の先行篇として位置づけられよう。
6) 2014-2020年期の結束政策に関する2011-2013年の交渉においては、EU 予算への拠出よりも受け取りの多い受益国16カ国の「結束の友」グループと、受け取りよりも拠出の多い8カ国の「よりよい支出の友」グループが対立していた。前者のグループはブルガリア、クロアチア、キプロス、チェコ、エストニア、ギリシャ、ハンガリー、ラトビア、リトアニア、マルタ、ポーランド、ポルトガル、ルーマニア、スロバキア、スロベニア、スペインからなり、後者のグループはオーストリア、デンマーク、フィンランド、フランス、ドイツ、オランダ、スウェーデンおよびイギリスからなっていた（Berkowitz et al. 2015：14）。
7) 中期財政期間と訳されることもある。期間は5年以上とされているが、1992年の改革（ドロール・パッケージ II）によって予算期間は7年に定められた。ただし、同改革は第2期結束政策の期間を1993-1999年としたが、1993年は第1期結束政策の最終年であったことから経過措置として計画期間を1994-1999年の6年間とし、それ以降は2000-2006年、2007-2013年、そして最新の2014-2020年と7年間になっている。なお交付が約束された年度と実際にプログラムが動き出して支出された年度は異なり（2年間の遅延が許される）、またすべてのプログラムが予定通りに実施されるとも限らないので、約束（commitment）の数値よりも支払い（payment）の数値の方が少なくなるのが普通である。
8) このパートナーシップ原則は、もともとはフランスの国家・地域圏間契約をモデルとして EU の政策に導入されたものである（清水 2010）。
9) 福原・中村・柳原編（2015）は、社会政策の領域における同様の転換を「アクティベ

ーション」による「社会的包摂」として把握している。

参照文献

伊藤さゆり（2014）「財政危機を教訓とするユーロ圏の新たなガバナンス―成果と課題―」『ファイナンシャル・レビュー』（財務省財務総合政策研究所）平成26年第4号、172-199。

清水耕一（2010）「地域は国境を超えるか―EUにおける越境地域間協力とそのガバナンス―」、清水耕一編著『地域統合　ヨーロッパの経験と東アジア』大学教育出版、24-57。

田中友義（2013）「EUの経済ガバナンスの再構築と欧州統合の行方」『駿河台経済論集』第22巻第2号、1-26。

辻吾一（2003）『EUの地域政策』世界思想社。

福原宏幸、中村健吾、柳原剛司編（2015）『ユーロ危機と欧州福祉レジームの変容』明石書店。

八木紀一郎（2016）「地域政策の新しい役割と欧州統合」『摂南経済研究』第6巻第1・2号、86-116。

若森章孝・八木紀一郎・清水耕一・長尾伸一編（2007）『EU経済統合の地域的次元』ミネルヴァ書房。

Berkowitz, P., Von Breska, E., Pieńkowski, J., and Rubianes, A. C. (2015) "The Impact of the Economic and Financial Crisis on the Reform of the Cohesion Policy 2008-2013", Working Paper (WP03/2015) DG of Regional and Urban Policy, European Commission.

DG for Regional and Urban Policy (2015), "Local and Regional Partners Contributing to Europe 2020: Multi-level governance in support of Europe 2020", *Spatial Foresight*, April 2015, European Commission.

COM (2010) 2020 final, "Europe 2020: A Strategy for smart, sustainable and inclusive growth", Communication from the Commission, European Commission.

COM (2015) 690 final, "Annual Growth Survey 2016: Strengthening the recovery and fostering convergence", Communication from the Commission, European Commission.

補論1　第5期多年度財政枠組（MFF2014-2020）の概要

本書が公刊される時点で進行中のEUの第5期中期財政計画（2014-2020年多年度財政枠組）の内容についての知識は、本書の多くの章の論点を理解するために有益であると考えられる。序章の補論として、中期財政計画をめぐる加盟国間の対立とそれを踏まえて生まれた今期MFFの概要についてあらかじめ紹介しておきたい。

多年度財政枠組（MFF）の成立経緯と利害対立

EUの予算は1988年の欧州委員会（ドロール委員会）による財政改革（ドロール・パッケージⅠ）によって、単年度予算から多年度財政枠組をシーリングとした年度別予算編成に変更された[1]。この財政改革は、一方で共通農業政策（CAP）を原因とした欧州共同体の財政危機を解決するとともに、構造基金による結束政策の新たな展開に道を開くものであった。

CAP予算は価格保証の対象とされた農産物の過剰生産によって共同体予算の70パーセントを占めるにいたっていた。それに新加盟国のギリシャ、ポルトガルおよびスペインへの財政支援の必要が加わり、共同体の予算が倍増し、歳入不足によって欧州共同体は財政危機に瀕していた。他方で、1979年に初めて直接普通選挙で選ばれた欧州議会が予算編成に対する発言力を強め、欧州議会と欧州委員会および閣僚理事会との間で予算を巡る議論が紛糾し、年度予算の決定が数カ月も遅れるといった制度上の危機が発生した。

ドロール委員会はこの財政をめぐる危機を解決するために、歳入面では3つの自主財源、すなわち伝統的独自2財源（輸入関税と農業課徴金・砂糖課税）と加盟国の付加価値税の一定割合（1パーセントを1.4パーセントに増加）に加えて、新たに加盟国のGNPを基礎とした拠出金を予備財源として導入し、共同体の歳入を加盟国全体のGNP比で1988年の1.15パーセントから1992年の1.20パーセントにまで増加させた。予算策定面では、5年間（1988-1992年）に渡る多年度財政パースペクティブを導入し、毎年の予算は

この財政枠組に示された予算編成項目と年度予算の枠内で交渉され、決定されるようになった（ドロール・パッケージ I）。歳出面では、CAP による農業支援額を抑制するとともに、他方では構造政策を強化し、欧州地域開発基金（ERDF）、欧州社会基金（ESF）、欧州農業指導・補償基金（EAGGF）を構造基金として位置づけ、予算も歳出額の17.2パーセントから27パーセントに増額した（Szemlér 2006）。

ドロール・パッケージ II は1989年以降の東欧社会主義の崩壊、1990年代の景気後退、1993年の欧州連合の誕生を背景に、ドロール・パッケージ I をさらに発展させるものであった。この第 2 期パッケージは1992年 2 月に提案され同年 6 月の修正案を経て12月11-12日のバーミンガム欧州理事会において承認されたが、これに批判的な欧州議会との間の調整に 1 年を要し、最終的に成立したのは1993年12月29日であった（Szemlér 2006）。ドロール・パッケージ II は、歳出面では、1992年の CAP 改革（生産物価格保証から生産者の所得保証へ移行）を受けた CAP 予算の抑制とともに、構造基金の倍増、経済通貨同盟の準備期間中における低開発諸国（ギリシャ、アイルランド、ポルトガル、スペイン）のインフラ整備のための結束基金（Cohesion Fund）の創設を行い、多年度財政枠組の期間を 7 年間に定めた。ただし、ドロール・パッケージ II の欧州議会による最終的な承認が1993年12月末にずれこんだため、第 2 期の多年度財政枠組は当初予定された1993-1999年ではなく1994-1999年の 6 年間になった。第 3 期以降のそれはドロール・パッケージ II に従って2000-2006年、2007-2013年、そして2014-2020年と 7 年間に定められている（Szemlér 2006）[2]。

以上に見たように、ドロール・パッケージが導入した多年度財政枠組は年々の予算編成を巡る欧州委員会、理事会および欧州議会との間での交渉をスムーズにしたが、しかし逆にドロール・パッケージ II がバーミンガムでの欧州理事会で承認されてから議会で承認されるまでに 1 年もの時間を要したように、多年度財政枠組に関する準備および交渉が加盟国間の利害対立から長期化するようになった。

たとえば、第4期（2007-2013年）の結束政策の策定の場合、地域総局の担当コミッショナーのミシェル・バルニエは早くも2001年に、地域政策が拡大欧州の経済的・社会的・領域的結束に貢献することを力説した第2次結束政策報告書を用いて、次期 MFF の予算について加盟国総 GNP の最低でも0.45パーセントを確保して地域政策を強化することを訴えた。しかし、2003年には地域政策の拡大を抑えようとする動きが出てくる。同年7月に公開された「サピア・レポート」が地域政策（と共通農業政策）に厳しい評価を与え、大幅な改革を要求した3）。この共通農業政策のカットと地域政策を全面的に整理する提案はコミッショナーの猛烈な反発を受けて門前払いにされたが、成長効果を基準として大胆に政策評価を行ったレポートは後々の政策形成に水面下で影響を及ぼした。

　さらに、2003年12月15日には、イギリス、フランス、ドイツ、オランダ、スウェーデン、オーストリアの6カ国首脳が連名書簡で次期 MFF における EU の支出平均が総 GNI の1パーセントを超さないようにと要求した。2004～2006年には、欧州委員会が総予算枠を総 GNI 比1.24パーセント、結束政策予算を総 GDP 比で0.45パーセントという案を提出し、スペイン、ポルトガル、ギリシャ、ベルギー、およびほとんどの新規加盟国の支持を得たが、それに対して先の連名書簡に加わった6カ国が1パーセント上限を掲げてたちはだかった。しかしこの6カ国グループも一致した行動をとらなかった。EU の盟主を自任するフランスは欧州規模の地域政策の存続に好意的であったし、支出の限定・効率化を要求したドイツは構造基金からの補助を望む旧東ドイツ諸州政府との軋轢に悩まされた。中間的な立場をとったフィンランド、イタリア、アイルランドは対 GNI 比1.1から1.4パーセントを示唆した。延々と続く交渉の結果、修正や減額が加えられて最後には中間派の主張に近い1.12パーセントに落ちついた4）。

　EU 予算からの受取よりも拠出の多い純拠出国グループと EU 予算への拠出よりも受取の多い純受取国グループの対立構造は2014-2020年期の結束政策の策定過程においても繰り返され、2011-2013年には純受益国16カ国から

なる「結束の友」グループと、純拠出国 8 カ国からなる「よりよい支出の友」グループが対立した[5]。「よりよい支出の友」グループは、「構造基金・結束基金はユーロ圏の経済成長と競争力を促進する改革を支えるように使用すべきである。結束基金に導入されているマクロ経済コンディショナリティーは構造基金にも適用されるべきである」（サルコジとメルケルの連名のファンロイパイ欧州理事会議長宛の書簡）と要求した。これに対して、マクロ経済コンディショナリティーに懐疑的な「結束の友」グループは、それが MFF の支払予算（budget for payments）に直接およぶことに反対し、またその加盟国への適用において公平さが維持されなければならないと主張した。この対立のため、MFF の決定のための2012年11月の加盟国首脳会議は失敗におわった。その後、欧州理事会の委任のもとで欧州委員会が検討と調整を重ね、翌年 2 月の第 2 回目の加盟国首脳会議でようやく合意が成立した（Berkowitz et al. 2015：14）。

第 5 期多年度財政枠組（2014-2020年 MFF）

その後の手続きも経て、第 5 期 MFF（2014-2020年）が成立したのは、予算開始年度直前の2013年の11月19日であった。それが表 0 - 1 である。

過去の地域政策との関連でいえば、1 の「知的で包摂的な成長」が結束政策と呼ばれた地域政策にかかわる分野で、そのうちの1a が今期重視されている成長戦略に向けられた予算枠、1b が従来の結束政策の予算枠である。それに対して 2 の「持続的成長：自然資源」は、共通農業政策（CAP）の新バージョンである。この 3 分野について、初年度2014年の枠組予算と支出実績の数字[6]をみながらその詳細をみてみよう。

まず、2014年度の枠組予算と支出実績の全体を示したものが表 0 - 2 であるが、現行価格であるので、表0-1よりも金額が大きくなっている。支出実績総額は枠組予算総額ぎりぎりにまで達しているが、今期の枠組みの目玉として位置づけられている項目1a の支出実績の割合が枠組配分における割合を下回り、それと反対に1b の支出実績の割合が枠組み予算の割合を上回っ

表0-1 2014-2020年多年度財政枠組（MFF）

	2014	2015	2016	2017	2018	2019	2020	2014-2020	割合
1. 知的で包摂的な成長									
1a. 成長と雇用のための競争力	15,605	16,321	16,726	17,693	18,490	19,700	21,079	125,614	13.1%
1b. 経済的・社会的・地域的結束	44,678	45,404	46,045	46,545	47,038	47,514	47,925	325,149	33.9%
2. 持続的成長：自然資源	55,883	55,060	54,261	53,448	52,466	51,503	50,558	373,179	38.9%
3. 治安と市民権	2,053	2,075	2,154	2,232	2,312	2,391	2,469	15,686	1.6%
4. グローバル欧州	7,854	8,083	8,281	8,375	8,553	8,764	8,794	58,704	6.1%
5. 行政管理費	8,218	8,385	8,589	8,807	9,007	9,206	9,417	61,629	6.4%
6. 補償	27	0	0	0	0	0	0	27	0.0%
合計	134,318	135,328	136,056	137,100	137,866	139,078	140,242	959,988	100%
EU28カ国GNI比	1.03%	1.02%	1.00%	1.00%	0.99%	0.98%	0.98%	1.00%	
（参）支払い予算合計	128,030	131,095	131,046	126,777	129,778	130,893	130,781	908,400	
（参）支払い予算対GNI比	0.98%	0.98%	0.97%	0.92%	0.93%	0.93%	0.91%	0.95%	

条件付き支払い保証予算、2011年価格、単位：百万ユーロ

出所）European Commission (2013)

表0-2　2014年度の費目配分と支出実績

項目	枠組配分	割合	支出実績	割合
1．知的で包摂的な成長	63,973	44.90%	67,683	47.50%
1a．成長と雇用のための競争力	16,560	11.60%	13,331	9.36%
1b．経済的・社会的・地域的結束	47,413	33.30%	54,352	38.14%
2．持続的成長：自然資源	59,303	41.60%	56,585	39.71%
うち市場関連支出と直接払い	44,130	31.00%	44,288	31.08%
3．治安と市民権	2,179	1.50%	1,711	1.20%
4．グローバル欧州	8,335	5.80%	7,206	5.06%
5．管理費	8,721	6.10%	8,819	6.19%
約束/支出合計額	142,540	100%	142,497	100%
EU28カ国 GNI 比	1.03%		1.03%	

（現行価格、単位：百万ユーロ）

出所）European Commission（2013）および
http://ec.europa.eu/budget/library/biblio/documents/2014/Internet tables 2000-2014.xls による。

ている。以下でみるように、1a関係のプログラム、プロジェクトの一部の本格始動が遅れていること、また低開発諸国の景気下支えをも意図して収斂プログラムおよび結束基金プロジェクトに資金が回されたからであろう[7]。

　表0-3に示す1a分野は、第5期MFF予算の13パーセントが配分された最近の重点分野である。そのうち今期最大の眼目が「ホライゾン2020」と銘打たれた研究開発とイノベーション促進予算である。これは欧州研究評議会と連携して、全欧州的規模で研究と先端技術を用いた革新的なビジネスを促進し、イノベーションにおける産業的リーダーシップ、環境問題・安全問題・高齢化問題に対応する社会変革（ソーシャル・イノベーション）を促進し、それにより欧州に成長と雇用をもたらすことが意図されている。その他、教育の交流・協働を推進する「エラスムス＋」の予算もここに含まれる。さらに中小企業の競争力強化と、鉄道・高速道路、エネルギー配送・通信ネットワークに欧州全体で取り組む「欧州接続機構（CEF）」が費目として新設された。後者では、地理的分断を克服することによる欧州の競争力強

序　章　市場統合の補償から「新しい成長」の手段へ　21

表0-3　2014年 EU 予算　項目1a：成長と雇用のための競争力

約束分野	枠組予算		支出実績	
	額(百万ユーロ)	割合 (%)	額(百万ユーロ)	割合 (%)
大規模インフラ・プロジェクト	2,417.1	14.7	1,829.1	13.7
核安全および除去	130.4	0.8	164.6	1.2
ホライゾン2020（Horizon 2020）	9,330.9	56.6	7,414.8	55.6
企業・中小企業の競争力強化（COSME）	275.3	1.7	236.4	1.8
教育・訓練・青年・スポーツ（Erasmus +）	1,555.8	9.4	1,509.4	11.3
社会変革・イノベーション（PSCI）	122.8	0.7	83.7	0.9
税関・金融・不正対策	118.3	0.7	95.0	0.7
欧州接続機構（CEF）	1,976.2	12.0	831.0	6.2
その他のアクション・プログラム	161.3	1.0	対応不明	−
委員会専権のアクション	138.3	0.8	対応不明	−
パイロット・プロジェクトと準備段階アクション	18.6	0.1	18.4	0.1
分権化されたエージェンシー	238.5	1.4	249.3	1.9
計	16,484.0	100	13,331.3	100

出所）European Commission（2013）および
　　　http://ec.europa.eu/budget/library/biblio/documents/2014/Internet tables 2000-2014.xls　による。

化が意図されているが、実績支出からみると始動がやや遅れていた。

　表０-４の1b の枠組予算全体に占める割合は33.9パーセントで、これは共通農業政策（CAP）関連からなる項目２の38.9パーセントに次ぐ予算費目である（表０-１参照）。後進地域に対する１人当たり所得の EU 平均への収斂のための支出予算がそのうち49パーセントを占め、先進地域の競争力強化のための予算が15.6パーセントを占め、中間的な移行地域のためにも9.9パーセントの予算が与えられていた。さらに１人当たり所得が EU 平均の90パーセント以下の加盟国のインフラ整備のための支援金である「結束基金」が18.8パーセントあるので、それらを合わせると1b予算の４分の３近くを占めている。これらの項目では、域内低開発諸国の景気回復の下支えの意味もあって、2014年度には2013年度に引き続いて当初配分額以上に資金が回さ

表0-4　2014年 EU 予算　項目1b：経済的・社会的・地域的結束
（現行価格）

約束分野	枠組予算		支出実績	
	額(百万ユーロ)	割合(%)	額(百万ユーロ)	割合(%)
青年雇用イニシアチブ（トップ項目のみ）	1,804.1	3.8	34.3	0.1
地域収斂（後進地域）	23,264.1	49.0	30,747.4	56.6
移行地域	4,697.7	9.9	167.3	0.3
競争力（発展地域）	7,403.4	15.6	7,751.0	14.3
欧州地域間協力	505.7	1.1	1,686.6	3.1
結束基金（CF）	8,922.4	18.8	13,456.4	24.8
辺境・過疎地域	209.1	0.4	6.6	0.0
その他のアクション、プログラム	695.8	1.5	対応不可	-
計	47,502.3	100	54,351.6	100

出所）European Commission (2013) および
http://ec.europa.eu/budget/library/biblio/documents/2014/Internet tables 2000-2014.xls による。

れている。それ以外の項目では、青年雇用イニシアチブの支出が少ないが、この表に出ているのはトップ項目の数字だけであるので、この目的は組み合わせて追求されているものと思われる。過渡的地域と辺境・過疎地域が配分額よりも少なくなっているが、枠組表と支払実績表でこの項目の範囲区分が一致しているかどうかが不明である。さらに、欧州地域協力の支出実績が割当以上になっているが、この費目に関連するプログラムの多くは継続性を必要としている上、地域レベルも含めて加盟国の評価が高い結果であると思われる。

　なお、2014-2020年期の結束政策の基金（ESIF）利用について、5つの基金の併用と共通ルール化が行われている（本書第3章参照）、さらに対象国・対象地域についての変更と基金の実効性をあげるための事前コンディショナリティーが導入されている。

　結束基金の対象国は、1人当たり GDP が EU 平均の90パーセント以下に定められ、それに該当する14カ国（ギリシャ、ポルトガル、チェコ、エスト

ニア、ハンガリー、ラトビア、リトアニア、マルタ、ポーランド、スロバキア、スロベニア、ブルガリア、ルーマニア、クロアチア）以外でフェーズアウト援助を受ける移行地域の国は、2007-2013年期にフェーズアウト援助を受けていたスペインが被援助国ではなくなったことから、キプロスだけになった。

それと対照的にERDFとESFの支出にはEUの全領域を対象とすることが可能となったが、NUTS 2地域ごとに1人当たりGDPがEU平均の75パーセント未満（後進地域）、75パーセント以上90パーセント未満（移行地域）、そして90パーセント以上（先進地域）の3グループにわけられて、使途目的のミニマム割合が規定されることになった。図0-2にはこの3グループのNUTS 2地域を地図上に濃淡で示している。

また、事前コンディショナリティーとしては、反差別、男女均等、障害者、公共調達、国家支援等々についてEUのミニマム基準を満たすことに加えて、特に今期重視されている研究・開発・イノベーションの使途目的については、国別ないし地域別の「スマート・スペシャリゼーション」戦略とそれに対応した研究・イノベーション予算が確保されていることが要求されている。この点検が行われ、2016年末までに、この事前要件が実際にも満たされているかどうかがチェックされることになっている（本書第3章参照）。

分野2（表0-5）は名称こそ変わっているが、実体は共通農業政策（CAP）の改革版である。最大部分を占める欧州農業補償基金は、これまでの方式は大規模農業者に有利であるという批判に鑑みて小規模農業者への支援を手厚くした。この直接支払いにおいても、3分の1は土壌・水質保全・無農薬栽培など環境保全に直結したものを対象とすることとされた。環境・気候アクション（Life+）は直接に環境政策のための予算であるが、海洋・漁業基金においても、農村開発基金においても環境保護・低炭素化が奨励されている。

なお、2014年の予算（現在価格表示）では、分野3の「治安と市民権」に防衛・移民基金（4億3000万ユーロ）、域内治安基金（4億1500万ユーロ）、

図0-2 構造基金(ERDF, ESF)のグループ別対象地域(2014-2020年)

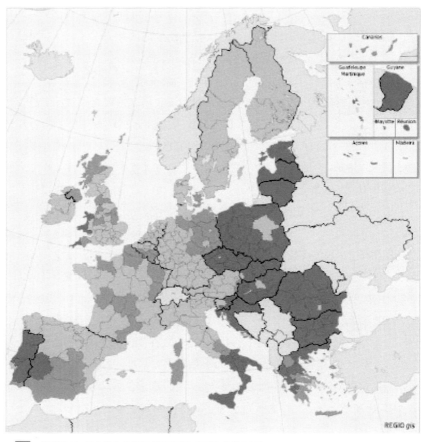

■ 後進地域(1人当たりGDPがEU平均の75%未満地域)
■ 移行地域(1人当たりGDPがEU平均の75%以上90%未満地域)
■ 先進地域(1人当たりGDPがEU平均の90%以上地域)

出所)European Commission(2014), p.238.

表0-5　2014年EU予算　項目2：持続可能な成長：自然資源

約束分野	枠組予算		支出実績	
	額(百万ユーロ)	割合(％)	額(百万ユーロ)	割合(％)
欧州農業補償基金(EAGF)：市場関連支出および直接支払	43,778.1	73.9	44,288.1	78.3
農村開発欧州農業基金(EAFRD)	13,991.0	23.6	11,190.0	19.8
欧州海洋及び漁業基金(EMFF)	1,017.3	1.7	757.2	1.3
環境・気候アクション（Life +）	404.6	0.7	270.4	0.5
その他のアクション・プログラム（分権化されたエージェンシー含む）	76.2	0.1	対応不明	
計	59,267.2	100	56,584.5	100

出所）European Commission（2013）および http://ec.europa.eu/budget/library/biblio/documents/2014/Internet tables 2000-2014.xls をもとに筆者作成。

　食料・飼料（2億5800万ユーロ）、創造的欧州（1億7700万ユーロ）等々、分野4の「グローバル欧州」に加入前支援（15億7300万ユーロ）、欧州近隣施策（21億1300万ユーロ）、欧州民主主義・人権施策（1億7900万ユーロ）、安定のための施策（3億1400万ユーロ）、共通外交・安全保障政策（3億1400万ユーロ）、パートナーシップ施策（1億1300万ユーロ）、開発協力施策（24億900万ユーロ）、人道支援（9億500万ユーロ）、市民保護・緊急対応センター（1900万ユーロ）等が含まれている。

　以上の詳細な内訳については欧州委員会のMFFに関するウェブサイト（http://ec.europa.eu/budget/mff/）にある2014-2020年期MFF予算のエクセルファイル（現在価格表示および2011年価格表示）を見られたい。

注
1）EUの歳入歳出構造については内田他（2001）の第2章を参照されたい。
2）なお、歳入面では、ドロール・パッケージⅡに従った1994年10月31日の決定によって、共同体予算の上限が対共同体GDP比で1993年の1.20パーセントから1999年の1.27％まで増加されることになり、そのために一方で加盟国の付加価値税からの拠出が1995年の1.4パーセントから1999年までに1パーセントに引き下げられ、他方で加盟国のGNPを基礎とした拠出額が増額されることになった。
3）「サピア・レポート」は欧州委員会委員長のロマーノ・プローディがブリュッセル自

由大学の経済学教授アンドレ・サピアにリスボン戦略と欧州拡大のもとで成長を加速する戦略を提言するように依頼したことに応えた専門家委員会の報告書である（Sapier, Agihon, Bertra et al. 2003）。プローディは事前の説明なしにコミッショナーの会合でサピアに報告をさせたが、突然、共通農業政策のカットと地域政策を全面的に整理する提案を聴かされたコミッショナーの猛烈な反発を受け、提言依頼者のプローディ委員長からも距離を置かれて失敗した提言となった。

4) 詳しくは八木（2016）を参照。
5) 序章注6参照。
6) ec.europa.eu/budget/library/biblio/documents/2014/Internet tables 2000-2014.xls
7) 結束政策の資金は受け入れ年（N）から2年後までに使用されること（N+2）となっていて、2014年に支出された資金の多くは前年度以前に受け取られたものである。第5次MFFの最終決定が2013年秋であったので、各国および各地域の受け入れ計画（パートナーシップ契約および実施プログラム）の策定とプログラムの採択は期間開始後の2014年に行われている。ただし予算の執行状況の点検が2016年度中に行われ、それをもとに必要な修正が行われることになっている。

参照文献
内田勝利・清水貞俊編著（2001）『EU経済論―拡大と変革の未来像―』ミネルヴァ書房。
八木紀一郎（2016）「地域政策の新しい役割と欧州統合」『摂南経済研究』第6巻第1・2号、86-116。
Berkowitz, P., Von Breska, E., Pieńkowski, J., and Rubianes, A. C.（2015）"The Impact of the Economic and Financial Crisis on the Reform of the Cohesion Policy 2008-2013", Working Paper（WP03/2015）DG of Regional and Urban Policy, European Commission.
European Commission（2013）*Multiannual Financial Framework 2014-2020 and EU Budget 2014; The Figures*.
──（2014）*Investment for Jobs and Growth: Promoting Development and Good Governance in EU Regions and Cities*, 6th Report on Economic, Social, and Territorial Cohesion.
Sapier, A., Aghion, P., Bertra, G., et al.（2003）*An Agenda for a Growing Europe*, Oxford University Press.
Szemlér, T.（2006）"EU Budget Milestones : From Fundamental Systemic Reforms to Organized Chaos", *Paleles del Estes*（actual *Papeles de Europe*）, Universidad Complutense, Madrid, vol. 11, 1-20.

補論2　イギリスのEU離脱問題と結束政策

　イギリス（連合王国：United Kingdom）は、2016年6月23日の国民投票によって離脱派51.9パーセント対残留派48.1パーセントという僅差ながらEUからの離脱を選択した。連合王国構成国別では、イングランド国民の53.4パーセントとウェールズ国民の52.5パーセントが離脱を支持してイギリスのEU離脱を決定づけたが、スコットランドでは残留派が62.0パーセントを占め、北アイルランドにおいても残留派が55.8パーセントと多数を占めた。そのため、投票後にはスコットランド首相がイギリスからの独立とEU加盟への是非を問うスコットランド国民投票の再実施を示唆し、北アイルランドもシン・フェイン党が連合王国からの独立とアイルランドとの統一を求める北アイルランド国民投票の要求を示唆するなど、イギリス国民投票は連合王国そのものの解体の可能性も生み出している（ただし北アイルランド担当相は独立を問う国民投票を否定）。

　この国民投票においてEU離脱派が多数を獲得した主な要因は移民問題と社会保障問題であった。投票前のIpsos MORIによる18歳以上のイギリス国民985人に対する電話による世論調査（6月3-13日に実施）によれば、イギリスが直面する課題として指摘する人々が最も多いのが移民問題（48パーセント）、ついで国民健康保険（NHS）・医療問題（37パーセント）、EU問題（32パーセント）の順であった。また、EU移民が悪影響を及ぼしている分野としては国民健康保険をあげた人々が55パーセントと圧倒的に多く、次いでイギリス全体が42パーセントであったが、イギリスの文化・社会（36パーセント）、経済分野（30パーセント）、生活圏（24パーセント）、被インタビューア本人（19パーセント）の関連では「悪影響」よりも「好影響」を択ぶ人が上回っていた（「好影響」を選んだ人々はそれぞれ42パーセント、46パーセント、24パーセント、27パーセント）。移民が最も重要な争点であると考える年齢階層・社会階層について見ると、年齢階層では65歳以上が60パーセントと突出しているが、25歳以上の年齢階層でもいずれも40パーセントを

超えていた。他方、EUを係争点と考える年齢階層は55歳以上で43パーセントと最も多く、54歳以下になると35-54歳階層で31パーセントであり、若年層になるほど低くなっている。他方、社会階層で見ると移民問題を最も重視したのは熟練労働者（60パーセント）であったが、いずれの社会階層でも40パーセント以上の人々が移民問題をEU問題以上に重視していた。国民投票の予想では残留派の勝利という結果を公表していたIpsos MORIの世論調査がそのまま母集団の状態を表しているとは思われないが、しかしEU移民と社会保障制度の問題が有権者の選択に大きく影響したことは間違いない。

　上記の世論調査結果と重なるが、イギリスの国民投票において国民の多数派を離脱派へと導いた主な要因には、この社会保障とEU移民という関連した問題について、客観的事実にもとづかない離脱運動「ヴォート・リーヴ（Vote Leave）」やEU懐疑派のメディアによる情報操作があった。すなわち、EU（特にポーランドとルーマニア）からの移民が仕事を奪い社会保障制度を危機に陥れているという反移民的発言や、1週間で3億5000万ポンド（4億3500万ユーロ）になるEUへの支払を社会保障制度に回せるはずだという根拠の無い反EUの煽動である。たとえば日刊タブロイド紙のザ・サン（The Sun）は、2016年4月2日に掲載した記事「EU移民の急増が国民健康保険（NHS）を水没させる」において、過去3年間で東欧からの移民が原因でホームドクターの患者が150万人増加して医療費を押し上げたという指摘とともに、EUに拠出している週3億5000万ポンドをNHSに投入するためにEUからの離脱に投票すべきであるという労働年金閣外大臣プリティ・パテル氏の発言を伝えた。この記事に依拠して4月3日のデイリー・メール紙のメイル・オンライン（Mail Online）が大量のEU移民の流入によって国民健康保険（NHS）がほぼ限界に達したと伝えた。加えて、ヴォート・リーヴの「われわれは毎週EUに3億5000万ポンドを送っている。その代わりにNHSに資金を使おう」という赤いバスの側面に記されたスローガンがメディアを通じて流されていた。これらの離脱派の主張は、投票後の離脱派リーダー達の否認によってデマにすぎないことが明らかにされたが、少なか

らぬ数の国民がこのデマに踊らされた[1]）。

　以下では、上記の「われわれは毎週EUに3億5000万ポンドを送っている」という離脱派の主張に関して、EUの収支におけるイギリスの貢献度について欧州委員会の資料をもとに説明しておきたい。

イギリスはEUにいくら支払っているのか

　欧州委員会の2014年予算ファイナンシャル・レポート[2]）に示された実績値で見れば、イギリスの税収からEUに支払われるべき金額は、付加価値税から29億3290万ユーロとGNI基準の145億2460万ユーロの合計174億5750万ユーロである。しかし、イギリス減額（UK correction）・調整額として合計61億1590万ユーロが控除され、実際の支払額は113億4160万ユーロである。他方、イギリスは結束政策の諸基金から合計64億1180万ユーロを受け取っている。よってイギリスにとって収支の差額、純支出額は49億2980万ユーロであり、よって1年52週で考えれば週当たり支出額9480万ユーロであって離脱派の言う額の4分の1にも満たない（図0-3）。

　イギリスの純負担額は、同国の対GDP比でみればわずか0.23パーセントでしかない。同様の負担率は、オランダ0.71パーセント、ドイツとスウェーデンが0.52パーセント、フィンランド0.4パーセント、オーストリア0.38パーセント、ベルギーが0.37パーセント、フランス0.33パーセント、デンマーク0.32パーセント、イタリア0.28パーセントであった。イギリスの負担率は大国でありながらドイツやフランスのみならずベルギーやイタリアよりも小さいのが実情である（図0-4）。それゆえにフランスのル・フィガロ紙は「ヨーロッパは連合王国にとって高くつくものではなかった」と述べたのである[3]）。

　ところで、前述のイギリス減額について補足しておくと、これは1979年以来サッチャー首相がイギリス経済の停滞やCAP予算の恩恵が無いことを理由に繰り返し「私の出した金を戻して欲しい」と要求し続け、1984年の共同体フォンテンブロー・サミットにおいて認められたものである。このイギリ

図0-3　EU28カ国の EU からの純受取額（受取額−支出額）、2014年

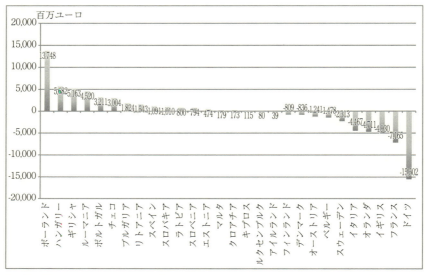

出所）European Commission, *EU expenditure and revenue 2014-2020*; Le Figaro "Brexit: l'Europe ne coûtait pourtant pas si cher au Royaume-Uni", 25 juin 2016.

ス減額は、イギリスの付加価値税収入および GNI 基準による共同体への支出と共同体からイギリスへの支出との間の差額の66パーセントを減額するというものであるが、この差額は他の加盟国が負担することになる。さらにドイツ、オランダ、オーストリアおよびスウェーデンは2002年から EU への貢献分が過大であることを理由として、イギリス減額への負担額の25パーセントの減額が認められている。イギリスを除く EU27カ国のイギリス減額のための負担額は図 0 − 5 のごとくであり、このイギリス減額は、イギリスの経済状態が良好になったことから他の加盟国から批判を受けている。また15億9220万ユーロと最も多くを負担しているフランスも2012年に負担額の軽減を要求したが、2016年時点においても変更は認められてはいない。

　イギリスが EU を離脱した場合、EU 加盟国にとってはこのイギリス減額の負担分だけ負担が減ることになるが、またイギリス支出分の穴埋めのため

図0-4 EU28カ国の各国GDP比でみた負担率、2014年

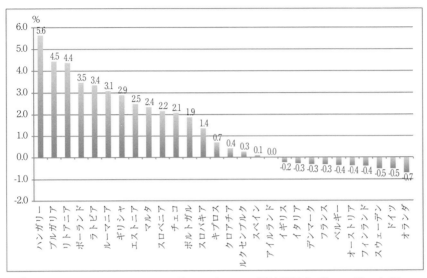

出所) European Commission, *EU expenditure and revenue 2014-2020*; Le Figaro, "Brexit: l'Europe ne coûtait pourtant pas si cher au Royaume-Uni", 25 juin 2016.

の負担増加も考えられる。結果としての加盟国の負担軽減あるいは増加の程度は、離脱後のイギリスがEUとどのような関係を結ぶのかに依存している。フランスの上院(Sénat)は、イギリスがWTOルールに従ってEUと経済取引を行う場合、スイス・EU関係のように2国間協定を結ぶ場合、そしてノルウェーのように欧州経済領域(european economic area: EEA)に加盟することでEU統一市場に参加する場合という3つのケースにおける主な加盟国のEUへの負担額の増減を推定している(表0-6)。この推定によれば、イギリス減額負担分の減額を受けているドイツ、オランダ、オーストリアおよびスウェーデンの支出はいずれのケースでも増加するが、その他の国のほとんどにおいてイギリスがノルウェー・タイプのEEAへの参加を選択した場合に負担額が減少するし、増加する国の場合でも増加額は他のケースよりも少なくてすむ。したがって、EU加盟国としてはイギリスのノルウ

図0-5　イギリス減額のための各国の負担額、2014年

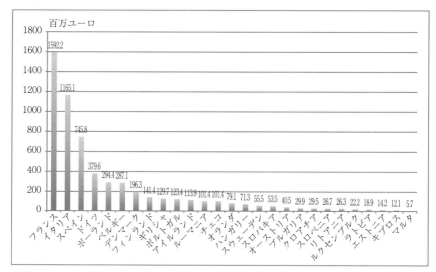

出所）European Commission, *EU expenditure and revenue 2014-2020*; Le Figaro, "Brexit: l'Europe ne coûtait pourtant pas so cher au Royaume-Uni", 25 juin 2016.

ェー・タイプのEEA加盟が望ましい。イギリスはこれによって単一市場への参入が可能となるが、EEAに加わるためにはEUに対してEEA参加費を支払わねばならない。しかもイギリスはEUの決定には参加できず、EUの定める規則に従わざるを得ないという今以上の不利益を被る。スイス・タイプの2国間協定の場合、イギリスはEUと様々な分野で2国間協定を交渉できるが、やはりEUに資金を提供し、EUの財および人の自由移動という原則に従わざるを得ないという不利益がある。もっともありそうなものはWTOルールに従ってイギリスがEUと貿易を行うということであるが、その場合は英国製品に関税がかかるためにイギリスの輸出競争力が低下することになる。よって、いずれのケースであっても、イギリスの立場は低下し、自由貿易協定を結んだとしても欧州の金融中心地であるシティーの影響力も低下することになると想像できる[4]。

序　章　市場統合の補償から「新しい成長」の手段へ　33

表0-6　Brexit後の主要国の負担額の増減

	UKとEUの関係					
	WTOルール		2国間協定（スイス・タイプ）		EEA（ノルウェー・タイプ）	
	負担増	増加率	負担増	増加率	負担増	増加率
ドイツ	2,849.4	10.8%	1,914.8	7.3%	959.4	3.6%
フランス	1,182.5	5.6%	489.1	2.3%	−219.7	−1.0%
イタリア	860.4	5.3%	352.2	2.2%	−167.3	−1.0%
スペイン	585.4	5.4%	240.8	2.2%	−111.4	−1.0%
オランダ	745.8	11.5%	504.6	7.8%	258.0	4.0%
ベルギー	336.1	6.6%	172.5	3.4%	5.2	0.1%
スウェーデン	418.9	11.1%	281.1	7.5%	140.2	3.7%
ポーランド	238.2	6.2%	104.7	2.7%	−31.8	−0.8%
オーストリア	301.4	10.5%	202.3	7.1%	101.1	3.5%

負担額単位：100万ユーロ

出所）Sénat, Le 《Brexit》: quelles conséquences économiques et budgétaires?, Rapport d'information par M. Albéric de Montgolfier.

EUの地域政策は少なくとも2018年までは変更なし

　いずれにせよ、イギリスのEU離脱は早くともイギリス政府が欧州委員会に通知してから2年後である（リスボン条約第50条）。すなわち、イギリスの通知後に離脱条件の交渉を進め、通知後2年以内に欧州議会の承認を経て欧州理事会の特定多数決で離脱協定が承認されるのであるが、イギリスは離脱交渉が成立しなくとも2年後には自動的に離脱することになる。ただし、欧州理事会とイギリスが合意すれば、交渉の延長が認められ、離脱協定の適用時期が延期されることもある。

　以上の事情から、2014-2020年期の欧州2020戦略と結束政策については、イギリスがEUのメンバーである限り、EUの諸条約・諸政策が従来の計画どおりにイギリスに適用される。すなわち、EUとイギリスとの間のパートナーシップ協定は2014-2020年期にイギリスに対して欧州戦略投資（ESI）基金から計169.8億ユーロを配分すると定めており、よってイギリスに対する地域政策および予算措置は2018年までは変更無く維持される。残る

2019-2020年の2年間については、イギリス自身およびEUとイギリスの関係自体が2016年6月時点では流動的であり、2018年までにEU離脱が実現するかどうかも不透明であって、事態の推移を観察するしかない。

注
1）参照「EU離脱、バラ色のはずが…旗振り役が公約を反故」朝日新聞デジタル、6月28日；"Brexit: le leader de l'UKip avoue qu'une promesse du camp du 'Leave' est intenable", *L'Obs*.（http://tempsreel.nouvelobs.com）, 25 juin 2016.
2）*EU budget 2014: Financial Report,* 2015.
3）"Brexit: l'Europe ne coûtait pourtant pas si cher au Royaume-Uni", *Le Figaro*, 25 juin 2016.
4）Jérémie Baruch, "Que change concrètement le « Brexite » pour le Royaume-Uni et l'Europe", *Le Monde*, 24 juin 2016.

第 1 部　社会経済イノベーション戦略と地域政策

第 1 章
「欧州2020」戦略とその地域政策をめぐって

長尾伸一

1 はじめに

　EUが実施している特徴的な政策に、2000年から始まり、第1期には「リスボン戦略」と呼ばれ、第2期には「欧州2020」と通称されている「経済社会発展戦略」がある。前世期末の統合に先立つ過程では、自由市場型の統合市場形成に並行して、「社会的欧州」と呼ばれた社会民主主義的連帯政策が議論されていた。EU成立以後に企画されたこれらの経済社会発展戦略は、それを受け継ぎ、統合市場での経済政策に結びつけたものと考えられる。事実、最初の提唱以後すでに十数年が経過し、中間評価を含め、何度かの改訂が行われているこれら2つの戦略は、直接的な介入政策を避けながら、R&D（研究開発）振興政策に積極的労働市場政策や再分配政策を組み合わせた、北欧型の社会経済政策をモデルとしている。それはその点で、北欧社会民主主義が実験してきた諸政策のうちで成功している部分を、新規加盟諸国を含めたEU全域へ普及させることを目的としているととらえられる。そこには政治的な意味で、基本的には自由市場的な調整が支配しているEU経済社会のガバナンスに対して、EU市民の合意を獲得しようという狙いがあると思われる。

　EU経済社会発展戦略の実効性には当初から疑問が投げかけられていた[1]。R&Dへの投資、ベンチャー・キャピタル市場の形成やその他の中小企業支援、直接的介入を必要とすることもある環境政策、雇用促進と貧困削

減のための教育政策、積極的労働市場政策や再分配政策など、それが掲げる課題には各国政府が介入して実行するものが多く、国家連合であるEU全体で統一的に実施することはできない。EU経済全体に比してEU予算は小さく、それぞれが特殊なプログラムに分割して当てられている。そのため実際には、関連する個別のプログラムを除き、経済社会発展戦略は国家間の政策調整という形でしか実施できない。北欧から南欧、東欧諸国まで、経済的社会的発展の度合いが大きく異なるEUで、このような包括的かつ野心的でありながら、実効性のある政策手段をほとんど持たない構想が実を結ぶとは思われない。

　後述するようにリスボン戦略と欧州2020の中間評価や総括は、確かにそのような実態を指摘している。それは当初から予想されていたことだったと言える。しかし2015年3月に発表された欧州統計局による欧州2020の中間評価文書（Eurostat 2015）は、いくつかの分野で進展があったことを報告し、また別の一面があることを示している。それらのうちには、この戦略の成果というより、世界経済の変動の結果や、EU諸国の自生的な発展の結果と見るべきものが多いだろう。しかし教育や再生エネルギーなどの分野で、域内先進国ばかりでなく新規加盟国でも進展が見られることは、リスボン戦略以後洗練されてきた政策調整の成果とも考えることができる。また日本のように官僚による積み上げ型で政策目標を設定するのではなく、後述するように、それが学問的探究の成果を吸収した体系的・理論的な理念に基づき、トップダウン的に立案されていることは、目標値の実現という面では大きな困難を持ちながら、マルチレベルに多様な形で存在して機能している複雑なEUの政策コミュニティの全体に対して、進むべきEUの近未来像を正式に提示する点で、大きなアナウンス効果を持っているとも考えられる。それらの点で、EUの地域発展を考察する場合も、経済社会発展戦略の理解が今後不可欠となってくるだろう。本章は「小国経済論」[2]、「エコロジー的構造転換論」[3]という観点からリスボン戦略および欧州2020の基本構想とその意味を解明し、さらに欧州2020の地域・産業政策への具体化の1つであるスマ

ート・スペシャリゼーション戦略を概説して、EU の発展戦略の理解に資することを目的とする。

2　リスボン戦略と小国モデル

2.1　リスボン戦略における「市場」と「社会」

　成立当初から EU には「自由市場」の創造と「社会的連帯」の実現という、欧州社会が持つ価値とその実態に即した、2つの一見相反する目標が課されていた。そのため EU 社会経済発展戦略はそれらを共存させることを目指していた。それは以下のように、欧州2020に先行するリスボン戦略が依拠した政策理念の中に見ることができる。

　欧州理事会は2000年3月23-24日にリスボンで、「知識経済に基づく雇用、経済改革、社会的団結を強化するための新しい戦略的目的に合意するため」の特別会議を開いた（長尾 2005）。その議長報告は、第1章「雇用、経済改革、社会的団結」、第2章「欧州共通安全保障、防衛政策」、第3章「西部バルカン地域」、第4章「ロシア」、第5章「政府間会議」、第6章「最遠方地域」から成っていた（European Council 2000a）。この理事会では欧州における情報社会の建設に向けた政策と、それと雇用や社会保障をどう両立させていくかが主な議題となった。この後、議長報告の第1章「雇用、経済改革、社会的団結」の内容が「リスボン戦略」と呼ばれるようになり、以後 EU の社会経済発展戦略とみなされるようになった。

　リスボン戦略は21世紀初頭の欧州が、グローバル化と知識に牽引される経済に向けた飛躍を求められているととらえ、この課題を固有の価値と、将来の EU の拡大と両立する形で推進するために、技術革新と経済改革、社会福祉と教育制度の近代化に向けて、この10年間で世界におけるもっとも競争力があり、知識に基づくダイナミックな経済を建設するという目標を提起した。この知識経済は持続可能な経済成長とよりよい仕事、より大きな社会的団結を実現可能にすると考えられた。

リスボン戦略は第1部で知識経済への移行に向けた6点の目標を掲げるが、内容からみて、それらは①情報化の推進、②中小企業の育成、③市場統合の完全化、④マクロ経済の安定化の4点にまとめることができ、このそれぞれについて、以下のような諸政策が提案された。

① 「情報化の推進」：第1章「万人のための知識社会の実現」で、電子取引とインターネットの普及の推進、電子取引を促進する立法処置、情報化教育、プロバイダーや携帯電話へのアクセスの推進、行政府の電子化が、また第2章「R&Dの振興」で、国家をまたいだR&Dを容易にする処置、減税等を含む企業R&Dの促進、諸国のR&D、とくに教育についてのベンチマークの作成と普及、欧州レベルの研究ネットワークの開設、研究者の域内移動についての障害の撤廃、共同体特許の創設といった施策が提案されている。

② 「中小企業の育成」：第3章「中小企業政策」で、起業の容易化に向けた処置、欧州投資銀行および欧州投資基金によるハイテク、中小企業、リスクキャピタル融資の促進が提案されている。

③ 「市場統合の完全化」：第4章「市場統合の完成」で、サービス市場の統合に向けた立法処置、中小企業に有利な公的調達のルール調整、規制の簡素化、各国の特定企業、特定産業への融資の廃止が提案され、第5章では「統合金融市場の創造に向けた計画作成と処置」が掲げられた。

④ 「マクロ経済の安定化」：第6章「マクロ経済政策の調整」で、雇用促進に向けた税制改革、公的支出先の物的・人的資本形成への変更、老齢化等を考慮した健全財政政策の促進が提案されている。

リスボン戦略では以上のような、主に市場メカニズムの利用と公的な教育・研究投資に基づく情報社会の形成が、福祉国家の維持と両立すると考えられていた。それは以下のような労働市場政策が知識社会化にとって不可欠だからである。

リスボン戦略では、欧州のIT化に向けてもっとも重要なのは人的資源を情報社会に向けて教育・再教育することであるという考えに従って、第2部「欧州社会モデルの近代化」では大規模な教育投資と積極的労働市場政策が提唱された。その第1章「知識社会に向けた教育・訓練」は、1人当たりの人的資本投資の増大、18歳から24歳までの教育水準の改善、インターネットに接続できる地域教育センターの創設、生涯教育の欧州基準の作成、教師・学生・訓練生の域内移動促進、欧州共通履歴書の創設、教育改革の推進計画を提案した。また第2章「積極的労働市場政策」では、欧州レベルの雇用情報サービスの提供、生涯教育を欧州社会モデルの1つとして社会的パートナー間の合意を得ること、サービス部門での雇用促進・雇用差別撤廃に向けた努力、2010年までに雇用率を60パーセントから70パーセントに上げることが求められた。さらにこれらの目標と並び、社会的公正を求める「欧州的価値」の実現のため、第3章「社会的排除の撤廃」では、それに向けた加盟国の協力、構造基金の利用、ターゲットグループを定めた政策の実行が要請された。

　このようにリスボン戦略は、IT革命の先端に欧州を立たせると同時に、豊かで安定した西欧の生活様式の維持と、社会的公正の拡大を目指すという目標を提起した。通常この経済社会発展戦略は、1990年代合衆国経済の成長を解釈して定式化したクリントン政権期の「ニュー・エコノミー」論への対応であるととらえられた[4]。そのためリスボン戦略の発表後には、90年代合衆国におけるIT産業の躍進に幻惑されるあまり、伝統的製造業における西欧大陸部の競争力の強さと、その再編という課題を軽視しているのではないかという批判が行われた。あるいは情報社会自体、「ものづくり」という製造業のベースが強固でなければ発展し得ないのでないかという反論も見られた。また労働運動や社会的正義を重視する立場からは、リスボン戦略が市場ベースの手段を採用する点で、「社会的欧州」の理念を離れて新自由主義に強く傾斜しているという懸念も表明されたが、この戦略は資本と商品の完全な市場統合とともに、サービスと労働力市場についても同じアプローチを

取り、規制の緩和と加盟国間での一元化を主張しているので、それが公的サービスの弱体化や、労働者保護と福祉国家の解体を合理化しているという危惧が抱かれたのは当然だといえる。

またリスボン戦略は情報社会化に向けた「e 欧州」の標語を掲げながら「社会的欧州」を強調しているが、「社会的パートナーシップ」や福祉国家の堅持をめざす「欧州モデル」が、リスボン戦略のめざす産業構造転換である「情報化社会」と両立するかという疑問も表明された。リスボン戦略が IT 革命の母国である合衆国に追随するものであるなら、それと西欧の価値観が共存できる可能性は少ない。合衆国モデルは、規制の少ない、企業にとって有利な労働市場、ハイテク部門・情報産業での起業を容易にするベンチャーキャピタル市場によって発展してきた。これらの特徴は自由市場的な資本主義の類型に属している。これに対して西欧社会は階級間の社会的妥協に基づく国家・社会団体による市場の調整と、それを支える完備した労働法と福祉国家を持っている。この相反する両者を結び付けようとするリスボン戦略には折衷的性格があり、当初から実現性が危ぶまれた。

じじつ報告書が公表され、市場統合、金融市場、教育、情報化、中小企業支援、社会政策など、各分野の政策がそれぞれ発表される一方で、21世紀初頭の欧州経済は知識経済に向けての成長どころか、停滞の色を濃くしていった。イギリスを除く西欧各国の失業率は削減されず、統合の収斂条件をうわまわって各国の財政赤字が拡大した。また EU 拡大の急激な進展は、低賃金労働力が西欧へ流入することによってさらに失業が増大するのではないかという危惧を西欧市民に抱かせた。こうしてリスボン戦略への懐疑が広がった (Zgajewski and Hajjar 2005)。

2.2 リスボン戦略の中間評価と批判

リスボン戦略の進展状況は、毎年春の欧州理事会で検討された。目標の2010年に向けた折り返し点にあたる2004年11月には、コック元オランダ首相を座長とする検討委員会が「コック報告」と通称される中間報告を発表し

(Kok 2004)、遅れを指摘しながら戦略を再定式化した（長尾 2005）。この報告書は雇用状況の改善や情報教育の進展を除き、戦略が定めた目標が基本的に達成されていないと判断した。また雇用の最終目標が達成できないことを認めた。さらに同報告によれば、環境保護も十分に進展せず、反面でアジアからの競争が激化し、欧州の時間当たり労働生産性は合衆国を下回った。それには景気後退やイラク危機などの予想外の展開、新加盟国の増加などの外的条件が影響したが、加盟各国政府の全般的な政策努力の欠如も大きな原因となった。

　他方でコック報告は IT 革命に対する楽観主義があったことを認めつつ、リスボン戦略は合衆国の模倣ではなく、激化する国際競争、人口の老齢化、EU 拡大に対処する欧州のヴィジョンを示しているとして、その基本理念の妥当性を再認した。同報告によれば、リスボンの改革プログラムは当初から高成長と雇用をもたらす経済のダイナミズムを、欧州が堅持してきた高度の社会的団結、公正さ、環境保護と結び付けることをめざしたのであり、それは EU が目指す理念に合致する。そのため戦略の基本を守りながら、同報告は以下のようないくつかの手直しを提案した。

　コック報告はリスボン戦略が包括的だったため政策目標が明確でなかったとして、知識社会の確立、サービス市場と金融市場を含む域内市場の完成、企業に好ましい環境の整備、排除がなく現代経済に適合的な労働市場の設立、競争力と補完的な環境戦略の確立を求めた。同報告書はこれらの目標を達成するため、以下のような諸政策の遂行を関係諸機関と政府に求めた。第1章「知識社会の実現」は、研究者の域内移動や流入を促進する規制緩和、基礎研究への EU 財源の投入、「e 欧州」計画の推進、EU 特許計画の実現を要請し、第2章「市場統合の推進」では、関連諸法規の法制化、サービス市場の統合に向けた法整備、域内統合金融市場の建設、企業規制の緩和、起業の容易化のための法整備、リスクキャピタルの促進が求められた。第3章「排除のない労働市場と社会的団結」では、雇用の増大と労働市場改革、生涯教育計画、老齢者の雇用対策の必要性が強調された。

このようにコック報告は、リスボン戦略の見直しではなく具体化と考えられる。また注目に値するのは、中国市場での EU の環境産業の競争力を指摘しつつ、環境保護分野では EU が国際競争力を持ちうるとしていることである。

コック報告が環境保護と成長の両立を提唱している点には、オランダ政府などから賛同の声があがったが、批判的な意見も見られた。たとえば欧州議会の社会主義政党がつくる雇用問題会議は、コック報告が環境保護と社会保障が競争力と両立することを明言し、雇用増大に向けた努力を要求したことを歓迎しながら、人的資源、研究と技術革新、生涯教育と社会的団結のための投資の増大が必要であると考えるとコメントした（Party of European Socialsts 2004）。

コック報告を受けた2005年2月の欧州委員会報告は「成長と仕事のために協力しよう：リスボン戦略の新しいスタートに向けて」と題され、「新リスボン戦略」と通称されるようになった。この報告はリスボン戦略が焦点を絞り切れていなかったと総括して、成長と雇用に重点を絞ることを明言した。具体的には2010年に向けて、成長率3パーセント、600万人の雇用創出を掲げた。そして市場統合の推進を再度強調するとともに、リスボン戦略でも重視されていた中小企業政策をイノベーションと雇用の両面で最重点課題とした。また研究開発投資を GDP 比3パーセントとする目標を死守することを約束しながら、実施手段としてはリスボン戦略の「開かれた調整の手法」と呼ばれる、ベスト・プラクティスの普及による国家レベルの政策実施の自発的な相互調整方式が複雑で実効性に乏しいとして、各国別の包括的な計画策定や、実施状況の評価システムの単純化など、計画手続きの簡素化と統一化が提案された。

この景気回復に目標を絞った報告は、社会的排除の撤廃などの社会政策や環境政策が後退した印象を与え、労働組合や NGO などから強い批判を浴びることとなった[5]。とくに「サービス労働市場」の統合の問題が、東欧への EU 拡大の進展と合わせて長期失業に悩む西欧市民に危機感を与えた。そ

の結果、2006年5月にはデンマーク、6月にはフランスで、欧州憲法条約が国民投票の結果拒否されることとなった。他方で新リスボン戦略の提唱以後、欧州経済は回復を見せ始めた。

　欧州理事会は2007年3月に、新リスボン戦略の評価を行った[6]。議長報告（European Council 2007）は、最近の景気回復が改革推進の成果であると強調して路線の継続を主張した。だが市場統合を中心とする「改革」は中・長期的な影響を与えるはずであり、その半面で欧州中央銀行の中立的貨幣政策のために、短期的効果のある景気刺激政策がEUレベルで行われたわけではない。その点でこの評価は欧州憲法否決を含む厳しい世論に対抗したたんなる政治的な自画自賛であり、信憑性は薄いといわざるをえない。他方で報告は批判に対する配慮を示してもいる。それは以下の3点で、「新リスボン戦略」の訂正とみることができる。第1に議長報告は、計画策定、実行プロセスに労働組合や市民団体などの「社会的パートナー」が参加し、その合意の上で戦略が推進される必要を改めて強調している。また第2に、欧州議会の社会主義グループが主張してきた「フレクシキュリティ」概念[7]を正式に採用し、雇用の弾力化と市民生活の安定の両立を提唱した。第3に報告は、新リスボン戦略からは脱落したと攻撃された環境政策を、地球温暖化対策としてのエネルギー政策を中心に大きく取り上げた。そして国際的な温暖化交渉に向けてのEUの立場として、本章3.1で述べるエコロジー的構造転換の概念を再度強調した。

2.3　「ヨーロッパ・モデル」と小国の成功例

　リスボン戦略は国家戦略ではなく、国民国家を超えた広域経済圏における経済社会発展戦略だが、それは連邦国家ではなく、国家連合というEUのシステムの下で計画し実施しなければならないため、各国政府・自治体にたいする助言的・自発的な性質が強い。また市場統合と通貨統合がほぼ完成したとはいえ、経済統合の実体が完全に実現していないEU経済の現状では市場統合のいっそうの推進に重点が置かれるので、自由市場志向型となる。しか

しこの戦略の中にも明らかな欧州らしさが見られる。それは「社会的欧州」と福祉国家の再構成を主張している点であり、そのことは自由市場モデルがEUでは政治的社会的に合意不可能であることを示している。

EUという大きな枠組みの中には高い生活水準を誇る地域と、西欧内の一種の発展途上地域および移行経済諸国が存在しているが、経済戦略作成を担った西欧の中心諸国だけを見れば、それらには合衆国経済と異なるいくつかの西欧的特徴がある。この事実は、資本主義が市場の自動的なメカニズムに基づく単一のシステムではなく、国家、社会のさまざまな調整メカニズムに基づき、いくつかの類型に分かれるという「多様な資本主義論」に論拠を提供している。

第1に先進工業国家であるドイツなどでは、製造業がいまだ経済の中核として競争力を残しながら存在している。その反面、合衆国ばかりでなく日本と比較しても、これらの国にはサービス部門の弱体や、情報通信産業の未発達といった特徴が見られる。西欧は一面で、職人的技術の集積と技術力の高い中小企業の存在、また高度な研究と教育によって育成された人材が支える「ものづくり」の伝統をいまだ保存している地域である。

第2に西欧諸国の金融市場では、長期産業融資の発達が特徴的である。それにはフランスのような国家主導のあり方と、ドイツのような寡占的民間大銀行によるものがあるが、合衆国の産業金融と比較して、長期の融資と企業の株式市場を通じた資金調達の遅れが共通して見られる。他方、西欧大陸部にはニューヨークやロンドンのような世界的金融センターが存在しない。

以上の西欧的性格に加えて西欧諸国間には大きな多様性も見られる。例えば変化しつつあるとはいえ、エタティズムの国であるフランスでは、強い産業部門育成のための国家的プロジェクトの存在と、軍事・航空宇宙産業の競争力が目立っている。あるいは80年代以後のイギリス経済では、サッチャー政権下での伝統的工業部門の崩壊と、EU統合後の市場参入の拠点化を目指した合衆国、日本、韓国などの外国企業による再工業化が見られた。また近年のイギリスでは、欧州の中では例外的にサービス部門が好調であり、それ

が好景気を支えてきた。その要因の1つに世界的金融センターの1つであるシティの強い競争力が挙げられるが、これは同国が初期近代からの帝国の遺産を、1980年代の金融構造改革によって世界金融市場の新しい環境に再適応させた結果だった。その反面イギリスでは産業金融の弱体さが目立っている。同国のサービス産業の競争力は、効率的な流通部門やハイテクを駆使した情報通信産業へのすばやい対応にも依存する。これらは大陸部と同国との顕著な違いとなっている。

　以上の合衆国と比べた欧州経済の個性および西欧内部の相違に加え、西欧地域は「社会」という点でも大きな特徴を持っている。具体的な在り方は北欧、ドイツ、フランス、イギリスでそれぞれ異なっているとはいえ、西欧は完備した社会保障と労働基本権の保護を伴う、世界で最も発達した福祉国家制度を持っている。それは同時に、EUが世界的に見て老齢化の先進地帯でもあることをも意味する。高齢化とそれがもたらす低成長経済を、豊かで質の高い生活と両立させることが、この地域の独自の今後の課題となっている。

　EU官僚が作成した政策文書であるリスボン戦略は、西欧のいくつかの国の先行例を参照していると考えられる。第1に、「市場」と「社会」の両立を志向した点では、それが作成された時点で影響力を持っていたイギリス労働党の「第3の道」が参照例と考えられる。1997年に成立したイギリス労働党政権（1997-2007年）は、80年代野党時代の左派戦略や60年代ウィルソン政権時代のケインズ主義を離れ、市場親和的な経済政策を志向した。それはドイツのシュレーダー政権（1998-2005年）に影響を与え、日本でもヨーロッパ社会民主主義の「第3の道」路線として紹介された。トニー・ブレアを党首とした労働党の政策は、基本的に国家による直接介入を避け、製造業部門の競争力確保を掲げながら、サッチャー政権下で進行した経済のサービス化を容認し、IT革命を推進しようとする点で、クリントン政権と共通する性格を持っていた。この労働党の「第3の道」とリスボン戦略の間には、いくつかの類似性が見られる。

ブレア政権は「ストップ・ゴー政策」と評された歴代政権の需要拡大政策を止め、物価や利子率の安定や財政赤字の縮小など、企業経営にとって望ましい環境を提供するマクロ経済指標の安定を図った。それはポンドの安定化や、外国からの投資を促進するためにも好ましい政策だった。この点でブレア政権は、民主党クリントン政権と市場親和的な志向性を共有していた。また労働党政権でありながらブレア政権は、サッチャーが導入した労働市場の柔軟性を確保する政策を労働者の権利擁護に優先させ、その点からも企業経営に望ましい環境を提供するとともに、財政赤字と並んで、イギリス経済のインフレ体質の元凶とみなされていた賃上げの抑制を図った。

　ブレア政権はこれらの市場親和的な政策を提起する一方で、労働組合を固定的な支持基盤とする労働党に期待される雇用の確保を、需要拡大政策によって達成するのではなく、労働市場の柔軟化ととともに、教育やトレーニングによって労働の質と市場ニーズへの適合性の向上を図る積極的労働市場政策で実現するとした。同時に、大企業による市場支配と中小企業の低生産性、中小企業と大企業との敵対的関係によって特徴付けられるイギリス経済の体質を、中小企業に対する融資環境の改善やベンチャーキャピタル市場の育成、経営情報サービスの拡充など、積極的な中小企業政策によって克服することを目指した。それはサッチャー政権の支持基盤とされた「Ｃ2階層」（通常熟練労働者階層と呼ばれる、自営業者や自営業的心理を持った労働者の上層部）の支持を獲得する選挙戦略でもあった。

　また公的サービスの運営で国民的信頼を得てきた労働党は、福祉制度の充実と改善を公約しつつ、労働へのインセンティブを拡大するような形で公的給付を行う制度へとそれを改変することを目指した。そしてこれらの政策は、国家による直接介入より、企業・組合・市民社会と国家との「パートナーシップ」によって達成できるとした。

　以上の諸点は、リスボン戦略の市場親和的政策に共通している。その点でリスボン戦略を「社会的欧州」という面に関して、一種のEUレベルの「第3の道」路線であると特徴付けることもできるが、この2つの間には相違も

大きい。とくに情報産業という戦略的部門の上からの育成を強く求め、特定企業・特定産業に向けたものではないが、その強力な推進政策を提案する点で、リスボン戦略には欧州経済に対する強い危機感に基づく未来志向と、「第3の道」にはない計画化の意図が見られる。

　IT部門の強化によって世界一の知識経済を建設するという、野心的で実態にそぐわないヴィジョンがリスボン戦略で強く打ち出されたことは、EU経済の世界的な立ち遅れの認識の表明でもあった。より現実的な方向性を目指そうとしたコック報告でも、EUの情報社会化という基本的目標は維持された。民間セクターの国際競争力を、「第3の道」のようにマクロ経済指標の安定と必要な法的整備という、市場親和的な政策側面から支援するだけでなく、法整備、公共投資から、教育・労働市場政策までの諸手段を使って、戦略的産業部門の上からの計画的な育成政策を提起している点で、これらの戦略は大陸欧州的な色彩を帯びている。

　他方、ブレア政権は2度の選挙にあたって、労働党の経済運営への企業の安心感を獲得することに大きな努力を払った。そのため国家による直接介入を大きくすることではなく、節度のある金融・財政政策を採用した。そして大西洋および欧州大陸という、海外市場と強く連動したイギリス経済の成長の障害とならない程度に、公的サービスや社会福祉や雇用問題に対する労働党支持者たちの要求を満たそうとしたのであり、労働市場政策もその例外ではなかった。

　リスボン戦略を従来の西欧の大国での社会民主主義の政策と比較するなら、「新自由主義的」であるようにも見える。だが同時に、スウェーデンの積極的労働市場政策や、オランダのフレクシビリティによる雇用創出政策などがリスボン戦略における「社会的欧州」を実現する政策の中核に置かれている点で、リスボン戦略の全体は、「第3の道」というより、市場親和的で世界市場への適応を重視する一種の北欧型の経済戦略とみなすことができる。このモデルはドイツ・モデルやフランス的な介入主義とは異なり、競争力を重視し、自由貿易の障害となる国家による経済への強い介入を回避しつ

つ、積極的労働市場政策を通じて、産業構造の世界市場への速やかな適合と、社会的連帯の確保の両立を達成しようとしてきた[8]。それらは世界市場の需要に依存する西欧の豊かな小国が、柔軟に変化する国外の市場のニーズにこたえて雇用を確保するために採用してきた政策体系だった。これらの小国の政策は広域経済圏の中で可能な社会的モデルに適合的であり、スウェーデンのような西欧の豊かな小国が日本をしのぐ IT 化の世界的先進地域であることは、このモデルに説得力を与えている。西欧の「小国モデル」は市場親和的で、非国家介入型でありつつ、産業構造転換を重視する点で、現在の統合の段階で EU が採用可能な「社会モデル」だといえる。

また政策を実現するための調整システムについては、この広域経済圏での経済戦略は、欧州委員会命令・EU 法といった規制的手段、構造基金や投資銀行の融資などの財政的手段、個別の大規模プロジェクトという直接介入など、従来の EC・EU の政策手段の利用に加え、コック報告で「開かれた調整の手法」と呼ばれている新しい手段を模索しようとした。それはベスト・プラクティスの普及による国家レベルの政策実施の自発的な相互調整である。またこの戦略には労働組合や市民社会といった社会的パートナーを政策の担い手として明確に位置づけ、協力を要請するなど、西欧的なコーポラティズム的手法の含意も見ることができる。

しかし EU の社会経済発展戦略を統合欧州の社会モデルを目指す戦略として解釈したとき、そこには実現可能性という根本問題がある。もし 3 パーセント成長や大量の雇用創出を目指すなら、政策の重点は西欧中心国の低成長経済から新規加盟国に移ることになる。そのとき欧州的な社会モデルが維持できるかは疑問となる。仮にこの点を除外するとしても、EU の社会経済発展戦略には大きな問題点がある。リスボン戦略、とくにコック報告は、欧州的生活の防衛という視点から、福祉国家の再編を欧州市民に迫った。それは「豊かさ」のうちの何を守るために何を犠牲にするのか、という選択だった。「社会的結束」に向けた政策が挙げられているとはいえ、中心が情報産業の育成にあるこの戦略では、欧州社会の中核から排除され脱落した人々の救済

はさほど重視されていない。それが今後一種の統合への「抵抗運動」の根拠となり、極右勢力、反EU運動からアンチ・グローバリズムにいたるさまざまな人々の手によって利用されていく可能性が残されたのである。

3　エコロジー的構造転換のEU社会経済発展戦略への組み込みとその結果

3.1　エコロジー的構造転換とそのガバナンス

　21世紀初頭になると世界経済の不利な景気循環の影響もあって、リスボン戦略の狙いだった技術革新の振興と経済の活性化が予想通りには進行せず、社会的結束も成果を上げられなかった。この状況下で、EU社会経済発展戦略はコック報告、新リスボン戦略、これらに続く欧州2020へと次々に改訂されていった。その中でもう1つの理論的・政策的構想が比重を高めていった。それは1960年代に起源をもち、1970年代に北欧の諸政権が先駆的に政策化し、1980年代には理論的に整理されて（西）ドイツのSPDの綱領に書き込まれた「エコロジー的近代化」、あるいは「産業社会のエコロジー的構造転換」などと呼ばれる、環境保護を中心に置いて経済社会の新しい発展の道を構想しようとする考え方である[9]。

　リスボン戦略の翌年にはスウェーデンのヨーテボリで欧州理事会が開催されたが、そこでは連合の拡大、外交・安全保障に加えて、雇用問題と環境問題が取り上げられた。環境問題についてはリスボン戦略の雇用、経済改革、社会的結束に加えて、持続的成長と環境の次元をもう1つの柱とすることが決められた（European Council 2000b）。議長報告では気候変動、交通、健康、自然保護などの具体的な項目に加え、「持続的成長の明確で確定的な目標は、重要な経済的機会を提供する」（European Council 2000b：4）と、環境保護が経済的利益をもたらすことが強調された。環境保護は新しい技術革新を生み出し、経済成長と雇用創出に寄与する。だが成長が持続的であるためには、資源集約的な技術から脱却しなければならない。

「それは成長と雇用をもたらす技術革新と投資の新しい波を解き放つ可能性を持っている。欧州理事会は産業界に対して、エネルギーや交通などの分野で、環境にやさしい技術を開発し、広く採用することを奨励する。この文脈で、欧州理事会は資源利用と経済成長を切り離すことの重要性を強調する。」（*ibid.*）

　リスボン戦略に加えられたこの観点は、それ以後の政策文書でより明確に表明されるようになる。前述したように、EUの産業が全般的に立ち遅れている中で、「コック報告」は中国市場でのEUの環境保護関連産業の競争力の高さを指摘し、環境保護分野ではEUが国際競争力を持ちうるとした。そのため同報告の第4章は「持続可能な未来に向けての協力」と題されて、域内での環境技術革新と環境産業の振興と普及、R&Dの推進、再生可能なエネルギーと自動車の新燃料を促進する公的調達の推進を提言した。コック報告を受けて2005年5月には「新リスボン戦略」が採択されたが、新リスボン戦略は再生エネルギー産業における雇用創出の成功とアジア市場でのEUの環境関連産業の競争力を指摘し、この分野での先進性[10]を生かすことがいっそう全面に掲げられた。

　リスボン戦略および新リスボン戦略は、掲げられた目標と比べた結果から見た場合、決して成功したわけではなかった。だが2010年11月に採択された「欧州2020戦略」（COM 2010a）はそれらを継承し、いっそう発展させて、エコロジー的構造転換政策をさらに進め、「知的、持続可能な、包摂的成長」という、知識経済化と社会的結束を持続的発展と結び付けた新しい戦略を打ち出している。

　エコロジー的近代化あるいはエコロジー的構造転換の概念の起源と概要は長尾（2011）および長尾他（2012）が紹介しているので、以下に骨格となる論点を、提唱者の一人であるマルティン・イェーニッケの初期の記述に沿って示す。イェーニッケは1983年のベルリン市での環境グループの選挙に向けた文書『真の転換』の中の「職業政策」の項目で、この理論の最初の定式化

の1つを与えている。雇用についての選挙政策を解説したこの章は、「エコロジー的な節約技術は経済的な節約にもなる」と主張し、「雇用の節約ではなくエネルギーと資源を節約する技術への投資」を推進するとして、それを新しい税制改革と「エコロジー的近代化の10年計画」によって達成することを提唱している（Jänicke 1983）。

> 「大量失業を軽減する出発点として、われわれが提唱するエコロジー的近代化の10年計画は重要な意義を持っている。希少な資源の浪費はますます環境を害するだけでなく、危機的なほどにまでコストを引き上げる。これと反対にエコロジー的近代化は技術と方法の転換に基いていて、経済的にもエコロジー的にも節約的なのである。ここにいまだ未開拓の巨大な雇用の可能性がある。将来の生命と生産の土台を完全に破壊しないためには、浪費型技術から節約型技術への転換は必然的である。この未来の技術を今生産しないものは、明日にはそれを輸入しなければならなくなる。」（*ibid.* : 58）

この文書にはこの理論のいくつかの特徴がすでに表れている。第1に、低成長下の雇用問題に対して、従来のケインズ主義的な景気刺激策や福祉国家型の失業者への援助ではなく、再生エネルギー産業の創出のようなエコロジー的な産業構造転換政策による新産業の創生で対処すれば、環境保護と雇用確保は両立する。第2に、「経済と環境」が共存するというこの文書の考えの背後には、1970年代初頭のローマ・クラブの報告『成長の限界』（Rome Club 1972）などで広がった資源危機の認識がある。資源の希少性が高まればコストは高騰し、資源浪費型技術は経済性を失う。そのため資源・エネルギー希少経済では、技術の環境親和性と経済性が両立することになる。第3に、このような技術をいち早く取り入れた国には先行者利得があり、遅れた国は国際競争力を喪失することになるので、環境保護技術の発展は世界市場での国民経済の生き残りの手段にもなる。逆に言えば、エコロジー的構造転換は環境保護の価値観の拡散だけでなく、グローバルな環境ガバナンス・レ

ジームの下で、世界市場の競争圧力を通じて、より強力な形で各国に波及するだろう。

　以上に加えて第4に、このような構造転換は制度・社会の変化を伴わなければならない。イェーニッケは1985年の論文「エコロジー的近代化と構造政策としての環境政策」（Jänicke 1985）で「エコロジー的近代化」を包括的に検討しているが、そこでは転換の政治的社会的意味にも触れている。従来、主要な工業国での環境政策は被害を修復することに集中して、公害問題に対する旧来型の対策をより近代的な形で遂行するだけだった。このような戦略の不十分性は、「エコロジー的近代化戦略による統合的な技術の適用によって克服できる」（ibid.: 32）が「長期的に見た場合、そのような方法も経済成長によって帳消しになるかもしれないので、脱工業化社会への構造転換が不可避となる」（ibid.）。

　既成の産業構造をより資源・エネルギー節約的にするだけなら、高い経済成長はその効果を打ち消してしまう。そのためエコロジー的近代化を推し進めていけば、全体として資源・エネルギー節約的であるような産業構造への転換が求められることになる。それは主に環境・資源・エネルギー集約的な工業をベースとした経済から、環境・資源・エネルギー節約的で労働集約的でありうる、知識をベースとした経済への構造変化という形をとるだろう。しかしこのような転換は社会の既存の権力構造とぶつかることになる。

　　「改革戦略は既成産業の権力構造と衝突する。したがって技術革新は社会的
　　イノベーションを必要とする。」（ibid.: 32）

　こうしてエコロジー的構造転換政策の全面的な実現は、必然的に社会的、政治的構造の転換を伴う。
　以上をまとめれば、エコロジー的近代化、あるいは産業社会のエコロジー的構造転換は、以下の5点に即して考察できる。

① 既存産業（主に工業）の環境・資源エネルギー節約型への技術転換（ヨゼフ・フーバーが提唱した、本来の意味での産業の「エコロジー的近代化」）
② 環境保護に関連した新産業の創出と、非再生エネルギーから再生エネルギーへのエネルギー転換
③ 脱工業化の中心となる知識経済化
④ 環境・資源エネルギー節約型技術による世界市場での競争圧力の創出（これによって構造転換の世界的な普及が生じる）
⑤ 社会的イノベーションの進展[11]

現在、「エコロジー的近代化」あるいは「産業社会のエコロジー的構造転換」はすでにいくつかの国家の政策に採り入れられている。その主要なプレイヤーは合衆国、ドイツ、中国であり、それらの政策体系はそれぞれに「グリーン・ニューディール」、「エコロジー的社会的市場経済」、「エコロジー文明戦略」と呼ばれている。このほかEUの公式文書で知識経済への移行の点で重視されている韓国では「緑色成長戦略」が唱えられている（加藤2014）。

政治体制、歴史、産業構造上の相違から、それらの国の構造転換のガバナンスは異なり、それに対応して分野別の進展度にもばらつきがある。EU社会経済発展戦略のモデルと考えられる北欧諸国は、この点でも歴史的な先駆者である。それらの国は小国の経済規模から、前述の④国際的な競争圧力の創出という点では重要でないが、それを除く①既存産業の環境・資源エネルギー節約型への技術転換、②環境保護にかかわる新産業の創出と、非再生エネルギーから再生エネルギーへのエネルギー転換、③脱工業化の中心となる知識経済化、⑤社会的イノベーションの進展という、すべての点にわたって国際的に先行し、構造転換のトップランナーと考えられる。長岡（2014）は北欧諸国の構造転換のガバナンスを、国家、企業と社会団体、市民が深いネットワークを構成して協調的に進めていく「ソーシャル・コーポラティズ

ム」によるガバナンスと呼んでいる。大国ドイツは北欧に比べ社会内の利害対立が大きく、これと同一とはいえないが、それに類似した一種の「エコロジー的社会的市場経済」がガバナンス・レジームだといえる。これに対して企業と国家のみがこのようなネットワークを構成し、労働組合や市民社会が大きな影響を持ちえない日本は「コーポレート・コーポラティズム」型ととらえられる[12]。他方、経済への連邦政府の介入が困難な合衆国では、自由市場的な経済ガバナンスの下で州政府、自治体と強力な市民社会が先進的な取り組みを行う、分権的な構造転換のガバナンス・レジームだといえる。また太陽光パネルなど製造業で環境産業をリードしつつある中国では、強力な中央権力と市場が結び付いた社会主義市場経済のガバナンスが見られ、市民社会はほとんど役割を持っていない。所有権の体制は異なっているが、それは経済成長を国家目的とし、その達成に向けて国家が長期的な戦略を立てて民間部門を主導する、韓国などの発展国家的な在り方に似た面があり、自然環境保護や公害抑制の立ち遅れや市民意識の低さに比べ、経済的利害にかかわる産業面での先行が目立っている。

　先進的な北ヨーロッパ地域を内部に持つとはいえ、経済発展の点で加盟国間に大きな差異があり、またマルチレベル・ガバナンスが基本的なガバナンス・レジームであるEUでは、全体として見るとき、②環境保護にかかわる新産業の創出と、非再生エネルギーから再生エネルギーへのエネルギー転換、④国際的な競争圧力の創出および⑤社会的イノベーションの点では先行しているが、①既存産業の環境・資源エネルギー節約型への技術転換では必ずしも十分でなく、③脱工業化の中心となる知識経済化では東アジアに遅れを見せているなど、域内の先進地域とは異なった構造転換のパフォーマンスを見せている。しかしリスボン戦略の時点から、環境保護とそれにかかわる競争力は、EUの1つの重要な国際的優位性ととらえられていた。21世紀に入ると、アジアの成長に比して経済が停滞する状況で、EU総体としてもエコロジー的構造転換の面でのある程度の先行性が見られる点が、EUの社会経済発展戦略を構想するうえでますます重視されるようになっていった。

3.2 「欧州2020」の目標と実績

エコロジー的構造転換の理論では、世界的に見て西欧が先行している環境保護、市民社会などの発展による民主主義の深化と、イノベーション、知識経済化というEUの遅れた面の両面が、1つの統合的な構造転換戦略として示されている。そのためEU社会経済発展戦略の中では、リスボン戦略の段階から、環境保護政策にとどまらず、環境を通じた経済と社会の発展が政策の中に取り込まれていた。欧州2020はそれをより体系的に示している。

欧州2020戦略は各分野について、以下の数値目標を掲げている。
① イノベーション政策では、R&D投資をGDP比3パーセントに上げる。特に民間部門を重視する。
② 環境政策では、温室効果ガスの排出削減を1990年比で20パーセント以上、ないし条件が揃えば30パーセント以上とする。また最終エネルギー消費に占める再生可能エネルギーの割合を20パーセントにまで高め、産業全体のエネルギー効率を20パーセント増大させる。
③ 雇用政策では20～64歳の就業率を69パーセントから75パーセントに引き上げる。また女性および高齢者の労働参加を高め、移民の労働力への統合を改善する。
④ 積極的労働力政策とかかわる教育政策では、学業放棄の割合を15パーセントから10パーセント以下まで削減し、30～34歳の第3期教育卒業比率を31パーセントから40パーセント以上に引き上げる。
⑤ 社会的結束政策では、2千万人以上を貧困から救い出す。

以下の引用からもわかるように、欧州2020戦略は科学技術政策(クリス・フリーマン等が提唱していた、民間部門のR&D支出のGDP比率の増大)とエコロジー的構造転換(資源・エネルギー節約型成長)を結び付けて経済の転換を図り、それを若年層の失業、高齢化社会といったヨーロッパの現状に対する社会政策(ワークシェアリング、フレクシキュリティ)および市場

統合政策に結びつけようとしている。

> 「これらの目標は相互に連関している。より高い教育水準は雇用の可能性を高め、雇用率の増大は貧困を減少させる。研究開発の高度な能力とあらゆる部門でのイノベーションは、資源利用の効率性と結びついて、競争力を高め、雇用創出を促進する。より汚染が少なく、低炭素的な技術への投資は、環境を保護し、気候変動と戦い、新しいビジネスと雇用の機会を造りだす。」（COM（2010a）：13）

このように欧州2020戦略の中で環境は、EUが有する世界的に進んでいる政策分野という自覚の下で、発展戦略の3つの柱の1つに位置付けられ、これらの諸政策分野との総合的連関性が強調されている。

2014年5月に欧州委員会が発表したこの戦略の中間評価は、この戦略が社会的市場経済モデルに基づき、資源節約型経済を志向し、GDP成長にとどまらない成長モデルの先駆として広く世界に影響を与えていると総括している。

> 「2010年の初めに欧州委員会は、知的で、持続可能で、包摂的な成長に向けた欧州2020戦略を提起した。その目的はEUの社会的市場経済モデルを維持し、資源効率性を大きく高めながら、競争力を向上させることにあった。欧州2020戦略が開始された時には、それはたんなるGDPの増大を超えた成長モデルの先駆者だった。現在では多くの機関が、知的で持続的で包摂的な成長を経済成長の本質的な要素ととらえ、促進するようになった。」（COM（2014）：3）

欧州2020は、この点に関する競争優位を強調しながら他地域の発展を指摘して、中国や合衆国からの競争に対抗し、エコロジー的近代化におけるヨーロッパの優位性の維持を主張している（COM（2010a）：16）。

エコロジー的構造転換政策としてとらえたとき、それらは以下の点で、エコロジー的社会的市場経済路線の EU 全体への拡張として理解できる。第 1 に、それらの戦略は温暖化ガスの削減や再生エネルギー、エネルギー節約の実行、雇用増大、R&D 投資の GDP 比 3 パーセントの実現、貧困の削減などの点で、具体的な数値目標を掲げながら、GDP 成長率の目標値を掲げていない。それは EU 先進地域における成長率が 1 パーセント前後という現実を踏まえた、低成長下での生活水準の上昇という、「質的成長」の考えが基調にあるからである。高い経済成長率による経済社会問題の解決という成長主義の放棄は、2014 年の欧州 2020 の中間評価文書（European Commission 2014）でも再度強調されており、2015 年の欧州統計局の報告も「GDP を超える」統計の作成の必要を強調している（Eurostat 2015）。

第 2 に、それらの戦略におけるエネルギー政策は、基本的に再生エネルギー部門の成長と全産業でのエネルギー効率の増大を主要な目標としている点で、非再生エネルギーである原子力に大きく依存する日本の政策とは異なっている。また第 3 に、それらの戦略は構造転換と並んで社会全体での女性の地位の向上、貧困の削減や若年者・老齢者・移民など弱者の社会的統合といった、社会的結束と民主主義の進展を目標化している。これらの点で EU 社会経済発展戦略は、北欧やドイツの転換政策をモデルとしていると見ることができる。事実、2015 年の欧州統計局の報告でもっとも高い目標達成度を示しているのは、これらの諸国となっている（*ibid.*）。

だが同時に EU 社会経済発展戦略は、国家レベルのエコロジー的社会的市場経済政策とは、強力な政策手段の欠如という点で大きな相違がある。そのため EU は世界金融危機に対する有効な対処手段を有しないことになり、数値目標の多くが達成不能となりつつある。この事情は、2014 年の欧州委員会の中間総括に反映している。

同文書は深刻な金融危機の結果、金融システムの安定性が脅かされていると警告している[13]。この危機の克服のためには緊急手段とともに、政府機能の効率化と並行した、欧州の社会モデルにふさわしい税制改革が必要とな

ってくるだろう。

> 「公的支出の質を改善し、公的当局の効率性向上を非常に重視し、税制をより成長にやさしいものにすること、とくに税負担を労働から、消費、財産、汚染に結びつける課税ベースへとシフトさせることは、ヨーロッパの成長と社会モデルを守り、その未来を形作るためにますます重要な役割を果たす。」（ibid.：7）

 この経済危機は諸政策の実施に大きな影響を与え、失業率は2008年の7.1パーセントから2013年の10.9パーセントにまで上昇した。景気回復と雇用創出のタイム・ラグを考慮すると、失業率は当面緩やかにしか減少しない。長期的な失業率（労働力人口の中で1年以上雇用されていない人たちの比率）については、2008年の2.6パーセントから2012年の4.7パーセントへと、2.1パーセントも増大した。もちろん失業率の国別の違いは非常に大きく、2013年でオーストリアの5.0パーセントに対してギリシャでは27.6パーセントだった。とくに55歳以上の人々と青年層の状況は悪い。15歳から24歳までの失業率は2013年にEU平均で23.3パーセント、ギリシャではじつに59.2パーセント、スペインでは55.7パーセントに達している。青年層については、労働にも教育にも加わっていない人々（ニート層）が、2012年では13.2パーセントになっていることも憂慮される材料である（ibid.：8）。これらは戦略の実現の大きな障害となっている。
 長期的には地球規模の資源・エネルギー・環境制約に対処する必要がある。ヨーロッパはこの点でもまだ多くの課題を残している[14]。これに加えて高齢化と人口停滞という欧州社会の傾向に対処することが求められるうえ、近年のEUでは目標とは反対に、所得格差が拡大している。
 所得格差の国別差異も大きい。下位20パーセントの所得と上位20パーセントの所得の間の格差は、スロヴェニア3.4倍、チェコ3.5倍に対して、ギリシャ、ルーマニア、ラトヴィア、ブルガリアでは6倍であり、スペインでは7

倍となっている（ibid.：9）。このような状況の一方で、現在のEU経済は域外に対する競争力を回復しつつあると見ることもできる。EUは2014年ではGDPの1.5パーセントの経常黒字を出しており、これに対して2010年では0.5パーセントの赤字だった（ibid.：10）。

　しかしEUは依然として強い競争圧力を受けている。とくに過去30年間の生産性の伸びの低さが大きな問題となっている。ユーロ圏の1人当たり生産性は、1980年には合衆国の90パーセントだったが、2010年代では70パーセント程度、いくつかの地域では60パーセントを割り込んでいる（ibid.：10）。その大きな要因が、情報通信技術での遅れである（ibid.：10）。家庭への光通信導入率では、合衆国ばかりでなく、韓国が58パーセントであるのに対してEUは5パーセントと、東アジアの先進経済から大きく引き離されている。このICT化の遅れはまだ十分に改善されていない。

　中間総括はいくつかの主要な政策分野について、戦略の目標達成の困難を指摘している。R&D投資（民間部門）の増加については、2012年で2.06パーセントであり、2020年で2.2パーセントと予想され、このままでは目標値は達成不可能と考えられる。失業の削減についても、20〜64歳の就業率を69パーセントから75パーセントに引き上げるという目標に対して、2012年で68.4パーセント（2010年68.5パーセント、2008年70.3パーセント）であり、2020年には72パーセントと予測される。ただしこの点は国ごとに異なっていて、パフォーマンスの良いスウェーデンやドイツと、非常に悪いスペイン、ギリシャ、ブルガリア、ハンガリーという両極があり、後者では積極的労働市場政策が必要だとされる。貧困削減についても、2020年に2千万人以上を貧困から救い出す目標に対して、逆に貧困層が2009年の1140万人から2012年は1240万人に増大していて、有効な社会的救済政策が緊急に要請されている。

　対照的に他の政策分野では、すでに目標達成が確実となってきている。その1つは資源・エネルギー節約型成長にかかわる点である。欧州2020の温室効果ガスの排出削減目標は1990年比で20パーセント以上、ないし条件が揃

えば30パーセントだったが、すでに2012年で18パーセントが削減され、2020年には1990年比で24パーセント削減される見込みとなっている（ただし国別目標達成は十分でない）。この結果には政策の成功だけでなく、不況によるエネルギー消費の縮小もかかわっていると考えられる（Eurostat 2015）。しかしこの分野では明らかに政策の成功と思われる成果もある。最終エネルギー消費に占める再生可能エネルギーの割合を20パーセントにするという目標については、2012年では14.4パーセントであり、2020年には20パーセントと予測される。EUは2012年で世界の再生エネルギー発電量の44パーセントを占めており、再生エネルギーで世界のリーダーの地位を確保している。エネルギー効率を20パーセント増大するという目標については、エネルギー消費が2006年比で2012年に8パーセント減少している。これは主に不況の影響と考えられるが、同時にエネルギー集約度が1995年から2011年で24パーセント減少し、工業部門では30パーセント減少している。EUは1995年から2011年まででGDPが45パーセント成長したのに対して、排出量は18パーセント削減されているので、汚染と成長の脱相関化を達成しつつあると評価できる。

　積極的労働市場政策と社会的結束政策にかかわる教育分野でも進展が見られる。学業放棄の割合を15パーセントから10パーセント以下にするという目標に対して、実態は2005年の15.7パーセントから2012年に12.7パーセントに低下し、30〜34歳の第3期教育卒業比率を31パーセントから40パーセント以上にするという目標に対して、2005年の27.9パーセントから2012年には35.7パーセントへと上昇した。

　　「EUは教育、気候変動、エネルギーの点では目標を満たしつつあるが、雇用、研究開発と貧困削減ではそうではない。」（COM（2014）：21）

　こうして北米や東アジアに比して思わしくない経済パフォーマンスの反面、EUの相対的優位としてのエコロジー的構造転換の先進性と、人的資本

形成での発展が顕著となっている。

3.3　EU 社会経済発展戦略の展望

このように欧州2020の中間評価は、明暗2つに分かれる結果となった。以下、2015年3月の欧州統計局資料（Eurostat 2015）に沿って、その点をさらに検討する。成果とされた点については、政策の一定の成功として理解することができる。失業、貧困、民間部門での R&D 投資など、失敗と思われる政策分野は、国民国家レベルでも十分に対処できない景気循環に関わる領域であり、有効な政策手段を持たない EU にとって、反循環政策による対抗策の実施ははじめから不可能だった。これに対して教育や再生エネルギー振興などは、直接国家の政策によって進めることができる分野となっている。ここで成果が見られるということは、実効性を持たないと思われた EU 社会経済発展戦略が、政策調整という手段によってある程度の実効性を持ったとみなすことができるだろう。それは欧州統計局資料が示すこれらの分野でのおおきな進展が見られた諸国が、EU 内先進地域に限られないことからも推測できる。

またこれらの成功した政策分野では、高齢化社会へのヨーロッパ社会の適応とも思われる兆候も見られる。それは「人的資源の女性化」とも言える現象である。教育については、学業放棄率は女性の方が男性より低く、初等教育での成績についても、数学でわずかに男性が優位であるのに対して、他の分野では一般的に女性の方が高い達成水準を示している。高等教育への参加率も女性の方が高く、生涯教育についても同様の達成水準が確認されている。これに対してマネージャーやトップリサーチャーでの女性の少なさや、改善されつつあるが男女間の所得格差の存在、シングルマザーの貧困など、女性が不利な状態に置かれている証拠も相変わらず見られるが、高度な知識経済が要求する人材という点で、女性が有利になりつつあることが推測できる。世界的に見てヨーロッパは女性の労働条件確保に先進的な政策を採っているので、それが継続されるなら、将来的には女性が労働市場で優位に立つ

可能性さえ展望できよう。そのような進展は、家族や地域や職場や政治の全体で、社会のあり方を大きく変えることになるだろう。

　エコロジー的構造転換という点からは、とくに再生可能エネルギーの発展やエネルギー効率の上昇、環境関連技術のイノベーション、環境関連産業での世界的な優位などの点で、EUが地歩を固めつつあることが見て取れる。他方で知識経済化とR&D投資の相対的な遅れや、既成産業の残存などの点で、北米や東アジアと比べ、産業構造転換は相対的に緩慢だと言える。EUは情報インフラ整備、高等教育と技術者の育成についても、進展が見られるとはいえ、韓国に遅れを取っている。また世界金融危機が直接の原因であるとはいえ、雇用や貧困の削減では目標達成が不可能視されている。高齢化と人口停滞によって労働力不足が将来にわたって継続すると見られ、移民によってその一部を補っているEUで、多くの失業者が存在している状況は、EU社会経済発展戦略がめざす、エコロジー的構造転換による新しい経済モデルがいまだ十分に機能していないことを示している。

　EU社会経済発展戦略がGDP成長率の引き上げを目指さず、低GDP成長下での質的成長を模索しているとはいえ、それが市場経済の既存のメカニズムに基づいている限り、ある程度のGDP成長率が必要となる。その点で、成長の可能性を持つEU外の地域は重要な意味を持つ。欧州委員会の中間評価はこの点を指摘し、航空機、医薬品などの分野でEUが輸出に成功し、貿易黒字を達成しつつあることを重視している。市場経済に基づく今後のEUの成長は、域外地域への輸出に依存していくことになるだろう。

　この点から見て、中国、インドに続く成長地域として注目されているアフリカが重要となっていくだろう。近い将来に人口停滞が予測されている中国やインドネシアなどに対して、アフリカは今後も半世紀以上にわたって大人口増大地域であり続ける。それは資源・環境問題の深刻化と貧困の悪化をもたらすが、同時に高成長率を達成しうる経済的フロンティアの条件でもある。アフリカでは「簡素な技術（frugal technology）」、再生エネルギーなどのインフラ形成でのローカルなイニシアチブ、アフリカ連合に基づく、国民

国家形成以前の段階の地域ガバナンスなど、エコロジー的構造転換に向けた、先進地域や新興国とは異なったガバナンス様式が期待でき、その一部は機能し始めている。

　ヨーロッパは歴史的にアフリカに対して強い影響力を持ち、貿易政策でも大きな配慮を払ってきた。欧州2020はその点を強調している[15]。その点でEUでのエコロジー的構造転換は、この地域内部だけで完結するのではなく、とくにアフリカを中心に、発展途上地域との共進化として構想すべきだと考えることができるだろう。

　世界的な景気変動の影響を受けたためとはいえ、欧州2020の4年間の実績に基づく中間評価では、目覚ましい成果どころか、目標の半分以上の達成が危ぶまれることが判明した。リスボン戦略については、期間の中間にコック報告が作成され、それに基づいて「新リスボン戦略」が策定された。同様に欧州2020の中間評価および各界からの助言（European Commission 2015a）に基づく戦略の改訂が2015年度末に行われると予定されたが、政治的、経済的な問題が次々に勃発する中で、2016年前期までこの改訂は行われていない。

　中間評価に先立って、2014年11月に新しい欧州委員会委員長となったジャン・クロード・ユンカーは、同年12月に3150億ユーロにのぼる「欧州投資計画」を発表した。これは欧州委員会と欧州投資銀行によってつくられた機構によって、欧州2020の目標や地域政策などのEU政策に適合的で、高リスクのプロジェクトに信用貸与を行うことを目的とする。予算のうちわけは、160億ユーロがEUの信用保証から、50億ユーロが欧州投資銀行から、残りが加盟国拠出と民間資金からであり、それらを統合して欧州戦略投資基金（EFSI）が設立され、戦略的インフラ、教育、R&D、エネルギー転換、中小企業への融資を行う（日本貿易振興機構 2016）。これを欧州2020戦略に欠けていた積極的な投資計画であり、事実上の欧州2020戦略の改定だととらえる考えもある（Stetter 2015）。

　中間評価の過程で欧州議会は、2015年9月の国連サミットで採択された

「アジェンダ2030」にある「持続的開発目標」を戦略に組み込むように要請した（European Parliament 2016）。2015年10月の欧州委員会プレスリリースでは、EU政策の重点目標を絞ることが発表された（European Commission 2015a；2015b）。そこではEUデジタルマーケットの創出や職業訓練支援、ワーキング・ペアレント支援とならんで、「循環経済」の創出が挙げられた。欧州委員会は12月には、投資や法的規制などによって「循環経済」を構築し、競争力強化、雇用創出と持続可能な成長をはかる新計画を発表した（European Commission 2015b）。このようにヨーロッパ社会経済発展戦略は、エコロジー的構造転換をいっそう進めるという方向性の下で、経済危機に対処するための投資拡大政策を模索する形で転換しつつある。

4 市場統合、構造転換と地域

4.1 地域政策

構造転換が知識経済化という点では十分に進展せず、社会的結束の点ではむしろ問題が大きくなっている状況で、EUではいっそう積極的な発展戦略の展開が望まれている。その1つの表れが、EUにおける地域政策の発展である。2000年以後、EU地域政策はリスボン戦略の内容を組み込むことを要請されてきたが、欧州2020ではその実施と並行して、地域政策をいっそう発展戦略にリンクさせる理論と政策策定が進められている。

市場が普遍的な規則性に基づき、社会が歴史と文化、重層的な社会関係からなる、時間的、空間的にそれぞれ特殊な存在であるというのは現実的な見方ではない。社会と同様市場も、歴史、流通範囲と商品の種類、および公的当局による規制の在り方に基づき、それぞれ固有性とローカル文化を持っている。それぞれの固有性を持つ市場は、それが世界的な流通に接続し、その中で共通の財と価値尺度である貨幣が機能する限りにおいて普遍性を持つように見えるに過ぎない。また「社会」のないところに同じく人間の営みである市場は存在せず、市場は小さな単位を超えた大きさの社会の存続に必要な

物資を供給するなど、社会と市場はお互いに相互依存性を持つ。その反面で、市場に立脚する企業と社会に立脚する労働組合、市民社会などの社会団体の利害は、多くの場合対立する。その意味で、市場と社会はお互いに憎しみ合いながら相手を必要とする、いがみあう兄弟（hostile brothers）の関係にあるといえよう。日本、韓国、中国のように、政治指導者や官僚機構に動かされる中央集権的な国家が経済のガバナンスで大きな指導性を発揮するコーポレート・コーポラティズム、自由市場的発展国家、社会主義市場経済のような東アジアの市場経済の諸類型と比較すれば、経済における公的当局や社会団体のプレゼンスが合衆国に比べて非常に大きいとはいえ、ヨーロッパは市場と社会の両面で分権的な構造を持っている。したがってEU「統合」深化の課題とは、それぞれに歴史的に成長してきた域内の諸市場と諸社会が、市場に対する近代国家を超えた画一的な規制が作り出す統一市場という大きな枠組みの中で、諸レベルの公的当局の支援を得て民主主義的な妥協を積み重ねながら、半ば自律的に緩やかに結び付いた統一体へとどう進化していくのかということにある。

　国家連合的性格を持ち、国境内の管理権を国家が保持しているEUでは、市場と社会が織りなす国境内の「地域」、あるいはクロスボーダー的に存在する「地域」が、EUの政策の対象単位として重視される。さらに地域はとくに以下の点で重要となる。第1に、とくに労働移動があまり見られないヨーロッパ社会では、地域社会が社会的結束の単位として重要であり、EU全域での労働移動を促進することと並んで、各地域で雇用を作り出すことが求められる。第2に、地域に集積する個人間の関係の豊かさは「社会関係資本」であり、環境政策などの政策の基盤となるとともに、さまざまなイノベーションの源泉となる（長尾 2015）。第3に、高度成長が見込めない高齢化・低成長化経済では、GDPに編入できない「豊かさ」が「質的成長」の重要な基準となるが、それは地域の生活と結びついた自然環境や個人間関係の蓄積と発展に基づいている。これらの理由で、EUの社会経済発展戦略はさまざまなレベル、大きさの地域政策と連携することとなる。

発展戦略を実施する際の地域政策の重要性は、欧州2020の地域政策に関する中間評価でも示された（European Commission, Regional and Urban Policy 2015）。地域レベルで見ても、雇用や貧困削減政策は大きく立ち遅れ、R&Dについても進展はあるが成果は先進地域に集中していて、EU全体としては目標に到達することが困難となっている。地域ごとの実績では、目標達成が見込まれるエネルギー・温暖化対策のデータがないため、全体としての立ち遅れがより目立っている。残りのターゲットの内でも、早期中退者を除く失業率、第3期教育、R&Dの3点については地域間格差が大きい。ヨーロッパ全体としては北部にパフォーマンスのよい地域が多く、南部に遅れた地域が集中している。

　3年間の実績を見ると、大きな改善は8地域（バルト諸国、連合王国2地域、オランダ2地域、ルーマニア2地域）でのみ見られた一方、期間中にかえって悪化した地域が多く見られた（ギリシャ10地域、スペイン2地域、ポルトガル2地域、連合王国1地域、キプロス1地域）。トップ10はスウェーデン4地域、ドイツ3地域、デンマーク1地域、フィンランド1地域、ベルギー1地域であり、ワースト10は南イタリア4地域、ルーマニア2地域、スペイン1地域、ギリシャ1地域、ブルガリア1地域、ハンガリー1地域となっている。またイタリアとスペインでは国内の地域間格差が大きい。都市部、農村部の違いを見ると、ブリュッセルを除くほとんどで首都がよいパフォーマンスを示す一方、農村部は全般的に遅れている。

　EUの先進諸国と後進諸国とでは地域のパフォーマンスが大きく違い、都市と農村の格差も大きい。またドイツ、デンマーク、連合王国、ベルギーでは首都を除き、都市部のパフォーマンスがむしろ悪化していて、先進地帯の都市問題も残っていることがわかる。このようにEU内の地域間格差は、欧州2020の目標達成の主な障害となっている。

4.2 「欧州2020」とEUにおける政策調整メカニズム

　「地域」が発展戦略の1つの基軸となるのは、EUの現状のマルチレベル・

ガバナンスの在り方にも理由がある。前述したようにいくつかの報告書で指摘されている、教育と環境における進展と対照的なITによる産業高度化と貧困の削減、雇用の増進という面での遅れは、主に2つの要因に起因すると考えられる。

第1に、EUの社会経済発展戦略は現状では国家連合であるというEU自体の政治的構造にも規定されて、有効な政策的手段を持たない。EU全体の予算規模が小さい上に、欧州委員会からの基金に基づく個別のR&D振興政策、産業政策や地域政策などと違って、EU全般にかかわる社会経済発展政策は加盟国当局の自発性に基本的にゆだねられている。リスボン戦略、欧州2020ともに、単一国家の政策というよりは、明確なヴィジョンを各国の政策担当者に提示し、それに基づいて各国の政策間の情報交流を進め、進展を点検し、勧告するという、各国間の政策コーディネーションの土台という性格が強い。

リスボン戦略、新リスボン戦略、欧州2020は徐々にそのメカニズムを発展させているが、政策コーディネーションについては、EUではそれらに加えて、他の政策メカニズムが補完的に存在している（Gros and Roth 2014：78-81）。「ユーロピアン・セメスター」（序章参照）という計画手段では、欧州2020にかかわる評価、計画手段にくらべ、より短期的、緊急の問題が明らかにされる。しかもEUの経済状況のモニタリングと評価、政策の調整と遂行において、ユーロピアン・セメスターは欧州2020よりも包括的で、より強力な手段を提供しているとされる。

欧州委員会は2011年に経済不均衡への警戒システムとして、「マクロ経済的不均衡手続き」を導入し、そのために各国財政のフローとストックの状況、国内経済の主要指標をまとめた、マクロ経済的不均衡手続きスコアボード[16]を作成している（田中 2013）。2011年3月に成立したユーロ・プラス条約[17]には当時のユーロ参加17カ国以外にラトヴィア、リトアニア、ポーランド、ブルガリア、ルーマニア、デンマークが加わり、マクロ経済的な政策調整を行っている。

このようにEUではマクロ経済面に限っても、複雑で参加国もそれぞれ異なるさまざまな政策調整メカニズムが機能している。それらは欧州2020と関連を持ってはいるが、もともと直面する深刻なユーロの危機に対応するための政策手段である。その他にEUの経済動向に大きな影響を与える政策手段としては、各国中央銀行および欧州中央銀行のマイナス金利政策、量的緩和政策などがある。これらはEUにおける景気動向の1つの大きな要因となっているが、あくまで金融市場の安定性を確保するための短期的政策である。EU社会経済発展戦略は、当初に掲げられた大胆な目的を達成する有効な手段を現状では有していないといえる。

第2に、欧州2020が提案されたのはリーマン・ショック以後だったが、その企画意図はこの危機に対応したものではなかった。それ以後、各国政府や欧州中央銀行などによって景気対策が行われているが、それらは欧州2020とは直接の関係を持たない。またEU全体としてはある程度の経済成長率を達成しているとはいえ、企業の旺盛な投資や消費需要の大きな増大を生むような景気拡大はこの地域では起きていない。EUがマクロ経済政策に関して欧州中央銀行の量的緩和政策以外にはとくに手段を持たないため、産業高度化や雇用の確保などの経済領域での目標の達成は、各国政府の政策努力に依存する再生エネルギー開発や教育などの分野と違い、景気動向に大きく左右されると考えられる。

EU予算は複数年度主義（序章の補論1参照）であり、発足当初の巨額の農業補助金が削減され、使途の柔軟性が増しているとはいえ、予算額は加盟大国の国家予算の数分の1に過ぎない。そのためEU予算は以下のような限定的な目的を持っていると考えられる。第1に、EU財政は疑似国家としてのEUの財政をまかなうのではなく、各国の財政政策を補完する役割を持つに過ぎない。第2に経済社会発展戦略との関係でとらえるなら、それはEU社会経済の中・長期的な変化の触媒となることを期待されている。EUレベルの財政支出は内容的には、EU全体の競争力強化と、統合の深化と地域振興を担当する。第3に、マクロリージョンなど国境を大きく超えた諸地域の

協同や、国境にまたがるクロスボーダー地域への投資は、国家では担当できないEUの独自性と必要性を示すショーウィンドウ的役割を果たす点で重要となる。

　調整メカニズムという点では、リスボン戦略から欧州2020への継続の中で、次項で見る投資の発展戦略への紐づけの強化やユーロピアン・セメスター等の調整手段の強化など、政策手段の発展と他の政策部門との統合がはかられてきた。また財政政策や発展戦略とは異なるが強制力を持つEU法は、強い介入手段となっている。しかし世界政治や国際金融市場の激動の中でEUはそれらへの短期的対応を迫られていて、それと中・長期的政策の整合性はつねに大きな問題である。

　だが地域政策については、助成金の裏付けがあるためにやや実効性のある政策手段が導入されている。リスボン戦略以後、EUの地域政策はそれを組み込んで立案することを要請され、それに続く発展戦略が地域政策のガバナンスに影響を与えてきていることが指摘されている（Maes and Bursens 2015）。欧州2020の策定後はこれに加えて、EU予算の多くを占める構造基金などの地域政策に関する助成金が、「スマート・スペシャリゼーション戦略」を含む政策枠組みに基づいて交付されるように改変された。この戦略は欧州2020の3つの柱を内容的に含む地域政策の概念的枠組みとなっており、EU予算の執行にかかわってくるという点で、事実上欧州2020の目的のうち、遅れているR&D戦略、統合戦略を地域レベルで実施する際に、ある程度の実効性を有する政策の1つとなっていくと考えられる。次項ではEU社会経済発展戦略との地域政策への具体化の可能性を見るために、この戦略の概要を検討する。

4.3　スマート・スペシャリゼーション戦略の策定

　欧州委員会によると、スマート・スペシャリゼーションは以下のように定義される。それは「効率的で有効な公的研究投資を促進するための新しいイノベーション政策の基本概念」であり、「諸地域が自身の強みに集中するこ

とによって、経済的成長と豊かさをもたらすように、地域でのイノベーションを後押しすることを目的としている」。そのために、この戦略は「いくつかの先端的な技術」へ投資が少量ずつ分散してしまうことを避け、「地域の技術的資産の正確な分析に基づき」、「他地域の潜在的パートナーとの連携」を考えて、投資の重複を避ける。スマート・スペシャリゼーションでは企業、公的当局、研究・教育機関の間の強力なパートナーシップが不可欠である[18]。

　スマート・スペシャリゼーション戦略の学問的起源は、進化経済学、制度経済学、内生的成長論等の1970年代以後の経済学・政治経済学の展開に基づくといわれている。その直接の起源は ERA（European Research Area）で行われたドミニク・フォレイたちの「成長のための知識」研究グループの成果にあるとされている[19]。

　フォレイたちは合衆国と EU の競争力を R&D に関して比較し、以下のような結論を得た。合衆国の事例と比較すると、ヨーロッパでは R&D 投資に一貫性がなくばらばらに行われており、関係するアクター間の調整が十分にされていない。またそれらは成果を生みだすために必要な閾値に達する金額となっていない。それぞれの地域の政策としては、各地域が ICT やナノテクノロジー、バイオテクノロジーのような、流行している同様のテクノロジーを発展させようとして似通った投資計画を建てているが、それらは必ずしも地域の実情に合っているとは言えない。これらのことからフォレイたちは、R&D に関してヨーロッパのそれぞれの地域のポテンシャルに見合った、特化した投資が必要であるとした（Midtkandal and Sörvik 2012）。

　彼らは従来の R&D 政策を支配した誤った観念として、市場の失敗に対して適切に対処することを目的に、政策は一般的な形で行われなければならず、特定の産業・技術等の「優先順位」を付けてはならないという考えを挙げ、積極的な産業政策の復活を提唱する。ただしスマート・スペシャリゼーションは、ある地域が漁業や観光に特化するといった意味での、単なる競争優位に基づく地域間分業を提唱するのではない。それはある地域がその知識

的な特性を生かして、漁業や観光における R&D 振興を重点的に行い、その分野でのイノベーションをリードするよう促すことをめざしている。その際にフォレイたちは、従来の地域政策が外部のコンサルタントに依存し、地域のステークホルダーの意見が吸い上げられていなかったこと、とくに地域の経営者の意見を組み込む計画化ができていなかったことを批判し、ボトムアップ型の作成・執行を要請している。

　彼らは知識経済論的視点に立って、イノベーション政策では企業家などの現場のアクターたちの「発見のプロセス」が重要だと強調する。フランスのモレは眼鏡の特産地となっているが、それは1796年に鍛冶屋だったピエール・イアサント・カゾが自身の鋲釘の技術を使って細い金属製の眼鏡のつるを作ることができることに気づき、潜在的に大きな需要があった読書用の眼鏡づくりに転向して大成功し、地域の同業者たちが後を追うことでそうなった。フォレイたちは、この例が以下のことを示していると指摘する。第１に、潜在的な特化の道についての「企業家的発見」が、必ずしも新しい技術的発見ではなく、既存の生産上の資源の有利さに気づくことでもあること、第２に、最初の成功に模倣が続くこと、第３に、有効な政策はあれこれと指示することではなく、教育や訓練や調整機会などの公共財を提供して、発見の手助けをすることである、第４に、その結果はたんなる１つの技術革新ではなく、地域経済全体の構造的な進化となることである（Foray, David and Hall 2011：6）。彼らはこのような視点に立って、優先順位の決定で企業家的発見の過程（これには企業だけでなく、高等教育機関、独立した発明家なども含まれる）を重視し、一般的な技術の知識や統計などの抽象的分析によるテクノクラート的、一方的な押し付け型政策を否定する。そして地域での正しいイノベーション推進政策は、大きな方向性を暗示しつつさまざまな公共財を利用して経験的知識に基づく企業家的発見の過程を助ける形で行われるべきだと主張する。

　欧州2020が開始されると、スマート・スペシャリゼーションは地域政策の課題として採用され（COM（2010b））、2010年代の前半期に政策文書、EU

規則、担当部局などが徐々に整備され[20]、それらに沿って、地域や各国政府の政策文書が作成されつつある[21]。またこの政策アイディアはEUのみならず、世界銀行やOECDも関心を持つにいたった。世界銀行はこれに基づき、各国への勧告書を作成している[22]。OECDは2013年に報告書『諸地域のイノベーション主導型成長：スマート・スペシャリゼーションの役割』（OECD 2013）を出版している。そこではベルギー、オランダ、スペイン、イギリス、オーストリア、チェコ、エストニア、フィンランド、ドイツ、ポーランドに加えて、トルコ、オーストラリア、韓国の実例が分析されている。

EUではリスボン戦略、欧州2020が唱える産業高度化に関する立ち後れを受けて、欧州2020の実施に関連して、EU予算の多くをR&Dへの投資に向けることが企画され、結束基金のうち25パーセントをR&Dに回し、また2010年代後半の先進地域と移行地域での投資の8割をエネルギー効率、再生エネルギー、中小企業、R&Dに当てることになっている。これは後発地域では50パーセントとなっている。また欧州2020に関して、「イノベーション同盟」、「ヨーロッパのためのデジタル・アジェンダ・イニシアチブ」などのR&D振興政策が実施されている。スマート・スペシャリゼーションはこれらと連携しながら、地域でのR&D振興を行い、EU経済の知識経済化を進めることを目的としている。

スマート・スペシャリゼーションは地域のアクターの「企業家的発見の過程」を重視し、たんなるR&D投資助成だけでなく、発見プロセスの支援も重視している。それにむけた1つの施策として、2011年6月に欧州委員会は「スマート・スペシャリゼーション・プラットフォーム」を設立した。それは6つある欧州委員会内の科学サーヴィス機関であるJRC（Joint Research Centre Institute for Prospective Technological Studies）[23]の1つであるセヴィリヤのIPTS[24]内に置かれ、各種アクターの参加を促して、専門家や担当者のワークショップ等を開催し、政策策定、評価等の支援を行うとされている（European Union 2012）。

スマート・スペシャリゼーション戦略の法的根拠として、2013年12月17日にEU議会と理事会はEU規制（EU Regulation 1301/2013）[25]を制定し、2014-2020年の結束基金の方針としてスマート・スペシャリゼーションが具体化された（European Comission 2014）。これをうけた2014年3月の欧州委員会文書では、「スマート・スペシャリゼーションとは国家的、地域的イノベーション戦略である」とされている。それはビジネスの必要という点での強みにしたがって、研究とイノベーションを発展、適合させることで築かれる競争優位に基づき、投資の優先順位を決め、機会と市場の発展を統合的に進め、投資の重複と分散を避けることを目指している。そこでは結束政策の新しい戦略が「スマート・スペシャリゼーションのための国家的・地域的イノベーション戦略（RIS 3）」と名付けられて、基金をより効率的でシナジー効果があるように使用するために、各国、各地域がRIS 3に従った計画を立てることが要請されている。

欧州委員会によれば、このRIS 3の目的は以下の諸点にある。

① すべての地域でイノベーションをめざす
② 投資とシナジー効果に集中する
③ イノベーション過程を改善する
④ ガバナンスを改善し、ステークホルダーをより参与させる
⑤ 経済の転換のための戦略を発達させ、実行する
⑥ 経済的、社会的挑戦に応える
⑦ 世界の投資家に地域を目に見えるようにする
⑧ 地域の内的・外的関係を改善する
⑨ 開発政策の中の重複や模倣を失くす
⑩ 資源の必要な量を確保する
⑪ 知識のスピルオーバーと技術の多様化を促進する

RIS 3戦略はRIA、RITTSなど、従来のEUの地域イノベーション戦略を受け継いでいるが、とくに資金的裏付けを明確にしていることがより現実

的な効果を持つ点だと考えられる。まず欧州地域開発基金（ERDF）を受給するためには、申請主体は RIS 3 に沿った計画を立てて承認されなければならない。まず RIS 3 に申請する計画は、地域、国家的当局と大学、他の高等教育機関、産業、社会的パートナーなどのステークホルダーが、企業家的な発見過程という形で参加することで策定されなければならない。そしてそれは以下の条件を満たさなければならない。

（a）SWOT かそれに類する分析によって、資源を限られた数の研究・イノベーション目標に集中する
（b）私的部門の研究・技術開発投資を促進する手段を明確にする
（c）明確なモニタリングとレビューのシステムをつくる
（d）各国が研究・イノベーションに必要な財政資源全体の枠組みを持つ
（e）各国は EU の優先順位 ESFRI に関連させた投資のファイナンスと優先付けの複数の年度計画を採択する

さらに他の資金・政策も、スマート・スペシャリゼーション戦略と連関してとらえられている。800億ユーロの予算が付いている「ホライゾン2020計画」の中から、少なくともその半額は直接に産業への投資に向けられることが決まっており、2014-2020期多年度財政枠組みでは、欧州戦略投資基金（ESIF）の少なくとも半額がこの戦略に沿って、産業と中小企業に投資されることになる（Tajani 2014：9）。またそれぞれの地域・産業政策は、欧州委員会が重視する6つの分野、先進的製造業、中心的技術、環境にやさしい車両と交通、バイオ生産物、建設、資源およびスマートグリッドについて、スマート・スペシャリゼーション・プラットフォームを構成することができるとされる。

このようにスマート・スペシャリゼーション戦略は現代の EU の産業・地域政策において、国家や地域の研究とイノベーション戦略の政策枠組みに組み込まれつつある。これによってスマート・スペシャリゼーション戦略は、イノベーション同盟とともにヨーロッパの成長戦略の中に位置づけられたとされる（Flemish government 2014：8）。

4.4　スマート・スペシャリゼーション戦略の意味と展望

　以上のように、政策アイディアとしてのスマート・スペシャリゼーション戦略は、従来の制度的な政治経済学のアプローチに基づく産業ディストリクト、産業集積などの地域経済発展研究の集成であり、効果的、効率的なR&D投資の政策的誘導によって、地域発展を志向する考え方である。それはまたEU発足以来進められてきた従来のEU地域政策を検討し、その問題点を明らかにして結果でもある。それは地域の特性、長所、ポテンシャルを生かしながら、ITの振興を軸にしたそれぞれの産業戦略を立てて遂行することによって、地域間分業を進め、EU全体の技術的競争力と経済パフォーマンスの向上を図ろうとしている。

　また欧州2020との関係では、スマート・スペシャリゼーション戦略はIT、社会的結束、環境という欧州2020の3つの柱を地域政策で実現することをめざしている点で、ヨーロッパ社会経済発展戦略の、地域政策における具体化の1つだということができる。欧州2020の中間総括では、環境、教育面での進展に比べて、産業の情報技術を軸にした産業高度化という点での遅れが明らかになった。EU経済は合衆国と比べて、いまだ第2次産業の比重が大きく、技術的に高度な第3次産業の発展で立ち遅れている。それは韓国のようなかつての途上国からも、いくつかの点で引き離されつつある。この問題はたんに国際競争力という面に関しているだけではない。知識集約的で高度な第3次産業の発展は、付加価値生産の点からだけでなく、経済発展と比較した資源・エネルギー節約率の高さという点で、資源・節約型成長にとって中心的な役割を果たすことが期待されている。エコロジー的構造転換という意味でも、第1の柱の遅れは問題であるといえる。他の産業高度化政策と並び、またそれらと連携しながら、スマート・スペシャリゼーション戦略はそれを地域政策において打開することを狙っている。

　このようにスマート・スペシャリゼーション戦略は、直接にはR&D振興による産業高度化、知識経済化という、欧州2020の第1の柱にかかわった政策である。しかしそれは同時に内容的には、第2の社会的結束にもかかわっ

ている。「地域的特性」をとらえる際に、この戦略では資源の賦存度や経済地理的条件だけが考えられているのではない。スマート・スペシャリゼーション戦略ではそれらに加えて、歴史的、文化的条件や、研究・教育機関や地域社会の社会関係資本が地域の「競争優位」をもたらす条件として考慮されることになっている。また投資についても、たんなるインフラや企業、R&Dへの投資でなく、地域の個性ある社会的資本を生かし、育成することが重視されている。この点でこの戦略は、経済と社会の総合的な発展をめざす2020の地域での具体化であり、地域での社会的包摂を課題の1つとして掲げている。

スマート・スペシャリゼーション戦略はリスボン戦略の期間末期にアイディアが提唱され、2010年代の初めに定式化され、政策文書が作成されたのち、2013年にEU規則が承認されるなど、本章執筆時点では始まったばかりであり、政策の具体化の途上にある。また政策内容上も中・長期的にしか成果が出ないはずであり、その点で欧州2020の中間評価の段階では、まだ政策的アイディアという形でとらえておく必要がある。実際の評価は、欧州2020の終了以後にされることになるだろう。

成果がまだ明らかになる段階ではなく、また経過評価や結果のレビューの制度が条件として要請されているとはいえ、政策の性質上、明確な形の結果が得られるかどうか不明であることに加えて、その現実性にはいくつかの疑問点が挙げられる。この戦略はトップダウン的な性格があった従来の政策を批判し、外部の専門家の提言に依存するよりも、研究教育機関、市民社会など地域の声を生かしたボトムアップ型の政策形成を提唱している。とくに従来は現地の企業家の発意が汲み込まれていなかったとして、企業家の参加を強調している。しかしこの点については、産業集積が進み、豊かなネットワークが存在し、とくに企業などの主体が成熟しているモデル的な地域以外では、実際には容易ではないと考えられる。また戦略が参加を期待している中小企業の場合、EUの助成金に応募するための準備に必要なコスト自体の負担が企業規模に比して大きいことなど、大企業やすでに地域開発プログラム

に参加した経験を持つ企業以外の積極的な参加には困難が予想される。

　また戦略は知識経済化を進める欧州2020の目標に即して、先端的情報技術を産業転換の基軸と考え、個々の計画作成の必須の条件としている。だがこのような政策が、多様性に富むEUのとくに遅れた地域でどれほど現実性があるかも疑わしい。前述したように戦略は担当者のための詳細な手引書を作成し、RIS 3 プラットフォームという政策作成支援制度を設立し、情報交換や専門的助言や協働を促進しようとしている。また産業進化に関する地域の発展の段階に応じて段階的目標を設定するなど、発展の異なるさまざまな地域を戦略に包括するようにする努力も見られる。しかし現実には遅れた地域の計画が RIS 3 の条件を満たすことは容易ではない可能性もあり、その点で事実上重点地域重視となる危険性も存在している。このようにスマート・スペシャリゼーション戦略がどこまで実効性を持つかは、諸地域の取り組みにかかっているといえよう。

　スマート・スペシャリゼーション戦略には現実的に見て、EUの助成金政策の見直しという意味があると思われる（本書第 3 章、第13章参照）。この戦略は他地域の成功例を模倣する後追い型や先端産業誘致型の政策ではなく、それぞれの地域の特徴を活用する産業の特化をもとめている。この点で、産業・地域政策としては、EUの補助金がばらまき型になりがちであることを反省し、各当局に地域の特徴ある産業・社会のあり方を提案することを強制する点で、従来の助成のあり方を、具体的な目標を決めた重点投資型に修正することを目指している。このようにとらえると、この戦略は構造基金等のEU予算のより効率的な使用を促進しようとしていると見ることができるだろう。そのため非常に遅れた地域などにとっては、助成金獲得を困難にすることも考えられるため、分配の不公平と取られる可能性があるかもしれない。

　これらの不確定さはあるが、スマート・スペシャリゼーション戦略は構造開発基金の申請の条件とされ、さらに計画策定は政府や自治体の投資、他のEU助成との連携も考慮するように促されているため、この戦略はたんなる

各国の政策調整ではなく、欧州2020の枠組みの中では資金の裏付けのある、実効性がある地域、産業政策の1つであり、その進展は産業・地域政策にかかわる欧州社会経済発展戦略の具体化という点で、今後注目に値すると考えられる。

5　結　論

　さまざまなEU文書に現れるように、現在のEU社会経済戦略の基本概念は第2次大戦後の北欧、ドイツの経済ガバナンスを指している「社会的市場経済」を現代化したものである。その具体的な内容は欧州2020にあるように、①有効需要の急激な増大が望めない成熟した工業社会・人口停滞・高齢化社会という現実の前で、貨幣タームで表現されるGDP成長率という意味での高度経済成長を政策目的とすることを断念し、②知識経済化、省資源・省エネルギー経済という点での経済の高度化と、環境関連産業の振興を中心に国際競争力上昇を目指し、③名目賃金では表現できないさまざまな面での「生活の質」の向上という意味での「質的成長」を目的とするという点で、エコロジー的構造転換をその柱の1つとしている。「社会的市場経済」の「社会」はもともと「連帯」理念を含意しており、第2次大戦後のその展開は、産業国有化に基づく社会主義国での計画化に対して市場経済を基礎としながら、それを福祉国家によって補完し、体制への大衆的な同意を獲得するという形を取った。自由な統合市場による経済成長、効率化をめざす自由市場主義と、参加民主主義と連帯原理を経済ガバナンスに導入しようという「社会的欧州」が拮抗する統合EUでの社会経済発展戦略には、市場原理に並んでこの「社会的次元」が必須であり、それらの文言には社会的連帯政策が書き込まれている。このように先進的な小国を模範としつつ、「エコロジー的構造転換」と「社会的結束」の2つをいっそうの市場統合と両立させようとするEUの社会経済発展戦略は、「エコロジー的社会的市場経済」をガバナンスの基調としようとしていると言えるだろう。

しかし1国レベルでの政策と違い、現在のところEUにはそのための強い政策手段が欠けている。そのためEU社会経済発展戦略は具体的で実効性のある政策というより、政策遂行能力のある加盟国政府間の政策コーディネーションを行う概念的枠組みという性格が強い。実際のEU経済を動かしている政策は、ユーロを維持するための財政赤字削減政策や、各国政府や各国中央銀行と欧州中央銀行の諸政策であり、とくにこの数年は前者の条件と各国財政の衝突や、後者2つが採用しているゼロ金利、マイナス金利政策や量的緩和政策が、EU経済の動向に大きな影響を与えている。そのような限界性をあらかじめ想定して、調整メカニズムの洗練という点からとらえるなら、リスボン戦略から欧州2020への制度的発展が見て取れる。それは目に見える政策の成功や失敗という形をとらないが、EUレベルでの政策収斂と制度進化によって、中・長期的にEU経済のガバナンスを方向づけていくということはできるだろう。

　このような限定の上で、どこまでが直接の政策の帰結であるかを問わないとして、欧州2020の中間的な総括を行うなら、3つの柱の内、教育と環境面での成果と、産業高度化と社会的連帯の面での遅れが対照的となる。この2つの政策分野のグループは景気循環との相関性という点で違いがあるので、遅れの要因という点では欧州2020というより、リーマン・ショック以後の世界経済の動向の問題であると見る方がいいだろう。しかし景気循環という要因を差し引いても、産業高度化と知識経済化の遅れという点では大きな政策的課題がある。エコロジー的構造転換の進展に即してみた場合もそれは明らかである。「緑色成長」政策を掲げながら景気刺激のための公共土木事業に多くの予算を投入する発展国家的体質から抜けられず、エネルギー政策面では前進が見られない反面、R&D投資や知識経済に向けたインフラ整備の点でEUを凌駕している韓国、独自の社会主義路線として「エコロジー文明」の理念を提唱しながら、過酷な公害を引き起こし、高い成長率のために有効な環境汚染対策がいまだ遂行できない反面、すでにソーラーパネルなど、再生エネルギー産業関連製品で世界をリードしている中国などと比較すれば、

EUは環境保護政策、再生エネルギー産業の発展という達成の一方で、知識経済化は遅れ、産業構造は従来型から十分に脱却できていない点で、ちょうど背反する対比を構成している。

　2010年代の前半期に整えられてきたスマート・スペシャリゼーション戦略は、その点で欧州2020の地域への具体化の一端を担う政策となっている。それは進化経済学や知識経済論を吸収し、たんなるトップ・ダウン型や専門家支配を排し、ステークホルダーの下からの積み上げや「企業家的発展の過程」を重視する洗練された概念的枠組みを持つ、選択的産業政策の復活であると考えられる。それは予算的裏付けと優先順位を持つ点で、特定の産業をターゲットとしない市場経済型の産業政策と異なっており、政策立案・遂行のプロセスで多様なステークホルダーの参加を条件づけている点で、ヨーロッパ的な社会的市場経済のモデルに基づいている。この戦略も性質上、短期的な効果は期待できないが、知識経済化に向けてEUの地域・産業に長期的な影響を与えていく可能性を持っているといえるだろう。

　しかし発展戦略のこのような方向性には、現在のEUが直面する政治的な問題を悪化させる可能性もある。EU地域政策が経済社会発展戦略に統合されることによって、EUの地域への助成はますますR&Dや新産業、新企業の創造に向けられることになった。旧来のEC・EUの構造基金は衰退産業地域への支援という意味も持っていたが、そのような側面は弱くなっていくだろう。リスボン戦略、新リスボン戦略、欧州2020はいずれも「社会的結束」を重要な柱とし、その推進を公約してきたが、それらは主に産業の競争力の強化や新産業の創出と、労働市場の流動化に手段を求めていた。それは世界経済の環境悪化もあり、失業と貧困の削減という点では、目立った成果を挙げていない。ユンケル委員会の投資政策も、従来の政策の文脈の上で考えられている。北欧の積極的労働市場政策は完備した福祉国家という大きな枠組みの中で展開したが、それにあたる政策は基本的に各国政府に委ねられていて、EU自体が市場統合と構造転換に伴う社会的コストに対するセーフティネットを提供しているのではない。

統合市場の目標のうち労働の自由な移動に利益を感じるのは、主に住む地域を問わずキャリアの積み上げを目指す高学歴の人々や、新天地での新しい生活を望む人々、これから人生設計を考える若年層と、賃金格差のために先進地域で高収入を得ようとする経済発展が遅れた地域の人々だと考えられる。これらの人々にとって、移動のコストと社会関係資本の損失より、移動による利益の方が大きい。反対にさまざまな事情で産業衰退から回復できない地域に居住する、それ以外のタイプの人々にとって、前世紀末から急速に進められた加盟国拡大が期待していた経済成長に結びつかない現状では、EU統合の利益は見えにくいどころか、生活を脅かすものと映るだろう。彼らにとって統合の高い理念を掲げた発展戦略の展開は、むしろ自分たちから未来を奪うものに見えることもあるだろう。今後EUが掲げる「統合の深化」に向けた合意形成にとって、そのような不満に対する対策が重要となっていくことも考えられる。

注
1) 長尾 (2005)。
2) 小国経済論の最初の着想については、長尾・長岡 (2000) 収録のピーター・カッツェンスタイン論文を参照。
3) エコロジー的近代化については、長尾 (2011)。
4) 以下のリスボン戦略への評価については、長尾 (2005)。
5) European Trade Union Confederation (2006) など。
6) EuroActive (2008). http://www.euractiv.com/section/innovation-industry/linksdossier/growth-and-jobs-relaunch-of-the-lisbon-strategy/.
7) Party of European Socialists (2001), PES Lisbon network contribution to the tripartite social summit Defining common principles on flexicurity. Ferrera, M., Hemerijck, A., & Rhodes, Martin (2001).
8) 北欧におけるレーン・モデル等の積極的労働市場政策と世界市場を通じた発展戦略については、長尾・長岡 (1992)。
9) この概念は主に社会学では「エコロジー的近代化」と呼ばれ、SPDの綱領では「エコロジー的近代化」と並んで「産業社会のエコロジー的構造転換」と呼ばれるなどさまざまであり、まだ確定した単語を当てることができない。
10) ドイツ、西欧でのエコロジー的近代化論の展開については、長尾 (2011)。
11) 構造転換における社会の役割については、長尾 (2015)。
12) かつて1970年代の日本の省エネルギー政策は国際的に評価され、2度の『産業構造審

『議会答申』の内容を通じて、ドイツのエコロジー的構造転換に着想を与えた。しかし構造転換のパフォーマンスという点では、①既存産業の環境・資源エネルギー節約型への技術転換という点では進み、④国際的な競争圧力の創出という点では敗退し、一部は中国に奪われ、②環境保護にかかわる新産業の創出と、非再生エネルギーから再生エネルギーへのエネルギー転換でも大きく遅れ、③脱工業化の中心となる知識経済化の点でも教育投資の点で韓国に遅れ、⑤社会的イノベーションは、地域、自治体のイニシアチブで進展を見つつ、全国的に大きな転換は見られていない。

13)「2010年には財政赤字は平均でGDPの6.5パーセントに達し、2015年には2.7パーセントに減少すると予想される。これは財政の安定性を確保しようとする、とくに2011年から12年にかけてのいくつかの加盟国の非常な努力を反映している。しかし赤字の累積と成長率低下を考えると、国家財政赤字率は危機以前の平均GDPの60パーセントから、2010年には80パーセントへと大きく増大し、2015年には89.5パーセントに達すると予想される。」(COM (2014): 7)

14)「食料、肥料、衣類への需要は2050年には70パーセント増大するが、それらの生産を助ける世界の主要なエコシステムの60パーセントはすでに傷つけられるか、持続可能な形で利用されていない。ヨーロッパの多くの地域で、水質と大気汚染は依然として大きな問題である。持続可能でない土地利用は豊かな土地を消費しながら土壌を痩せさせており、『緑のインフラ』は依然として重視されていない。同様に、持続可能でない海の利用は脆弱な海のエコシステムを脅かし、漁業や観光のような関連する産業に影響を与えている。」(*Ibid.*: 11)

15)「われわれはアフリカととくに密接な関係を保っており、将来この関係を発展させるために、よりいっそうの投資が必要である」、European Commission。

16) MIP スコアボード: http://ec.uropa.u/economy_finance/economic_governance/macroeconomic_imbalance_procedure/mip_scoreboard/index_en.htm.

17) http://ec.europa.eu/epsc/pdf/publications/strategic_note_issue_3.

18) http://ec.europa.eu/research/regions/index_en.cfm?pg=smart_specialisation.

19) Foray and Van Ark (2007), Foray, David and Hall (2011), OECD (2013)等参照。

20) 大学については、European Union (2011), European University Association (2014).

21) Prime Minister's Office, Hungary (2015), Flemish government, Department of Economy (2014).

22) ポーランド:
http://www.worldbank.org/en/news/press-release/2014/04/04/world-bank-advises-on-how-to-improve-innovation-strategies-for-smart-specialization-in-poland.
ブルガリア:
http://www.mi.government.bg/files/useruploads/files/innovations/full_report_3s.pdf.

23) https://ec.europa.eu/jrc/.

24) https://ec.europa.eu/jrc/en/institutes/ipts.

25) http://eur-lex.europa.eu/legal-content/EN/TXT/?uri=celex:32013R1301.

参照文献

加藤里紗 (2014)「韓国における『低炭素緑色成長』——エコロジー的近代化論の観点か

ら一」『経済科学』62(1)。
田中友義(2013)「欧州債務危機の再発防止と EU 経済ガバナンスの再構築－財政規律の多角的監視の強化と自動的制裁の導入」『季刊国際貿易と投資』94(21)。
長尾伸一(2005)「EU リスボン戦略に関するコック報告と社会的ヨーロッパの展望」『現代の理論』39。
―― (2011)「エコロジー的近代化論と『緑の産業革命』『ドイツ研究』45。
長尾伸一、マルティン・イェーニッケ、ミランダ・シュラーズ、クラウス・ヤコプ(2012)『緑の産業革命』昭和堂。
長尾伸一(2015)「ソーシャル・キャピタルと産業発展・企業」坪郷實編著『ソーシャル・キャピタル』ミネルヴァ書房。
長尾伸一・長岡延孝(1992)「80年代社会民主主義の経済政策」住沢博紀他共編著『EC 経済統合とヨーロッパ政治の変容』河合出版。
長尾伸一・長岡延孝編(2000)『制度の政治経済学』木鐸社。
長岡延孝(2014)『『緑の成長』の社会的ガバナンス: 北欧と日本における地域・企業の挑戦』ミネルヴァ書房。
日本貿易振興機構(ジェトロ)ブリュッセル事務所海外調査部欧州ロシア CIS 課(2016)『「欧州戦略投資基金(EFSI)」の概要』2016年2月。
https://www.jetro.go.jp/ext_images/_Reports/01/0f96d1554c4acc8d/20150145.pdf.
COM (2005) 4, *Working Together for Growth and Jobs, A New Start for the Lisbon Strategy, Communication from President Barroso*, European commission.
COM (2010a) 2020 final, *Communication from the commission Europe 2020, A strategy for smart, sustainable and inclusive growth*, European commission.
COM (2010b) 553 final, *Communication from the commission to the European parliament, The council, the European economic and social committee and the Committee of regions, Regional policy contributing to smart growth in Europe*, European Commission.
COM (2014), *Communication from the commission to the European parliament, the council, the European economic and social committee and the committee of the regions. Taking stock of the Europe 2020 strategy for smart, sustainable and inclusive growth*, Brussels.
COM (2015a) 100 final, *Communication from the commission to the European parliament, the council, the European economic and social committee and the committee of the regions, results of the public consultation on the Europe 2020 strategy for smart, sustainable and inclusive growth*, European commission.
COM (2015b) 610 final, *Communication from Commission to The European Parliament, the council, the European economic and socil committee and the committee of regions, Commission Work Programme 2016 No time business as usual*, European commission.
Department of Economy, Science and Innovation (2014) *Vanguard Initiative, New Growth Through Smart Specialisation*. Flemish government.
EESC plenary session (2016) *Europe 2020 falling by the wayside of the Juncker recovery plan?*, 2016/5/26.
http://gong.hr/en/goodgovernance/europeanunion/europe2020fallingbythewaysideofth

ejuncker/.

EuroActive (2008), "Growth and Jobs: Relaunch of the Lisbon Strategy, published on 4 November 2004 and Updated on 22 March 2007".

European Commission (2014) *National/regional innovation Strategies for smart specialisation (ris3): Cohesion Policy 2014-2020.*
http://ec.europa.eu/regional_policy/sources/docgener/informat/2014/smart_specialisation_en.pdf.

European Commission, Regional and Urban Policy (2015) *The Europe 2020 index: the progress of EU countries, regions and cities to the 2020 targets*, 01/2015 May 2015.

European Commission (2015a) *Juncker Commission adopts second annual Work Programme: Maintaining focus and delivering on 10 priorities*, Press release, Strasbourg, 27 October 2015.

—— (2015b) Closing the loop: Commission adopts ambitious new Circular Economy, package to boost competitiveness, create jobs and generate sustainable growth, Brussels, Press release, 2 December 2015.

—— (2015c) COM 100 final, *Communication from the commission to the European parliament, the council, the European economic and social committee and the committee of the regions, results of the public consultation on the Europe 2020 strategy for smart, sustainable and inclusive growth.*

—— (2015d) COM 610 final, *Communication from the Commission to The European Parliament, the council, the European economic and social committee and the committee of regions, Commission Work Programme 2016 No time for business as usual.*

European Council (2000a) *Presidency Conclusions*, Lisbon European Council, 23 and 24 March 2000.
http://www.consilium.europa.eu/en/uedocs/cms_data/docs/pressdata/en/ec/00100-r1.en0.htm.

—— (2000b) *Presidency Conclusions*, Göteborg European Council, 15 and 16 June 2001. SN 200/1/01 Rev 1.

—— (2007) *Presidency Conclusion: Europe-Succeeding Together*, (7224/07), Brussels, 9 March 2007.

European Parliament (2016) *Follow-up and state of play of the Agenda 2030 and Sustainable Development Goals, European Parliament resolution of 12 May 2016 on the follow-up to and review of the 2030 Agenda (2016/2696(RSP))*, P8_TA-Prov (2016)0224.

European Trade Union Confederation (2006) *The European Union's Lisbon Strategy*, http://petition.etuc.org/a/652.

European Union (2011) *Regional Policy, Connecting Universities to Regional Growth: A Practical Guide, A guide to help improve the contribution of universities to regional development, with a view to strengthening economic, social and territorial cohesion, in a sustainable way.*

—— (2012) *Guide to Research and Innovation Strategies for Smart Specialisation (RIS 3).*
http://s3platform.jrc.ec.europa. eu/en/c/document_library/get_file?uuid=e50397e3-f2b

1-4086-8608-7b86e69e8553.
European University Association (2014) *Report on joint EUA-REGIO/JRC, Smart Specialisation Platform expert workshop: The role of universities in Smart Specialisation Strategies.*
Eurostat (2015), *Smarter, greener, more inclusive? Indicators to support the Europe 2020 strategy.*
Ferrera, M., Hemerijck, A., & Rhodes, Martin (2001), The Future of the European "Social Model" in the Global Economy, *Journal of Comparative Policy Analysis: Research and Practice*, Vol. 3 Issue 2.
Flemish Government, Department of Economy, Science and Innovation (EWI) (2014), *Vanguard Initiative, New growth through smart specialization, Engagement for a European industrial Renaissance.*
https: //www. asturias. es/Asturias/descargas/PDF_TEMAS/Europa/estrategia_asturias/AgO_Brochure_HighLevelEvent_2014.pdf.
Foray, D. and Van Ark, B. (2007) *Smart specialisation in a truly integrated research area is the key to attracting more R&D to Europe*, Knowledge Economists Policy Brief n.1.
Foray, D., David, P.A. and Hall, B.H. (2011) Smart specialization: From academic idea to political instrument, the surprising career of a concept and the difficulties involved in its implementation, *MTEI Working Paper* 2011-001, U. C. Berkeley & UNU-MERIT (Maastricht) & NBER.
Gros, D. and Roth, F. (2014) *The Europe 2020 strategy: can it maintain the EU's competitiveness in the world?*, Centre for European Policy Studies, Brussels.
Jänicke, M. (1983) Die wahre Wende, eine alternative Regierungserklärung, *Natur, Horst Sterns Umweltmagazin*, Heft 4 und 5.
Jänicke, M. (1985) Preventive environmental policy, as ecological modernisation and structural policy, *IIUG dp 85-2*, WZB.
Kok, W. (2004) *Facing the challenge, the Lisbon strategy for growth and employment, Report from the High Level Group chaired by Wim Kok*, November 2004.
https://ec.europa.eu/research/evaluations/pdf/archive/fp6-evidence-base/evaluation_studies_and_reports/evaluation_studies_and_reports_2004/the_lisbon_strategy_for_growth_and_employment__report_from_the_high_level_group.pdf.
Maes, F. and Bursens, P. (2015) Steering or networking: the impact of Europe 2020 on regional governance structures, *Politics and Governance* 3(2).
Midtkandal, I. and Sörvik, J. (2012) *What is Smart Specialisation?*, Nordregio News Issue 5.
http://www.nordregio.se/en/Metameny/Nordregio-News/2012/Smart-Specialisation.
OECD (2013) *Innovation-driven Growth in Regions: The Role of Smart Specialisation.*
http://www.oecd.org/innovation/inno/smart-specialisation.pdf.
Party of European Socialists, press release (Tuesday 2 November 2004), *Socialists renew campaign for jobs in Europe.*
Prime Minister's Office, Hungary (2015) *National Smart Specialisation Strategy*, November 2014. Department for Business Innovation & Skills, *Smart Specialisation In England*

Submission to the European Commission.
Rome Club (1972) *The Limits to Growth: A Report for the Club of Rome's Project on the Predicament of Mankind.* Universe Books.（大来佐武郎監訳『成長の限界：ローマ・クラブ人類の危機レポート』ダイヤモンド社、1972年）
Stetter, E. (2015) *Dr. Ernst Stetter, Secretary General of FEPS, Europe 2020 Strategy, A critical interim review Lecture of 13 March 2015,* Dusseldorf MWEIMH Ministry.
Tajani, A. (2014) European Comissionar for Enterpriseand Industry, Flemish government Department of Economy, Science and Innovation (EWI), *Vanguard Initiative.*
Zgajewski, T. and Hajjar, K. (2005) The Lisbon Strategy: Which Failure? Whose Failure? And Why?, Lisbon Strategy T7 KH 22032005. http://aei.pitt.edu/8983/1/ep6.U701.pdf

第2章
危機の中の欧州政治と地域政策の変容
―― マルチレベル・ガバナンスの再構成 ――

住沢博紀

1　ポスト・デモクラシーとポスト・ナショナルの視点

1.1　財政・ユーロ危機からEU統合・社会危機へ

　2015年夏、ギリシャの国家債務不履行が現実味を帯びる一方、EUの厳しい緊縮財政の要求と支援策の組み合わせにより、なんとか危機の回避が見えてきた。2015年6月22日には「欧州5組織議長の経済・通貨同盟を強化するプラン」が公表された。ここで5組織とは、欧州委員会委員長ジャン＝クロード・ユンケル、欧州理事会議長（欧州大統領）ドナルド・トゥスク、ユーロ・グループ議長イェルーン・ダイセルブルーム（オランダ財務大臣）、欧州中央銀行総裁マリオ・ドラーギ、それに欧州議会議長マルティン・シュルツである[1]。3段階に分けられ、最終到達年の2025年には、現在の緩やかなユーロ圏から、真の経済通貨同盟に強化・深化することが目標となった。その際、民主主義的正統性を獲得するために、ルール制定よりは欧州議会も関与する制度作りに重点が置かれている。

　この5つの組織はEUおよびユーロ圏を構成する実質的な立法・執行機関であるが、28カ国人口5億738万人のEU全体と、19カ国人口3億3700万人（いずれも2015年[2]）のユーロ圏という二重構造となっている。さらに各国首脳が参加する欧州理事会は、常任議長（大統領）よりも、アンゲラ・メルケル独首相やフランソワ・オランド仏大統領、デーヴィッド・キャメロン英首相など有力国の首脳が実質的な権力を有している。とはいえEUは28の主

権国家の連合体であり、EU の「政治決定」の所在は常に曖昧にされてきた。ギデンズは、EU の制度的な機関からなる EU1 と、メルケル首相、オランド大統領、欧州中央銀行総裁ドラーギ、IMF ラガルド専務理事など少数者からなる真の権力の所在 EU2 の、交差構造が EU ガバナンスであると規定している[3]。

　ところで 2015 年の夏以後、EU にとってギリシャ債務危機よりさらに深刻な危機が連続した。それは金融・経済問題というより、EU 統合そのものをめぐる政治・社会危機であった。J. スティグリッツや W. シュトレークなど著名な経済学者は、難民問題や英国の EU 離脱投票の後でも、ユーロ問題が根源的な危機であると指摘している[4]。しかし 2016 年の出来事により EU が危機の新たな局面に突入したことは間違いない。

　まず大量のシリア難民問題があった。UNHCR 国連難民高等弁務官事務所によると、2015 年末までにシリアからの難民は 460 万人にのぼり、うち約 90 万人がヨーロッパに流入した[5]。さらに 2015 年 11 月のパリ連続テロ事件、2016 年 3 月ブリュッセルの連続爆破テロ事件が起こった。各国の国政選挙や地方選挙において反 EU 派政党やナショナリスト政党が台頭し、EU の根幹をなし、人々の自由な移動を保障するシェンゲン協定が、国によっては制限が加わることになった。そして最後に 6 月 23 日の、英国 EU 離脱・残留を問う国民投票により離脱派が 51.9％の多数派を占め、キャメロン首相が辞意を表明する事態となった。

　EU は、2008 年金融・財政危機に端を発する南北格差の問題が長引く中で、東西の移民や難民など人の移動を制限する東西問題も深刻度を増してきた。EU 諸国の連帯や結束よりも、国境に守られた一国の安全と安定のほうが優先される事態が生じてきたのである。2005 年、フランスとオランダの国民投票によって EU 憲法の批准が否決されたことにより、EU 統合史の研究家・遠藤乾がいうように、いわゆる大文字での「EU 統合」は頓挫した[6]。しかし EU の「統合の深化」は生きており、形を変え実務的に進展してきた。2007 年 12 月に加盟国代表により署名され、2009 年 12 月 1 日に発効したリ

スボン条約がその成果であり、さらに「欧州2020」はその政策的な具体化であった。上述のユーロ圏の5機関議長による、2025年までの通貨同盟―金融同盟―財政同盟への深化と拡大のプランもその1つである。

しかし2015-16年のEUの危機と混乱は、こうした現実的な、多角的な条約交渉と欧州委員会主導の実務的な統合の進展にも、赤信号が灯るようになったといえる。最大の問題は、各国の政府首脳会議も、欧州議会も、膨れ上がったEUのさまざまな機関とその官僚・専門家組織も、EU構成国の国民の信頼を失いつつあったからである。経済・社会問題を取り決める背景に「政治」が存在しなければならないこと、そしてその「政治」とは民意を反映する制度であり、それは主権国家に制度化された西欧デモクラシーの問題でもあった。EUには各国のデモクラシーを受け継ぐ正統性に欠けていた。また短期間でのシリア難民のギリシャ・東欧への殺到は、すでに多くの移民を抱えるEU諸国に社会不安を呼び起こした。2005年欧州憲法の批准の失敗以後の、別の手法によるEU統合の展開が全面的な見直しを迫られているのである。財政・ユーロ危機からEUの政治・社会危機に転化していった。

1.2　イギリス離脱国民投票後のEU改革の動き

イギリスの国民投票によるEU離脱では、最大の責任を問われるのは辞職したキャメロン首相であろう。保守党内の主導権争いやEU離脱を訴えるイギリス独立党ファラージへの対抗から、2015年総選挙ではEUへの残留・離脱を問う国民投票の実施を「公約」としたからである[7]。次に批判の対象となるのは、欧州委員会委員長ユンケルをシンボルとする、EUの官僚制度であろう。彼は前ルクセンブルク首相であり、2014年選挙で勝利した保守政党、欧州人民党の筆頭候補者として、初めて選挙で正統性を獲得した委員長となった（第1党の筆頭候補者がEU委員長になる新制度の初代委員長）。しかしこの2年間のメルケルとの強い関係の下での統治スタイルは、欧州委員会がEUの人々とは疎遠な官僚組織であるという印象をさらに強めることになった。

この関連では、イギリスのEU離脱の投票結果にいち早く反応した欧州議会議長（欧州社民党）のシュルツと、ドイツ社民党党首でメルケル内閣の経済大臣であるガブリエルのEU改革10項目文書が興味深い。両者はそれぞれEU議会とドイツ政府の中枢におり、ユンケンやメルケルとも連携している。他方でイギリスの離脱投票に関して、ユンケルやメルケルとは一線を画して、EUの側での改革が必要とされていると訴える。しかし現在必要とされるのは、提案ではなく実行である[8]。

2015/2016年以前は、EUの問題とは、主要に政治統合なしの統一通貨ユーロ導入の矛盾であった。さらにEUの決定過程に関する「EUの民主主義の不足」、「EUの民主的正統性の欠如」という問題であった。
　ここではイギリスが国民投票でEU離脱を選んだ2016年6月23日の視点からは、以下の3つを指摘したい。
（1）　国境を超えるグローバルな市場経済や多国籍企業の行動と1国的な政治の枠組みがもたらす問題は、21世紀のデモクラシーの普遍的な課題となっていること。理論的にいえばコリン・クラウチが2003年に提起した「ポスト・デモクラシー」という、西欧諸国のデモクラシーの衰退過程が再度議論されなければならない[9]。
（2）　1989・90年「東欧革命」後の、欧州市民社会・「欧州の家」という21世紀欧州社会論はその基盤がないこと。2003年、ブッシュのイラク戦争と多国籍軍の結成に際して、これに参加しない独仏と英・旧東欧諸国の「新しいヨーロッパ」の間に亀裂が生じた。現在のEUの直接の出発点は、ミッテラン政権の財務大臣であったジャック・ドロール委員長のもとで採択された1985年の域内市場白書にさかのぼる。彼は、活力ある欧州単一市場の形成（冷戦下では西側世界であるが）と社会的ヨーロッパの建設という理念を両輪とするヨーロッパの未来像を提示した。

　冷戦終結の後には、統一ドイツの成立という背景もあり、「欧州の家」という国民国家を超えた欧州の建設が目標とされ、欧州市民権、補完性原理

(サブシディアリティ)、統一通貨ユーロの創設などを規定するマーストリヒト条約が1992年2月に調印され、翌年11月1日に発効した。さらに2004年〜2007年、EUの東方拡大により新たに12カ国が加盟した。旧東欧諸国のEU加盟は、NATO加盟と一体となっており、決してマーストリヒトの精神や基本的価値で統合されているわけではない。2015年にはポーランドで右翼政党「法と正義」が圧勝し、権威主義体制への復帰が見られる。同じことはハンガリーのオルバン首相にもあてはまる。この点では28カ国(27カ国)のEU政治体制は自由、法治国家、市民権とデモクラシーというリベラルな価値だけでは議論できない。

イギリス労働党の影の首相、J. マクドネルは、2016年10月27日付の労働党ホームページに、以下の演説を掲載している[10]。メイ保守党首相の「ロンドン・シティーの利益を代弁する、ネオ・リベラルのグローバル市場論に立脚する」離脱交渉を批判して、労働党の離脱交渉は、マーストリヒト以前、つまり統一市場としてのEUと協定を結ぶとしている。移動の自由はこの場合でも前提とされ、ノルウェー・モデルが追求される。ここで興味深いのは、マーストリヒト条約によるEU統合の深化が(イギリス労働党の視点からはEU中央集権組織)、2016年の視点から再度、議論すべきテーマとされていることである。ドイツ統一と冷戦終結という歴史の大変動の中で、欧州の統合レベルもここで数段階飛躍した。このことが英国のEU離脱を契機に、労働党の側から提起されていることが興味深い。

(3) 2015年秋から顕著になった大量の難民流入問題とシェンゲン協定の問題がある。1985年に独・仏・オランダ・ベルギー・ルクセンブルクの5カ国から提起された協定参加国の間での国境検査を撤廃するという文書は、後にシェンゲン協定としてEU統合のシンボルとなった。しかし近年生じていることは、第1に、欧州市民権に基づく雇用を求めた自由な移民の問題(とりわけ東欧からの労働力移動問題)、第2に、イラク・アフガン内戦、アラブの春以後のアラブ諸国からの難民、さらには史上最大数とされる現在のシリア難民など、EUの窓口となる国々への庇護権を求める難民家族が殺到して

いる。これらは多くの国で受け入れ能力を超えており、国境閉鎖で対応する国も出てきている。最後に、ロンドン、パリ、ブリュッセルなどにおけるテロがある。これはテロに対するリスク管理の点からも、シェンゲン協定による国境の検査撤廃に大きな逆風となった。

　移民・難民問題はその区別がむつかしい。難民も若い世代が労働力として定着すれば実質的には移民と同じポジションになる。血統や EU 市民権による移民も、底辺層としてゲットーを形成すれば、難民に近い存在となる。これまで経済・社会問題であったことがポピュリスト政党によって最大の政治課題として宣伝されることになる。

1.3　ポスト・デモクラシーとポスト・ナショナルを含む4つのマトリクス

　この EU の抱える問題は、グローバル時代にほとんどすべての国が抱える21世紀のデモクラシーの問題でもある。すでに述べたように、クラウチらのポスト・デモクラシーという概念は、この問題状況を分析するための有力な視点でありうるが、既成政党が大きな挑戦を受け、ナショナリズムに立脚するポピュリズム政党の台頭などを全体として整理するには不十分である。今、ポスト・デモクラシーの時代には、本来はポスト・ナショナルというも

表2-1　21世紀グローバル時代の EU の政党配置の規定要因

		デモクラシー （〜1990年代）		ポスト・デモクラシー （1990年代後半〜）
ナショナル	1	福祉国家（社民主義・キリスト教民主主義）	2	新保守主義・第3の道
				左翼ポピュリズム
				右翼ポピュリズム＋ ネオナショナリズム
ポスト・ナショナル	3	G 7	4	グローバル自由主義・TTIP
		統一市場・マーストリヒト条約、マルチレベル・ガバナンス（90年代）、欧州憲法（2004）、リスボン協定＋欧州2020		欧州統合の複数路線化 欧州共和主義 Ver.2

出所）著者作成

う1つの概念が有効であるという仮説に立って、現在の政党配置を整理してみよう。

デモクラシー/ポスト・デモクラシー、ナショナル/ポスト・ナショナルの2組の対概念により、表2-1のように1から4までの4つのマトリクスができる。この表2-1は、戦後の福祉資本主義の時代から、1990年代以後のネオリベラルが支配するグローバル時代への政党配置の転換を明確にする。

ポスト・デモクラシーの理論からは、20世紀後半の西側世界の福祉国家体制は、デモクラシーと一国的な国民国家の枠組みが調和した「幸福な時代」であったといえる。経済成長により労働者階級と豊かな市民階級の所得格差も縮小し、福祉国家の再分配政策や社会保障の拡大により、デモクラシーはナショナルな枠組みで発展し、キリスト教民主主義あるいは社会的保守主義政党と社会民主主義政党という2大政党がこの時代の担い手となった[11]（マトリクス1）。

しかし1980年代から新保守主義が登場し、「政治の優位」は崩れ、「グローバル市場経済の優位」の時代が到来する。福祉国家は「小さな政府」にとってかわられ、保守主義は「自由な競争」を唱え、国民の多数をなす中産階級や勤労者の利益よりも、企業収益や市場原理が優先されるようになる。また中産階級や勤労者自体が多様な階層に分解し、移民の増加により国民国家の基盤も流動化する。その結果、政党と国民の結びつきも弱くなり、無党派層の増加や投票率の低下がみられる。いわゆるポスト・デモクラシーの時代である（マトリクス2）。

社会民主主義政党は、第3の道政治＝中道左派としてグローバル化に適合する現実路線を選択した。保守主義政党は、グローバル化に対応する規制緩和と保守的価値観を調和させようとしたが、それに不満なナショナリズム勢力を生み出した。国内的にはこの繁栄の枠組みから排除された人々は、グローバル企業を批判する左翼政党か、ナショナルな「われわれ」意識の再建を訴える、ポピュリスト政党にその代弁者を見出していった。これが現在のEU諸国の姿であり、多くの先進工業諸国の姿でもある。

この段階では中道左派路線を選択した社会民主主義だけではなく、新保守主義に転換した保守政党も、かつての「国民政党」としての大衆的基盤を喪失していった。格差の拡大や移民社会化により、社会自体が多様なグループに分断化されていったからである。穏健なネオリベラルに立つキリスト教民主主義も、第3の道の社民政党も基軸政党として存続しているが、左右の批判者が勢力を伸ばしている。また政策的にも、グローバル金融・企業および自由貿易協定による縛りがあり、政党の独自性を発揮できていない。要するに伝統的な政党は組織論的にも政策論的にも袋小路に陥っている。そうすると、ネオナショナルな急進的な政党が相対的に力を得ることになり、戦後世界の自由民主主義体制そのものが再検討を迫られている。

　もちろんそこには、イラク戦争、シリア内乱化のイスラム諸国の混乱と難民の発生やNATO諸国へのテロ、さらにはロシア権威主義体制の復活や、ポーランド・ハンガリーにみられる国家主義的政権の成立など、数多くの同時代の問題が含まれている。

　表2-1で大事なことは、マトリクス3の位置づけである。3のポジションとは、ナショナルなデモクラシーが機能して初めてポスト・ナショナルな、EUレベルでのデモクラシーが組織されうることである。しかし現実には、一国レベルの政治はマトリクス2のポジションに移行しており、3とは「ねじれ」の関係にある。マトリクス3では、おそらくヨーロッパレベルでのエコロジー政策やトランスナショナルな環境・雇用・福祉政策などが、新しいデモクラシーの基盤となりえた。しかし現実には、EUのさまざまな制度的、政策的なメニューが提示され、あるものは失敗し（欧州憲法）、あるものは行政的に執行され（リスボン条約と欧州2020）、あるものは権限の限りなく曖昧な制度となった（マルチレベル・ガバナンス）。これらはEUにおける制度的な「デモクラシーの不足」とされ、欧州議会への権限付与や強化が改革案となった。

　しかし表2-1の図式を使えば、それは1の段階で提示すべきものを、10年ほど遅れて、2の段階でポストナショナルなEUの制度として構築するこ

となり、そもそもねじれている。3のEUの諸制度の「民主主義の不足」が批判されるのも、本来は出発点となるナショナルな2のポジションの「政治不信」、「政党不信」が根底にあるからである。さらに、国民に不人気な政策や規制を、すべてEU官僚制やEU指令の責任とした各国政治家の責任転嫁の手法も批判の対象となった。政治や政党不信のみならず、政権を担うすべての政治家への批判となった。それでは2へのリアルな認識に立ち、どのような4のマトリクスのポジションの制度を構想できるのだろうか。これが本論の主要な課題となる。

マトリスク2のポスト・デモクラシーがグローバル化の産物であるなら、ナショナルなものの政治的ポジションの変化も、グローバル化時代に対応する新しい対応ということになる。そこでマトリクス4は、自由主義がグローバルな市場自由主義として国境を超える（ポスト・ナショナル）場合と、国民国家を超える新しい欧州共和主義とでもいうべきポスト・ナショナルな政治体制の建設という2つの戦略に区分される。前者は、英保守党のEU離脱派が提唱している、2国間・多国間の自由貿易協定や経済連携による、グローバル自由主義である。これはEUとアメリカの自由貿易協定TTIP、環太平洋経済連携TPPを進める日本の自民党政権や、アメリカの民主党・共和党の主流派が進める地域自由貿易圏を拡大する構想である。ここではポスト・デモクラシーが前提となっており、社会格差や社会分裂が進行することも経済的な効率性の視点からその是非が判断される[12]。

もう1つの戦略は2つに分かれる。1つは理想主義的な目標であり、EUの枠組みで国民国家を超える新しい共和主義の政治体制を構築し、経済や企業の優位に対して政治の復権を試みる戦略である。もう1つは現状のままよりリアルにEU統合にいたるグループごとの複数の発展を承認する戦略である。ユーロ圏とユーロ危機、東欧のナショナリズム重視の政権の誕生、イギリスのEU離脱投票などにより、この路線はにわかに脚光をあびてきた。

このように表2-1の4つのマトリクスは、まだ理論的な仮説であるが、これによって多くの問題がより説明可能となり、EUの政治制度や地域政策

表2-2 「欧州に来た大量の移民の中には、潜在的なテロリストがいる」

	フランス	ドイツ	イタリア
2015.9	69%	64%	79%
2015.11	83%	68%	
2016.3	80%	79%	84%

出所）Fourquel（2016）7頁。

表2-3 「我が国はすでに多くの移民を受け入れており、追加は不可能」

	フランス	ドイツ	イタリア
2015.9	63%	33%	63%
2016.3	63%	47%	65%

出所）Fourquel（2016）2-3。
　　　「ドイツの選択」の支援者では86%。

表2-4 「我が国は戦争や貧困の難民を受け入れる義務がある」

	フランス	ドイツ	イタリア
2015.9	54%	79%	68%
2016.3	56%	72%	69%

出所）表2-3と同じ。
　　　「ドイツの選択」の支援者では32%。

表2-5 「移民を受け入れることは我が国の経済の活性化につながる」

	フランス	ドイツ	イタリア
2015.9	25%	55%	34%
2016.3	26%	48%	35%

出所）表2-3と同じ。

のマクロな位置づけが明確になり、さらにいくつかの異なる将来構想が示されることになる。ここではまずマトリクス3の問題、つまりこれまでのEU自らの改革案と将来構想の意義と限界に関する考察から始めたい。2005年のEU憲法制定の混乱から、リスボン協定を経て欧州2020の設定への過程がその対象となる。

第2章　危機の中の欧州政治と地域政策の変容―マルチレベル・ガバナンスの再構成―　99

　ただしマトリクス4に関して、確認しておくべきことがある。2015年後半―2016年前半では、難民やテロ問題の深刻化により、「ポスト・ナショナル」よりも「再国民化」（高橋・石田 2016）を論じるほうが現実に即していると思われるかもしれない。しかしフランスの世論調査機関 Ifop が、ジョレス研究所〈フランス社会党系〉と欧州進歩研究財団 FEPS（欧州社会党系）から委託され、2015年から2016年までの欧州主要国での移民・難民・テロに関して実施した大規模な意識調査では、興味のある「事実」が示される[13]。

　確かに3回の調査では、移民の中にテロリストが潜入するリスクを指摘する人は増えている（表2-2）。

　そして表2-3では、欧州諸国はすでに多くの移民を受け入れており、これ以上は不可能であるという見解の人が多数を占める。しかしそれでもメルケルの地元ドイツでは、危機的状況の時期でも50パーセントに到達していない。さらに次の表2-4と2-5に示されるように、EUの主要国において、すでに移民は必要な労働力であり、多民族国家であることが事実上、多数の人々により承認されている。これはカトリック教会の影響も強いかもしれないが、難民受け入れに関して、なおも義務と見なす人の数のほうが多い。この意味でも、EU大陸主要国は、ポスト・ナショナルの時代に入っていることを否定できない。問題はそうした「ポスト・ナショナル」な現実を、「ポスト・デモクラシー」の時代に、どのような手続きや手法により、人々の同意が確保できるかという、デモクラシーの新しい問いである。

2　リスボン条約前後の EU の政治課題

　前節で述べた1970年代までの戦後西欧社会の福祉資本主義時代（ケインズ主義）は、主権国家が勤労者を保護し市場を規制すると同時に、自由貿易を促進するという歴史的には独自な性格を持つ時代であった。1929年の世界大恐慌は、国家による市場の制御、財政による計画的要素の導入という、ケイ

ンズ主義的介入国家を生んだ。これは第 2 次世界大戦後のアメリカによる世界経済秩序、つまり国際経済においては IMF とガット体制に拠る自由主義経済と自由貿易の促進、国内においては福祉国家という介入国家という戦後体制が成立した。これをジョン・ラギーは「埋め込まれた自由主義」と規定し、アメリカの戦後経済秩序の制度設計とその諸条件を、したがってその変容も叙述した[14]。1970年代後半から一国システムとしてのケインズ主義福祉国家は再編期を迎え、1980年代以後は減税-企業収益を重視するネオリベラルの経済政策が主流となっている。

EU 諸国、とりわけユーロ圏ではさらに特殊な問題を抱えている。その主要な柱の 1 つである通貨安定政策＝緊縮財政政策は、2008年のリーマンショック後の EU 諸国ではむしろデフレ危機を生み出している。他方ではドイツ連邦銀行の制度に倣って作られた欧州中央銀行（ECB）は、政治や外部団体からの独立性を基盤としており、政策決定などに関して機能的にも、制度としても、財政的にも、人間関係からも独立が保障されている。しかし各国の財政赤字が増大し、ECB が金融機関を通して間接的に国家財政を支え、ユーロ圏の金融制度全般の責任を担っていく中で、この通貨・金融政策における「民主主義の赤字」は、ユーロ圏、ひいては EU 諸国を対立、あるいは分裂させる大きな要因になってきている。

これが国民国家であれば、所得再分配などの財政政策をとおして、社会格差の拡大を是正することができる。しかし現段階のユーロ圏では、南欧・東欧諸国の財政規律なしには、財政安定政策を優先し、また成果もあげている豊かな中欧・北欧諸国からの「所得再分配」は、事実上、不可能である。こうしたユーロ圏の豊かな国がリードする緊縮財政政策は、多くの批判者を生み出しているが、政治的な新しい構造を準備するところまではいっていない[15]。

2004年の「欧州憲法」がフランスとオランダの国民投票で否決（2005年）されて以後、チェコ、デンマーク、ポーランド、イギリスなど、欧州懐疑派勢力の強い国では国民投票も議会での採決も中止され、「民意」が問われな

いままに、リスボン協定として形をかえて段階的に実施されてきた。これらがしばしば、「ブリュッセル官僚による支配」とか、「主権の喪失」とか、ナショナリストの主張の背景をなしてきた。しかしそれは同時に、市場統合による経済・市場原理の優位に対して、社会権や行政的規制を確保する制度的保障でもあった。ここではEU法による解決の手法と、マルチレベル・ガバナンスという2つのテーマについて論じたい。

2.1 EU法（あるいは国際条約）・司法制度による決定

　デモクラシーと「法の支配」の関係は、一見そう見えるほど自明でも単純でもない。主権は人々（国民）にあり、国政はこの国民の厳粛な信託によるものであり（日本国憲法前文）、さらに国会が国権の最高機関であり、国の唯一の立法機関であるなら（同41条）、議会による立法行為や法律に拠る行政行為（広い意味での政治）は、すべてデモクラシーの名のもとに正当化されることになる。他方で政治を縛るものはデモクラシーの原理だけではなく、基本的人権の保障など「理性の法」により、すべての国家権力は拘束されるというもう1つの学説がある（イギリスの「法の支配」論）。この意味での憲法は、人々の基本権を保障し国家を縛る規則の体系、国家の禁止事項を体系化したものとなる（立憲主義の本来的意義）。現代国家では、議会制定法と法の支配は対立する関係にはないが、最近では安倍政権の安保法案をめぐり、立憲主義を否定するものであるという批判が法学者から沸き起こり、広範な「護憲運動」が生じたことはまだ記憶に生々しい。

　現代社会では、議会制定法によるルールの決定や司法制度による紛争解決が、法人の経済活動だけではなく、人々の日常生活にまで大きな影響を与えている。とりわけ、法規範が人々の生活や行動を規定し、文化として定着したEU諸国では、司法による問題解決の持つ意味は大きい。この点で、2つの課題を指摘しておきたい。

　第1は、EUは憲法を持ってはいないが、労働権と社会保障に関して詳細に述べた欧州社会憲章を持っている。1961年制定後にも、市場統合と並ぶ

「社会的ヨーロッパ」というもう1つの欧州統合の目標の準拠とされ、1996年には大幅に改定された。また2000年に起草され、リスボン条約の発効とともに法的拘束力を持つようになった、欧州連合の市民の政治的・経済的・社会的権利を定めた欧州連合基本権憲章もある。社会政策の領域は原則として加盟国の主権国家の政策事項に属する。しかしさまざまな個別的な事例や判例によって、だんだんとEUのレベルに浸透してきている。問題は、競争法や環境法などの明確なEU法の領域に属する政策と比べて、デモクラシーや社会的市民権に関係する領域で、権利の低い水準で統合するのではなく、憲章の基本権にかかわる水準での統合が進展したのかどうかである。

この点では、しばしばエスピン-アンデルセンのこの領域での古典、『福祉資本主義の3つの世界』の描く制度学派的な3つのモデルとの関連が重要となる。現実に、1990年代以降、北欧諸国が、そして21世紀に入り「アジェンダ21」によってドイツモデルが、市場自由主義の下で大きな変容を遂げている。過去20年の3つの福祉レジームのグローバル市場やEU市場統合に向けて適合のあり方が問題となる。総じてその変容は「社会的ヨーロッパ」を強化するものではなかった[16]。

第2に、次のマルチレベル・ガバナンスに関連するが、EU法、国際条約と国内法との関係である。日本でも、環太平洋連携協定（TPP）が大筋合意に至ることで、多国籍企業が競争上の不利益をこうむると主張する事項に関して、加盟国政府を訴えることができる制度（ISD条項）が問題になっている。とりわけデモクラシーとの関連では、この条項はすでに多国籍企業の活動の中では広範囲に活用されているとはいえ、国民のための政策を反映する国内法の上位に立つ国際条約に関しては、多くの不満と不安が蓄積されるだろう。EUの域内でも、EUと国内法での関係では曖昧な領域も残されており、こうした領域が司法的解決やEU官僚により進行し、公開性や説明責任が果たされないなら、デモクラシーの視点から批判が生じるだろう。EU内では司法が、金融政策部門のECBとならぶ決定権力の一部を構成していることは間違いなく、その法的根拠が一国の議会制定法ほど明確ではない場

合、あるいは対立する場合には、EU 司法テクノクラート批判が生まれるだろう[17]。

　他方で、EU の権限と司法に対して、一国の主権（憲法での保障）との関連からの問題もある。2016年10月13日のドイツ憲法裁判所小法廷の、CETA（カナダと EU の包括的経済・貿易協定）をめぐる判決が問題の核心をついている。EU 通商局とカナダ政府の通商協定は、もしそれが憲法で保障された権限の一部を否定するような項目をふくんでいるのであれば違憲、つまりドイツ政府は協定に署名できないのではないかという、約19万人の市民による提訴である。小法廷は、もし EU が自らの明白な権限である条項に関しては、そうした通商条約を締結できるとした。この基本原則を前提としなければ、EU は加盟国に妥当する国際協定を締結できないからである。しかし何が明白な EU の権限で、何が主権国家に保障された憲法に由来する権限であるのかは争う余地がある。さらには、これは仮処分への提訴であり、もし CETA が欧州議会で承認され、一部が実施された後でも、連邦裁判所が正式の審査の後に、ドイツの明白な不利益があると判断すれば、その条項のドイツへの適用を終結させることができると付け加えた[18]。

2.2　マルチレベル・ガバナンスの意義と限界

　マルチレベル・ガバナンスの概念は、1990年代の EU 地域政策の新しい展開、つまり EU の「民主主義の赤字」を埋めるため、欧州委員会（超国家）・各国政府（国家）と並んで、州政府や自治体などの地域政策の当事者が参画する新しいガバナンスの試みを説明するために使われてきた[19]。しかし90年代以後、7年間の中期計画として4次に及んで展開される地域政策（あるいは構造政策ともよばれる）を見れば、それが3層の行政組織の間でのマルチレベル・ガバナンス（以下 MLG と表記）であるだけではなく、それぞれのレベルでの多様で異なる公共空間の形成でもあることが重要視されるようになった。つまり州政府や自治体とは異なる、ミクロリージョン、マクロリージョン、メガリージョン（Interreg A,B,C に対応）という空間

創出の多様性も問われることになる[20]。

しかし他方では、2007年12月リスボン条約調印を受け、これまでの「民主主義の不足」を少しでも克服するために、加盟諸国の議会のEU政策への関与や、欧州議会の権限強化の施策が実行されることになった。ドイツ憲法裁判所は、マーストリヒト条約への違憲訴訟に際して、すでに国家連合（Staatenbund）と連邦国家（Bundesstaat）と区別される、マルチレベル・ガバナンスの統治形態としての欧州連合（Staatenverbund）という概念を使用していた。統治レベルが国家連合以上で連邦国家以下であり、その権限はしかし主権国家による個別的授権に由来するという意味を含む造語である。2009年のリスボン条約への合憲判決に際して、ドイツ憲法裁判所はこの概念を判決文で明確に規定した[21]。こうした中で、マルチレベル・ガバナンスは、地域政策をめぐるガバナンスのあり方だけではなく、EU議会制度における欧州議会、各国の議会、州政府など地域議会の制度とも関連するようになった[22]。

しばしば「欧州のデモクラシーの赤字」論争の受益者は、欧州議会であるといわれている。「国権の最高機関としての議会」という規定からみるとその権限はいまだ限られたものであるが、着実に権限を拡大しつつ、しかも新しい制度作りを始めているといってもよい。そうなれば、議会に不可欠な政党制度も言及されなければならない。これまで欧州議会の「政党政治」に関してはほとんど議論されてこなかった。制度上、欧州議会選挙結果がそのまま「政権交代」に結びつくことはないからである。また欧州議会の権限増大とは逆比例的に、各国での欧州議会選挙への関心は減少し投票率も減少していった。しかしユーロ圏の債務危機が長期化し、同時にリスボン条約が効力を発揮し始める中で、EUデモクラシーも大きな転機を迎えている。EU政治経済システムの長年の研究者、F. シャルプによれば、EUデモクラシーのレベルは結局は各国のデモクラシーのレベルに帰着する[23]。

すでに言及したように、21世紀の現在、各国のデモクラシーはポスト・デモクラシーの時代に突入している。しかし政治制度としては政党、選挙、議

会、自治体―州(地域)―政府の3層(あるいは4層)構造など、これまでのデモクラシーの仕組みがそのまま残されている。したがって政治学のクラシックな手法である政党を媒介として分析しつつ、それがどのような変容、あるいは限界を示しつつあるかを確認したい。ECBの金融政策アナリスト、欧州委員会のテクノクラート組織、欧州司法組織の法曹界の専門家と並び、政党と政党を取りまく政策形成のあり方が今なお重要であり、この中でデモクラシーの展開と直接結びつくのは、やはり政党組織であるからである。

ところでEUは、ユーロ圏という通貨統合の試みや地域経済圏の拡大、国家を超える新しいマルチレベル・ガバナンスの模索、欧州2020などのアジェンダ設定による野心的な中期政策プログラムなど、世界の先進・中興工業諸国が直面している現代的課題と正面から向かい合っている。この意味では、EUは21世紀のデモクラシーとその政策形成における、闘技場(アリーナ)を形成しているといってよい。

3 包摂的成長の政治的役割と地域政策

EUは「欧州2020」を2010年に決定して、10カ年計画のEU経済成長戦略を実施している。その柱は以下の3つである[24]。

① 知的成長：知識とイノベーションを基礎とする経済実現
② 持続的成長：資源の有効活用、産業競争力の強化
③ 包摂的成長：雇用改善と技能向上、貧困克服、とりわけ貧困の克服が中心的課題として

ここでスマートとは、独・仏ではインテリジェンスの意味であり、インクルーシブとは独では統合的・組み入れ的(integrative)となる。この3つをあえて政党政治の枠組みで分析すればどうなるだろうか。

成長戦略の核となる①は、すべての政党が唱える知識経済に立脚する経済のイノベーションであるが、もっとも企業活動や市場競争のダイナミズムを活用する点で、現代的な保守政党や市場リベラル派の基本政策に近い。EU

のGDPの3％を研究・開発費に投資することを目標とする。

　②は、EUの経済成長戦略の特徴となるものであり、すべての政党がこれを推進する。とりわけ地球温暖化に対しては、EUとして最も合意が可能な領域であるといえる。EU環境政策として著名な20・20・20指標（2020年に1990年比、温室ガス20％削減、再生エネルギー比率20％、エネルギー効率を20％に）を示す。ただこの領域も、後にEU予算の中期計画で見ると農業政策も含んでいる。また原発・エネルギー政策に関しては、市場主義の自由主義政党やフランス社会党など、反対する勢力もある。しかし全体として、保守・社民・エコ政党の共通基盤といえる。

　③は、とりわけ貧困の克服を中心課題としつつ、EU全体の共通目標として、貧困や社会的排除のリスクを持つ人々を2000万人削減することが掲げられる。さらに詳細な目標として、①就業率の低い世帯の人（世帯内成人18～59歳──学生を除く──のうち、1人につきフルタイムで働いた場合の1年間の就業月数を12カ月とすると、世帯内で平均20％（2.4カ月）しかない世帯、②可処分所得の低い世帯（等価可処分所得の中央値の60％以下の収入しかない世帯、通常の貧困世帯の定義よりも厳しい）、③物質的に困窮している世帯の人（家賃や公共料金、通常の暖房費、予期せぬ出費、肉や魚のたんぱく質摂取量、1週間のバカンス、自家用車、カラーテレビ、電話のうち4項目以上賄えない世帯）と、具体的に貧困や社会的排除とみなされる対象を定義している。

　こうした目標数値は各国ごとの達成状況も合わせて検証されている[25]。この政策課題こそ、本来の社会民主主義のテーマであり、事実、欧州社会党はこの「社会的包摂を伴う成長」を旗印として、新自由主義の経済成長戦略に対置する。また多くの点で、改正「欧州社会憲章」に直接関連する政策課題であり、「社会的ヨーロッパ」の建設と密接にかかわっている。しかしここで「包摂」とは、経済発展の格差や地域間格差を含むEU「結束」政策をも意味するのであり、ドイツ語表現にように「組み入れる」ことや「統合」という没価値的な、さまざまな施策の整合性や到達段階への数値化なども含

んでいる。

4　EU 議会の政党配置と2014年欧州議会選挙

　2014年欧州議会選挙は、欧州人民党 EPP（キリスト教保守系）、欧州社会党 S＆D（社会民主主義）、自由主義系 ALDE、エコロジー系政党（Greens-EFA）など、EU を支援するコアとなる政党と、英保守党など欧州懐疑派の保守党系、左派エコロジー・社会主義系、ナショナリスト・右翼政党など EU に懐疑・批判的な政党配置となっている。

　この中でもキリスト教系保守 EPP と欧州社民党 PES（2014年 S&D 会派）が実質的に「与党」として EU を支えているといってもよい。19世紀からの欧州の3大政治潮流論ではこれに自由主義が加わるが、伝統保守と社民主義が中道派リベラルという性格を濃くしてゆき、専門職的中間層も21世紀にはエコロジー政党や web 型政党に変容する時代にあっては、伝統的なリベラリズム政党のポジションは狭くなった。現在の欧州自由・民主同盟 ALDA は、ベルギー、オランダなどキリスト教の新旧分離による保守人民党の成立が存在しない国、北欧のスウェーデン、デンマークなど農民組織が伝統的に

表2-6　欧州議会選挙1990-2014、EU 推進派政党得票率（％）

	1990-1995	1996-2000	2001-2005	2006-2010	2011-2015
欧州社会党（PES）	34.3	28.8	27.6	25.3	25.3
欧州人民党（キリスト教系 EPP）	28.9	37.1	37.1	36.1	29.4
欧州自由・民主同盟（ALDE）	7.0	8.1	12.6	11.2	8.9
緑・欧州自由連合（EGP）	7.6	7.7	5.5	6.7	7.5
投票率 （総議席数）	56.8（626）	49.8（626）	45.6（785）	42.9（766）	43.1（751）

PES は2014年は S＆D、ALDE は90年代は ELDR、EGP の1990-95は ERP との合計

資料）European Parliament（http://www.results-elections2014.eu）．および http://www.parties-and-elections.eu/から、各国別選挙結果と比較するため5年ごとに集計。複数回ある場合は、その平均得票率。

社会自由主義を掲げる国などである。EU推進派としては、現在では、キリスト教保守、社会民主主義、中道エコロジーを掲げる国々が中心であり、かつての政権政党であったドイツの自民党、フランスの民主連合を抱くALDEは衰退しつつある。

英保守党を中心とする欧州懐疑派保守の連合体ECR、左翼社会主義と北欧急進エコロジー政党GUE-NGL、フランスのルペンの国民戦線などの極右政党ENF、右翼地域政党などからなるEFDDなどは増加傾向にあり、無視できない力を欧州レベルでも一国レベルでももつが、EUのなかでは少数の批判勢力にとどまっている。こうした抗議政党、反EU政党、ナショナリストや左翼社会主義など左右の急進派政党は、メディアや研究者の注目を浴びている。EUの政策をめぐり国民投票を行う場合は、拒否権政党として大きな力を持ちうるが、EU議会の中での役割は小さい。しかしそのことが、それぞれの国では反EU政党として、大きな支持を得ることになる。

保守・社民の2大政党も、90年代までのそれぞれ30％以上の得票率を持ち、両党合計すると60〜70％、場合によっては80％を超えるという安定した国民政党であった時代は終焉しつつある。それぞれ時差はあっても、2015年段階では20％台政党になり、後にみるように一国レベルでもこの幅に収斂しつつある。しかしそれでも安定した過半数を有し、事実上の大連合を形成している。

表2-7　欧州懐疑派会派の得票率（1990-2015）

	1990-1995	1996-2000	2001-2005	2006-2010	2011-2015
欧州保守・改革派（ECR）	8.6	5.0	4.7	7.5	9.5
欧州連合左翼・北欧緑 GUE-NGL	5.3	6.7	5.2	4.8	6.9
欧州自由・直接民主主義 EFDD	3.2	2.6	3.2	4.3	6.3
欧州国民・自由派 ENF	−	3.0	2.0	−	5.2

ECRはUEN（2004、1999）、UFE（1994）
GUE-NGLはEUL（1994）
EFDDはEFD（2009）、ID（2004）、EDD（1999）、IEN（1994）
ENFはITS（2004）、TGI（1994）

2014年欧州議会選挙は、欧州議会の会派が欧州レベルでの筆頭候補者を任命し、最大会派の候補者が欧州委員会の委員長に任命されるという新システムのもとで行われた。これまでは欧州理事会が独自の視点から任命し、欧州議会の承認を得るという選出方法であったが、2014年選挙では、選挙結果を尊重して筆頭候補者を欧州理事会が候補者として指名し、欧州議会が承認するという議会制民主主義の形態に一歩近づいた。この結果、欧州社民党の候補者マルティン・シュルツ（ドイツ社民党、長年の欧州議会議員をへて議会議長）を破って、ジャン＝クロード・ユンケル（前ルクセンブルク首相）が欧州委員長に就任した[26]。欧州委員会のそれぞれの部局の委員は、これまでと同様に国家連合の原則に従って各国に割り当てられるので、多数派政党が行政機関を掌握する議院内閣制になったわけではない。

 このように見た場合、政党およびその政策を軸に選出される政党デモクラシーと、EU委員会の担当部局から提出され、執行されるテクノクラート的な法案作成・執行過程の間では、ますます緊張が高まってゆく。EUの基本政策や中期予算政策の策定と、政党の政策提起とはどのような関係にあるのだろうか。

 またもう1つの問題として、欧州議会がその権限を拡大しているとしても、その速度がおそらく人々の期待するものと合致していない恐れがある。その結果、欧州議会選挙に対する人々の関心は薄れつつある。ここで具体的な成果との時間との競争でもある。表2-8のように、欧州議会の投票率は、さまざまな改革にもかかわらずこの30年少々で20％も下がり、2014年には43.1％である。どの国でも国政選挙で50％を割ることは稀であるが、もし割ることがあれば、そもそもその議会は国民の支持や正統性を獲得できないだろう。ここに、欧州議会の権限強化による「EUの民主主義の赤字」の解決を求めることの限界を見出すことができる。多数のEU市民が自分たちの代表機関として認知していない立法機関は、民主的立法機関たり得ないからである。

 政党制民主主義を論じる場合、エリート競争型デモクラシー（シュンペー

表2-8　欧州議会投票率

1979/81	1984/86	1989	1994/95	1999	2004/07	2009/13	2014
63.0	61	58.5	56.8	49.8	45.6	42.9	43.1

資料）表2-7と同じ。

タ）と市場競争型デモクラシー（ダウンズ）の2類型がある。前者は大統領や首相・党首を選挙民に選択させるのに対して、後者は政治市場で最大限の顧客（投票者）を獲得するために、ニーズに合った政策パッケージ（マニフェスト）を争うものである。EU諸国も、左右のポピュリズムを両者の混合形態と考えれば、一国レベルではこの類型に当てはまる。しかし欧州レベルではこのどちらもあてはまらない。欧州議会の最大会派の筆頭候補者が、EU委員会委員長のポストを獲得するとしても、その権限は限定されたものであり、欧州議会選挙は筆頭候補者を争うエリート競争型選挙にはなっていない。欧州社会党のシュルツは、こうした戦略で2014年の欧州議会選挙に臨んだが、トップエリートの選択選挙にはならなかった。

　ここでまず、EU加盟各国の国政選挙における政党の趨勢を考察したい。政治的パワーは、根源的にはなおも各国の議会選挙の得票率と政権獲得にかかわっているからである。ただしここではすべての政党を扱う必要ない。EUの視点からは、一国的な利益やアイデンティティではなく、EUあるいはグローバルな原則に立脚している政党に限定される。つまり普遍主義に立つカソリックを中心とするキリスト教保守主義、社会民主主義、市場自由主義、それにエコロジー政党の4つである。ここでは2大政党である欧州人民党と欧州社民党を考察する。

　まず欧州社民党PESであるが、その中心は、コーポラティズム型の独・オランダ・オーストリアと仏・南欧社会党（イタリア民主党も含める）、北欧社民党、英労働党、それに東欧社民党の5つのグループからなる。PESは、社会主義インターの時代からの国際主義の伝統を継承し、EUのみならずグローバルな政党連帯を呼び掛けている。包摂的成長がその場合の旗印と

なっている[27]。特筆すべきは、90年代初頭には大きな地域的特徴と得票率の格差が見られたが、図2-1にみられるように、主要国では2015年の現在では20から30％の幅に収斂してきていることである。EU政策ではイギリス

表2-9　EU主要社民政党選挙結果（1990～2015）

	1990-1995	1996-2000	2001-2005	2006-2010	2011-2015
ドイツ社民党	35.0	40.9	36.4	23.0	25.7
オランダ労働党	24.0	29.0	21.2	19.6	24.7
オーストリア社民党	38.9	33.2	36.5	33.0	26.8
ルクセンブルク社会党	24.8	22.3	23.4	21.6	20.3
フランス社会党	17.6	23.5	24.1	24.7	29.4
ベルギーSPA、PS	25.0	19.8	27.9	22.1	20.5
イタリア民主党	31.5	38.7	30.3	32.3	25.4
スペイン社会党	38.8	36.0	42.6	43.9	28.7
ポルトガル社会党	36.5	44.1	41.5	36.6	28.1
ギリシャ社会主義運動	42.5	41.5	42.2	41.0	10.1
デンマーク社民党	36.0	36.0	27.5	25.5	25.6
スウェーデン社民党	41.6	36.6	39.9	32.9	31.0
フィンランド社民党	25.2	22.9	24.5	21.4	17.8
イギリス労働党	34.4	43.2	38.0	29.0	30.4
アイルランド労働党	19.3	10.4	10.8	10.1	19.4
ハンガリー社会党	22.0	32.9	42.1	31.3	25.7
ポーランド民主連合	16.2	27.1	26.2	13.2	8.2
ルーマニア社民党	27.7	29.1	36.8	33.1	58.6
チェコ社民党	6.5	29.4	30.2	27.2	20.5
スロバキア社民党			13.5	32.0	44.4
ブルガリア社民党	41.3	22.0	24.1	17.7	21.0
クロアチア社民党	8.9	40.8	22.6	30.8	40.7
スロベニア社民党	15.5	10.6	10.2	30.5	8.3

クロアチア社民党2011は、自由主義のHNSを含む。バルト三国、マルタ、キプロスは省く。
資料出所）European Parliament（http://www.results-elections2014.eu）.およびhttp://www.parties-and-elections.eu/から、各国別選挙結果と比較するため5年ごとに集計。複数回ある場合は、その平均得票率。

図2-1　EU 主要社民政党の選挙結果（得票率%）1990〜2015

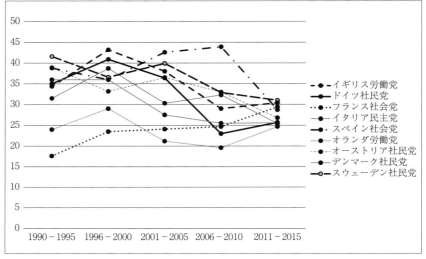

資料出所）表2-9と同じ。

と大陸諸国では対立するケースが多いが、社民政党はこの点で欧州進歩主義の名のもと英労働党との関係はこれまでは良好であった。旧東欧諸国では、かつての中心国では衰退し（ハンガリー、チェコ、ポーランドなど）、辺境地域では伸びている。

次に表2-10は欧州議会の最大会派である欧州人民党 EPP の各国別選挙結果である。ここでは欧州社民党と異なり各国別の特徴と得票率に大きな変化はない。ユーロ圏や EU 政策をめぐり欧州議会では別会派になったイギリス保守党も掲げてある。ここでの特徴は、新旧キリスト教を統合できなかった国あるいはカソリックが少ない国では弱く（オランダ、ベルギー、北欧など）、東欧、とりわけポーランドでは安定した政治勢力として成長したことである。メルケルのドイツ・キリスト教民主同盟と、ドナルド・トゥスクが首相の時代のポーランドの市民プラットフォームは、EU 保守政党の１つの核となり、2014年トゥスクは欧州大統領となった。しかしその後の2015年選

表2-10 EU主要保守政党（人民党）選挙結果（1990〜2015）

	1990-1995	1996-2000	2001-2005	2006-2010	2011-2015
ドイツ・キリ民（＋CSU）	43.8	35.1	36.9	33.8	41.5
オランダキリ民アピール	22.2	18.4	28.3	20.1	8.5
オーストリア国民党	29.4	26.9	42.3	30.3	24.0
ルクセンブルク・キリ国民党	31.4	30.1	36.1	38.0	33.7
フランス国民運動連合	20.4	15.7	33.3	39.5	27.1
ベルギー・キリ民・CDH	24.7	20.0	18.8	20.5	16.6
イタリア（FI, UDC）	21.0	26.4	32.6	37.4	23.4
スペイン人民党	34.8	41.7	37.7	39.9	44.6
ポルトガル社民党・人民党	49.1	40.6	42.5	40.3	44.5
ギリシャ新民主主義	43.1	40.4	45.4	37.7	26.1
デンマーク保守国民党	15.6	8.9	9.7	10.4	4.2
スウェーデン保守・キリ民	27.7	34.5	24.4	34.25	27.8
フィンランド保守・キリ民	21.7	25.2	23.9	27.2	23.1
（イギリス保守党）	41.9	30.6	32	36.1	36.9
統一アイルランド党	24.5	27.9	22.5	27.7	36.1
ハンガリー市民連合＋キリ民	14.5	31.7	41.1	47.4	45.0
ポーランド市民プラットフォーム＋国民党	12.1	7.3	26.4	50.4	47.6
ルーマニア民主自由他	45.6	35.2	37.7	38.8	21.6
チェコ Top09・キリ民	7.4	8.6	14.3	21.1	18.8
スロバキア・キリ民他	12.7	26.3	26.7	32.0	21.8
ブルガリア欧州発展	−	−	−	39.7	31.6
クロアチア民主連合他	55.3	50.0	41.1	42.4	37.6
スロベニア社民党	16.0	34.8	45.0	37.9	22.8

資料出所）表2-9と同じ。

挙では、欧州懐疑派でナショナル保守派の「法と正義」が勝利し、シドゥウォ首相が誕生した。「法と正義」は、欧州議会ではイギリス保守党と組んで、保守欧州懐疑派である欧州保守改革ECRを結成している。

　この2大政党は、EUの社会経済システムを社会的市場経済として位置付ける点で共通点がある。ただし欧州社民党ではその内実は、欧州社会憲章に

うたわれる労働権と社会保障を優先する社会経済システムを意味する。これに対して、現在の欧州人民党の理解では、労使のパートナーシップ関係よりは、社会的企業の役割が強調される。また2014年の欧州議会選挙では、欧州社会党は0.05％の金融取引税の導入を掲げたのに対して、欧州人民党はこの点を曖昧にした。その背景には、表2-7にみる、欧州自由主義政党の凋落がある。アングロサクソン諸国と異なり、欧州大陸諸国には明確な市場自由主義を掲げる政党は限定されていた。市場自由主義は、現在では欧州人民党がその穏健な政策を継承し、政策の幅を市場重視に拡大している。この結果、欧州自由主義政党の独自のポジションが消滅しつつある。

　しかしイギリス独立党ファラージは、小選挙区制のイギリスでは議会に議席が得られず、90年代から欧州議会の選挙により欧州議会議員として、反EUのキャンペーンを行った。EUの中道右派を支える人民党にとって、英保守党とポーランド「法と正義」を軸とするECRは厄介な存在だろう。

　また次の表2-11は興味ある傾向を示している。いわゆる欧州憲法の批准をめぐる各国での議論をリスボン協定（2004/2006）とすると、参加主体としては、国内の政党35.6％、国内の政府機関18.3％となっている。それに対して欧州負債危機（ユーロ危機）をめぐる論争では、外国の政府機関38.5％、EU機関＋IMF27.7％となっている。ユーロ危機に関しては、国内の政府機関も、内外の政党組織も当事者能力を持っていないとみなされている。ユーロ危機を中心に現在のEUの最大の論争点を考えるなら、確かにこの論文が主張するような、「国内の政治論争のヨーロッパ化」という事態が当てはまる。

　競争型デモクラシーや政党政治は、議会が立法権という権限を完全に持ち、しかも政治的な権力が、経済や市場のパワー、政府の執行権力に対して、拮抗しうるパワーを持っていることが前提となっている。しかしユーロ危機の中では、欧州中央銀行ECBによる金融支援政策が救済の柱となっている。

　また競争政策、環境政策、交通政策、科学技術政策など多くの領域でEU

表2-11 政治論争への参加主体による類型

参加主体の類型	ユーロ危機（％）	リスボン協定 (2004/2006)
EU機関＋IMF	27.7	4.6
外国の政府機関	38.5	6.1
国内の政府機関	10.9	18.3
外国の政党	7.8	17.9
国内の政党	6.2	35.6
欧州政党	1.0	5.7
その他	8.0	11.8
合計（100％）	100.0	100
調査人数　N	6865	3747

出所）Kiries and Grande (2015) p.79.

規則・指令が法体系として整備され、各国の法体系と結びつき法制度としてのEUを構築しつつある。法治国家は本来は立法機関の権限を示す言葉であるが、むしろEUテクノクラートによる規制の体系としてのEU制度化が進展する。こうした2つのEUのパワーに比べて（それに各国政府首脳や閣僚による欧州理事会や閣僚理事会を加えると3つの）、デモクラシーに立脚する組織の権限は弱いものに留まっている。

　包摂的成長は、市場や企業のパワー（経済権力）に拮抗する、政治や社会の権力の存在が前提となっている。政治や社会の権力がデモクラシーに根拠づけられないとすれば、どのような対案が可能だろうか。それとも包摂的成長とは、停滞するSocial Europeの理念に、Cohesion Policyとしての地域政策とスマート革命を加え、現代化された理念に他ならないのだろうか。確かに知的成長では、国境を超えることは困難ではなく、むしろ新結合などで文字通り、イノベーションに結びつく可能性も高い。これに対して、包摂的成長の場合は、EU諸国のレジームの違いにより、短期間に政策的に国境を越える地域政策としての実行はむつかしい。むしろ最低賃金政策や、欧州社会憲章から導き出される人々への一般的な社会的保護制度が有効となる。

こうした成長戦略も、しかし長い目で見ると、デモクラシーの手続きや根拠づけなしには、正統性を維持することはむつかしい。つまりは人々の同意や支持を永続的に発展させていくことはむつかしい。そこでマルチレベル・ガバナンスを、デモクラシーによりバージョン・アップすることが次の重要な戦略となる。

5　EU統合の複数路線化とマルチレベル・ガバナンスの再構成

　ヨーロッパ近代の政治単位は、1648年のウエストファーレンの和議以後は主権国家とされている。その後、言語、文化、歴史などの共通項を媒介として国民国家が形成され、何度もの戦争を経て国民国家の連合体としてのEUが20世紀後半には成立した。EUは市場・経済統合として発足・発展したが、1993年のマーストリヒト条約発効以後は、共通の安全保障・外交政策、共通の通貨、そして司法・内務協力という「3つの柱」を掲げ、欧州市民権も設定した。その後、移民・難民問題もEUに移管し、域内の国境管理も廃止した。この意味では、国境の障壁は可能な限り低くなっているが、それでも国民国家としての主権国家は基礎単位として残されている。

　従来のマルチレベル・ガバナンスは、この主権国家の自治体─州（地域）─中央政府という3層（あるいは4層）構造を前提とし、これに市民社会の組織やさまざまな職能団体、企業、労組などの非公式な協議のラインも付け加えたものであった。それを図式化すると、「図2-2　現行のマルチレベル・ガバナンスの組織構造図」となる。

　これまでのEUのガバナンス改革とは、この組織図を前提として、①サブシディアリティ（補完性原理）などにより、より小さい単位の自立・自治を推進する、②欧州議会の権限を強化する、③地域委員会など政府-行政の縦のラインと異なる自治体や市民社会の別ルートを開発するなどの試みを意味していた。この意味でのマルチレベル・ガバナンスのバージョンアップは、前述したようにリスボン条約ですでに試みられている。この最大の問題は、

第2章　危機の中の欧州政治と地域政策の変容—マルチレベル・ガバナンスの再構成—　117

図2-2　現行のEUマルチレベル・ガバナンスの組織構造図

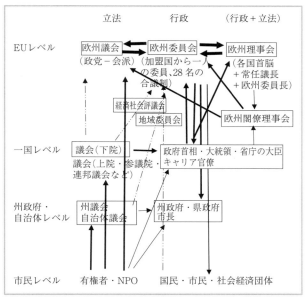

資料）網谷ほか（2014）、鷲江（2009）、Wallence（2015）、
　　　J.Richardson（2015）などを参考にして著者作成。司法は除く。

　表2-1の4つのマトリクスで考えると、主権国家のデモクラシーを前提として、マトリクス1→3の枠内で構想したことである。しかし1990年代のグローバル化の制約のもとでは、自治・ナショナルなもの、EUへのデモクラシーに根拠付けられた「権限配分」は、機能しなかった。現実にはマーストリヒトによる集権的EU組織を創出していった。するとマルチレベル・ガバナンスも、結局はEU組織に多様な団体や行政（自治体-州政府など）が、利益団体として参加するという結果になった。

　今、問題となっているのは、この意味でのマルチレベル・ガバナンスのVer2.としてバージョンアップすることだろうか。それともEUの政治・統治機構そのものをバージョンアップすることだろうか。例えば表2-1のマトリクス4に示された3つの選択肢の1つとして、2004年の欧州憲法とは異

なる、欧州共和国 Ver2. として構想することなのだろうか。

マトリクス4、つまりポスト・デモクラシー/ポスト・ナショナルには、①EUを離脱するイギリスがめざす自由貿易連合やTTIP・TTPのような広域地域経済連携、②ユーロ圏と非ユーロ圏、それにEU非加盟の自由貿易協定国など、EU統合の深化に応じて、複数の統合の道筋を承認するもの、③国民国家と決別する新しい欧州共和国の建設、という3つの選択肢が存在する。正確には、①と②は、現実から迫られる選択肢であり、③は将来へのヴィジョンという位置づけになる。前述した、イギリスのEU離脱を受けたシュルツとガブリエルのEU改革案には、③の要素も含んでいる。

「改革項目2：欧州は民主的で人々に理解されるものでなければならない。
2014年選挙では、最大会派がEU委員長を選出する制度を発展させた。それは実質的に選挙で首相を選出することになる。議会は現在の欧州議会と、各国の代表からなる第2院を形成する。この議院内閣制と二院制という民主主義的政治体制は各国ですでに皆が体験している。もしEUの政治に不満があるなら、その制度自体を疑問視するのではなく、選挙により異なる政府を選出するという制度が保障されることが大事である。[28]」

シュピーゲル誌に掲載された、欧州委員長のユンケルとの後の対話では、この2院制と欧州政府の樹立は、あくまでも長期的なプランであると欧州議会議長シュルツは説明するが、イギリスの離脱決議の後では、こうしたレベルでの改革案の提出が必要であることを強調している。

EU統計局はEU加盟国に対して、NUTS-1からNUTS-3までの地域区画を設定している。今、300万〜700万人のNUTS-1と80〜300万人のNUTS-2の関係が重要となる。NUTS-1は連邦制をとるドイツや、スコットランド、北アイルランドに妥当する。さらにイギリス、スペインなど「連合王国」の歴史をもつ国も該当する。これに対して、1つの地域として伝統的、歴史的に存在する地域は、NUTS-2である。EU地域政策の対象は、NUTS-3の地

第2章　危機の中の欧州政治と地域政策の変容―マルチレベル・ガバナンスの再構成―　119

表2-12　EUの地域統計分類単位　NUTS

	NUTS-1	NUTS-2
ドイツ連邦共和国	州　16	県　39
イギリス連合王国	9+3	30+7
フランス共和国	9	地域圏　26
イタリア共和国	5	州　21
スペイン王国	7	自治州　19
ポーランド共和国	6	県　16
オランダ王国	4	州　12
EU合計	98	274

資料）eurostat http://ec.europa.eu/eurostat/web/nuts

域を再編成することにより、NUTS-2に活力を与えようとするものである。

　シュルツの案は、フランス共和国よりも、ドイツ連邦共和国の制度に近い。現在の国民国家を単位とするのではなく、NUTS-1のレベルで構成されるEU連邦共和国であれば、力のバランスは良くなる。

　表2-12からわかるように、ドイツなどEUの「大国」は、分割して、ナショナルな国家成立以前の状態に帰らなければならない。というのも表2-12に掲げられた近代国家として成立した国々は、EU共和国の単位としては大きすぎるからである。

　これに対して、NUTS-2のレベルで考察するEU連邦も可能である。この場合は、274の「地域」からなる。現在のEUにおいても、主権国家も地域構造政策や結束政策の対象としては、より小さい単位である地域に解体されている。経済発展や所得水準の格差の基準、あるいは地域統計や地域政策の基礎単位となるのは、国家ではなくNUT2と呼ばれる行政府・県連合・レジョン（仏）など、人口100万人から300人万程度の地域である。新しい地域政策とは、このNUTS-2の伝統的・歴史的な「国民国家の中での地域」を、「欧州共和国の地域」に再編成することである。その場合、現在の一国内での完結した「地域」ではなく、国境地帯で、いくつかの新しいEuroregion

（欧州地域）が成立するなら、それらは欧州の地域からの統合の新しいシンボルとなる。そのポスト・ナショナルなガバナンスの構造を以下に示す。

この図2-3は、Guérot（2016）に触発されたEUの新しいガバナンスの構造である。

ここでは、現在の加盟国である主権国家が存続する限りEUの政治問題は解決されないとして、「欧州共和国」の設立がユートピアとして提起されている。それは決して、主権国家の連合した欧州合衆国や欧州連邦ではなく、文字通り、欧州市民が対等で同じ市民として代表を選出する「共和国」である。ここでは現在の主権国家は、それぞれの伝統的な地域である、州、邦、地方などに再編される。EU諸国で見れば、地域と大都市圏という2つの類型となる。そして欧州市民によって直接選出される衆議院（下院）と、それぞれの地方・大都市のネットワークである参議院（上院）の2院制となる。

図2-3　EUのポストナショナルなマルチレベル・ガバナンスの組織構造図

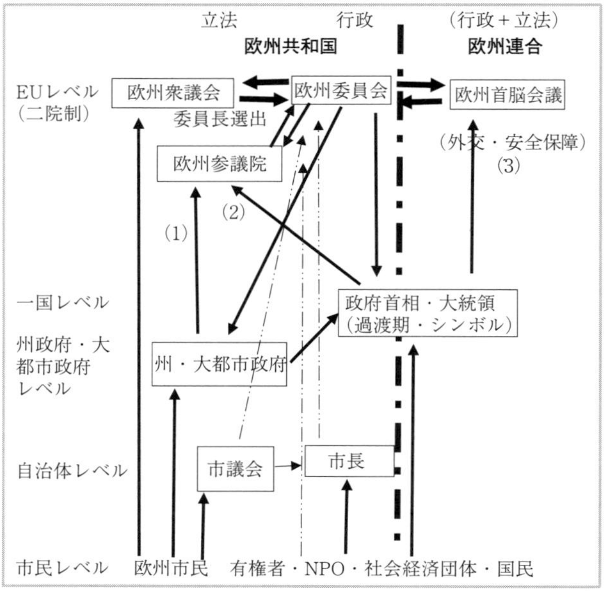

出所）著者作成。

第2章　危機の中の欧州政治と地域政策の変容―マルチレベル・ガバナンスの再構成―　121

垂直構造のマルチレベル・ガバナンスではなく、水平方向のマルチレベル・ガバナンスになるというわけである。

さらに、マトリクス4の選択肢にあった、複数のEU統合路線という現実路線を考慮すると、図2-3は、欧州共和国の政治制度と、現在のEUレベルの統合を行う欧州連合の2重構造を持つことになる。しかしそれは時間的な経過の複数路線であり、恒常的なものではない。

一見、非現実的に見えるが、例えば戦後西ドイツは各州が州憲法を作成し、そうした州の連邦共和国としてドイツ連邦共和国が成立した。それぞれの州は、近代国家ドイツの成立以前の領邦国家や都市と関連もあり（すべてではないが）、もし欧州が共和国として存在するなら、こうした古くて新しい国が、1つの単位として成立することも十分に想定できる。また多くの支持者も見出すかもしれない。例えば、現在のイギリスのEU離脱をめぐり、残留を望むスコットランドでは、イギリスからの独立が再び議論されている。もしスコットランドやアイルランド、ウェールズがそれぞれの国として、さらにはロンドンも大都市として独立し、そのネットワークが欧州を形成するなら、多くの紛争を避けることができるし、より適正な規模の国の集まりとして、現在のようなドイツなど特定の国とヘゲモニーを争う必要もなくなる。おなじことは、スペインやイタリアにもあてはまる。まさにポスト・ナショナルな時代のガバナンスを見つけることになる。ポスト・ナショナルとは、グローバル化を意味するだけではなく、国民国家のより「国家統合以前の地域」への再編成も含んでいるのである。この意味でEUの地域政策とは、21世紀のポスト・ナショナルな時代の、欧州のガバナンスを形成する作業に他ならない。

先に述べた欧州連邦共和国と、ユートピアとしての欧州共和国の違いは、過渡期の二重構造の時代を考慮するなら、対立するものではなく連続するものかもしれない。

注
1） 文書は、欧州委員会、Completing Europe's Economic and Monetary Union という小冊子に印刷されている。(http://ec.europa.eu/priorities/sites/beta-political/files/5-presidents-report_en.pdf) 2015年7月1日から2025年までの間に、ユーロ圏を真の経済通貨同盟に強化・深化させる野心的な計画案であり、同質の競争力ある経済同盟、金融同盟、財政同盟を経て、規則作りよりも、民主主義的な正統性を獲得するために欧州議会も関与する制度的な枠組みを形成することを目的とする。
2） IMF, World Economic Outlook Databases, April 2016,
3） ギデンズ（2015）、序章と1章25頁まで。ギデンズにとって、ユーロ圏のいくつかの国の離脱がテーマであり、イギリスのEUからの離脱は、孤立化への道として簡単に言及されるだけである。
4） スティグリッツ（2016）、W. Streeck, Wenn die EU untergent, wird keiner weinen, "Die Zeit", (13, Oktober, 2016).
5） UNHCR, Figures at a Glance, Global Trend 2015, シリアが490万人、アフガニスタンが270万人、ソマリアが110万人で、この3カ国で世界の難民の54パーセントを占める。
6） 遠藤乾（2013）序文参照。
7） イギリスの国民投票による離脱に関して（Brexit）、現在では世界中のメディアのおびただしい報道、評論、分析がある。英国内の保守派を中心とする離脱の議論と系譜は、あまりにも多様で戦後英国の深層構造まで及び、かえってEUとの関連は見出しにくい。独仏の視点から投票直前にBrexitについて解説した、シュピーゲル誌のオンライン特集、Vera Kämper, "Endlich verständlich: die wichtigsten Antworten zum Brexit," (10/Juni 2016)が、要点をついてわかりやすい。英国のEUからの離脱交渉やその帰結に関して、これから数年間、政府、企業、メディア、政党、研究者など膨大な機関や人々が注目し、リアルタイムで研究・分析することなる。21世紀前半の最大の研究課題の一つとなるだろう。しかしそれは英国への関心ではなく、現在のグローバル金融秩序や21世紀グローバル社会形成の構造に関する研究・分析・政策提言である。

英国とEUの関係については、ドイツ社民党―イギリス労働党系のデジタル誌、Social Europeに注目すべきであろう（www.socialeurope.eu）。それは、ブレアとシュレーダーの「第3の道」論争以後、エーベルト財団とポリティ・ネットワークの間で、社会的ヨーロッパに対して、英・独の進歩派教授や社民党系政治家、ジャーナリストの共通のフォーラムの場となってきた。編集者はロンドン在住のドイツ人研究者 Henning Meyer である。また季刊誌 Social Europe Journal も発行しており、独・英を中心に、広く欧州社会党の系譜の学者や政治家が発言している。例えば2016年7月の電子版には（https://www.socialeurope.eu/2016/07/core-europe-to-the-rescue/）、ドイツの週刊論壇紙 die Zeit 2016.7.12日付の J.Habermas への長文のインタビューの英訳が転載されている。
8） Spiegel Online(24.Juni 2016), SPD für Neugründung Europas, 英国の国民投票の翌日のブリュッセルでの会議で提示されたシュルツとガブリエルの10項目文書は、同じくシュピーゲル誌のページでPDFファイルとして全文をダウンロードできる（11頁）。またシュルツとユンケルの関係については、シュピーゲル誌28号（2016年）で、7月9日の2人へのインタビューを掲載している。この中で、シュルツの10項目のEUの大幅な改

革プランは長期的な展望を述べたもので、EU の現状に関してはユンケルと大きな見解の違いはないと述べている。英国の離脱決議から 4 カ月が経過した現在、シュルツや欧州議会から、メルケルの主導する EU 政治への対案が出されているわけではない。

9 ）クラウチ（2007）参照。この概念は EU の問題というよりは、新自由主義の下での欧米諸国の福祉国家をめぐる政策や理念の衰退過程を分析する概念として議論された。

10）http://press.labour.org.uk/post/152377022619/john-mcdonnell-speech-on-how-only-a-labour

11）エスピン-アンデルセン（2001）の「福祉資本主義の 3 つの世界」は、この時代からネオ・リベラルへの過渡期を反映している。

12）民主主義と国境を超える自由主義市場との関係を、W.シュトレークはハイエクを援用して、「経済の脱民主主義化、民主主義の脱経済化」であり、「ヨーロッパ資本主義のハイエク化」と呼びうるとする（Streeck 2013）。141頁以下の「財政安定化国家の政策：欧州におけるネオリベラリズム」の章全体の議論に注目。彼はこの視点から金融資本主義が支配し（市場市民の勝利）、脱デモクラシー化（国民の敗北）が進行する EU の現状を批判する。もしこれが国境を超える地域経済圏形成の必然的な帰結（市場経済の論理を優先しない地域経済圏は成立しない）であるとするなら、ドロールの域内統一市場形成と社会的ヨーロッパの同時建設という80年代からの理念は、当初から挫折を運命づけられていたことになる。この議論を敷衍すれば、環太平洋経済連携 TPP や EU とアメリカの自由貿易協定 TTIP にも当てはまることになる。

13）以下の図表は、Ifop（2016）から作成したものである。

14）Ruggie（1996、訳書2009年）参照。ラギーはその後1997年から2000年まで、アナン国連事務総長の下で、多国籍企業による人権、労働基準、環境などの分野での自主的な協定としてのグローバル・コンパクトのプロジェクトを進め、「埋め込まれた自由主義」の21世紀型モデルが決して消滅していないどころか、数多くの新しい成果を生み出していることを現在では強調している（2015年アメリカ政治学会でのラギーによる記念講演、Taking Embedded Liberalism Global: Lessons from Business and Human Right 2015. 9.5での発言）。

15）日本語文献では、田中素香（2016）がこの問題で最も新しく、問題点と説得力あるユーロの歴史と展望を述べている。EU 諸国では、最も著名でセンセーショナルな著作は、前述したドイツを代表する社会学者の Streeck（2013）である。

16）福原ほか（2015）参照。この点では、エスピン-アンデルセンの北欧レジームに関する2000年以後の多くの著作がここには挙げないが参考になる。全体像としては、ギデンズ（2015）が「フレキシキュリティ」概念を軸に、整理された説明をしている。

17）ハーバマスは、EU 全体としてのテクノクラート成立の背景をさぐりつつ、一国を超える欧州レベルでの連帯の形成を擁護する（Habermas 2013）。

18）Bundesverfassungsgericht, Pressemitteilungen Nr. 71/2016 vom 13. Oktober 2016　参照。

19）若森他（2007）1 − 22頁参照。

20）柑本（2014）、1 章から 4 章まで参照。

21）またリスボン条約判決の原文は、連邦憲法裁判所 HP 参照（http://www.bverfg.de/entscheidungen/es20090630_2bve000208.html Leitsätze）参照。2009年 6 月30日の第

2小法廷の判決では、1．（ドイツ）基本法ではその23条により、ドイツ連邦共和国が「連合国家」として構想された欧州連合に加盟し、展開することを承認している。ここで「連合国家」という概念は、主権国家として存続する国々の、密接で長期的な連合を意味し、国家間の協定に立脚して公権力を行使する。しかしその基本的な秩序は、加盟諸国の権限の行使の支配下にあり、諸国民、すなわち加盟諸国の市民権を持つ諸国民が、民主的な正統性の主体であり続ける、と説明されている。

22) Jensen, Christian B., The EU's multilevel parliamentary System, in: Richardson et. *European Union*, pp.107
23) Kroeger, Sandra, Political representation and democracy in the European Union, in: Richardson et. *European Union*, pp.467-492
24) オリジナル文書としては、European Commission, Communication from the Commission Europe 2020, A Strategy for smart, sustainable and inclusive growth, Brussels 3.3.2010。また欧州委員会の欧州2020に関するHPと詳しい情報は、http://ec.europa.eu/europe2020/index_en.htm 参照
25) National Targets, http://ec.europa.eu/europe2020/pdf/annexii_en.pdf に各国の最新の達成状況が掲載されている。
26) 欧州社民党のシュルツに関しては、Schultz（2013）、欧州人民党のユンケルに関しては、Juncker（2014）参照。
27) 2015年9月にマレーシアのペナンで開催された、アジア社会民主主義（SOCDEM ASIA）と欧州社民を中心とする「国際進歩連合」共催のセミナーでは、「成長と包摂」がテーマであった。
28) Europa neu gründen, Von Sigmar Gabriel und Martin Schulz（2016.6.24）

参照文献
網谷龍介・伊藤武・成廣孝編（2014）『ヨーロッパのデモクラシー　改定第2版』ナカニシヤ出版。
岩崎正洋（2015）「大統領制と政党政治のガバナンス」、日本政治学会編　『年報政治学会2014—Ⅱ　政治学におけるガバナンス論の現在』、日本政治学会編　木鐸社　91-109頁。
植田隆子（2014）『新EU論』信山社。
エスピン-アンデルセン，イエスタ（2001）『福祉資本主義の3つの世界』ミネルヴァ書房（原著は1990年）。
遠藤乾（2013）『統合の終焉— EUの実像と論理』岩波書店。
——（2014）『ヨーロッパ統合史（増補版）』名古屋大学出版会。
大矢根聡・大西裕編（2016）『FTA・TPPの政治学　貿易自由化と安全保障・社会保障』有斐閣。
ギデンズ，アンソニー（2015）『揺れる大欧州　未来への変革の時』岩波書店。
久保広正・吉井昌彦（2013）『EU統合の深化とユーロ危機・拡大』勁草書房。
クラウチ，コリン（2007）『ポスト・デモクラシー　格差拡大の政策を生む政治構造』青灯社。
柑本英雄（2014）『EUのマクロリージョン　欧州空間計画と北海・バルト海地域協力』勁草書房。

スティグリッツ, ジョセフ. E,（2016）『ユーロから始まる世界経済の大崩壊―格差と混乱を生み出す通貨システムの破綻とその衝撃』徳間書店。
住沢博紀（2007）「旧東独・ポーランド・チェコ3カ国地域のユーロリージョン―構造問題とマルチレベルガバナンスの担い手」、若森章孝 他編著『EU経済統合の地域的次元』ミネルヴァ書房234-255頁。
――（2013）「欧州社会党と欧州進歩研究財団の課題」、『生活経済政策』196号。
――（2016）「欧州社会党と国境を超えるシンクタンク組織の新しい役割 ―政治関係資本の活性化としての21世紀型政党のために」『日本女子大学大学院紀要 家政学研究科・人間生活学研究科』第22号217-227頁。
高橋進・石田徹編（2016）『「再国民化」に揺らぐヨーロッパ 新たなナショナリズムの隆盛と移民排斥のゆくえ』法律文化社。
田中素香（2016）『ユーロ危機とギリシャ反乱』岩波新書。
中西優美子（2012）『EU法（法学叢書）』新世社。
中村民雄・須網隆夫（2010）『EU法 基本判例集 第2版』日本評論社 2010。
平島健司（2009）『国境を超える政策実験・EU（政治空間の変容と政策革新）』東京大学出版会。
広岡裕児（2016）『EU騒乱 テロと右傾化の次に来るもの』新潮選書。
福田耕治編著（2016）『EUの連帯とリスクガバナンス』成文堂。
福原宏幸・中村健吾・柳原剛司（2015）『ユーロ危機と福祉レジームの変容―アクティベーションと社会的包摂』明石書店。
若森章孝他編（2007）『EU経済統合の地域的次元』ミネルヴァ書房。
鷲江義勝（2009）『リスボン条約による欧州統合の新展開 EUの新基本条約』ミネルヴァ書房。
Bache, Ian (2015) Cohesion Policy: A new Direction for New Time?, in:Helen Wallence (ed.) *Policy-Making in the European Union*, Oxford Univ. Press.
Beck, Ulrich (2012) *Das Deutsche Europa*, Suhrkamp.
Cramme, Olfa & Hobolt, Sara B. (2015) *Democratic Politics in a European Union under Stress*, Oxford Univ. Press.
Duff, Andrew (2016) Britain's special status in Europa: A comprehensive assessment of the UK-EU deal and its consequences , policy network paper, March, 2016.
European Commission, EU expenditure and revenue 2014-2020, http://ec.europa.eu/budget/figures/interactive/index_en.cfm
European Commission (2013) Mehrjähriger Finazrahmen 2014-2020 und EU-Haushalt 2014, Übersicht in Zahlen.
Fourquet, Jérôme (2016) Six Months After: Europeans Facing the Migrant Crisis (Note n° 304 - Fondation Jean-Jaurès - 4 avril 2016)
Gillingham, John R (2016) *The EU an Obituary*, Verso. London/New York.
Gow, David, and Meyer, Hennig (ed.) (2016) Brexit, The Politics of a bad Idea, Friedrich Ebert Stiftung, Berlin
Guérot, Ulrike (2016) *Warum Europa eine Republik werden muss! Eine politische Utopie*, Dietz Verlag.

Habermas, Jürgen (2013) *Im Sog der Technokratie*, Suhrcamp Verlag Berlin.
Ifop (2016) Le Européens et la crise des migrants, mars 2016 , Ifop pour la Foudation Jean-Jaurès et la Fondation européene d'études progressistes.
Juncker, Jean-Claude (2014) A New Start for Europe: My Agenda for Jobs, Growth, Fairness and Democratic Change, Opening Statement in the European Parliament , Plenary Session , 15. July 2014,
Juncker, Jean-Claude (ed.) (2015) Die Wirtschafts- und Währungsunion Europas vollenden, European Commission June 2015
Karen, M. Anderson (2015) *Social Policy in the European Union*, Palgrave Macmillan.
Kriesi, Hanspeter and Grande, Edgar (2015) The Europeanization of the National Political Debate, in Cramme & Hobolt (2015) pp.67-86.
Loughlin, John, Hendriks, Frank, Lindstroem, Anders (2011) *The Oxford Handbook of Local and Reginal Democracy in Europe*, Oxford Univ. Press ,
McCormick, John, Olsen, Jonathan (2013) *The European Union: Politics and Policies*, Westview Press,
Richardson, Jeremy (2015) *European Union: Power and Policy-making*, Routledge.
Ruggie, John G. (1996) *Winning the Peace: America and World Order in the New Era*, Columbia University Press, 小野塚佳光・前田幸男訳『平和を勝ち取る ―アメリカはどのように戦後秩序を築いたか』岩波書店 2009.
―― (2013) *Just Business: Multinational corporations and Human Right*, W.W. Norton.
Schultz, Martin (2013) *Der gefesselte Rise: Europas letzte Chance*, Rowohlt.
Streeck, Wolgang (2013) *GekaufteZeit:Die vertagte Krise des demokratischen Kapitalismus*, Suhrkamp Verlag. 鈴木直訳『時間稼ぎの資本主義 いつまで危機を先送りできるか』みすず書房 2016.
Wallace, Helen, Pollack, Mark A. and Young, Alasdair R. (ed.) (2015) *Policy-Making in the European Union*, Seventh Edition, Oxford University Press.

第3章
EU 地域政策の進化と現状

清水耕一

1　EU の結束政策

　加盟国間の地域間格差を減じ、低開発地域の発展を図ることによって調和した経済発展を促進しようという EU の地域政策（結束政策）は1957年のローマ条約[1]以来の欧州共同体（EEC、次いで EU）の基本政策の1つである。この地域間格差の解消を目的とした地域政策が実際に展開されるのは、1968年に地域政策総局が設置され、1973年にデンマーク、アイルランド、連合王国（イギリス）が EEC に加盟した後の1975年に地域政策を財政的に支援するための欧州地域開発基金（ERDF）が設立されてからのことである。ただし、ERDF は欧州社会基金（ESF）および農村開発欧州農業基金（EAFRD）と同様に加盟各国が策定・実施するプロジェクトに資金を交付する EU 予算の「再分配」手段（InfoRegio, "History of the European Union Regional Policy"[2]；辻 2003）と言える性格を持ち、地域間格差や低開発地域の開発について EEC や加盟国内の地域圏・地方自治体が介入あるいは参画する余地はなかった。
　転機は、1981年〜1986年にギリシャ、ポルトガル、スペインが欧州3共同体（EEC、EURATOM、ECSC）に加盟したことによる域内経済格差の拡大と[3]、1986年2月の単一欧州議定書（SEA）の署名である。SEA によって域内市場統合（単一市場における人、財、サービス、資本の自由移動）が主要目標となると同時に、SEA 第5章「経済的社会的結束政策」を根拠と

して地域間格差の解消や低開発地域の開発を促進するための「欧州の真の結束政策」が現実的な課題となった（InfoRegio, *op. cit.*； InfoRegio 2008）。1988年には欧州理事会（ドロール委員会）が既存の基金（ERDF、ESF、EAGGF）を構造基金（Structural Funds）に統合するという「歴史的改革」（「ドロール・パッケージI」）を行うとともに、結束政策はアディショナリティー原則およびパートナーシップ原則にもとづいて、多年度財政枠組（MFF）に従って進められることとなった（本書序章補論1参照）4）。同時に、構造基金による財政支援について、最貧地域・低開発地域の支援、複数年プログラム、投資の戦略的方向づけ、地域アクターの参画といった諸原則が導入された。以下、本章では、こうして本格的に開始された結束政策の進化を概観しておくことにする。

なお、EUの結束政策は当然のことであるがEUの基本政策に制約され方向づけられる（図3-1）。すなわち、1986年の単一欧州議定書によって1989-1993年期の結束政策の目的は地域間格差の解消と社会政策におかれ、加盟国における実施プログラム（operational program: OP）はアディショナリティー原則とパートナーシップ原則にもとづいて策定し、実施すべきこと

図3-1　EUの基本政策と結束政策

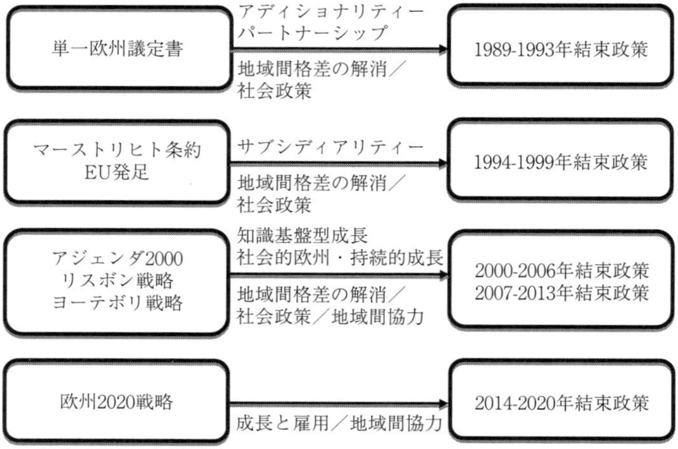

基本政策	原則・目的	結束政策期間
単一欧州議定書	アディショナリティー／パートナーシップ／地域間格差の解消／社会政策	1989-1993年結束政策
マーストリヒト条約／EU発足	サブシディアリティー／地域間格差の解消／社会政策	1994-1999年結束政策
アジェンダ2000／リスボン戦略／ヨーテボリ戦略	知識基盤型成長／社会的欧州・持続的成長／地域間格差の解消／社会政策／地域間協力	2000-2006年結束政策／2007-2013年結束政策
欧州2020戦略	成長と雇用／地域間協力	2014-2020年結束政策

になった。1993年に発効したマーストリヒト条約（TEC）によって地域委員会（Committee of the Regions）が設置されるとともに、補完性原則（principle of subsidiarity）、すなわち決定は可能な限り市民に近いところで行い、EUは国や地域圏・地方が果たすよりもEUが果たした方が効果的な機能（あるいは国や地域・地方では果たせない機能）のみを遂行するという原則が導入され、補完性原則、アディショナリティー原則、パートナーシップ原則と多年度財政枠組（MFF）が結束政策の基本原則となった。1997年7月16日の欧州委員会通知「アジェンダ2000：より強いより広範囲の連合のため」（COM（97）2000）、2000年3月23・24日のリスボン欧州理事会において採用された知識基盤型成長・社会的欧州戦略（リスボン戦略）、および2001年6月15・16日のヨーテボリ欧州理事会において採用された持続的成長戦略（ヨーテボリ戦略）は、知識基盤型成長、社会的欧州、持続的成長を目的として2000-2006年期および2007-2013年期の結束政策を方向づけた。そして2010年に策定された「欧州2020」戦略（COM（2010）2020）は知的成長、持続可能な成長と社会的包摂を目標として結束政策を方向づけている。だだし、結束政策が基本政策に従って期待どおり実現されていたかと問えば、答えは否であった。そのため、構造基金・結束基金に関するレギュレーションが改善されていくとともに、関係非公式閣僚会議の合意としてEU基本政策を結束政策に反映させるための「地域アジェンダ」が策定されるようになった。

　よって本章は、まず第2節において、1989年から2013年までの4期に渡るEUの結束政策の進化を跡づけ、次いで第3節において、2014-2020年の第5期結束政策を方向づけている欧州2020戦略と結束政策との関係、2014-2020年期結束政策のレギュレーションの内容、および「地域アジェンダ2020」の要点を説明することにする。

2　1989年〜2013年における結束政策

1989年から2006年までの結束政策は、共同体の定めた優先目標（Objectifs）に従って加盟国政府のイニシアチブによって策定されたプログラムに対する支援と、共同体のイニシアチブによってテーマ設定されたプログラムに対する支援からなっていた（表3-1）。1999年までの結束政策においては、構造基金の約90パーセントが優先目標プログラムに配分され、約9パーセントが共同体イニシアチブ・プログラムに配分されていた（残りの1パーセントはプロジェクト支援チームの活動費等技術的支援費）。結束政策に占める共同体イニシアチブ・プログラムの役割は予算規模からすれば小さなものではあったが、しかし共同体イニシアチブの特にInterregプログラムによる地域間協力事業は結束政策の手段として次第に重要性を増し、2007年以降は優先目標に格上げされている（Interregについては本書第2部第6章で説明）。なお、2014-2020年期の結束政策の優先目標は「成長と雇用への投資」と「欧州地域間協力」の2つのみであるが、その理由は第3節において説明することとして、以下ではInfoRegio（2008）、InfoRegioのウェブサイトに開示されている情報、および構造基金レギュレーションに依拠しつつ、1989-1993年期、1994-1999年期、2000-2006年期および2007-2013年期の結束政策の進化を簡単に説明することにする。

2.1　1989-1993年期

1988年の「歴史的改革」によって、結束政策と構造基金による支援には以下の原則が導入された。①集中、すなわち限られた数の優先目標で低開発地域を優先的対象とする；②複数年プログラム、すなわち複数年にまたがるプログラムを現状分析、戦略的計画化および評価にもとづいて策定する；③アディショナリティー原則（マッチング・ファンド原則）、すなわち加盟国が自国の支出を構造基金に肩代わりさせ節約することがないように保証する；④パートナーシップ原則、すなわちプログラムの策定と実施は国、地域・地

表3-1　EU 結束政策の進化

		1989-1999年	2000-2006年	2007-2013年	2014-2020年
優先目標	目標1	低開発地域の開発促進（1人当たりGDPが共同体平均の75%未満のNUTS2地域）	低開発地域の開発促進	収斂（低開発地域の開発支援）	成長と雇用への投資
	目標2	産業衰退地域の構造転換（失業率が共同体平均を上回り、工業人口が共同体平均以上かつ工業部門の雇用が衰退しているNUTS3地域）	産業衰退地域の構造転換	地域競争力と雇用（産業衰退地域の構造転換）	欧州地域間協力（旧 Interreg V）
	目標3	長期失業対策	教育、職能訓練、雇用支援	欧州地域間協力（Interreg IV）	
	目標4	職能養成			
	目標5	a 農業近代化、b 農村開発			
	目標6	北極地域の支援			
共同体イニシアチブ	16(1994年から13)イニシアチブ	Interreg I&II（越境地域間協力）	Interreg III（越境地域間協力）		
		RECHAR（炭田地帯再開発）	EQUAL（労働市場差別撤廃）		
		URBAN（都市開発）	URBAN（都市開発）		
		LEADER（農村地域開発）、他	LEADER（農村地域開発）		

出所）清水（2016）の表2を Regulation (EU) No. 1303/2013 に基づいて加筆修正した。

方(regions/locals)、共同体の間のパートナーシップに基づく、という原則であった。そして1988年には以下の5つの優先目標が採用された。

目標1：低開発地域の発展と構造調整の促進（EUの1人当たり平均GDPの75パーセント未満のNUTS 2[5)]地域が対象）；
目標2：産業衰退地域の構造転換を支援（NUTS 3地域が対象）；
目標3：長期失業問題への取り組み；
目標4：若者の就業支援；
目標5：(a) 農業の構造調整促進、(b) 農村地域（NUTS 2地域）の開発促進。

表3-2　構造基金・結束基金配分額（単位：億ユーロ）

予算期間		1989-1993	1994-1999	2000-2006	2007-2013
基金総額（億ユーロ）		690.0	1,530.0	2,130.0	3,470.0
構造基金	目標1	438.0	940.0	1,492.0	2,828.0
	目標2	61.0	94.0	225.0	549.0
	目標3	66.7	152.0	241.0	87.0
	目標4				
	目標5	63.0	130.0		
	目標6	-	7.0		
	共同体イニシアチブ	53.0	140.0	115.0	
	新加盟国支援	-	-	220.0*	
	技術支援他	8.3	67.0	57.0	6.0
結束基金		-	150.0	254.0	696.0**

出所）infoRegio (2008), *Panorama : Politique européenne de cohésion 1988-2008 : Investir dans l'avenir de l'Europe*, No. 26, juin より作成（清水2016）。

注）*2004-2006年の新加盟国支援額220億ユーロは追加予算として配分された。**結束基金696億ユーロは目標1「収斂」の予算2,828億ユーロに含まれている。

技術的支援費を含む構造基金の総額は690億エキュ（690億ユーロ）であり、その64パーセントが目標1に配分された（各目標への支出額は表3-2）。5つの目標のうち1、2、5bが本来の地域（支援）政策に属し、3、4、5aは共同体全体の部門（支援）政策と言える。この優先目標に関する「実施プログラム（OP）」は加盟国のイニシアチブによるものであるが、加盟国は各目標について「地域開発計画」（目標1、2、5bの場合）または「全国計画」（目標3、4の場合）を提出することが義務づけられた。構造基金の支援も目標1のプログラムは全支出の75パーセント、それ以外は全支出の50パーセントが上限とされた（残りはアディショナリティー原則に従って実施国が負担）。構造基金の最大の受益国はスペイン（142億エキュ）、次いでイタリア（114億エキュ）、ポルトガル（92億エキュ）、ギリシャ（82億エキュ）という、PIGS諸国であった。また共同体イニシアチブへの配分額は全16イニシアチブに対して53億エキュ（構造基金の7.8パーセント）であって、そのうちのInterregプログラムへの支出は約11億エキュ（同約1.6パーセント）に留まっていた。

　この第1期の結束政策の成果は、住民1人当たりGDPの域内格差の3パーセントの縮小、ギリシャ・アイルランド・ポルトガル・スペインにおける合計60万の雇用創出と住民1人当たりGDPの共同体平均68.3パーセントから74.5パーセントへの上昇、ESFによる91万7000人の職能教育、中小企業47万社への支援であったと言われている（InfoRegio 2008）。

2.2　1994-1999年期

　第2期の結束政策に大きな変化をもたらしたものは1992年2月7日に調印され、1993年11月1日に発効したマーストリヒト条約（EUの発足）であった。同条約によって結束基金（および漁業の近代化のための予算措置）と地域委員会が設置され、同時に、補完性原則が導入されるとともに実施プログラム（OP）に関する評価（事前評価、中間評価、事後評価）と公表に関するルールが制定された。結束政策のための予算は、1992年の改革（「ドロー

ル・パッケージⅡ」)に基づいて構造基金の年額が2倍になり、構造基金と結束基金を合わせて1994年～1999年の6年間[6]で1680億エキュ(EU予算の3分の1でEUの国内総生産の0.4パーセントに相当)に増額された。

　この第2期の優先目標は基本的には第1期と同様であったが、オーストリア、フィンランドおよびスウェーデンがEUに加盟したことから、1995年1月1日にフィンランドおよびスウェーデンの過疎地域の支援のために目標6「過疎地域(特に北極圏地域)の開発と調整」が追加されている(表3-1および表3-2参照)。

　　目標1：低開発地域(EU平均の1人当たりGDPの75パーセント未満のNUTS2地域)の発展と構造調整の促進；
　　目標2：産業(工業、農業、漁業)衰退地域(NUTS3地域)および都市の構造転換を支援；
　　目標3：長期失業問題の解決、若者の就職支援、労働市場から排除されている人々への再就職支援、雇用における男女間の機会の平等の促進；
　　目標4：産業構造の変化と生産システムの進化に対する労働者の適応を支援；
　　目標5：(a)欧州共通農業政策の改革に沿った農業の生産構造調整、および漁業部門の近代化と構造調整の促進、(b)農村地域(NUTS2地域)の開発と構造調整、農村地域の発展を促進；
　　目標6：過疎地域(特にフィンランドとスウェーデンの北極圏地域)の開発と調整。

　この第2期の構造基金の運用上の原則は基本的には第1期と同じであるが、各国の提出する実施プログラム(OP)については特に環境問題に関してより詳細な計画を要求するようになるとともに、EUの支援額が10億ユーロ未満の小規模プログラムについては単一計画書(single programming document：SPD)方式が導入された(Regulation (EC) No. 1260/1999)。

全体としてこの期の構造基金の最大の受益国は第1期と同様にスペイン（424億エキュ）であり、次いでドイツ再統一後の（旧東）ドイツ（218億エキュ）、イタリア（217億エキュ）、ポルトガル（182億エキュ）、ギリシャ（177億エキュ）、そしてフランス（149億エキュ）の順であった。共同体イニシアチブにたいする基金配分額は全13プログラムに対して総額140億エキュ（構造基金・結束基金全体の8パーセント）であった。そして第2期の構造基金による支援の成果は、実質GDP成長率上昇への貢献[7]、目標1対象地域における70万の純雇用創出、目標1地域の80万の中小企業の投資に対する直接的財政支援の実施、4104kmの高速道路および3万1844kmの一般道路の建設、目標2対象地域における56万7000人の粗雇用創出と11.3パーセントから8.7パーセントへの平均失業率の低下等があったと言われている。

2.3　2000-2006年期

　第3期（および第4期）の結束政策を方向づけたものは1997年7月16日の欧州委員会通知「アジェンダ2000：より強いより広範囲の連合のため」（COM (97) 2000）と、2000年3月23・24日のリスボン欧州理事会において採用されたリスボン戦略および2001年6月15・16日のヨーテボリ欧州理事会において採用されたヨーテボリ戦略であった。

　「アジェンダ2000」では、構造・結束基金の運用に関する改革が示され、構造基金の支援対象を地理・課題の両面でより集中すること、基金管理の改善、多様なEU内の経済的社会的結束の推進という方針のもとに、構造基金の支援対象となる優先目標と共同体イニシアチブが大幅に再編され簡素化された。すなわち、優先目標は目標5を目標2に統合し、目標3と4を一体化して、以下の3目標に集約された。

目標1：低開発地域（NUTS 2地域）の発展と構造調整を促進すること；
目標2：構造的問題を抱えた地域（農村および産業衰退地域）の経済的社会的構造転換を支えること；

目標3：教育、職能養成および雇用に関する政策と制度の適応と現代化を支えること。

　同時に、共同体イニシアチブも Interreg（越境地域間協力等）、URBAN（都市および都市近郊の再開発）、EAQUAL（労働市場への参入時の差別との戦い）、LEADER（農村開発）の4プログラムのみが継続されることになった。さらに「アジェンダ2000」は中東欧の旧社会主義国の EU 加盟を見込んで加入前支援策を打ち出した。これは主にポーランドとハンガリーの経済改革支援のために導入されたプログラム PHARE（Poland and Hungary：Assistance for Restructuring of Economy—1989年に援助対象国が13カ国に拡大）を加入前支援策として位置づけるもので、1999年のベルリン欧州評議会において PHARE に15億6000万ユーロ、ISPA（加盟前構造支援）に10億4000万ユーロ、SAPARD（加盟前農業支援）に5億2000万ユーロの支援額が決定された（額は JETRO（2002）による）。構造・結束基金の2000-2006年期の当初予算額は EU15を対象とした2310億ユーロであったが、2004年5月の中東欧10カ国[8]の EU 加盟後に、東欧諸国支援のための2004-2006年期予算として220億ユーロが追加された。

　2000年のリスボン戦略は知識基盤型の経済社会への移行と、人的資源への投資および能動的な社会国家の推進による欧州社会モデルの現代化とを主な内容としていた。知識基盤型社会への移行に関しては、万人のための情報社会、欧州研究・イノベーション空間の創出、革新的企業（とくに中小企業）の創出と発展に寄与する環境の創出、域内市場の活性化のための経済改革、金融市場の効率化と統合、協調的マクロ経済政策（財政健全化）がテーマとされた。欧州社会モデルの現代化については、知識基盤型社会のための教育・（生涯および職場における）職能養成、積極的な雇用政策（より多くの雇用、高技能労働者の雇用）、社会保障制度の現代化、社会的統合の促進（社会的排除の撲滅）がテーマとされた[9]。このリスボン戦略は2001年のヨーテボリ欧州理事会において修正され、知識基盤型社会への移行、欧州社会

モデルの現代化に、持続的成長戦略が追加され[10]、この3つの戦略が2001年以降のEUの地域政策、したがって結束政策に浸透していくことになる。

この期の構造基金・結束基金の運用に関するレギュレーションは、加盟国が提出するプログラム（OPおよびSPD）についての事前評価、中間評価および事後評価という評価制度を強化するとともに、プログラムの実施とプロジェクトへの構造基金・結束基金からの支払いに関する各国政府の責任を明確にし、N＋2ルールを導入した。N＋2ルールは、一方でプロジェクトへの基金からの支払いを迅速化するものであるが、他方で、プロジェクト期間最終年（N）の2年後までにプロジェクト予算の執行証明書が提出されない場合には基金からの支払いが停止されるというものであり、各国政府およびプロジェクトの実施主体により厳格な事業実施と予算運用・管理を要求するものであった。

この第3期の構造基金・結束基金の最大の受益国はスペイン（563億ユーロ）、次いでドイツ（298億ユーロ）、イタリア（296億ユーロ）、ギリシャ（249ユーロ）、ポルトガル（228億ユーロ）、イギリス（166億ユーロ）、フランス（157億ユーロ）の順であった。また共同体イニシアチブへの支出は全4プログラムに対して115億ユーロであった。そして第3期結束政策の成果は、目標1事業による57万人の純雇用増（内、新加盟国分が16万人）、スペインにおける研究・技術開発・イノベーション・IT部門への30億ユーロの投資、ギリシャにおける交通渋滞・公害対策のためのアテネ地下鉄等交通網整備のための投資とスペインにおける交通網整備への投資、目標2事業による73万人の粗雇用増とカタルーニアにおける情報社会化のための14億ユーロの投資、イギリスにおける目標1および2事業による中小企業25万社に対する支援（直接の資金援助を受けたのは1万6000社）が挙げられている。

2.4　2007-2013年期

2007年1月1日のブルガリアとルーマニアのEU加盟とともに始まった第4期の結束政策は、リスボン戦略・ヨーテボリ戦略の推進とともに、域内経

済格差の拡大による最貧国・最貧地域のための支援が重要な課題となった。実際、ルーマニアの1人当たり実質GDPはEU 27カ国平均の40パーセント程度（2008年でも41パーセント）であり、購買力で評価した居住者1人当たりの年間所得は最富裕国ルクセンブルクの7分の1程度でしかなかった[11]。格差は地域別に見るとさらに大きい。最富裕地域はロンドン中心部（Inner London）で住民1人当たり所得はEU平均の290パーセントであるのに対して、最貧困地域であるルーマニア北東部地域の住民1人当たり所得はEU平均の23パーセントでしかなかった（InfoRegio 2008：22）。

以上の理由から第4期の結束政策には大きな変更が加えられた（若森 2007）。すなわち、欧州地域開発基金（ERDF）に関する新しいレギュレーション（Regulation (EC) No.1080/2006 ; Regulation (EC) No. 1083/2006）は、優先目標の目標2と3を統合するとともに、共同体イニシアチブのInterregを目標3に格上げし、他の3イニシアチブを目標1〜3に統合した結果、結束政策の優先目標は以下の3目標のみに単純化された[12]。

目標1「収斂」：1人当たりGDPがEU25カ国平均の75パーセント未満の加盟国および地域（NUTS 2地域）をEU平均に収斂させるために支援する。ただし、中東欧10カ国の加盟によってEUの1人当たりGDPの平均値が下がったことから経過措置として2013年までEU25カ国平均の75パーセント以上ではあるがEU15カ国平均の75パーセント未満の16のフェイジングアウト地域（'phasing-out'地域）[13]をも対象とする。

目標2「地域の競争力と雇用」：「収斂」の非対象EU地域（NUTS 1およびNUTS 2地域）すべてにおける地域の競争力と魅力を強化し雇用を促進する。ただし、旧目標1対象地域であった1人当たりGDPがEU15カ国平均以下ではあるがその75パーセント以上の13のフェイジングインNUTS 2地域（'phasing-in'地域）[14]も対象とする。

目標3「欧州地域間協力」：旧Interregプログラムであり、NUTS 3地域の越境地域間協力（cross-border cooperation: CBC）、NUTS 2地域間の

諸国横断的地域間協力（transnational cooperation: TNC）、広域間協力（interregional cooperarion: IRC）を促進する。

　構造基金・結束基金の3目標への予算配分は、前述のように最貧国・最貧地域のための支援が重要な課題となったことから、2828億ユーロ（基金総額の81.5パーセント）が目標1「収斂」に配分され、そのうち1993億ユーロが「収斂」対象地域（18カ国[15]の84地域）、139億ユーロがフェイジングアウト地域に配分されている。目標2「地域の競争力と雇用」の予算は549億ユーロ（16パーセント）であり、そのうち114億ユーロがフェイジングイン地域に配分された。そして目標3「欧州地域間協力」には87億ユーロ（2.5パーセント）が配分され、その内訳はCBCに64.4億ユーロ（74.02パーセント）、TNCに18.3億ユーロ（21.03パーセント）、IRCに4.45億ユーロ（5.11パーセント）であった。

　この第4期のプログラム作成上の特徴は、結束政策に関するEUの戦略的方向づけに従って各国は自国戦略を立て、この戦略に基づいて全国的プログラムを作成し、欧州委員会の承認を経て実施プログラムに従った事業を推進するというように単純化された。ただし、各国のプログラムは、EUの戦略的方向づけによって、プログラム実施予算の一定割合をEUの成長雇用戦略（リスボン戦略、ヨーテボリ戦略）のための投資、すなわち、研究・イノベーション、EU規模のインフラストラクチャー、産業競争力、再生可能エネルギー、エネルギー効率、エコイノベーション、人的資源への投資に使用しなければならないことになった。このEUの成長雇用戦略の中心的課題を推進するための投資は「収斂」予算の61.2パーセント、「地域の競争力と雇用」予算の76.7パーセントを占め、全体として2000億ユーロ規模に達していた。

　第4期の構造基金・結束基金の最大の受益国はポーランド（673億ユーロ）、次いでスペイン（352億ユーロ）、イタリア（288億ユーロ）、チェコ（267億ユーロ）、（旧東）ドイツ（263億ユーロ）、ハンガリー（253億ユーロ）、ポルトガル（215億ユーロ）、ギリシャ（204億ユーロ）、ルーマニア

（196億ユーロ）の順であり、以上の諸国が「収斂」予算から100億ユーロ以上の配分を受けている国であった（InfoRegio 2007）。「収斂」予算が全基金の81.5パーセントを占めることから当然であるとはいえ、第4期の構造基金・結束基金の最大の受益国は中東欧諸国（旧東ドイツを含む）とPIGS諸国（ポルトガル、イタリア、ギリシャ、スペイン）であった。そして結束政策の推定成果は、最貧地域における1人当たりGDPの2007年～2010年におけるEU平均比2.2パーセントの増加と約77万の雇用創出、ESFプロジェクトによって240万人がプロジェクト参加から6カ月以内に就業、中小企業22万5560社の投資および10万1970件の起業の支援等、7万2920件の研究プロジェクトの支援および500万人のブロードバンド・ネットワークへの接続等、420万人を対象とした浄水設備の整備と都市の持続可能性と魅力向上のための1万1050件のプロジェクトの実施、1800 kmの道路と1355 kmの鉄道の建設による欧州輸送網（trans european transport network: TEN-T）の整備であるとされていた[16]。

表3-3 構造基金・結束基金の上位受益国（単位：億ユーロ）

1989-1993年		1994-1999年		2000-2006年		2007-2013年	
スペイン	142	スペイン	424	スペイン	563	ポーランド	673
イタリア	114	ドイツ	218	ドイツ	298	スペイン	352
ポルトガル	92	イタリア	217	イタリア	296	イタリア	288
ギリシャ	82	ポルトガル	182	ギリシャ	249	チェコ	267
		ギリシャ	177	ポルトガル	228	ドイツ	263
		フランス	149	UK	166	ハンガリー	253
				フランス	157	ポルトガル	215
						ギリシャ	204
						ルーマニア	196

データ）InfoRegio (2008)。

注）2007-2013年のデータは当初予算案によるもので、実績値はやや異なる。例えばInfoRegioのウェブサイト（http://ec.europa.eu/regional_policy/en/policy/evaluations/data-for-research/――最終閲覧：2015年10月11日）にアップされている エクセルファイル"EU Payments to Member States with a breakdown by programming periods, Member States, Funds and years"によればポーランドへの支援額は約672億ユーロであった。

なお、以上の4期のそれぞれにおける上位受益国と金額をまとめると表3-3のごとくである。当然のことであるが、上位受益国は結束政策の優先目標1の対象地域をより多く含む国であり、全期間を通じてPIGS（ポルトガル、イタリア、ギリシャ、スペイン）が上位受益国になっている。また1994年以降のドイツへの基金支援は旧東ドイツを対象地域とし、2007-2013年期には同じく旧社会主義国である中東欧諸国への支援額が大きく、中でもポーランドへの支援が突出していた

3　欧州2020戦略のもとでの結束政策の新展開

　第5期（2014-2020年）の結束政策は、2010年にリスボン戦略・ヨーテボリ戦略に代わる「欧州2020」戦略（COM（2010）2020）が打ち出され[17]、2010年11月の結束政策に関する第5次報告書の結論（COM（2010）642 final）以後、この新しい欧州2020戦略に従って推進されることになった（Politique de cohésion 2011a）。ただし、2016年時点では第5期の結束政策が開始されたばかりであることから、以下では、欧州2020戦略と結束政策の関係、欧州2020戦略の下での構造基金・結束基金の新たなレギュレーションの概略、および欧州2020戦略を地域において展開するための指針「地域アジェンダ2020」の要点を説明し、その方向性を示すに留めざるを得ない。

3.1　欧州2020戦略と結束政策

　欧州2020戦略は2008年からの経済危機を克服して「成長と雇用」を回復するための戦略（European Commission 2012：34）として、「知的な成長（smart growth）」（知識とイノベーションに依拠した成長を促進）、「持続可能な成長（sustainable growth）」（資源利用においてより効率的で、よりグリーンでより競争力のある経済を発展させる）、「社会的包摂を進める成長（inclusive growth）」という3つの優先事項を設定し、その下に5つの主要目標を示している。すなわち、①20歳〜64歳の人口の75パーセントの雇用、

②GDPの3パーセントをR&Dに投資、③気候とエネルギーに関する目標「20/20/20」（温室効果ガスの20パーセント削減、再生可能エネルギーをエネルギー消費量の20パーセントまで増加、エネルギー効率を20パーセント上昇）の達成、④学校中退率の10パーセント未満への引き下げと、40パーセント以上の若者による高等教育修了証の取得、⑤貧困にあえぐ人々を2000万人削減、である。そして欧州委員会は加盟国が欧州2020戦略に従ってこの5つの目標を各国の事情に合わせて追求することを要請している。

他方、表3-4に示すように、欧州委員会は3つの優先事項についてそれぞれ「EUの基軸的イニシアチブ[18]」を設定し、この7つのイニシアチブ、すなわち「イノベーションを進めるEU」、「躍動する若者」、「欧州デジタル化戦略」、「資源節約する欧州」、「グローバル化時代の産業政策」、「新しい職能と雇用のための戦略」および「貧困と戦う欧州プラットフォーム」がEUと加盟国を「拘束する（will comit〔英〕, engageront〔仏〕）」ものであるとしている[19]。ただし、7つのイニシアティブは数値目標ではないことから、加盟国はこれらのイニシアチブ項目に関してそれぞれの事情に適応させて経済・社会政策を立案し遂行すれば良いことになる。

以上のような欧州2020戦略と結束政策との関係については、2010年11月の結束政策に関する報告書が、結束政策はEUと域内諸地域の調和した発展を促進し、地域間格差を減じると同時に、欧州2020戦略の示す成長モデルの具体化を支えるものである、と述べている（COM (2010) 642 final）。また、2011年6月に示された欧州2020戦略のための予算案も、「結束政策を欧州2020戦略により体系的に結びつける」ことを要請し、2011年時点では結束政策の2014-2020年期予算案として3760億ユーロを配分している（COM (2011) 615 final）。予算の内訳は、目標1「成長と雇用への投資」が2546億ユーロであり、内訳は後進地域1626億ユーロ、移行地域389億ユーロ、発展地域531億ユーロであった。また目標2「欧州地域間協力」117億ユーロ[20]、結束基金687億ユーロ、超周辺地域・過疎地域9億2600万ユーロ、輸送・エネルギー・ICT分野の域内接続事業400億ユーロ（プラス結束基金から100

第3章　EU地域政策の進化と現状　143

表3-4　「欧州2020」戦略の概略

基本目標
①20歳～64歳の人口の就業率を現在の69パーセントから75パーセントに上げる。 ②R&D投資をGDPの3パーセントにするために、民間部門のR&D投資環境を整備し、新しいイノベーション指標をつくる。 ③地球温暖化ガスの排出量を1990年比で20パーセント削減（条件が整えば30パーセント削減）し、再生可能エネルギーの最終消費量の20パーセントに高め、エネルギー効率を20パーセント高める。 ④若者の学校中退率を現在の15パーセントから10パーセントに低下させ、30歳～34歳の人口中で高等教育を受けた人口の割合を現在の31パーセントから40パーセントに上げる。 ⑤各国の貧困線（Poverty threshold）以下の人口の割合を欧州全体で25パーセント削減、2000万人を貧困から救う。

知的成長	持続的成長	社会的包摂を進める成長
イノベーション 基軸的イニシアチブ「イノベーションEU」のもと、EU全体でイノベーションを促進し、R&D投資を活性化するために、研究とイノベーションのための環境整備と資金提供を改善する。	気候・エネルギー・移動 基軸的イニシアチブ「資源節約する欧州」のもと、経済成長とエネルギー利用を分離するために、炭素排出量を制限し、再生可能エネルギーをより多く使用し、輸送部門を現代化し、エネルギー効率を高める。	雇用と職能 基軸的イニシアチブ「新しい職能と雇用のためのプラットフォーム」のもと、労働市場を現代化するとともに、労働市場への参入を容易にし、労働需給をより適合させるために、転職支援や生涯にわたる職能養成を行う。
教育 基軸的イニシアチブ「躍動する若者」のもと、教育制度を効率化し、欧州高等教育の国際的魅力を高める。	競争力 基軸的イニシアチブ「グローバル競争に打ち勝つ産業政策」のもと、企業、とくに中小企業の事業環境を改善し、強固で持続的な産業基盤の発展を支援する。	貧困との戦い 基軸的イニシアチブ「貧困と戦う欧州プラットフォーム」のもと、成長と雇用の結実を広く配分し、社会的・地域的結束を確実にし、成長の恩恵を広く配分し、貧困状態にある人々が尊厳を持って生き、社会の参加できるように支援する。
デジタル社会 基軸的イニシアチブ「欧州デジタル化戦略」のもと、大容量高速インターネットアクセスを促進し、デジタル統一市場という利点を家庭と企業のために活用する。		

出所）COM (2010) 2020, Annex 1.

表3-5 2014-2020年期の結束政策予算案の変遷（単位：億ユーロ）

1b 経済的・社会的・地域的結束 MFF			I	II	III	IV	V	VI
ESIF			3,360	3,390	3,420	3,251	3,251	3,502
目標1	成長と雇用への投資		3,243	3,271	3,271	3,132	3,132	3,368
	3カテゴリー地域		2,548	2,554	2,554	2,454	2,454	2,719
		後進地域	1,627	1,636	1,635	1,643	1,643	1,822
		移行地域	390	365	365	321	317	354
		発展地域	531	554	554	491	495	543
	結束基金		687	707	707	664	664	634
	超周辺地域・過疎地域支援		9	9	9	14	14	16
	欧州地域間協力		117	119	119	89	89	102
目標2	若者の雇用促進		-	-	30	30	30	32
	都市革新行動		-	-	-	-	-	4
	技術的支援		-	-	-	-	-	12
データ			COM (2011) 615 final	COM (2012) 496 final	COM (2013) 246 final	CPR (2013)	Regulation (EU, EURATOM) No. 1311/2013	InfoRegio (2015)

注）I〜VはEU 27カ国，VIは2014年のクロアチアの加盟によるEU 28カ国の予算になっている。またIVのデータのCPR (2013) はRegulation (EU) No. 1303/2013であり，VIのデータの出所InfoRegio (2015) はInfoRegioのウェブサイト（http://ec.europa.eu/regional_policy/en/funding/available-budget/）にアップされているエクセルファイルTotal allocations of Cohesion Poicy 2014-2020による（2015年9月15日に閲覧）。

億ユーロを追加）となっている（表3-5）。2011年段階では別枠で輸送・エネルギー・ICT分野の域内接続事業予算が示されていたが、これは基本的にはInterregプログラム等において実施されていた輸送・エネルギー・ICTネットワークの国境横断的接続事業を強化するために新たに予算化したものである（Politique de cohésion 2011a）。ただし、経済危機の影響で予算が縮小され、最終的には表3-5に示されるように、輸送・エネルギー・ICT分野の予算が廃止され、また欧州地域間協力予算も89億ユーロへと若干減額された。そして、経済危機の影響の強い目標1の後進地域への配分が増額されるとともに、都市開発および若者の雇用促進を目的とした新たな予算が計上された（Regulation (EU) No. 03/2013; InfoRegio 2013）。なお、2014年にクロアチアがEUに加盟したことから、2015年に予算全体が上方修正されている。

　欧州委員会はこのような欧州2020戦略、および結束政策に関する第5次報告書の結論（COM (2010) 642 final）に基づいて2014-2020年期の結束政策の構想と運用に関して以下のような方針を示した（Politique de cohésion 2011a ; Politique de cohésion 2011b）。すなわち、①欧州2020戦略の優先事項、すなわち知的成長、持続可能な成長、社会的包摂を進める成長に集中すること、②パフォーマンスに報いること、③統合されたプログラムを促進すること、④結果に集中すること（適切に設定された目標について進捗状態を追跡調査する）、⑤地域的結束を強化すること、⑥手続きを簡素化すること、以上である。欧州委員会が特に強調していることは、欧州2020戦略の目標を達成すること（①）、成果を重視すること（②、④）、および財政支援の効果を最大化することである。

　2012年時点において、欧州委員会は以上の方針に従って一連のレギュレーション案によって結束政策を改革しようとした。例えば、2014-2020年期の構造基金・結束基金の運用に関して、欧州委員会は2011年度のEU活動報告（European Commission 2012）において成長促進効果をより確実なものにするためにとして、以下のように構造基金改革の見直しを行うと述べていた

(Politique de cohésion 2011a : Chapter 2 « Stronger Growth», p. 59)。
① 構造基金の運用を「パートナーシップ協定（partnership agreement)」によって欧州2020の目標と加盟国の改革プログラムおよび欧州委員会の国別提言に明確にリンクさせる。
② 基金の支援条件（conditionality）を厳格化し成果を重視するために、中間評価に従って配分されるパフォーマンス基金を創設する。
③ 労働市場政策、教育、職能養成、社会的包摂、労働者の適応性、企業・企業家および管理能力の向上に関する支援を強化するためにESFを充実させる。
④ ERDF、ESF、結束基金（Cohesion Fund: CF）、EAFRDおよび欧州海洋漁業基金（European Maritime and Fisheries Fund : EMFF）を包括する共通戦略フレームワーク（Common Strategic Framework : CSF）によって各基金間の活動の調整を行えるようにする[21]。
⑤ 欧州グローバル化調整基金（European Globalization Adjustement Fund : EGF）が経済のグローバル化を原因とした大量解雇の犠牲者を支援する。

このような方針のもとに欧州委員会は2011年〜2013年の期間に欧州議会に結束政策および関連したレギュレーション案（目標2「欧州地域間協力」のレギュレーション［COM（2011）611 final］、ERDFのレギュレーション［COM（2011）614 final］、共通戦略フレームワーク（CSF）のレギュレーション［COM（2011）615 finalおよびSWD（2012）61final]）が欧州議会および閣僚理事会において議論され、またINTERACTがこれらのレギュレーション案についての意見を集約して提言を行い（INTERACT 2012）、最終的には2013年12月に諸レギュレーション、すなわち共通戦略フレームワーク（CSF）、ERDFレギュレーション、ESFレギュレーション、CFレギュレーション、欧州地域間協力（Europeqn Tritorial Cooperation : ETC）と欧州地域間協力団体（European Grouping of Teritorial Cooperation : EGTC）のレギュレーション（Regulation（EU）No. 1303/2013）が定められた。

3.2 2014-2020年結束政策のレギュレーション

2013年12月17日に成立した欧州構造投資基金（European Structural and Investment Funds［以下 ESI ファンド］で ERDF、ESF、CF、EAFRD、EMFF からなる）に関するレギュレーションにおいては結束政策に以下の10点の変更が行われた[22]。

① EU の全ての地域に投資する。すなわち前述の3地域カテゴリー（低開発地域、移行地域、発展地域）の全てに投資するもので、予算は低開発地域1643億ユーロ、移行地域321億ユーロ、発展地域491億ユーロである。

② 資源を主要な成長部門に投入する。ⓐERDF はイノベーション・研究、デジタル化戦略、中小企業支援、低炭素経済という4つの優先テーマに関して地域カテゴリーに応じて集中的に投入される。この4テーマに支出される ERDF 額（総額約1000億ユーロ）については、地域の経済状態を考慮して差別化され、低開発地域で地域に配分された ERDF 予算の50パーセント、移行地域で同60パーセント、発展地域で同80パーセントとされている（そのうち、低炭素経済のための ERDF 支援額からの支出は、低開発地域では12パーセント、移行地域では15パーセント、発展地域では20パーセントと義務づけられている）。ⓑ結束基金（CF）からの約600億ユーロが欧州横断輸送網（TEN-T）および主要な環境インフラ・プロジェクトに配分される。ⓒ結束政策に従って ESF から約700億ユーロが雇用分野（生涯にわたる職能養成・学習、教育と社会的包摂）に投入され、加盟国各国は配分された ESF の20パーセントをこの分野に支出しなければならない。また、若者の就業支援（Youth Employment Initiative: YEI）が新たに設けられ、ESF から30億ユーロの支援が行われる。

③ 説明と結果について明確・透明かつ測定可能な目標を設定する。加盟国および地域は、事前に利用可能な資源によって実現しようとする目的、目標達成のための進捗状況を測定する方法を示さなければならな

い。事業の進捗度と基金の使用法については定期的なモニタリングが行われ、優良なプログラムには新たに設けられる「パフォーマンス基金」（後述）から追加的な基金の交付が行われる。

④ 基金が交付される前に満たすべき諸条件が課される（事前コンディショナリティー）。例えば、スマート・スペシャリゼーション戦略の場合、企業向けの改革、輸送戦略、公的調達制度の改善、環境法の遵守、若者の雇用・学校中退対策、ジェンダー間の平等と非差別の促進策の全てが条件となる。

⑤ よりコーディネートされ重複を避けた共通戦略を立てる。共通戦略フレームワーク（CSF）によってESIファンド（ERDF、ESF、CF、EAFRD、EMFF）間をコーディネートし、また「ホライゾン2020」（研究開発協力プログラム）、欧州接続機構（エネルギー・輸送・ITC網プログラム）、雇用・社会的イノベーション・プログラムと連携する。

⑥ 官僚主義を改め、EUの投資基金の使用を容易にする。

⑦ 都市に関する政策を強化する。ERDF基金を都市開発プロジェクトにも配分する。

⑧ 諸国横断的地域間協力（TNC）を強化する。より多くのTNCプロジェクトが実現するように支援し、またマクロリージョン戦略が、バルト海やドナウ川流域のマクロリージョン戦略のように、参加国・地域のプログラムによって担われるように図る。

⑨ 結束政策がEUのより広範な経済ガバナンスとより良く連携するようにする。全ての実施プログラムはユーロピアン・セメスター[23]における各国の改革プログラム（4月提出）と調和し、国別勧告（Country-specific recommendations、5月提出）に示された諸改革に取り組むものでなければならない。欧州委員会は各国のプログラムの修正を要求することも、勧告が繰り返され重大な違反があった場合は基金の交付を停止することもあり得る。

⑩ 中小企業を支援し、必要な資金を獲得できるようにするために、金融

手段の利用を促進する。中小企業に対する補助金よりもESIファンドや欧州投資銀行からの貸付け、貸与、信用保証を重視するが、これはプロジェクの質を向上させ、補助金への依存を改めるようにするためであった。

以上の変更点を含む2014-2020年期の結束政策の共通条項レギュレーションと各基金の活用分野の要点は、「結束政策2014-2020：成長と雇用に投資する」（Politique de cohésion 2011a）に依拠すれば、以下のごとくである（ただしRegulation（EU）No. 1303/2013に依拠して修正してある）。

（1）全基金の共通条項レギュレーション（Common Provision Regulation: CPR）

全基金に適用される基本原則（CPR）は、補完性原理、アディショナリティ原則、コンディショナリティ、パートナーシップ、マルチレベル・ガバナンス、合法性（EU法および国内法の遵守）、男女間の平等の促進、非差別、持続可能な発展である。実施プログラムについては、後述の共通戦略フレームワーク（CSF）に従って欧州2020戦略に適合した事業テーマの選択（コラム参照）による戦略的なプログラム作成を要求し、しかも加盟国の実施プログラムの提出に先立って欧州委員会と加盟国との間の拘束的な「パートナーシップ協定」を結ばなければならない。実施プログラムについては結果を重視して共通指標と地域特殊な指標を設定して進捗度がフォローされ、評価されることになる。すなわち、プログラムの成果を確実にするために、実施プログラムが承認され基金が交付されるための事前条件（ex-ante conditionality）が強化され、プログラムが承認され実施段階になると、プログラムの目標達成のためのインセンティブとして、各国に対する支援額から6パーセントを控除して「パフォーマンス基金（performance reserve）」を設け、中間評価時に設定レベルに達したプログラムには追加的支援額を配分し、設定レベルに達していないプログラムには支援を停止または廃止することができることになった（この控除は目標2「欧州地域間協力」には適用されない）。

> **コラム：結束政策において取り組むべき11のテーマ**
>
> 　共通条項レギュレーション（CPR：Regulation（EU）No.1303/2013）第9条は、2014-2020年期の結束政策のためのESIファンドによって実施するプログラムに関して、以下の11のテーマを示している。
>
> 　①研究とイノベーション、②ICT、③中小企業の競争力、④低CO_2排出経済への移行、⑤気候変動への適応とリスク予防・管理、⑥環境保護と資源効率、⑦持続可能な運輸と主要な交通インフラにおけるボトルネックの解消、⑧雇用と労働力移動、⑨社会的包摂と貧困・差別との戦い、⑩教育・職能および生涯学習、⑪公的行政機関の能力の強化。
>
> 　この11のテーマは、COM（2011）611 final、COM（2011）614 final、COM（2011）615 finalで言及され、共通戦略フレームワーク（CSF）案であるSWD（2012）61が欧州基金をCSF基金と位置づけ、上記11のテーマを2013-2020年期のCSF基金が支援するすべてのプログラムにとっての優先的取り組みテーマ（Thematic Objectives）として説明している。InfoRegioのPriorities for 2014-2020によれば、以上のうち、ERDFは①〜④、ESFは⑧〜⑪、CFは④〜⑦および⑪のテーマを主に支援するとされている（http://ec.europa.eu/regional_policy/en/policy/how/priorities—2015年10月11日現在）。

　なお、第4期までの結束政策においては限られた計画期間に構造基金・結束基金から交付された予算を消化することが困難（実施プログラムの資金はマッチング・ファンドによるため、事業費が大きければ政府・地域・地方自治体等の負担が増え、計画どおりに事業が進められないという問題）であったことから、①各国に対する支援は各国GDPの2.35パーセントを上限（2013年以前の加盟国で2008〜2010年の平均実質GDP成長率がマイナス1パーセント以下の国の上限は2.59パーセント）とし、②マッチング・ファンドにおける基金からの支援の割合の上限を「成長と雇用への投資」の低開発地域で85パーセント、移行地域で60パーセント、発展地域で50パーセント、「欧州地域間協力」の実施プログラムでは85パーセントに定めている。この

措置によって、基金からの支援の割合を高めて当該加盟国・地域の財政負担を減じたことから、プログラムおよびプロジェクトの実施が容易になったと言える。

　基金の使用について、ERDF、ESF、CF、EAFRD、EMFF 相互間で調整して重複を避けることはもとより、ESI ファンドの利用を簡潔かつフレキシブルにし、地域開発においてより統合されたプログラムを作成することができるように新たに総合地域投資（Integrated territorial investments：ITI）が制度化された。ITI によって加盟国は分野横断的な実施プログラムを推進したり、1 つまたは複数の実施プログラム中の複数の優先的取り組みテーマへの ERDF 支援額を利用して特定地域のための統合戦略を実施することができるようになる。たとえば、越境地域間協力（CBC）実施プログラムの ERDF 資金の一部、各国の実施プラグラムの ERDF 資金の一部や ESF 資金の一部を統合して 1 地域の総合的地域開発を実施することができるようになったのである。ただし、ITI を利用するためには、地域を特定し、総合地域開発戦略によって実施事業の全体を明示し、ITI 基金を管理するための管理体制を整える必要がある。こうした ITI の性格から、CPR によって新たに制度化されたコミュニティー（地域共同体）主導の開発プログラム（commnity-led local development: CLLD）や欧州地域間協力団体（EGTC）による ITI の利用が進められようとしている。

（2）共通戦略フレームワーク（Common Strategic Framework: CSF）

　2014-2020 年期結束政策の共通条項レギュレーション（CPR）は、「EU の調和しバランスのとれた持続的発展を促進し、欧州2020戦略の知的・持続的・包摂的成長への ESI ファンドの貢献を最適化するため」に共通戦略フレームワーク（CSF）をあらたに導入した。すなわち、CSF は、①加盟国のパートナーシップ協定と実施プログラムを確実に欧州2020戦略に適合さるために、取り組むべき11のテーマ（コラム参照）を設定し、②成長と雇用を確実にするために加盟国は成長のための支出、および中小企業支援、環境保全、自然資源管理・気候変動対策、公行政の現代化のための支出に支援を集

中すること、③加盟国がパートナーシップ協定を策定する場合にはユーロピアン・セメスターにおいて設定された優先事項との整合性を保証するために各国の改革プログラムおよび欧州委員会の国別勧告を考慮した ESI ファンドの利用を計画すること、そして④ ESI ファンドが効果的に活用されるために、加盟国は上記11の取り組みテーマから国・地域圏・地方の状況に適したテーマを選択できること、以上を示した。そして同時に、ESI ファンドの利用における総合的アプローチ（integrated approach）、ESI ファンドと EU の他の政策・プログラムとの調整、全プログラムが守るべき水平原則（horizontal principles）、地域間協力についての規則が示された。

　総合的アプローチにおいては、パートナーシップ協定および実施プログラムの策定・実施・フォローおよび評価における政府とプログラムの管理局（managing authority）との間の協力、地方・サブリージョンの開発アプローチを促進し、ボトムアップによって地域の必要を同定して ITI を活用した総合的なコミュニティー主導の地域開発（CLLD）の推進が要求されている。相互に調整すべき EU の他の政策・プログラムとは、共通農業政策・共通漁業政策、ホライゾン2020およびスマート・スペシャリゼーション戦略等、NER300（革新的低炭素エネルギー実証プロジェクト）、LIFE（環境保全気候変動対策）、ERASMUS＋（教育・訓練・スポーツ政策）、EaSI（欧州雇用・社会的イノベーション・プログラム）、CEF（欧州接続機構）、加入前支援・欧州近隣パートナーシップ政策（European Neighbourhood and Partnership Instrument: ENPI）・欧州開発基金である。水平原則としては、パートナーシップとマルチレベル・ガバナンス（MLG）の促進、持続可能な開発、男女間の平等と非差別の促進、障がい者のアクセスビリティの向上、人口変動への対応が挙げられている。そして地域間協力については、ERDF による CBC、TNC、IRC の促進、マクロリージョン戦略・海洋地域への貢献、ESF による TNC への貢献が目標として挙げられている。

（3）ERDF、ESF、CF の活用分野
　ERDF は地域間の不均衡を是正して EU 内の経済・社会・地域的結束を

強化するという使命を持ち、結束政策の推進する事業テーマを実施するために、以下の優先項目を定めて、地域圏・地方の開発を支える。すなわち、R&Dとイノベーション、ICTの活用と質の向上、気候変動と低CO_2排出経済、中小企業支援、一般的な経済的利益をもたらすサービス、テレコミュニケーション・エネルギー・運輸のためのインフラ整備、公的行政の能力と効率性の向上、社会基盤および教育・医療基盤、都市圏における持続可能な成長、である。

ESFは人的資本への投資を行い、すべての欧州市民に雇用機会を与え、教育改革を進め、貧困状態にある最も弱い立場の人々の境遇を改善することを目的としている。そのために、ESFは4つの事業テーマを定めている。すなわち、雇用促進と労働力移動の容易化、社会的包摂の推進と貧困との闘い、教育・職能および生涯学習、および公的行政の能力の強化である。とくに欧州2020戦略の「社会的包摂を進める成長」という目標に合致させるために、ESFの少なくとも20パーセントは「社会的包摂の推進と貧困との闘い」に使用されなければならないとされている。

結束基金（CF）は1人当たりGDPがEU平均の90パーセント未満の国における欧州横断交通網（TEN-T）建設および環境への投資に使用され、事業テーマは気候変動への対策とリスクの予防、水資源・ゴミ対策、都市環境、エネルギー効率と再生可能エネルギ資源への投資、低CO_2排出交通システムおよび都市公共交通への投資である。エネルギー分野への投資は、環境に良い効果を与える投資のみが認められる。

なお、目標2「欧州地域間協力」については、EGTCとともに別途レギュレーションが定められているが、これらについては本書第6章を見られたい。

3.3　「地域アジェンダ2020」とプレイス・ベイスト・アプローチ（PBA）

ところで、欧州2020戦略を地域において実践する場合について、「地域アジェンダ2020」が指針を示している。地域アジェンダはEUの地域政策と加

盟国の地域政策との間の橋渡しを目的にしたもので[24]、2007年5月に都市開発・地域結束に関する非公式閣僚会議の合意として最初の地域アジェンダ、「多様な地域からなるより競争力のある持続可能な欧州のための欧州連合の地域アジェンダ」（TA2007）が作成された。2013-2020年期については、2011年5月19日に欧州2020戦略を2014-2020年期の地域政策に展開するために、空間計画・地域開発担当非公式閣僚会議の合意として「地域アジェンダ2020」（TA2020）が策定された（仔細については表3-6参照のこと）。

　TA2020は地域が取り組むべき問題として、世界経済危機以後の構造変化、EU統合と地域間相互依存の拡大、地域的に多様な人口・社会問題と社会的弱者の差別問題、気候変動・環境リスク・エネルギー問題、生物多様性のロス・自然破壊・景観・文化遺産問題を挙げ、取り組むべき優先的課題として以下の6つの課題を示している。すなわち、①多中心でバランスのとれた地域開発を促進する（一極集中と経済的分極化を避ける）；②都市、農村および特殊地域における統合的な開発を促進する；③国境隣接地域と諸国横断的機能地域の地域的統合（欧州地域間協力）を推進する；④強固な諸地方経済にもとづいた地域の世界的競争力を確保する（「プレイス・ベイスト・アプローチによるイノベーションとスマート・スペシャリゼーション戦略の展開」）；⑤個人、共同体および企業の間の地域的接続性を改善する（地域的結束にとって重要な一般的利益、情報、知識、移動性のためのサービスへのアクセスを容易にする）；⑥地域のエコロジー・景観・文化的価値を管理し相互連携を図る、である。そして優先課題への取り組み方針として、TA2020はEUレベルにおける地域的結束の強化、CBC・TNC（マクロリージョン）・IRCにおける地域的結束への貢献、地域的結束への加盟国の貢献を挙げている。これらのアプローチや方針は当然ではあるが、共通戦略フレームワーク（CSF）を始めとした結束政策の各種レギュレーションにおける取り組みテーマと重なっているが、加盟国政府レベルというよりも地域レベルでの課題の提起となっている。

　ここで特に注目したいのは、TA2020が地域問題へのアプローチ法とし

表3-6 地域アジェンダ

	地域アジェンダ (2007)	地域アジェンダ2020 (2011)
地域的結束の目標	多様な地域からなるヨーロッパ内の地域的結束の強化	調和とバランスのとれたヨーロッパ
地域の問題	①気候変動 ②エネルギー供給・エネルギー効率 ③運輸、アクセスビリティ/モビリティ ④ヨーロッパのコア・エリアにおける経済活動の地域的集中 ⑤グローバルな経済競争 ⑥人口問題（高齢化と移民）	①世界経済危機以後の構造変化 ②EU統合と地域間依存関係の拡大 ③地域的に多様な人口・社会問題、社会的弱者の差別 ④気候変動と環境リスク ⑤エネルギー問題 ⑥生物多様性のロス、自然破壊、景観、文化遺産問題
方法	①地域アイデンティティーの強化 ②地域の多様性をより良く活用すること	①プレイス・ベイスト・アプローチ ②マルチレベル・ガバナンス ③諸政策の地域内コーディネーション
優先的課題	①あらゆる規模の地域と都市のネットワーキングによる多中心型開発の地域的考慮 ②都市と農村地域の間の新しい形態の協力関係と地域ガバナンスを創出 ③国境を越えた競争的でイノベイティブな地域クラスターを促進 ④TEN（欧州横断ネットワーク）の強化と拡張 ⑤欧州横断的リスク・マネジメント（気候変動を含む）の促進 ⑥エコシステムと文化・自然資源の強化	①多中心型でバランスのとれた地域開発の促進 ②都市、農村、特殊地域における統合的開発の促進 ③越国境地域、諸国横断機能地域における統合的地域開発 ④強固な地方経済に基づく地域のグローバルな競争力の確保 ⑤個人、共同体、企業の地域内連携（connectivity）の改善 ⑥地域のエコロジー、景観、文化的価値の管理と相互連携
取り組み方針	①EUの諸政策の地域的次元の考慮 ②新しい「目標3」欧州地域協力の利用	①EUレベルの地域的結束の強化 ②越国横断地域（マクロリージョン、インターリージョン）における地域的結束に貢献 ③地域的結束に対する加盟国の貢献を強化
出所	TA (2007)	TA2020 (2011)

TA (2007), "Territorial Agenda of the European Union. Towards a More Competitive and Sustainable European Diverse Regions", agreed on the occasion of the Informal Ministerial Meeting on Urban Development and Territorial Cohesion in Leipzig on 24/25 May 2007

TA2020 (2011), "Territorial Agenda of the European Union 2020. Towards an Inclusive, Smart and Sustainable Europe of Diverse Regions", agreed at the Informal Ministerial Meeting of Ministers responsible for Spatial Planning and Territorial Development on 19th May 2011, Gödöllő, Hungary

て、2009年のバルカ・レポート（Barca 2009）が提起したプレイス・ベイスト・アプローチ（place-based approach: PBA）[25]、Interreg プログラムとともに発展してきたマルチレベル・ガバナンス（MLG）、そして政策間のコーディネーションの必要性を強調していることである。この PBA におけるプレイス（場所、places）とは、抽象的には「発展に貢献する一連の条件が当てはまる地域（regions）」として定義されているが、この regions は行政単位としての地域圏（Regions）ではなく、自然・文化環境および住民の嗜好に同質性と補完性があり、住民の知識にシナージーや正の外部性が認められ、インフォーマルな制度が作用するような連続的なエリアとして定義されている（Barca 2009：5）。実践的には、この「場所」は実施される地域協力プログラムやプロジェクトの対象範囲あるいは参加地域といった「機能的観点から」境界づけられる地理的範囲の「場所」（あるいは機能的地域［functional regions］）であると言える。そしてバルカ・レポートは、PBA に基づく開発政策（place-based development policy）は、①個々の地域において存続する不効率（潜在能力の過少利用）と不平等（標準的な福利水準以下で生活する人々の割合や住民間の格差の範囲）の削減を目的とし、②参加型政治制度を通じて地域の選好と知識を結集して設計・実施される統合された地域に適合した公共財・公共サービスを生み出し、③マルチレベル・ガバナンス・システムによって推進される長期的発展戦略である、と定義している（*ibid.*）。PBA とは、要は、地域特殊な自然・文化・知識・嗜好等という地域資源とその潜勢力を活用した地域の特性に適合した地域開発を進めようということである。欧州委員会はこのようなバルカ・レポートの提案に従って 2014-2020 年期の結束政策の CPR において PBA に基づく「コミュニティー主導の地域開発（CLLD）」プログラムを新たに導入し、CLLD を意識的に追求するようになったのである（European Commission 2015）。

　TA 2020 はこのようにバルカ・レポートに従って PBA と MLG を結束政策の地域レベルにおける推進方法として提起したのであり、この PBA と MLG は特に目標 2「欧州地域間協力」の Interreg の実施プログラムおよび

地域間協力事業の推進の担い手として制度化された EGTC および CLLD において重視され、実践されていくことになる。

4　結びにかえて

　EU の結束政策（地域政策）は当然のこととして EU の基本政策によって方向づけられている。しかし、1989年以降の地域政策を振り返るとき、地域政策の内実は必ずしも基本政策を遵守して実施されてきたとは思われない。それゆえに、構造基金・結束基金のレギュレーションが徐々に基本政策を結束政策に反映させるように修正され強化されてきたように思われる。2014-2020年期の結束政策のレギュレーションはそうした流れの到達点である。すなわち、結束政策の「成長と雇用への投資」および「欧州地域間協力」という優先目標に関する実施プログラムについては、欧州2020戦略の目標と優先的テーマとの取り組みが要求され、成果が重視されるようになった。とくに実施プログラムの作成時のパートナーシップ契約、事前のコンディショナリティ、ESI ファンドの配分額から 6 パーセントを控除して設けたパフォーマンス基金によって中間評価をもとに行う支援額の差別化、設定レベルに達していないプログラムやルール違反をしたプログラムに対しては支援を停止または廃止することができるようにしたこと等は、加盟国に EU の基本政策（欧州2020戦略）にもとづく地域政策を確実に実施するように規律を強化したものであると言える。逆に言えば、1989年以降2013年までの結束政策における加盟国の取り組みは欧州委員会の期待に応えるものではなかったことから、2014-2020年期の結束政策のレギュレーションは共通戦略フレームワークを定義し、加盟国に EU の経済・社会・地域的結束への貢献を要求した、と言える。

　ただし、2008年以降の EU の長期的な経済危機は欧州2020戦略における想定を超えるものであって、欧州2020の目標は達成困難になっている。欧州委員会も欧州議会に対する報告書（COM（2013）463 final）において、経済危

機によって雇用率の低下、貧困化と社会的排除の拡大、地域間格差の拡大が進み、ドイツとポーランドを除く加盟国が多くの問題を抱えていることを認めている。すなわち、2013年時点においてもGDPと雇用は危機以前の水準に回復しておらず、失業率・貧困率・社会的排除も高水準であり、家計所得の減少によって消費需要と輸入が停滞し、財政赤字が未曾有の水準に達し、財政再建が必要である、と。それゆえに、そして安定的で確実な景気回復 (stable and strong recovery) のみが失業率を低下させることができるとの認識から、2014-2020年期の結束政策における優先目標として「成長と雇用への投資」を重視し、欧州委員会は限られた資源（ESIファンド）を危機克服にとって重要な分野、すなわち若者の雇用支援（教育・職能訓練）、社会的包摂、イノベーションとスマート・スペシャリゼーション、中小企業支援、エネルギー効率、低炭素経済およびICTインフラ整備・デジタル化への投資に集中するとともに、2014年11月には投資環境を整え民間投資を刺激するために2015-2017年の3年間のために3億1500万ユーロの欧州投資計画をも策定している（COM (2014) 903 final）。

ただし、2015年時点において、EUは景気回復基調にあるにしても依然として危機を克服したとは言えず、さらには新たな移民問題によって不安定化したことから、欧州2020戦略と結束政策の将来は不確実であると言わざるをえない。

注

1) ローマ条約に見られる地域政策の展開は、1964年のLes Documents de Communauté Européenne Vol. 34, *La politique régionale dans le Marché Commun* が将来の欧州経済共同体（EEC）内の地域問題の解決と地域間格差の解消の必要を訴えていたことに由来すると言われている（EU, European Commision, Regional Policy- InfoRegio のウェブサイト掲載の 'History of the Community Regional Policy'、パワーポイントファイルによる—最終閲覧日：2016年5月28日現在）。
2) EU, European Commision, Regional Policy-InfoRegio（以下ではInfoRegioとのみ表示）のウェブサイト（http://ec.europa.eu/regional_policy/en/policy/what/history/）に掲載されているHistory of the Policy および History of the European Union Regional Policy（パワーポイントファイル）による（最終閲覧日：2015年9月15日）。

3）ギリシャ、ポルトガル、スペインが加入したことによって1986年に加盟国平均の1人当たり年間所得の30％未満で生活する社会層が8人に1人から5人に1人に増加したと言われている（InfoRegio 2008）。

4）本書序章に示されているにように、MFFとは、構造基金による支援は単年度予算によってではなく複数年の期間にわたる予算措置によって行うというものである。MFFの期間は第1次結束政策では1989-1993年の5カ年、第2次結束政策は6カ年（1994-1999年）、そして第3次結束政策以降は7カ年（2000-2006年、2007-2013年、2014-2020年）になった。第1次結束政策の構造基金総額は640億エキュ（640億ユーロ）であり、第2次結束政策の構造基金は年額ではほぼ2倍に増額されている（エキュは1999年1月1日のユーロ導入時に1エキュ＝1ユーロでユーロに変換されている）。

5）NUTS（Nomenclature d'unités territoriales statistiques/Nomenclature of Units for Territorial Statistics）はEUの地域統計単位を表すもので、NUTS 1が人口300万～700万人規模の領域、NUTS 2が人口80万～300万人規模の領域、NUTS 3が人口15万～80万人規模の領域として定義されているが、それぞれ行政区画を考慮して領域は決定されている。

6）ドロール・パッケージIIは予算期間をドロール・パッケージIの5年から1993-99年の7年間としたが、第2期の結束政策が1994年に開始されたことから構造基金・結束基金の予算期間が6年間とされた。2000年以降の予算期間は、ドロール・パッケージIIに従って7年間となっている。

7）構造基金による支援によって1994年～1999年の6年間に実質GDPがポルトガルで4.7パーセント、旧東ドイツで3.9パーセント、アイルランドで2.8パーセント、ギリシャで2.2パーセント、スペインで1.4パーセント、北アイルランドで1.3パーセント押し上げられたと推定されている（EU-InfoRegio, *Panorama*, 2008）。

8）2004年5月の新加盟国はエストニア、キプロス、スロバキア、スロベニア、チェコ、ハンガリー、ポーランド、マルタ、ラトビア、リトアニアであり、この10カ国の1人当たり平均実質GDPはEU15カ国平均の50パーセント未満であり、ほとんどが構造基金の目標1対象地域（EU平均GDPの90パーセント未満地域）になった。なお、2004年の新規加盟による拡大ヨーロッパの諸問題については羽場（2004）を参照されたい。

9）"Lisbon European Council 23 and 24 March 2000, Presidency Conclusion"（http://www.europarl.europa.eu/summits/lis1_en.htm―最終閲覧：2016年5月29日）による。

10）"Conseil européen de Göteborg, Conclusion of the Presidency, 15 and 16 June 2001", Bulltin UE 18.06.2001（http://www.europarl.europa.eu/summits/pdf/got1_en.pdf―最終閲覧：2016年5月29日）による。

11）2003年時点でルーマニアの居住者1人当たりの平均実質年間所得はルクセンブルクの5万1200ユーロに対して6500ユーロでしかなく、2008年においてもルクセンブルクの6万5900ユーロに対して1万1700ユーロに留まっている（Eurostatによる）。

12）ERDFと同時に定められたレギュレーションには欧州社会基金（ESF）に関するもの（Regulation (EC) No. 1081/2006）、結束基金に関するもの（Regulation (EC) No. 1084/2006）、一般的諸規則（Regulation (EC) No. 1083/2006）、および越境地域間協力の新しい担い手としてのEGTC（European Grouping of Territorial Cooperation：欧州

地域間協力団体——本書第 2 部第 6 章参照）の制度化に関するレギュレーション（Regulation（EC）No. 1082/2006）がある（以上は *Official Journal of the European Union*, L210, 31 juillet 2006で公表）。ただし，プログラムの実施規則は2006年12月に修正され，以後はこの修正レギュレーション（Regulation（EC）No. 1828/2006）に従ってプログラムが実施されている。

13）Phasing-out 地域は，ベルギーの Hainaut，ドイツの Brandenburg-Südwest，Lüneburg, Leipzig, Halle，ギリシャの Kentriki Makedonia, DytikiMakedonia, Attiki，スペインの Principado de Asturias, Región de Murcia, Ciudad Autónoma de Ceuta, Ciudad Autónoma de Melilla，イタリアの Basilicata，オーストリアの Burgenland，ポルトガルの Algarve，およびイギリスの Highlands and Islands である（InfoRegio 2007）。

14）Phasing-in 地域はアイルランドの Border, Midland and Western，ギリシャの Sterea Ellada, NotioAigaio，スペインの Castilla y León, Comunidad Valenciana, Canarias，イタリアの Sardegna キプロス全土，ハンガリーの Közép-Magyarország，ポルトガルの Região Autónoma da Madeira，フィンランドの Itä-Suomi，イギリスの Merseyside, South Yorkshire である（InfoRegio 2007）。

15）「収斂」対象地域を含む国は，ブルガリア，チェコ，ドイツ（東独），エストニア，ギリシャ，スペイン，フランス（海外県），イタリア，ラトビア，リトアニア，ハンガリー，マルタ，ポーランド，ポルトガル，ルーマニア，スロベニア，スロバキア，イギリスである（InfoRegio 2007）。

16）InfoRegio（http://ec.europa.eu/regional_policy/en/policy/what/key-achievements/）の Key achievement of Regional Policy による（2015年9月15日閲覧）。

17）欧州2020戦略はリスボン戦略の失敗をふまえて数値目標を示してはいるが，リスボン戦略に比べてより新自由主義的傾向の戦略となり，「社会的欧州」に示される社会政策が後退したという指摘がある（Pochet 2010a；Pochet 2010b；Barbier 2011）。

18）「基軸的イニシアチブ」とした原語表現は flagship initiative（英）, initiative phare（仏）であり，JETRO（2010）は「旗艦イニシアチブ」と表現している。

19）JETRO（2010）が7つのイニシアチブのそれぞれにおける EU と加盟国の実施項目を簡潔に紹介している。

20）地域開発委員会が欧州議会に提出した目標2に関する報告書（Committee on Regional Development 2011）は，欧州地域間協力への EU 基金の配分を2007-2013年期の2.5パーセントから7パーセント以上に増加させるべきであると主張していたが，結果は89億ユーロで約2パーセント増に止まった。

21）原文は「右手が何を行っているのかを左手が知っているようにするアプローチ」を採用する（an approach that ensures that the left hand knows what the right hand does）である。

22）欧州委員会の Memo, "Refocusing EU Cohesion Policy for Maximum Impact on Growth and Jobs : The Reform in 10 points", 19 Novembre 2013による。ただし数字は Regulation（EU）No. 1303/2013によって修正してある。

23）ユーロピアン・セメスターは EU の成長・雇用および投資のための経済政策の年間スケジュール（11月から翌年10月までの1年間）であり，欧州委員会，欧州理事会，加盟国および欧州議会の月別行動計画である。

24) Ester, Thiemo W., "The Territorial Agenda (TA) for the European Union: New Policy Orientations" (パワーポイント), ESPON briefing of Regional Offices at the Committee of Regions, Brussels, 22 May 2007の説明による。
25) 2011年5月19日の空間計画・地域開発担当非公式閣僚会議において提出された「地域アジェンダ2020」のバックグラウンド・ドキュメント (The Territorial State and Perspectives of the European Union, 2011. Hu) によれば、バルカ・レポートがプレイス・ベイスト・アプローチ概念を提起して以来、欧州委員会は結束政策をプレイス・ベイスト開発政策に転換するために「地域的結束」という表現を使用しているように思われると記している（同、p.64）。

参照文献

JETRO (2002)「拡大EUと中・東欧 (CEEC) のEUへの経済統合化の進展」『ユーロトレンド』Report 9, 5月。
── (2010)「欧州2020 (EUの2020年までの戦略) の概要」『ユーロトレンド』Report 3, 4月。
清水 耕一 (2016)「EU地域政策と地域間協力の進化」『岡山大学経済学会雑誌』47(2), 1-15。
辻 悟一 (2003)『EUの地域政策』世界思想社。
羽場久泥子 (2004)『拡大ヨーロッパの挑戦』中公新書。
八木 紀一郎 (2015)「地域政策の新しい役割と欧州統合」『摂南経済研究』6(1-2), 85-117。
若森章孝 (2007)「EUの地域政策と国境を越える地域形成」、若森他『EU経済統合の地域的次元』ミネルヴァ書房、序章。
Barbier, J-C. (2011) Changes in political discourse from the Lisbon Strategy to Europe 2020 : Tracing the fate of 'Social policy' ?, *Working Paper* 2011.01, ETUI.
Barca, F. (2009) *An Agenda for a Reformed Cohesion Policy. A place-based approach to meeting European Union challenges and expectations*, Independent Report prepared at the request of Danuta Hübner, Commissioner for Regional Policy.
COM (97) 2000 final, Agenda 2000 - Vol. I: For a stronger and wider Union - Vol. II: The challenge of enlargement, European Commission.
── (2010) 642 final, Conclusion du cinquième rapport sur la cohésion économique, sociale et territoriale: l'avenir de la politique de cohésion, Commission Européenne, Bruxelles.
── (2010) 2020, EUROPE 2020 : Une stratégie pour une croissance intelligente, durable et inclusive, Communication de la Commission, Bruxelles.
── (2011) 611 final/2, Proposal for a Regulation of the European Parliament and of the Council on specific provisions for the support from the European Regional Development Fund to the European territorial cooperation goal, European Commission, Brussels.
── (2011) 614 final, Proposition de Règlement du Parlement européen et du Conseil relatif aux dispositions particulières applicables au Fond européen de développement régional et à l'objectif « Investissement pour la croissance et l'emploi », et abrogeant le règlement (CE) No. 1080/2006, Commission Européenne, Bruxelles.

—— (2011) 615 final/2, Proposal for a Regulation of the European Parliament and of the Council laying down common provisions on the European Regional Development Fund, the European Social Fund, the Cohesion Fund, the European Agricultural Fund for Rural Development and the European Maritime and Fisheries Fund covered by the Common Strategic Framework and laying down general provisions on the European Regional Development Fund, the European Social Fund and the Cohesion Fund and repealing Council Regulation (EC) No. 1083/2006, Commission European, Brussels.

——(2012) 496 final, Amended proposal for a Regulation of the European Parliament and of the Council laying down common provisions on the European Regional Development Fund, the European Social Fund, the Cohesion Fund, the European Agricultural Fund for Rural Development and the European Maritime and Fisheries Fund covered by the Common Strategic Framework and laying down general provisions on the European Regional Development Fund, the European Social Fund and the Cohesion Fund and repealing Council Regulation (EC) No 1083/2006, Commission European, Brussels.

—— (2013) 246 Final, Proposition modifiée de Règlement du parlement européen et du conseil portant dispositions communes relatives au Fonds européen de développement régional, au Fonds social européen, au Fonds de cohésion, au Fonds européen agricole pour le développement rural et au Fonds européen pour les affaires maritimes et la pêche relevant du cadre stratégique commun, portant dispositions générales applicables au Fonds européen de développement régional, au Fonds social européen et au Fonds de cohésion, et abrogeant le règlement (CE) n° 1083/2006 du Conseil, Commission Européenne, Bruxelles.

——(2013) 463 final, Report from the Commission to the European Parliament and the Council Eighth progress report on economic, social and territorial cohesion, The regional and urban dimension of the crisis {SWD(2013) 232 final}, Commission European, Brussels.

—— (2014) 903 final, An Investment Plan for Europe, Communication from the Commission to the European Parliament and the Council of the European Central Bank, the European Economic and Social Committee and the Committee of the Regions and the European Investment Bank, European Commission, Brussels.

Committee on Regional Development (2011) Report on Objective 3: a challenge for territorial cooperation--the future agenda for cross-border, transnational and interregional cooperation, European Parliament Plenary Sitting (A7-0110/2011), 11.4.2011, Strasbourg.

European Commission (2012) General Report on the Activities of the European Union, 2011, Brussels.

—— (2015) Territorial Agenda 2020 put in practice, Enhancing the efficiency and effectiveness of Cohesion Policy by a place-based approach, Volume I-Synthesis Report, Volume II- Case studies, Brussels.

InfoRegio (2007) La politique de cohésion 2007-2013: Commentaires et textes officiels.

—— (2008) EU Cohesion Policy 1988-2008: Investing in Europe's Future, *Panorama*, No. 26.

―― (2013) Cohesion Policy 2014-2020: Momentum Builds, *Panorama*, No. 48.
INTERACT (2012) Summary of the opinions expressed by the ETC stakeholders on the draft CSF and proposals on how ETC specific contribution to the delivery of each Thematic Objective could be featured in the CSF, INTERACT, July 2012.
Pochet, P. (2010a) Pourquoi la stratégie UE 2020 n'est-elle pas appropriée?, *ETUI Policy Brief: Politique social européenne*, No.2.
―― (2010b) UE 2020, Impacts sociaux de la nouvelle gouvernance européenne, *ETUI Policy Brief: Politique social européenne*, No.5.
Politique de cohésion (2011a), *Politique de cohésion 2014-2020 : Investir dans la croissance et l'emploi*, InfoRegio, Union Européenne, Bruxelles.
―― (2011b) Politique de cohésion 2014-2020 : Propositions de la Commission européenne (Powerpoint file), Commision Européenne, Bruxelles.
Regulation (EC) No. 1260/1999, of 21 June 1999 laying down general provisions on the Structural Funds.
――(EC) No.1080/2006, of the European Parliament and of the Council of 5 July 2006 on the European Regional Development Fund and repealing Regulation (EC) No 1783/1999.
――(EC) No. 1081/2006, of the European Parliament and of the Council of 5 July 2006 on the European Social Fund and repealing Regulation (EC) No 1784/1999.
――(EC) No. 1082/2006, of the European Parliament and of the Council of 5 July 2006 on a European grouping of territorial cooperation (EGTC).
―― (EC) No 1083/2006, of 11 July 2006 laying down general provisions on the European Regional Development Fund, the European Social Fund and the Cohesion Fund and repealing Regulation (EC) No 1260/1999.
―― (EC) No. 1084/2006, of 11 July 2006 establishing a Cohesion Fund and repealing Regulation (EC) No 1164/94.
―― (EC) No 1828/2006 of 8 December 2006 setting out rules for the implementation of Council Regulation (EC) No 1083/2006 laying down general provisions on the European Regional Development Fund, the European Social Fund and the Cohesion Fund and of Regulation (EC) No 1080/2006 of the European Parliament and of the Council on the European Regional Development Fund.
―― (EU) No. 1303/2013, of The European Parliament and of The Council of 17 December 2013, laying down common provisions on the European Regional Development Fund, the European Social Fund, the Cohesion Fund, the European Agricultural Fund for Rural Development and the European Maritime and Fisheries Fund and laying down general provisions on the European Regional Development Fund, the European Social Fund, the Cohesion Fund and the European Maritime and Fisheries Fund and repealing Council Regulation (EC) No 1083/2006.
―― (EU, EURATOM) No. 1311/2013 of 2 December 2013 laying down the multiannual financial framework for the years 2014-202.
SWD (2012) 61 final, Elements for a Common Strategic Framework 2014 to 2020, (for) the European Parliament and of the Council laying down common provisions on the

European Regional Development Fund, the European Social Fund, the Cohesion Fund, the European Agricultural Fund for Rural Development and the European Maritime and Fisheries Fund, Commission Staff Working Document, Part I & II, European Commission, Brussels.

TA (2007) Territorial Agenda of the European Union, Towards a More Competitive and Sustainable European Diverse Regions, agreed on the occasion of the Informal Ministerial Meeting on Urban Development and Territorial Cohesion in Leipzig on 24/25 May 2007.

TA2020 (2011) Territorial Agenda of the European Union 2020, Towards an Inclusive, Smart and Sustanable Europe of Diverse Regions, agreed at the Informal Ministerial Meeting of Ministers responsible for Spatial Planning and Territorial Develepment on 19th May 2011, Gödöllő, Hungary.

第4章
欧州環境・エネルギー政策の地域的次元

八木紀一郎

1 環境政策とエネルギー政策の統合

　21世紀にはいってからのEUの政策展開のなかでとりわけ目立つことは、環境政策とエネルギー政策が結びついて発展していることである。この2つの政策領域のうち、エネルギー政策は欧州統合の発端の時期から存在したアジェンダであるが、各国の主権の壁に阻まれて一部の領域（石炭・原子力）を除いては、共通政策の発展は停滞していた。それに対して環境政策は1970、1980年代の環境問題への市民の関心の高まりを受けて欧州の共通政策に加わった新しいアジェンダであり、とくに地球温暖化問題にEUが取り組むようになって以来急速に統合欧州の政策として具体化してきた。

　エネルギーの供給確保はどの国にとっても経済的安全保障の根幹で、各国は重要なエネルギー資源の支配をめぐって争いを繰り返してきた。したがって重要なエネルギー資源を共同管理できるならば経済統合を安全保障と結びつけることができる。欧州統合の発端をふりかえると、1952年に欧州石炭鉄鋼共同体が先ず創設され、それが1958年のEEC（欧州経済共同体）の発足につながったことが思い起こされる。またこのときEECの兄弟組織として、欧州レベルで原子力資源を管理するEuratomが生まれている。

　しかし、エネルギーの安定的供給が一国の安全保障にかかわるという認識は、エネルギー政策は国の独立にかかわる主権事項であるという考えを基礎づけるものでもある。その後、欧州産石炭（とくにルール、ザール炭田）の

戦略的意義が低下するとともに、エネルギー源の確保にかかわる政策は各国の主権事項とされ、1970年代の原油危機の際に盛り上がったエネルギー安全保障の声も欧州統合にかかわる議題にならなかった。産油国カルテルへの対抗策は欧州首脳会議や先進国サミットの議題になったが、個別の対応は各国にまかされ、各国は国際資本と提携しながら、原油・ガスの供給源の開発と多様化をはかった。国内・域内において北海油田の開発や原子力発電所の建設が競争的に行われ、国ごとの規制のもとで電力事業などのエネルギー産業が育成された。1990年代以降はロシアやアルジェリアなどの油田ガス田からの供給ルートの建設がそれぞれの国の国益の観点から推進された。

1980年代の欧州統合の動きは、ヒト・モノ・カネの移動に制限のない域内単一市場の形成に向かったが、国ごとに規制や奨励策の異なるエネルギー産業の分野は統合が最も遅れた領域になっていた。競争的大市場の形成によって効率化を実現し欧州産業の競争力を高めるという新自由主義の論理が、いつかはエネルギー・電力の領域に向かうことは必然の成り行きではあったが、それが各国主権の壁を弱めて統合欧州の主要政策として位置づけられ直すにはいま1つの要素が必要であった。それが環境課題との結合であった。

環境問題が欧州の政治に影響するようになったのは、1970年代に酸性雨による森林の立ち枯れや河川・湖沼・沿海の富栄養化による漁獲減少などの問題を背景にして各国で環境保護派（グリーン）が独自の政治的極を形成するようになって以来のことで、EU（当時EC）は早くも1973年に最初の環境行動計画を策定している。しかし、各国の政策に達成目標を与えてその遂行をせまるような欧州環境政策が登場したのは、EUが地球温暖化問題に世界の先頭にたって取り組むようになって以来のことである。EU（EC）は1985年に気候変動研究を推進することを提案し、1991年にはCO_2削減をエネルギー効率の改善と結びつけて共同体の戦略とすることを決定し、その翌年には炭素税・エネルギー税の指令案を作成した。

CO_2その他の温室効果ガス（GHG）の排出増加によって地球全体が温暖化するというグローバル課題の認識は、それまでの局所的・地域限定的な環

境破壊問題への対応とは異なって、全欧州規模・全世界的規模での共同行動によって対応しなければならないと考えられた。その間、1986年には、中部欧州にまで放射能汚染を及ぼしたチェルノブイリ原発事故が起こり、反原発の動きも全欧州化した。原発を廃止するか維持するかについて意見は分かれるにせよ、事故の際に破壊的結果をもたらす核エネルギーが地球の自然系のなかに存在する再生可能エネルギーとはまったく別の範疇であることには議論の余地がなかった。EUは、(原子力も含む) エネルギー・ミックスの有り様については各国の主権事項としながらも、温室効果ガスの排出量削減とエネルギー効率化、そして再生可能エネルギーの割合について全体としての欧州の目標値を達成できるように各国別の目標値を設定して、各国の政策の方法をガイドしようとしている。

　環境政策がEUの設立条約のなかに入ったのは1987年のアムステルダム条約が最初である。この条約は欧州単一市場の完成を目前にした条約であったが、単一市場のもとでの欧州経済に対して、世論をもとにして環境保護の原則を課した条約でもあった。その後、環境政策は1991年のマーストリヒト条約にも受け継がれ、1993年の第5次環境行動計画、1994年の欧州環境庁設置をへて、1995年には全分野での政策に環境的課題を組み込む「環境政策統合」の取り組み（カーディフ・プロセス）が開始された。ブルントラント委員会が提唱した「持続可能な発展」(sustainable development) がEUの成長戦略のなかに取り入れられた。EUは1997年に京都で開催されたCOP3で、温室効果ガスの排出削減を数値目標で定める京都議定書の採択を主導したが、その際、対1990年比8パーセント削減という参加国中最大の削減率を当時のEC加盟国15カ国全体で達成することを約束した。欧州バブルと呼ばれたこの集団行動は、内部では各国の削減目標がEU指令で定められることによって成り立っていた。環境政策はEUの域内・域外の両面においてその主要政策として位置づけられた。EUは環境政策の領域においては、域内で環境改善を推進するだけでなく、外部に対しても団結したグローバルアクターとして積極的に行動するようになった[1]。

2000年紀にはいってからも欧州環境政策のモメンタムは持続し、2000年には欧州気候変動プログラムが策定され、温室効果ガス排出の抑制策として各国に再生可能エネルギーの開発促進、炭素税・エネルギー税の導入をよびかけるとともに、2005年には世界最大規模の温暖化ガス排出権取引市場（EU-ETS）を創設した[2]。こうした欧州連合の環境政策へのアプローチについて留意すべきことは、全体として温室効果ガスの排出削減・再生可能エネルギーの普及を目的としながら、その手法としては炭素税などの税制による間接的介入、および排出権取引という市場的なアプローチを基調としていることである。このような直接的な介入による市場偏奇（market distortion）を忌避する立場からすれば、再生可能エネルギーの導入促進のために市場価格より高い固定価格での長期購入を保証するフィード・イン・タリフ（FIT）方式が危険に感じられるのは当然であろう[3]。

　環境政策における市場的アプローチの選択は、広域市場統合による欧州経済の活性化という欧州連合の使命に適合している。1990年に域内単一市場を創設して以来、欧州連合は非関税障壁となる国ごとの規制の差異をなくして、域内におけるヒト・モノ・カネの自由移動を実現することを追求してきた。カネ（資本）の自由移動は迅速に実現し、中心国の低金利で潤沢な資金が入手可能になった周辺国の高成長が欧州経済を活気づけた。域内市民の就業における自国民との差別が撤廃され労働者の自由移動が可能になったが、もちろん労働市場の完全な統合が短期に実現するはずはなく、地域ごと・国ごとの賃金水準の差異・失業率の差異は存続した。軋轢を生んだのは、サービスの提供業者が母国で得た認可がそのまま欧州全体での認可として通用するというサービス自由化の指令で、中心国の高賃金労働者の仕事を低賃金の周辺国労働者が奪うことになりかねないという懸念が生まれた。しかし、サービス提供が中心国でおこなわれる限りでは、周辺国に籍を置く業者でもサービス提供地での雇用に関する規制に従い、そこでの労働市場で形成される労働条件を尊重しなければならないのである。

　この3つの自由化は、市場を広域に拡大することによって競争を促進する

とともに、規模の利益を実現することによって経済の効率性を高めるという新自由主義的な政策思想に基づいている。それが電力・石油・ガス等のエネルギー市場の自由化・統合に進むことは理の当然と言わなければならない。しかし、エネルギーの供給確保は安全保障にかかわる主権事項であるという考えにもとづいた国ごとの規制と、送配電線・パイプラインなどの供給体制の分立という客観的事態がエネルギー市場の統合を遅らせていた。エネルギーの分野においても競争的な市場統合を実現することで、安価で余裕のあるエネルギー供給を実現して欧州産業の競争力と市民生活の実質的利便を向上させるというのが、欧州連合のエネルギー政策の追求目標になった。

　市場志向のエネルギー政策が世論の支持の高い環境政策と結合したものが、20世紀末になって再始動したエネルギー政策である。持続可能な発展のために温室効果ガスの排出削減とエネルギー消費を効率化するという欧州環境政策は世論の支持を受け、欧州連合の成長政策のコアの１つになったが、その手段は市場的なものであり、また欧州経済の競争力の強化に資するものでなければならなかった。エネルギー政策が、最終的には各国の主権を残しながらもEUと加盟国が共同して取り組む主要課題の１つとして位置づけられるに至ったのは、この環境政策の登場・進出と結合したからである。ある論者は、エネルギー分野の政策形成者たちが自分野での政策の立案・批准の正当化のためにEU条約の経済条項や環境条項にある権限を借用して政策を発展させたと解釈して、この過程を「有機的」成長（意図せざる結果を生んだ過程）と特徴づけている[4]。しかし、最近年の「エネルギー同盟」の事例にみられるように、環境政策の推進者の方も、エネルギー安全保障に対する憂慮から盛りあがった欧州共通政策への機運を環境政策への取り組みと結びつくように誘導している。また、それらの政策実施のためにEUが用いることのできる政策手段（資金）の主要部分は地域政策関連の資金である。そのような、地域政策・環境政策・エネルギー政策の融合は21世紀の欧州の新しい動向の１つといえるだろう。

2 欧州環境エネルギー政策における三位一体

　前節でみたような経過から、欧州エネルギー政策の再開された発展のなかには、エネルギー政策が本来有していた経済的な安全保障政策という要素（A）に加えて、競争的市場拡大による効率化という新自由主義的要素（B）と、温暖化ガス排出削減を基調とした環境保護の強化という要素（C）の3要素が複合して含まれている。

　このことは、エネルギー分野がEUの政策課題としてはじめてまとまって登場したリスボン条約（2007年末署名、2009年末発効）において、エネルギー政策の編が先行するニース条約における環境政策の編から分けて設けられたことに現れている。リスボン条約の第194条の第1項の文言を引用しよう[5]。

　域内市場の確立と運営に関して、ならびに環境の保全と改善の必要性に鑑みて、同盟のエネルギー政策は、加盟国間の結束の精神に従って、以下のことを目指す。
　　a）エネルギー市場の運営の確保
　　b）同盟内のエネルギー供給の安全の確保
　　c）エネルギーの効率性とエネルギーの備蓄、ならびに、新形態および再生可能な形態のエネルギーの開発の促進
　　d）エネルギーネットワークの相互連結の促進

　これに続く第2項では、これにかかわって欧州理事会が欧州議会と協働して決定する政策措置も「エネルギー資源を開発する条件、エネルギー源に関する選択、およびエネルギー供給の一般的構造を決定する加盟国の権利」に影響を及ぼすものではないことが付記されている。つまり、EUのエネルギー政策は加盟国の主権を侵害しないという制約下での、ガイド的、あるいはコーディネイター的な役割に留まるのである。しかし、市場政策と環境政策

の領域ではEUは独自の規制権限を有しているので、それらにかかわるかぎりでは規制的な権限も行使できることに留意すべきである。

　この規定の中には、安全保障（安定確保）、市場的効率化（競争性）、環境保全という3要素が含まれている。欧州理事会のことばを借りてより具体化していえば、（1）供給の安定性を増進すること、（2）欧州経済の競争力とエネルギーの余裕ある入手可能性を確保すること、（3）環境の持続可能性を促進し気候変動とたたかうことであり、この3点の関心は、しばしばEUの「エネルギー政策における三位一体」（energy trinity）[6]と呼ばれている。1フレーズにまとめるなら、2010年11月の「エネルギー2020」の標題にあるように、「競争的・持続可能かつ安全保障的なエネルギー（competitive, sustainable and secure energy）」である。しかし、時には3者の両立の困難性からトリレンマと呼ばれることもある。

　表4-1はこの3要素を、達成目標・達成手段・指標・政策思想という4点にわけて整理したものである。問題は、これらの3要素が相互に支えあうもの（三位一体）なのか、それとも相互に矛盾しあうもの（トリレンマ）なのかということである。それだけでなく、3要素ごとに、欧州連合の共通政策レベルと加盟国政策レベルの2レベルでの支持・対抗の関係が存在することに注意を払わなければならない。その整理を試みたものが表4-2であるが、これについての説明は省略するが、エネルギー源として原子力のみなら

表4-1　エネルギー政策の三位一体

達成目標	達成手段	指標	思想
エネルギー供給の安定性 Security	エネルギー資源の確保・開発	対外依存率	独立・主権維持
安価に利用可能なエネルギー Affordability	市場統合と競争促進 Competitiveness	域内エネルギー価格	新自由主義
持続可能性 Sustainability	節約と再生可能エネルギー開発	GHG排出削減割合	環境グローバリズム

GHG: 温室効果ガス　　　　　　　　　　　　　　　　　　　（著者作成）

表4-2　欧州エネルギー政策の3要素間の支持・対抗関係

欧州共通政策 加盟国 レベルの政策	エネルギー 安全保障	安価で余裕のある エネルギー	持続可能性
エネルギー安全保障 secure energy	E共同体（同盟）vs. 国家主権	域外依存率引き下げ。外国資本の進出 vs. 自国資本の維持	グローバルSD vs. 国家安全保障（原発・自国石炭・褐炭）
安価で余裕のあるエネルギー affordable energy	供給連結・市場統合。共通E外交 vs. 自国優先調達	E市場統合（トップダウン）vs. 国情に応じた選択・地域別の統合	市場統合による効率化。GHG削減経費、投資経費増加によるサボ。RE急増による不安定化
持続可能性 sustainable energy	シェールガスへの期待。一国SDによる不安定性	広域でのRE平準化。市場統合・競争優先によるSDの軽視・環境破壊	地域範囲による差異（グローバル、リージョナル、ナショナル、ローカル）

E: エネルギー、SD: 持続可能な発展、RE: 再生可能エネルギー　　　　　（著者作成）

ず、自国で産出できる褐炭や石炭の利用に固執する国がまだ存在することを想起するならば、共通のエネルギー政策を具体化することの困難性は直ぐに理解できるであろう。

　こうした3要素の支持・対抗の関係の背後には、さらに国境を越えた地域的（regional）、あるいは国家レベルより下位の地方的（local）レベルでの課題・主体の利害および政策による支持・対抗関係が存在する（表4-2）。これについては、環境・エネルギー政策に先行して共通政策化を実現した地域政策の発展を考慮に入れるべきであろう。国境を越えた地域的な協働が必要な課題があるという認識は、欧州地域政策においては国境横断的な協働プロジェクトを支援するInterreg分野の創設につながったが、この分野においては環境政策にかかわるプロジェクトが多い。またこの分野において、加盟各国にとって下位レベルの地域・地方のイニシアティブを重視したことは、国境横断的ではない地域・地方プロジェクトにおいても、地域とEUが直接結びつく道を拓くことになった[7]。地域政策の欧州化にともなって地方政府の代表で構成される「欧州地域委員会（EU's Assembly of Regional and Local Representatives）」が設立されているが、これはマーストリヒト条約以来の条約で規定されている諮問機関で、環境・持続的発展の分野にも

専門委員会をもって活発な活動をしている。

　先に引用したリスボン条約第194条においては、環境およびエネルギーの両分野ともに EU と加盟国の双方が権限を共有する領域とされている。また EU のエネルギー政策の決定においては欧州議会と理事会が共同でおこなうことになっている。さらに最終的な採択に至る前に経済社会委員会とともに地域委員会との協議が必要とされている。これは環境政策も同様である。欧州議会は議員が直接選挙で選ばれ欧州規模での政治的スペクトルを体現している。地方政府の見解が反映する地域委員会と政党色の強い議員からなる欧州議会は、EU の環境・エネルギー政策に欧州的規模およびローカルな利害関心を取り入れるルートとなっていて、両者によって欧州委員会の原案に修正が加えられるケースも多い。

3　野心的な将来ビジョン

　21世紀における EU の成長戦略は、研究・開発投資を GDP の 3 パーセントまで引き上げ、就業率の上昇と高めの成長率を実現して「世界中で最もダイナミックで競争力のある知識基盤経済」を構築するというリスボン戦略（2000年 3 月）にはじまった。これも環境配慮と社会的連帯を強調する点で米国モデルとの差異を示すものであった。2010年までの期間を想定したこの戦略は、その半ばで雇用と成長に重点を置いた「新リスボン戦略」に手直しされ（2005年）、さらに2007-9年の経済危機に直面して不成功に終わった。米国経済が回復を果たしたのに対して、金融危機に財政規律の緩んだ諸国のソブリン危機が続いた欧州は、ドイツ、北欧などの堅調を維持した国と財政金融危機に瀕した諸国に分裂しユーロ圏の解体さえも現実味をもって語られる統合苦難の時期に入っている。

　しかし、そのような統合の危機にもかかわらず、エネルギー戦略においては次々と将来に向けてのシナリオが描かれている。リスボン戦略を引き継いだ後継成長戦略「欧州2020」（2010年 3 月欧州理事会承認）は、サステナブ

ルな成長を正面に掲げ、リスボン戦略を引き継いだスマート（知的）かつインクルーシヴ（包摂的）な経済成長と併せて2S1Iの成長戦略とした。スマートかつインクルーシヴというのは、研究開発投資の対GDP比での割合（3パーセント）、教育水準（高等教育履修比率40パーセント、学業放棄率の引き下げ）、就業率の引き上げ（20歳以上65歳未満で75パーセント、女性・高齢者・移民・若者の就業率引き上げ）、貧困削減（貧困水準以下の市民を25パーセント以上減らす）ということで、知識主導の発展を社会全体の経済参加（包摂）と結びつけるものである。サステナブル（持続可能）な成長というのは、経済の脱炭素化・再生可能資源の利用拡大・エネルギー利用の効率化によって、経済成長とエネルギー消費増加・環境負荷の増加を切り離すことのできる経済成長のことである。達成目標としては、1990年比で温室効果ガスの排出を20パーセント以上、条件がそろえば30パーセントを削減し、最終エネルギー消費に占める再生エネルギーの比率を20パーセントに引き上げ、またエネルギー効率を20パーセント引き上げることを掲げ、20-20-20と表現している。

　EUはこの目標を「エネルギー2020」戦略に具体化した（EC 2010）が、それに引き続いて「2050エネルギー・ロードマップ」（EC 2011）で中長期のシナリオを描いてみせた。「エネルギー2020」は、エネルギー効率化、連結された汎欧州エネルギー市場、エネルギー技術開発、域外エネルギー供給国・経由国との良好な関係の構築という近年のEUの政策をまとめたものであるが、「2050エネルギー・ロードマップ」は現行政策を延長するシナリオと大胆に脱炭素化を推進するシナリオを含む7つのシナリオを対比しながら「脱炭素経済」の可能性と経済性を説くものであった。また2013年には、2020年目標の達成に向かう過程で必要になった改革（EU-ETSの改革、エネルギーの競争性・安全保障の指標、エネルギー政策のガバナンス刷新）を盛り込んだ「2030枠組み」（EC 2013）が公表されている。これらの目標やシナリオにおいても、原子力や石油・ガス・石炭等の既存発電を含むエネルギー・ミックスのあり方については選択の余地を残している。

表4-3　欧州環境・エネルギー政策の目標と現実

	現状（2013年）*	2020年目標	2030年目標	2050年ロードマップ（脱炭素シナリオ）
温室効果ガス削減（1990年比）	19.8％削減	20％削減	40％削減	80-95％削減
再生可能EのE消費に占める割合	15.0％（運輸部門では5.4％）	20％以上（運輸部門でも10％）	最低でも27％	（75％）（原子力のシェアはCCSの開発普及次第）
エネルギー効率化	第1次燃料効率は1990年比10％向上（EU28カ国最終消費Eは石油換算1,569百万t）	20％以上（EU28カ国最終消費Eは石油等価1,483百万t）	現行延長予測に対して30％向上	（2005-2006年比41％のE需要削減）
目標戦略および長期ロードマップのメッセージ		5つの優先事項 -建築・製品・運輸の効率化 -連結設備を備えた汎欧州E市場の構築 -消費者の選択権と安全 -戦略的技術開発 -E共同体の形成と域外供給国・経由国との関係構築	達成のための政策提案 -EU-ETSの改革 -E体制評価の新しい指標 -新しいガバナンス体制	結論 -脱炭素経済は技術的にも経済的にも可能 -どのようなEミックスのもとでも、再生EとE効率が決定的に重要 -早期インフラ投資が重要 -欧州共同のアプローチがより経済的

E：エネルギー、CCS：二酸化炭素貯留技術
*2013年の数字は Eurostat による。
(ec.europa.eu/eurostat/web/europe-2020-indicators/europe-2020-strategy ほか)

（著者作成）

　地球温暖化問題に対する世界的な取り組みに対しても、国連気候変動枠組締約国会議（COP）が開始されて以来、EU は一貫して先導的な立場をとり続けている。1997年の第３回会議で採択された京都議定書は参加国が限定されたままに終わり、2009年のコペンハーゲン会議（COP15）交渉も決裂したが、EU は低炭素経済の実現を志向し続けた。欧州委員会は、2020年以降の新たな国際的枠組に向けての討議が開始された2013年春に、2030年の EU 域内での温室効果ガス排出量を1990年比で40パーセント削減するという提案を行い、翌年10月に EU として国連に提出する「2030年枠組案」を決定し

た[8]）。

　2015年の11月から12月に開催されたパリ会議（COP21）では、EUがめざした法的拘束力のある「議定書」の採択こそ叶わなかったが、地球の平均気温の上昇を産業革命前と比べて摂氏2度未満に抑え、1.5度未満を目標とするという全参加国の合意（パリ協定）が達成された。この協定は、参加国を画一的に縛るというより、共通の目的のために自主的に責任を分担し、自主的な目標設定とその強化を促すというソフトな方式によるものであって、その実効性に疑問がないわけではない。しかし、温室効果ガス1990年比40パーセント削減というEUの公約自体は、2020年目標の達成や「ロードマップ2050」への発展をふまえたものであって、空想的なものではない。

4　環境・エネルギー政策における地域的次元

4.1　分断された欧州

　2050年までに低炭素経済を実現するという野心的なビジョンにもかかわらず、統合欧州が本当に統合された環境・エネルギー政策を持ちうるかという疑念がしばしば表明されている。欧州レベルでの共通政策と各国レベルの政策が矛盾無く結びつきうるためには、欧州レベルにおいて統合的な政策推進の客観的な基盤が存在しえなければならないからである。加盟各国の政策を矛盾がないように調整して全欧州規模でエネルギーの自由市場を実現するといっても、実際に送電・配電網、ガス・パイプライン、巨大タンカーに対応した近代的な港湾設備や燃料輸送システムが整備されていなければ、統合された市場がそもそも成り立たないのである。

　EUがこの自明なことを痛感させられたのは、2006年のロシア・ウクライナのガス紛争に伴うガス危機であった。当時ウクライナはロシアから欧州に向かうガス・パイプラインの通路をほぼ独占していて、ロシアとウクライナ間のガスをめぐる紛争が欧州へのガス供給の途絶に直結する可能性があったからである。その後、欧州は天然ガスの供給源の多様化につとめたり、バル

ト海の海底パイプラインでロシアとドイツを直結するノルドストリームを稼働させたりしているが、ウクライナ経由の原油・ガスに依存している諸国の脆弱性は解消されていない。また、EU28カ国全体の原油輸入および天然ガス輸入に占めるロシアの割合は2012年現在で前者は34％、後者は32％である。ロシアにつぐ供給国であるノルウェーの北海油田・ガス田は近い将来に枯渇することが明らかになっている。欧州全体で輸入先を多様化して相互に融通して集団的に防衛しようとしても、石油やガスのパイプラインが届いていなかったり、あるは一方向にしか流せなくなっていたりしていればそれも不可能である。ロシア・ウクライナの紛争は2009年に再燃し、現在ではロシア・欧州間にはロシアへの制裁措置を含む「新冷戦」状況が生まれている。そのなかで急速に浮上してきたのは、ロシアやアラブ等の政情不安定なエネルギー供給側から生じる危機に対して欧州が連帯して共同行動をとるという「エネルギー同盟 energy union」の構想である。

　これは2014年4月に当時ポーランド首相であったドナルド・トゥスクの『フィナンシャル・タイムズ』への寄稿にはじまるが、その際にはロシアからのガス買い付けをEUで一元化するという提案が含まれていた[9]。それはロシアへの従属を警戒する旧東欧諸国の利害を代弁して、ドイツなどの域内大国がロシアと直接取引することへの懸念を表明したものであった。しかし、域内大国とそれと結びついた大企業がその権限をEUに委譲するはずはない。「エネルギー同盟」の名称は同年6月の欧州理事会で長期戦略の1つとしてとりあげられ、トゥスクが欧州理事会議長（EU大統領）に就任した後の2015年2月の欧州委員会の「戦略枠組み」（EC 2015a）となって生き残ったものの、それは加盟国の権限を吸収するような性質の「同盟」ではない。ガス取引の一元化は、危機時あるいは供給源が1つしかない地域であくまでの任意の集団的購買の可能性を欧州委員会が検討するに留まった。結果として誕生した「エネルギー同盟」は、既存の環境・エネルギー政策にそれまで以上に「団結」を要求しながら、年限をきって行動をおこさせるための政策パッケージにすぎなかった[10]。

ウクライナ問題に関連してロシア制裁が部分的に実施され、「同盟」というような安全保障を強く意識した言葉がとびかうなかで、EUは現実的な政策を進展させてきた。2014年からはじまる新しい中期財政枠組みにおいてEUは、欧州連結設備（Connecting Europe Facility）[11]への投資支援を中心にしたコモンインタレスト・プロジェクトの推進の方針をとり、総額58.5億ユーロの支援枠を設定した[12]。

　欧州の分断状況にたいする同様の懸念は、電力においても存在している。ドイツが福島第1の原発事故を目にして最終的に脱原発を決定したとき、多くの日本人はドイツの決断を賞賛しながらもそのような懸念をいだいた。ドイツの政策変更は急激な供給力低下をもたらしたのではなかったのでその懸念は短期的には杞憂に終わった。周辺国との電力の輸出入にも大きな変動は無かった。しかし、天候によって供給が変動する太陽光や風力による発電が増加するなかで、送配電網に電力を流入させる供給源の調整・不足時の電力融通・余剰電力の貯蔵などが可能な新しい「スマート」な電力供給システムへの移行が遅れているという本来の問題がすぐに登場した。

　EUが電力市場の自由化を言い出してから10年以上が経過しているが、それが完全に実現されているのは電力先物市場（ノルドプール）を創設している北欧4カ国だけである。巨大な電力消費国であるとともに、急速に再生可能エネルギーによる発電のシェアを増大させているドイツは、中西部欧州（CWE：オーストリア、ベルギー、フランス、ドイツ、オランダ、スイス）という地域電力市場のなかに位置づけられているが、その基盤設備はなお弱体である[13]。それはこの地域での電力価格が収斂しているというにはほど遠いことからも明らかである。ドイツ国内だけをとってみても、北部地域で風力発電を増加させても、多量のエネルギーを必要とする南部ドイツに電気を送る大規模送電線の建設が必要であるが、そのような工事は住民の不安や反対もあって迅速に推進できるわけではない。欧州の電力市場はCWEのほかに、さらに、ブリテン諸島（イギリス、アイルランド）、アペニン半島（イタリア）、イベリア半島（スペイン、ポルトガル）、CEE（ブルガリア、

チェコ、ハンガリー、ポーランド、ルーマニア、スロバキア、スロベニア)、さらに飛び地のようになっている SEE（ギリシア）とバルト3国に分かれている。

　各国別のエネルギー政策にこのような地理的分断が加わって、欧州における電力価格は国ごとに大きな差がある。2014年下期でいうと、世帯消費者用電力価格は年間消費電力量が2500kWhから5000kWhまでの世帯で、EU28カ国平均でキロワットアワーあたり0.208ユーロ、ユーロ圏17カ国では0.221ユーロであるが、ユーロ圏だけをとってもデンマーク（0.304ユーロ）、ドイツ（0.297ユーロ）等の高価格諸国とハンガリー（0.115ユーロ）、チェコ（0.127ユーロ）、ポーランド（0.141ユーロ）等の低価格諸国で倍以上の開きがある。ドイツとデンマークはとくに付加価値税だけでない電力消費に対する課税の負担が加わった結果で、これらを差し引いた基礎価格でいえば、EU平均とほとんど違わない。

　他方、産業的消費者向け電力価格では年間消費電力量が500MWhから2000MWhの消費者で、同年同期EU28カ国平均はキロワットアワーあたり0.120ユーロ、ユーロ圏17カ国平均で0.128ユーロであるが、孤立しているキプロス（0.190ユーロ）、マルタ（0.186ユーロ）に続いてイタリア（0.174ユーロ）、ドイツ（0.144ユーロ）が高く、スウェーデン（0.067ユーロ）、フィンランド（0.072ユーロ）、チェコ（0.082ユーロ）、ポーランド（0.083ユーロ）などの北欧東欧諸国などで安くなっている[14]。

　EUの電力エネルギー政策になお残っている問題点の1つは、グリーン経済化には総体として一致しながら、将来の電力システムについてまだ統一的なビジョンが示されていないことである。たとえば、原発や在来型の石炭・石油火力発電を存続させようとする諸国はそれらをベースロード電源として位置づけるのが普通であるが、そのような位置づけは変動的な再生可能エネルギーによる発電の余地を狭める結果になる。変動的な供給源に対応するのはフレキシブルな調整システムであって、そのためには広域での電力市場の整備、スマートグリッドを用いた需要供給の迅速な調整が必要であり、再生

可能発電への補完・調整役としては容易に出力を調整できるガスタービン発電や（技術開発に依存するが）電力貯蔵設備の利用が適当である[15]。再生可能エネルギーによる発電の特性は建設投資に費用がかかるが、運転経費（限界費用）は僅少であるということであるが、この特性をもった事業を市場経済の中にどう組み入れていくのかという原理的な問題とあわせて、整合的なエネルギー・システムを構想していく課題が残っている。

4.2 地域政策を場にした環境政策統合

環境保全的な面からみたEUの政策の特徴は、EUの政策の全領域にわたって環境保全を組み込んだ「環境政策統合」を実現し、各領域にわたる予算支出においても「環境」配慮のメインストリーミングをはかっていることである。それは環境政策のための独自の予算を組む財政的な余裕がないということてはなく、全領域にわたって環境保全に逆行する施策を防止し、EUの政策を総体として環境調和的なものにして効果をあげることを眼目にしたものである。

EUは2014年から2020年にいたる6カ年の財政枠組みにおいて、EU予算の少なくとも20パーセントを気候変動に対する活動にあてることを提案した。それはEU予算中のすべての予算（基金）の相当部分を環境保全・エネルギー消費削減・再生エネルギー拡充に向けることで実現しようとしている。

まず結束政策関連の基金（欧州地域開発基金ERDFと結束基金CF）について、テーマ別目的4として「あらゆるセクターにおける低炭素経済への移行の支援」と同7「持続可能な運搬と枢要ネットワークインフラにおける隘路解消の促進」をかかげて次のような活動への支出を規定している。

＜テーマ別目的4＞
a）再生可能資源由来のエネルギーの生産および流通の促進
b）企業におけるエネルギー効率化と再生可能エネルギーの使用の促進

c) 公共の建物を含む公共インフラ、および住宅部門におけるエネルギー効率化、スマートなエネルギー管理、再生可能エネルギー利用の促進
d) 低および中電圧でのスマートな電気配送システムの開発と実施
e) すべてのタイプの領域とりわけ都市部での低炭素化戦略の促進、これは持続可能なマルチモーダルな都市交通と緩和型の手段を含む
f) 低炭素技術のイノベーションおよび採用についての研究の促進（ERDF基金のみ）
g) 有益な熱需要にもとづいた高効率熱電コジェネレーションの利用促進
　たとえば、結束政策（地域政策）支出の相当部分（およそ380億ユーロ）をエネルギー効率化と再生エネルギー開発にあてること、また農業政策からの農業者への直接支払いにおいても、少なくともその30パーセントを環境的に健全な農業活動に向ける、等々である。

＜テーマ別目的7＞
a) エネルギーのスマートな配送・貯蔵・中継システムを発展させること、および再生産可能資源の分散型発電を統合することによるエネルギー効率化と供給確保の促進

（EC 2014a, EC 2014b）

　さらにERDF基金の使用方針では、農村開発、情報通信技術、中小企業競争力のテーマ別目的が低炭素経済と結びつくことを期待している。そのため上記の＜目的7＞の用途a)～g)のために、高発展加盟国向けERDF配分の最低20パーセント以上、過渡的加盟国向け配分の15パーセント以上、低発展加盟国向け配分の12パーセント以上（結束基金からの配分がこの領域である場合には15パーセント以上）となるものと見込んでいる[16]。

　図4-1はこの結束政策基金使用規定による低炭素経済投資のための加盟各国へ配分見込みのグラフであるが[17]、一部の国を除いては前期に比べて大幅に増額されていることが見て取れる。

図4-1 結束政策による低炭素経済投資資金の各国別配分

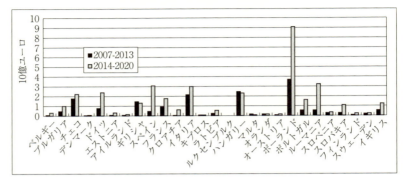

出所）European Commission（2014b）p.9

4.3 ローカル・レベル

　最後にローカル・レベルでの環境・エネルギー問題の考察が必要である。先に説明したような欧州エネルギー政策の中長期的な展望は、基本的にはエネルギー技術の進歩と規模の利益による効率化に期待するものであった。洋上ウィンドパークや大規模ソーラー、大規模送配電網の構築、蓄電技術、CCS（炭素貯蔵技術）技術、等々である。

　しかし欧州におけるエネルギー節約・効率化の大きな現実的可能性は、都市部においては、運輸および建築・居住（暖房等）におけるエネルギー節約に存在している。また農村部においては、バイオ、ソーラー、風力などを組み合わせたエネルギーのローカル利用のあり方にも存在している。エコロジスト（グリーン）の多くは、そうしたローカルなプロジェクトに期待している。

　両者ともに、自治体や住民の創意にもとづいた活動が期待される領域であり、この分野では画一化ではなく、創意工夫による実践から相互に学習しあうことが有効である。そのためEUは「環境首都」コンクールや環境保全を眼目にした「首長誓約」（Covenant of Mayors）などの多くの相互学習活動を展開している。この活動に加盟している自治体の数は、いまや6000を超え

ている。私たちの共同研究では、ディマルチノ（関西外国語大学教授）がこうした都市自治体レベルでの活動を研究対象にしている[18]。またドイツやデンマークで広がっている住民による再生エネルギー活用によるローカル・コミュニティの構築の実践例については日本でもすでに多くの紹介があるのでこれ以上立ち入らない。

5 （補足） 2015年「エネルギー同盟」の政策パッケージ

　最後にEUの環境・エネルギー政策を現時点でパッケージ化した「エネルギー同盟」について補足しておこう。すでに述べたように、「エネルギー同盟」ということばは資源国ロシアに対する経済的安全保障の観点から生まれたことばであるが、「戦略的パートナー」として位置づけられているロシアを敵国視する表現をEUの公式文書で用いることはできない。「同盟」のビジョンを、「EUはそのエネルギーの53％を輸入に頼っていて、それに4000億ユーロをつぎこんでいる世界最大のエネルギー輸入者である。加盟国のうち6カ国はガス輸入の全量を1カ国だけに依存していて、供給ショックにきわめて脆弱なままになっている」と述べるだけにとどまらざるをえない。

　　「われわれのビジョンは、加盟国がその市民にエネルギーを安全に配送するために、真の連帯と信頼の上に立って相互に依存しあっていることを理解し、世界的な問題に対して一致して主張できるようなエネルギー同盟である。」（EC 2015a）

　このような安全保障的な関心を包みこんでいるのが、本章ですでに繰り返して言及した「安全」、「持続可能」、そして「競争的かつ潤沢」なエネルギー供給という、欧州エネルギー政策上の「三位一体」の目的関心である[19]。それは以下の5つの政策領域を含んでいる。

① エネルギーの安全保障
② 十全に統合された域内エネルギー市場
③ エネルギー効率性
④ 経済の脱炭素化
⑤ 研究、イノベーションおよび競争力

その実現のために、以下の15項目のアクションが、欧州委員会および加盟国に達成に向けたロードマップをつけて要求されている。

1. 既存のエネルギーおよびそれに関連する法規を完全かつ厳密に遵守する。
2. ガスの供給源を多様化し供給途絶への対応力を強める。
3. 政府間合意を EU 法規に完全に合致するようにし、またその透明性を高める。
4. エネルギー市場を完成させ、再生可能エネルギーを統合して供給の安全性を高める前提条件となる適正なインフラストラクチャーを整備する。
5. 継ぎ目のない域内エネルギー市場の創出、供給の安全確保、再生可能エネルギーの統合、加盟国の機構の不調和の是正のために現在の市場デザインを点検する。
6. 第3次エネルギー市場パッケージによる規制枠組みを継ぎ目のない域内エネルギー市場の実現に向けてさらに発展させる。
7. 完全に統合された EU 全体にわたるエネルギー市場への前進にとって、市場統合の地域的アプローチは重要である。
8. エネルギーのコストと価格、また公的支持のレベルをより透明にすることで市場統合を促進し、域内市場の偏りを生み出している行動を特定する。
9. 2030年までに少なくとも27パーセントのエネルギー削減を実現するという目標を自らに課す。
10. 建物はエネルギー効率化の実現容量が大きい。既存建物のレトロフィッティングと持続可能なスペース冷暖房による効率化を追求する。
11. 運輸部門におけるエネルギー効率化と低炭素化、代替的な燃料への転換、エネルギー・システムと運輸システムの統合を加速化する。
12. 2030年気候・エネルギー枠組みを実施し、国際的な気候変動交渉で野心

的な貢献を行う。
13. 2030年までに再生可能エネルギーを少なくとも27%に引き上げるという目標に合意した。
14. 欧州のテクノロジーにおけるリーダーシップを維持し、輸出機会を増進するために、前望的なエネルギーおよび気候変動に関連したR&I戦略を発展させる。
15. 強力で団結したEUがそのパートナーと協力し、エネルギーおよび気候変動問題で一致した主張ができるようすべての対外政策手段を用いる。

(EC 2015a)

この包括的政策は、EUの法制の見直し・拡充を伴いながら長期的に追求されていくものであり、欧州の環境・エネルギー政策の到達点である。しかし、環境・エネルギー政策の統合が「エネルギー同盟」という安全保障的関心によって括られたことは、1990年代以降の環境主導型の動きを顧みるならば、やはり1つの転換を示していると言わざるをえない[20]。

注
1) EUが環境問題を国際的政治のアジェンダとするにいたった経過については、本書の第1章と臼井（2013）を参照。
2) 参加する事業者に温室効果ガスの排出権利枠を配分し、排出削減によって生じる権利枠を配分枠をオーバーする事業者に購買させるという排出権取引（ETS）の成功・不成功は最初の排出権の配分しだいである。2006年にスタートしたEU-ETSは、世界金融危機後の経済停滞のなかで排出権の余裕枠が過剰となって、取引量も価格も低迷した。また、過去の排出量にしたがって排出権を配分する方式をとったため、排出削減のインセンティブに欠ける面があった。
3) 温暖化ガスを排出しない再生可能なエネルギー（電力）を固定価格で買い取ることによって総排出量を削減しようとするフィード・イン・タリフ（FIT）方式は、特定の方式に固定的な価格、また優先接続を認める点で自由市場の原則に反する「介入」である。固定価格が高過ぎる場合には、意図された以上の供給が行われ、予想以上の費用負担が発生する。スペインとドイツはこの方式によって風力・太陽光発電を加速的に普及させたが、財政赤字（スペイン）、FIT賦課金の増大（ドイツ）をひきおこし、大手電力業界と欧州委員会の批判に耐え切れず廃止（スペイン）およびフィード・イン・プレミアム方式（ドイツ）に移行せざるをえなかった。後者は電力自体は市場価格で販売させ、販売電力量に対して助成金をつけるものである。（スペインの事情については、本書バユス論文を参照。ドイツについては八木（2015）を参照。）

4) Sandoval and Morata eds. (2012) p.4.
5) 翻訳は鷲江編（2009）による。
6) EC (2007) p.11, Sandoval and Morata eds (2012) p.2.
7) 欧州地域政策においては、加盟国ごとに領土面積・人口や地方行政制度に大きな差異があることから、欧州共通の適当な規模で地域の状態を把握するために3レベルのNUTSという地域単位を設定していて、地域政策の基本単位としては人口80-300万人程度のNUTS2が対象になっている。
8) 田村（2016）を参照。
9) "An united Europe can end Russia's energy stranglehold" *Financial Times*, April 21, 2014. 木村（2015）による。EC (2015a)。蓮見（2015b）も参照せよ。
10) 欧州委員会が作成した政策パッケージの名称は「前望的な気候変動政策と結びついたレジリエントなエネルギー同盟のための戦略枠組」である。レジリエントという表現は、加盟国の連帯・団結とともに物的なインフラ整備も意味する。
11) これは主要には電力と天然ガスの供給・配送のための設備投資であり、欧州全体のなかでのどのような設備がどのように構築されなければならないかについては、以下にある2つの地図を参照されたい。https://ec.europa.eu/en/topics/infra (access 2015/05/10)
12) その後、2014年12月に欧州委員会と欧州投資銀行（EIB）が協力して、民間投資の呼び水となる欧州戦略投資基金（EFSI）を創設することが確認された。EUは、その中期予算中の「コネクティング・ヨーロッパ・ファシリティ（CEF）」と「ホライゾン2020」、さらに財政予備から合計80億ユーロをEFSIの債務保証のために提供する。EFSIは、EIBの拠出する50億ユーロをそれに加えて630億ユーロの公的融資を可能にし、リスクの一部負担等によって、官民協力であわせて3150億ユーロの投資を生み出せるとしている。投資先の大部分とは、インフラ、エネルギー、研究・教育、イノベーションのプロジェクトになることが想定されている。（蓮見2015b）
13) 脱原発後のドイツの環境エネルギー政策を構想する専門家たちは、1）北欧電力市場との連結、2）北欧＋中西部欧州との中規模な範囲での連結、3）全欧州規模での連結、という3つのシナリオのもとでドイツのグリーン経済が可能であるかどうかを考察している。彼らがもっとも重視しているのは、フランスの原子力発電ではなく、余剰電力を貯蔵しうる揚水式発電所の開発余地の大きなノルウェーを含む北欧との連結である。SRU (2011)；(2013).
14) 天然ガス、石油製品にも同様の国別の価格差があるが、配送施設の地理的配置に影響される前者の方が価格差は大きい（Eurostat (2015)による）。
15) なお、太陽光・風力発電などの再生可能エネルギーの電力への変換は限界生産費がゼロという特性をもっていて、このような事業を市場システムでどのように組み入れるのかという経済システム設計の問題が存在している。SRU (2009)；(2013)、諸富編（2015）を参照。
16) EC (2014a), EC (2014b) p.11.
17) EC (2014a), EC (2014b) p.9.
18) Di Martino (2015)を参照。
19) 市民向けの「エネルギー同盟」の政策要約（EU2015c）では、ロシアの影は消えて、「EUの枢要優先政策のひとつであるエネルギー同盟は、完全に統合されたEU全域のエ

ネルギー体制のなかでエネルギーの流れに対する支障を取り除くことによって欧州の化石燃料に対する依存を著しく低下させることを意図している」と、化石燃料への依存の軽減が前面に現れている。

20）本章では環境政策とエネルギー政策の結合について触れたが、トゥスクの「エネルギー同盟」の提唱以来、EU首脳の関心は環境政策よりもエネルギー政策に移っている。トゥスクの出身国であるポーランドは国内石炭資源の利用継続を国益として、EUの低炭素化政策に一貫して抵抗を続けてきている（市川2015）。EUは2015年の気候変動防止のためのパリ合意のために尽力したが、この穏和的な協定の成立以後はEUは環境政策を国際政治的アジェンダから実務家的なアジェンダに引き下げるかもしれない。

参照文献

市川顕 （2015）「石炭を諦めない──EU気候変動規範に対するポーランドの挑戦」臼井陽一郎編『EUの規範政治』ナカニシヤ出版。

臼井陽一郎 （2013）『環境のEU、規範の政治』ナカニシヤ出版。

木村真澄 （2015）「ロシア：欧州連合の『エネルギー同盟』とロシアの立ち位置」JOGMEC『石油天然ガス資源情報』
（//oilgas-info. jogmec. go. jp/report_pdf. pl? pdf=1503_out_j_Energy_Unioin%2epdf&id=5675） access 2016/05/30）。

JETRO ブリュッセル・センター （2011）「EUのエネルギー新戦略の概要」『ユーロトレンド』（2011年2月号）。

田中素香 （2015）「EUの連帯とユーロ圏の連帯」『日本EU学会年報』第35号。

田村祐子 （2016）「COP21合意とEUの温室効果ガス削減目標」『外国の立法』（国立国会図書館調査及び立法考査局）、2016年2月号
（//www.dl.ndl.go.jp/view/download/digidepo_9851741_po_02660203.pdf?contentNo=1&alternativeNo=access2016/07/30）。

駐日EU代表部 （2015）「EUが目指すエネルギー同盟とは？」『EU MAG』
（//eumag.jp/question/f0215/ access 2015/09/27）。

蓮見雄 （2015a）「EUの『選択と集中』と官民協力による投資プラン」『ユーラシア研究レポートサイト』（2015年2月23日）（http://yuken-jp.com/report/2015/02/23/eu-plan access 2015/09/29。

―― （2015b）「EUにおけるエネルギー連帯の契機としてのウクライナ」『日本EU学会年報』第35号。

ブートル，ロジャー （Bootle, Roger） （2015）町田敦夫訳『欧州解体』（The trouble with Europe）東洋経済新報社。

森晶寿編 （2013）『環境政策統合：日欧政策決定過程の改革と交通部門の実践』ミネルヴァ書房。

諸富徹編 （2015）『電力システム改革と再生可能エネルギー』日本評論社。

八木正 （2015）「ドイツのエネルギーシフトの道のりと今後の展望」朝日吉太郎編『欧州グローバル化の新ステージ』文理閣。

若森章孝ほか編 （2007）『EU経済統合の地域的次元：クロスボーダー・コーペレーションの最前線』ミネルヴァ書房。

鷲江義勝編著（2009）『リスボン条約による欧州統合の新展開：EU の新基本条約』ミネルヴァ書房。

【European Commission: EC】
EC（2007）Council of the European Union（2007）An Energy Policy for Europe, EC（2007）1 final.
——（2010）　Energy 2020: A strategy for competitive, sustainable and secure energy SEC（2010）1346 （「エネルギー 2020」）COM（2010）639 final.
——（2011）　A Roadmap for moving to a competitive low carbon economy in 2050 COM（2011）112final.
——（2013）　Green Paper: A 2030 framework for climate and energy policies COM（2013）169 final.
——（2014a）A policy framework for climate and energy in the period from 2020 to 2030 COM（2014）15 final.
——（2014b）　How EU Cohesion Policy is helping to tackle the challenges of CLIMATE CHANGE and ENERGY SECURITY: A paper by the European Commission's Directorate-General for Regional and Urban Policy.
——（2015a）　Energy Union Package: A Framework Strategy for a Resilient Energy Union with a Forward-Looking Climate Change Policy. COM（2015）80 final.
——（2015b）ENERGY UNION PACKAGE: Achieving the 10% electricity interconnection target, Making Europe's electricity grid fit for 2020. COM（2015）82 final.
——（2015c）Citizen's summary: Energy Union.
Eurostat（2015）*Statistics Explained: Energy price statistics*（Data extracted in May 2015）.
Jacobs, David（2012）*Renewable Energy Policy Convergence in the EU*, Ashgate.
Di Martino, Luigi A.（2015）The Covenant of Mayors: Multi-level Governance of Energy Transition in the European Union, オンライン版研究成果報告書「EU 経済統合と社会経済イノベーション」（//www.setsunan.ac.jp/~k-yagi/CCP013.html）.
Palle, Angelique（2013）Regional Dimensions to Europe's energy integration, SP29, The Oxford Institute for Energy Studies.

【Sachverständigenrat für Umweltfragen: SRU】
SRU（2009）*Setting the Course for a Sustainable Electricity System, Five Propositions*, Mai 2009, Berlin.
——（2011）*Pathways towards a 100% Renewable Electricity System*, Special Report, October 2011, Berlin.
——（2013）*Den Strommarkt der Zukunft Gestalten, Eckpunktpapier*, October 2013, Berlin.
Sandoval, Israel Solorio and Morata, Francesc（eds）（2012）*European Energy Policy: An Environmental Approach*, Edward Elgar.

第 5 章
移民・難民問題に反映した欧州の内外地域構造

八木紀一郎

1　欧州統合の人的試練

　本書の全体的なテーマは、欧州統合のなかで、広義にとらえた経済発展の戦略と地域構造・地域政策がどのように結びついているかを探求することである。その際、ユーロを導入し東方拡大を果たした2000年紀初頭のEUの体制が考察の前提にあった。しかし2008年世界金融危機後の経済停滞のなかで、それまで収斂傾向にあった地域間格差の逆転がおこり、財政危機におちいる加盟国のあいつぐ出現のなかで「欧州統合」の実態に疑問がなげかけられた。財政統合なき通貨統合というユーロの基本的な欠陥が露呈し、労働市場の悪化のもとで反移民・反欧州のナショナリスト政党が躍進した[1]。EUによる規制と移民の増加を嫌う英国で2016年6月23日におこなわれた国民投票では、EUからの離脱支持が51.9パーセントの多数を占めた[2]。この衝撃的な結果が、EUおよび他の加盟国にどのような変化をもたらすかを予想することは困難であるが、欧州統合のプロジェクトがその開始以来最大の試練にさらされたことはまちがいない。

　各国および欧州議会の選挙にあらわれる政治スペクトルのなかで、反欧州が反移民と結びついているように、「欧州統合」の試練は、通貨・金融・財政面での「統合」の試練とともに、欧州域内・域外での人間の移動（移民）による「統合」の試練として現れている。そのことを如実に示したのは2014年にはじまり、2015年に急激な増加をみせた難民の波が引き起こした事態で

あった。

　いうまでもないことだが、「難民」と「移民」の区別は截然としていない。国際法で保護を明示的に規定しているのは政治的な理由で迫害・圧迫をうけている「政治難民」であるが、災害から生じた「災害難民」や戦乱から逃れた「避難民」も人道上無視するわけにはいかない。さらに貧困や将来の生活不安から国外に移動する「経済難民」がそれに加わるが、この場合は通常の意味での「移民」と区別が不可能になる。近年は、迫害の客観的な証拠がない場合でも人道上の理由から補完的な保護を与えることがあり、また少なくとも難民認定の可否が決まるまでの間の国内滞在を認めている。したがって、厳密な審査手続きによって「難民」として庇護されることを期待できない「経済難民」も、狭義の「難民」の波に加わることによって欧州への入域を実現できる可能性がある。

　周辺地域で「難民」が大規模に生まれ、彼らが大挙して欧州に来ることは、それ自体、EU が行ってきたはずの近隣政策の不成功を意味している。さらに、今回の難民危機においては、EU が形成してきた難民に対する共通庇護政策（ダブリン・システム）が機能不全に陥り、EU および加盟国の対応は混乱を極めた。当面の難民対策（保護の配分、一時的保護、域外移送、国境・域境管理、費用負担）についても利害が対立し、改革の方向についても一致した合意が形成されなかった。外部から見ると、それは域外から域内に入り込む難民というリトマス試験紙によって、欧州全体の連帯の脆弱さが、その地域構造にはらまれる利害対立とともに露呈したかのようである。この章では、2014-15年難民危機をそれ以前から構造的に存在している移民問題と結びつけてとらえ、欧州の地域構造とその課題を、住民・移民・難民の人的な関係および構造として考察してみたい。

2　欧州難民危機と EU

　欧州は1990年代から2000年初頭にかけて旧ユーゴの内戦、さらにコソボで

紛争が繰り返された時にも難民の大量流入を経験している。そのころ毎年40万人に達したEU加盟国への庇護申請者の数は、2004-5年頃には毎年20万人台にさがっていた。もちろん、アフガニスタン、パキスタン、イラクそして内戦や破綻国家の状態が続くアフリカ諸国から新手の難民がたえずあらわれていたが、距離の遠さもあって欧州への大量流入は避けられていた。しかし、「アラブの春」は、欧州により近接した中近東・地中海地域の各国に政情不安を生み、難民の群れを欧州により近づけた。とくに内戦の激化に加え、「イスラミック・ステート（IS）」の暴力的支配地域が拡大したシリアでは、国外に逃れた難民だけで410万人、国内にも1000万人以上の避難者が生まれた。今回欧州に大量流入した難民の半数強は、シリア、イラク、アフガンなどの中東アラブ系難民であるが、それに従来からのアフリカ難民やバルカン難民（コソボ、アルバニア）が合流している。

まず欧州統計局（Eurostat）の統計をみてみよう。EU諸国へ難民庇護申請をした人数は、2014年に62.7万人に増加し、2015年にはさらに倍増して132.2万人に達した（図5-1）。

月ごとの件数でみても、2014年の半ばには5万人を超し、2015年夏には10

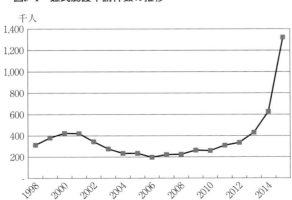

図5-1　難民庇護申請件数の推移

出所：Eurostat

万人を超えた。EU諸国は2014年に19.4万人、2015年に33.4万人に対して庇護待遇を認定したが、急激な難民申請の増加によって認定待ちの難民が累積し、2015年末にはそれが90万人以上に達した。難民としての認定が留保されている申請者は申請国の保護管理のもとにおかれ、「庇護」認定がおりない場合には強制的に国外退去させられることになっているが、そのような可能性の高い「難民」は逃亡をはかって非合法移民になる場合が多い。

　この申請件数は国を替えて庇護申請をしている数も含むので、初回の申請者だけをとれば、2014年は56.3万人、2015年は125.6万人である。初回申請国のトップは、2014年も2015年もドイツで、両年それぞれEU全体の初回申請数の30.7パーセント（17.3万人）、35.2パーセント（44.2万人）になっている。2、3、4位は、2014年はスウェーデン、イタリア、フランスであり、それぞれ全体の13.3パーセント（7.5万人）、11.3パーセント（6.4万人）、10.5パーセント（5.9万人）であったが、2015年にはハンガリー（13.9パーセント、17.4万人）、スウェーデン（12.4パーセント、15.6万人）、オーストリア（6.8パーセント、8.6万人）に入れ替わっている（表5-1を参照）。この変化は、難民の最大の流入ルートが、2015年に地中海イタリア・ルートから西バルカン・ルートに入れ替わったことによる。

　2015年の初回申請者を国籍別でみると、シリアが36.3万人で全体の28.9パーセント、次がアフガニスタンで17.8万人、14.2パーセント、3位がイラクで12.2万人、9.7パーセント、そのあとにコソボ6.7万人、アルバニア6.6万人、パキスタン4.6万人、エリトリア3.3万人、ナイジェリア3.0万人、イラン2.5万人と続く。ドイツ、ハンガリー、スウェーデンに来た難民の最大部分がシリア難民で、それぞれ15.9万人、6.4万人、5.1万人である。西バルカン・ルートの前線国であるハンガリーとオーストリアでは、シリア難民と行路をともにしているアフガニスタン難民の庇護申請が多かった。これらシリア、アフガニスタン、イラクなどの国からの中東難民の流入が多かった国では、2015年の庇護申請者数は、ハンガリーでは前年比で4倍以上（4.23）、オーストリアでは3倍以上（3.33）に急増し、ドイツでも2.5倍（2.55）、ス

表5-1　EU加盟国での難民庇護の初回申請者（2015年）の国籍

申請者国籍	総人数	1位	2位	3位
EU全体　同実数	1,255,640	シリア 362,775	アフガニスタン 178,230	イラク 121,535
ドイツ　同実数	441,840	シリア 158,655	アルバニア 53,805	コソボ 33,425
ハンガリー　同実数	174,435	シリア 64,080	アフガニスタン 45,560	コソボ 13,225
スウェーデン　同実数	156,110	シリア 50,890	アフガニスタン 41,190	イラク 20,190
オーストリア　同実数	85,505	アフガニスタン 24,840	シリア 24,720	イラク 13,225
イタリア　同実数	83,245	ナイジェリア 17,780	パキスタン 10,285	ガンビア 8,015
フランス　同実数	70,570	スーダン 5,315	シリア 4,625	コソボ 3,825
オランダ　同実数	43,035	シリア 18,640	エリトリア 7,390	イラク 3,010
ベルギー　同実数	38,990	シリア 10,295	イラク 9,215	アフガニスタン 7,730
イギリス　同実数	38,370	エリトリア 3,735	イラン 3,680	パキスタン 3,245
フィンランド　同実数	32,150	イラク 20,440	アフガニスタン 5,190	ソマリア 1,975
その他加盟国については省略				

出所）Eurostat Newsrelease 44/2016（4 March 2016）より作成

ウェーデンでも2倍以上（2.08）になった。

　それに対して、イタリア、フランス、イギリスでは2015年の庇護申請者の国籍トップはナイジェリア、スーダン、エリトリアというアフリカ政情不安国で、中東難民の増加はそれほど多くない。したがって、難民庇護申請の増加率も20～30パーセント台にとどまってている。今回の難民危機をめぐるEU内外の交渉は、この急激に増加したシリア難民の取り扱いをめぐって行われている。

　シリア、アフガニスタン、イラク難民の多くは、トルコやギリシャの越境ブローカーが用意したゴムボートに救命胴衣をつけて乗り込み、トルコから

近接したギリシャ領の島（レスボス島など）にわたる。密航補助者らは渡航者が追い返されないように、目的の島付近で、人命救助が必要な状況をわざと作り出すことさえある。2015年夏に全欧州に衝撃を与えたのは、トルコ海岸に漂着しうつ伏せになって死んでいる子どもの写真であった。

　島嶼領土が多いギリシャは海上国境管理に欠陥があり、また難民が入国したあとの難民管理を効率的に行うための行政システムも資金も欠いている。したがって、EU が難民の入国管理を実効的にするには、EU 加盟国ギリシャでの入境管理を強化するだけでなく、トルコによる難民収容と欧州向けの出国管理という協力が欠かせない。

　ギリシャを出た難民が西バルカン・ルートをたどってまずたどりつくのは、ハンガリーである。欧州共通庇護政策の規定では、難民としての庇護の申請は最初に入国した EU 加盟国で行うことになっている（ダブリン・システム）が、ハンガリーでの認定率が低いことは難民によく知られている。庇護を認定すると多大な保護費用が発生するが、申請を受け付けるだけでも認定可否決定までの一時的保護の費用が発生するので、ハンガリーのような「前線国家」にとっては、難民は本心としては追い返したい来訪者である。難民自身も、庇護の待遇が良く、国民生活も豊かであるドイツやスウェーデンでの申請を望み、域内自由通行が認められるシェンゲン領域の境界国であるハンガリーに入国しだい直ぐにも希望する国に移動しようとする。

　2015年の夏のハンガリーでは、この両者のジレンマのなかで行き場のなくなった難民がみるみるうちに膨れ上がった。この状態をみかねたドイツ首相アンゲラ・メルケルが、8 月31日にドイツはシリア難民を受け入れると宣言すると、ドイツ行き国際列車が発車するブダペスト駅構内は蝟集した難民であふれかえった。約 1 週間の国際的・国内的調整のあと、運行を再開した国際列車や長距離バスでドイツの各都市に到着した難民は暖かく迎えられ、行政だけでなくボランティアや各種 NGO の協力によって、全国各地に整えられた滞在所に能率よく配置された。

　メルケル首相が、与党の一部にもある反対を押し切って、ダブリン・シス

テムを超えた決断を下した背後には、2000年紀以降の人口構成の変化をもとに、国家としてのドイツ自体が「移民国家」として自己規定を変化させていたことがある3)。ドイツはもともと第2次大戦を引き起こした反省から、難民庇護を憲法（基本法第16条）に謳っていた。何度もの修正をへて、その運用については制限が課されていたが、ドイツ人の多くは、1989年の東独崩壊前後の越境脱出劇を記憶していた。また1990年代にも旧ユーゴスラヴィア解体にともなう難民を50万人近く受け入れた経験があった。人口減少と高齢化による労働供給の不足を懸念する経済界にも、過去の経験から若い世代の多い難民を労働力の供給源として期待する向きがあった。

しかし、到着難民の数が増加するにつれて、難民受け入れを原則的に支持する人々のあいだでも、ドイツの難民収容力には限界があるという認識が拡がった。ドイツの初回庇護申請者数はすでに示したが、未認定のままの難民の数は、2015年末で40万人以上に膨れ上がった。メディアで踊っているのは、人口8000万人の国民に対して80万人の新規難民という数字である。難民受け入れへの反対は当初は旧東ドイツ地域に限られていたが、2015年大晦日にケルンでアラブ人・北アフリカ人の難民認定者を含む若者集団による性的暴行事件が発生し、難民・移民に対する世論に深刻な影響を与えた。2016年3月の州選挙でメルケル与党のキリスト教民主同盟は得票率を落とし、反欧州反移民の「ドイツのための選択」が旧東ドイツのザクセン・アンハルト州で第2党に進出した。

ドイツと並んで難民に人気のあったスウェーデンでも、2015年8月にストックホルムで開催されたフェスティバル最中にアラブ系移民による性的暴行事件がおこり、難民移民に対する世論が悪化した。人口小国であるスウェーデンでは、人口比での庇護申請数はドイツの3倍以上になる4)。2015年11月に、スウェーデンはすでに収容限界を超えているとして、新たな難民の流入を防止するために隣国デンマークとともに国境管理を再導入し、翌年初にはすでに入国している難民8万人を送還する計画を公表した。域内の国境管理はシェンゲン協定に反する行為であるが非常措置として容認され、2015年

10月にダブリン・システムへの復帰を表明したドイツも、フランス、オーストリアとともに6カ月の期限付きで入国審査を再導入した。シェンゲン域内の多くの国境で入国審査が復活しただけでなく、ハンガリー、オーストリア、スロヴェニア、ブルガリア、セルビア、マケドニアなどのバルカン・ルートに位置する国は一斉に国境のフェンスと警備の強化にのりだした[5]。

図5-2　2016年3月における欧州の国境管理

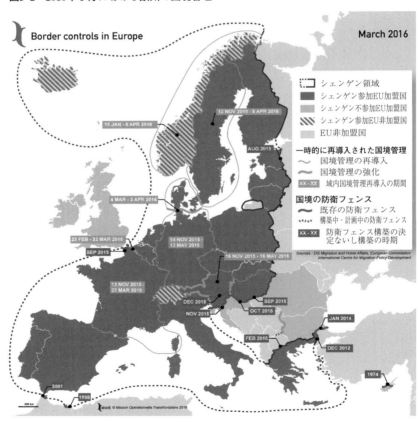

出所）Mission Opérationelle Transfrontalère
http://www.espaces-transfrontaliers.org/ressources/cartes/maps/show/les-controles-aux-frontieres-en-europe/

もちろん EU は難民問題の深刻化に対して、何の対応もとってこなかったわけではない。2012年10月の「ランベドゥーサの悲劇」（リビアからイタリアをめざす難民を満載したトロール漁船がイタリア最南端のランベドゥーサ島沖で火災をおこし366人の死者を出した事件）以降高まった問題意識のもとに、域境管理を共同の課題とした欧州対外国境管理庁（FRONTEX）の強化、欧州国境監視システム（EUROSUR）の創設、国連難民支援機構（UNHCR）との協力、難民への人道支援、難民産出・滞在国の支援を欧州理事会でとりあげていた。しかし、EU が共同で行った地中海警備（トリトン作戦）はそれまでのイタリア海軍の警備に比しても貧弱で海難の続発を防止することができなかった。また、ダブリン・システムを支える情報システム（Eurodac）同様、せっかくの共通情報管理システムも各国ごとに運用がばらばらであった。

　難民問題への EU の対処の根本問題が、域境管理と難民管理をイタリア、ギリシャ、ハンガリーなどの「前線国」に押し付けるダブリン・システムの欠陥にあることは認識されていて、2015年春の欧州理事会では共同で運営する「欧州難民支援オフィス」を創設して難民に対応させる改革案が検討された。独仏や欧州委員会首脳が考えた難民問題への対処の基本方向は、難民受け入れの上限を定め、EU 加盟国で分担人数を決めて受け入れることであった。同年9月22日に開催された欧州内相・法相による理事会で EU は、以前から合意済みの4万人に12万人を加えて16万人のシリア難民を分担して受け入れる計画を提示し、チェコ、ハンガリー、ルーマニア、スロバキアの東欧4カ国の頑強な反対にもかかわらず、特定多数決を適用してそれを決定した。ハンガリー首相のオルバンは、難民を問題化したのはドイツであってハンガリーは責任を分担する意思はないと広言し、国民投票でそれを拒否しようとした。スロバキアはこの分担計画の決定は無効であるとして欧州司法裁判所に提訴した。

　ダブリン・システムの改革案は、ようやく2016年5月になって欧州委員会から提案された。それは、ある国で受け付ける庇護申請件数が、人口規模と

裕福度を考慮して定められる認定基準数を5割強上回った場合にはEU共同の庇護審査システムを発動させ、このシステムによる配分を回避しようとする国は難民1人あたり25万ユーロを当該難民の受け入れ国に支払うというものであった[6]。一定の範囲までは現行のダブリン・システムにしたがい、それ以上になった部分はEU内での配分システムを発動するが、強制受け入れの回避の選択肢も与えるといういかにも欧州委員会らしいソフトな提案である。

またこの改革案には、第3国にとどまっている難民を直接審査した上で受け入れる方式の提案も含まれている。この方式は2カ月前の理事会・首脳会議で合意され、3月18日にEU・トルコ間で合意されたトルコに強制送還した難民の数だけトルコの難民収容所にいるシリア難民を受け入れるという入域許可方式を踏襲したものであろう。欧州の都合からするならば、発生したばかりの難民は、まず旧居住地近接地域（近隣国）の収容所で管理させ、そのうち欧州で受け入れ可能な人数だけを審査して受け入れる方式が理想的である。シリア、イラクからの難民の場合、そのような近隣国はトルコにほかならない。

近隣地域から欧州をめざす難民を制御可能にするためのカギがトルコとの協力にあることを認識したEUは、2015年11月の首脳会議以降、トルコを経由してきた非認定「難民」をトルコに強制送還し、トルコの難民収容所に収容させるために、収容所の増設・維持・改善の経費を援助するという交渉を継続してきた。トルコはこの交渉を停滞していたEUとの加盟交渉の前進のために用い、翌年3月18日のEUトルコ間の合意ではEUは、60億ユーロの難民対策費の拠出のほか、トルコ国民のEUへのビザなし入国の実現を約束した。しかし、トルコは自らクルド人の民族運動を弾圧していて、国連の難民保護条約にも加盟していない。そのような国で難民の人権が尊重される保証はない。そもそも難民の多くは、トルコ在住を忌避して欧州をめざしたのである。したがって、アムネスティなどの国際人権団体は、このEUトルコ合意を人権の視点から批判している[7]。

本稿の最後の仕上げを行った2016年半ばの段階では、EUトルコ間合意にもとづいた措置が開始され、不法入国者の送還と国境管理の強化によってギリシャへの難民流入は減少している[8]。しかし、いつまでそれが持続するかは不明である。EUはトルコの協力の代償として、トルコ国民に対するビザ免除の実現を約束したが、ビザ免除の条件としてEUが求めた同国の人権弾圧的な反テロ法の改正をトルコは拒否している。10月までにビザ免除が実現しなければ、あるいはトルコ政府の嫌う条件がそれに付けられるならば、EUトルコ間の協力関係は容易に崩壊するであろう。中部地中海ルートをたどる難民数はむしろ増えている。ダブリン・システムの改善案が提示されてはいるものの、加盟国間の合意が得られるにはほど遠く、難民問題解決の方向性が見えているとはとても言えない。

難民問題の本来の解決は、難民発生国における安全と経済・福祉の回復であるが、シリア、イラク、アフガニスタン、リビア、ソマリア、エリトリアなどの諸国の国家的再建は、どの国をとっても短期間に達成できるとは考えられない。2015年末現在、EU全体では200万人近い難民が滞在していると推定されるが、中近東には発生以来半世紀になるパレスティナ難民を除いても約700万人の難民がいる。欧州各国の権益と深く結びついているアフリカ諸国の難民も400万人を数える[9]。たとえ、今回の危機が入境管理の強化によって小康状態[10]になったとしても、今日の不安な世界情勢のもとでは難民の大規模移動はいつでも起こりうることである。

この欧州難民危機の概観を難民受け入れの経済的効果についての憶測でしめくくろう。2016年5月5日、伊勢志摩サミットの政策調整の準備のためベルリンを訪れた安倍首相との共同記者会見でメルケル首相は、ドイツは2015年に大量の難民を受け入れたことで国内需要を活性化し世界経済に貢献したと胸をはった[11]。これは、財政健全国ドイツに景気振興のための大規模財政を求めた安倍の要求をかわすための発言ではあるが、難民受け入れの経済効果についての経済界の確信はその難民受け入れ政策を正当化する根拠の1

つになっている。

　欧州委員会のエコノミストは2015年11月に公表した経済予測で、難民流入の経済効果についてシミュレーションによる最初の推測を行っている。その結果はプレスリリースでは、次のように要約されている。

> 「短期には追加的な公共支出がGDPを増加させ、中期には、彼らの労働市場へのアクセスを促進する適切な政策がとられるならば、労働供給の追加的な増加によって成長への追加的なインパクトが与えられる。EU全体にとっては成長へのインパクトは小規模だが、いくつかの加盟国にとってはより規模の大きい効果をもちうる。」[12]

　シミュレーションの前提は、難民流入によって2015年に100万人、2016年に150万人、2017年に50万人、計300万人の人口増加があり、難民認定率が50パーセント、認定難民の4分の3が労働年齢であるとするものであった。また、彼らの労働力のスキルを高く想定する場合と低く想定する場合の2通りのシミュレーションが行われた。その結果は、EU経済全体としては、労働供給の増加によって、2020年までの中期ではベースライン想定に対して0.2〜0.3パーセントのGDPの増加が得られるが、実質賃金に0.15〜0.25パーセント減という影響があるというものであった。難民の主要受け入れ国であるドイツ経済の場合には、2020年までのベースライン想定に対して、高スキルの想定ではGDPの0.7パーセント増、低スキルの想定では0.4〜0.5パーセント増の効果が得られた。実質賃金への影響は、高スキル想定では0.6パーセント減、低スキル想定では0.7パーセント減であった[13]。

3　欧州拡大後EUの移民・難民政策

　難民は認定されれば移民となって労働市場に統合され、欧州の成長促進の効果を生み出すことができるが、実質賃金には僅かではあるがマイナスの影

響を与える。このような経済予測は、すでに移民なしには成り立たなくなっている欧州経済の社会構造とそれが生み出す対立を示唆している。

図5-3はEU28カ国の人口増を自然増と純流入による増加（社会増）に分けて示したものである。これを見ると、2000年以降の欧州の人口増はその大部分がEU外部からEU28カ国に流入する第3国移民の増加によって支えられていることがわかる。

欧州経済統合のプロジェクトは、もともとは個々の国家を超えた広域で競争的な市場をつくりだし、加盟国の経済的資源を効率的に活用しようとするものである。ヒト・モノ・サービス・資本の自由移動を保証した単一市場がその到達点であった。過去には外部に対して関税障壁を築いていたため、「欧州城砦」とも呼ばれたが、度重なる関税引き下げないし撤廃で、現在では貿易・金融にかんする障壁は域内の共通規制に従うという程度のものに引き下げられている。この経済面での共通規制も、域外との取引を制限すると

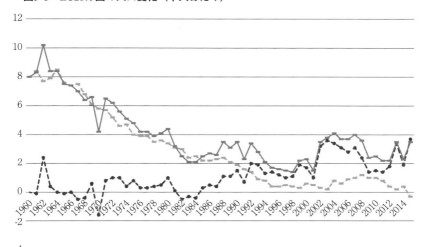

図5-3　EU28カ国の人口変化（千人あたり）

--- 人口の自然増加率　-●- 純流入率および統計調整　— 全体としての人口変化率

出所：Eurostat（demo_gind）

いうより、域内での競争を促進することを目的とするものである。金融市場・商品市場と異なって労働市場の地域的分立性は容易に解消できるものではないが、EU加盟国間では、主権国が相互に承認しあうEU市民権が制度化され、加盟国民は域内を自由に移動できるだけでなく、域内での営業・労働に関して差別を受けないこととなっている。それに対して、非加盟国とのヒトの出入りには厳然とした障壁が存在する。特別の協定がある場合を除けば、EU非加盟国（第3国）の国民の域内での就業については、どの加盟国も制限的な政策をとっている。

度重なる欧州拡大は、かつては欧州先進国に自国民（あるいは自国難民）を送り出していた欧州後進国を広域市場に取り込み、先進国の資本と後進国の労働力を結びつけるものであった。拡大欧州5億人の人的資源を有効活用することが欧州経済の再興のカギと考えられていた。しかし、拡大欧州域内の労働移動は期待されたほどの規模と効果をもっては起こらなかった。EU加盟国民（EU市民）はどの加盟国でもその国の国民と同等に扱われることとなったが、各国ごとの制度的および実態的な差異は残らざるを得なかった。

また、労働者の移動自体が欧州経済にプラスになるとは限らず、移動によって就業率および労働生産性が上がらなければ全体の経済への貢献にはならない。したがって、2000年紀初頭、知識基盤経済の構築を目標にかかげたEUは、地域住民への科学技術教育・研修の普及とともに、移動して能力を高めやすい青年たちをターゲットにした政策を整備してきた。またリスボン戦略で高度な能力をもった人材を域外からも引き付けることが、競争力ある経済の構築のカギであるとして、移民政策にも成長戦略の視点をもちこむことを訴えた。それは、EU内先進国の多くが、米国グリーンカード制にならって、域外の高度人材をよびこむ「選択的移民政策」をとるようになったことに対応している。

EUは1992年のマーストリヒト条約で「司法・内務協力」を第3の柱として以来、加盟国民だけでなく非加盟国民（第3国国民）の入国・通過・滞在

や難民庇護認定などを「共通関心事項」としてきた。画期となったのは、1999年のタンペレ理事会で、このときEUの共通移民政策が次の4課題を含むことが合意された[14]。

1. 人道的および経済的に均衡のとれた移民の流入管理に関する包括的な政策の策定
2. EU加盟国民の権利と義務に可能な限り類似した権利と義務を第3国国民にも与える公平な扱い
3. 政策の共同開発を含む、移民の送り出し国とのパートナーシップの構築
4. ジュネーブ条約および国際条約に基づく加盟国の義務に完全に準拠した庇護に関する共通政策の策定

難民庇護については、国を替えて庇護申請を繰り返すことや庇護申請のたらい回しを避けるために、庇護申請審査の責任国を最初に入国した国とすることを定めるダブリン条約が1990年に当初12カ国の署名によって成立していた。タンペレ理事会を受けて、この条約はEU法のなかにとりこまれ、2003年に理事会規則となった。同時に申請者の指紋照合制度を行う情報システム（ユーロダック）が生まれ運用が開始された。庇護申請者の「引き受け引き取り」もそれにもとづいて行われることになった。これがダブリン・システムである。

タンペレ理事会が画期的であったのは、移民政策に対して人道的基準を加え、「自由、安全、正義の領域」の実現というEUの目的が「合法的かつ永住的」に生きる第3国国民にも妥当することを宣言したことである。そのためEUは、域内に合法的に長期滞在する第3国国民も条件を満たせばEU市民に近い扱いを受けられるようにする規則を導入し、他方で彼らを欧州社会の一員とするための「統合政策」を推進しようとした。2005年にはじまるハーグ・プログラムはその多年次計画である。統合政策としては、オランダが

移民に課す言語的能力と公民的志向からなる統合プログラムを先駆的に設けると、フランス、ドイツも含めて多くの国がそれにならった。高度人材として滞在許可を得ている場合は、このような強制的な統合は該当しない。

　欧州委員会は同年、欧州経済の発展のために移民の持続的流入が不可欠であるという認識に立った包括的な問題提起をグリーンペーパー「経済移民を管理するためのEUアプローチ」として公表した。そこでは、労働移民の区分別取り扱い、入国許可手続きのあり方、就労・滞在許可の手続きと基準、経済移民に与える権利とインセンティブ、社会的受け入れおよび統合の促進、送り出し国との協力等がとりあげられている。また年末にはEU域内での移民労働者、移民情報および雇用の情報ネットワーク、社会統合のための施策、移民送出国との協力活動についての共通政策を整備する「合法移民に関する政策計画」に乗り出した。

　難民も庇護を与えられ、合法的に長期にわたって欧州社会で生活するならば、移民（第3国国民）となる。その子供たちはEU加盟国の国籍すら得ることができるかもしれない。難民「庇護」という人道的課題は、難民が移民になるときに社会的・経済的問題になる。大部分がムスリムである中東および北アフリカからの移民は、欧州とは異なる習俗と価値観をもっている。文化的衝突に加えて、労働市場における競合が存在し、反移民の政治家たちに宣伝の材料を与える。それでは、移民の欧州社会への「統合」や経済、特に、労働市場での「統合」は、現在のEUでどの程度進んでいるのであろうか。

4　移民の「社会的統合」

　EUの統計では、2013年にEU27カ国の外国籍居住者は3292万人であるが、うちEU加盟国以外の国籍保有者は2049万人になる。これはEU加盟国の人口比でいえば、それぞれ6.6パーセント、4.1パーセントである。しかし、国籍別の統計だけでは欧州の移民問題を理解することはできない。たとえば、

この国籍統計ではドイツにおける外国人居住者は769万人となっているが、数年前に話題になったのは、ドイツの約8200万人の人口のうち、移民、あるいは両親の双方ないし片方が移民である「移民の背景」をもつ住民が1500万人以上いることであった[15]。これは住民の約2割である。ロシア・東欧から祖先の地に戻ったドイツ人も含まれているが、その多くは人種的に多様である。ドイツの新国籍法では、長期居住者の帰化の要件が緩和されただけでなく、ドイツで生まれた外国人の子どもに自動的にドイツ国籍取得の権利が与えられることになったため、ドイツ国籍をもつドイツ人のなかにも「移民の背景をもった」ドイツ人が多数生まれているのである。

広大な海外領土を過去に領有し、移民に対する同化政策を長年にわたって継続してきた英国やフランスでも、「移民の背景」をもつ国民が多い。たとえ外国籍であっても、EU加盟国民（EU市民）であれば平等な取り扱いを受けるし、またEU非加盟国に国籍があっても長期に合法的に居住し、所得や資産のあるものはEU市民に準じた扱いを受けることができる。しかし、長期に滞在して地位を築いている「移民」第1世代でも、そのジュニア世代でも、多くの人が、差別されているという意識を持ち続けている。まして、「難民」などの新規に流入した「移民」の多くは、欧州の経済社会に入っていくための技能も言語能力も欠いていることが多く、その「社会的統合」はなおさら困難な課題である。

EUはEurostat、さらにOECDの協力のもとに、欧州および先進国における「移民」の社会的統合の成否をさまざまな統計指標を用いて示そうとしている（OECD/EU 2015）。そうした報告書が共通に指摘しているのは、彼らの労働市場への統合の不十分さとその結果としての貧困リスクの高さである。それは特に、「社会的統合」のターゲットである第3国（非EU加盟国）からの「移民」集団に著しい。

図5-4は、EU各国での移民の失業率を自国民のそれと比較したものである。ここでは15歳から64歳の活動年齢をとって、外国籍の集団と当該国の

図5-4　EUにおける移民の失業率（2012-13年）

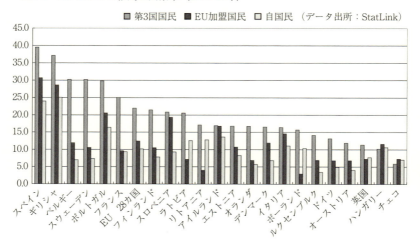

国民集団を比較しているが、欧州周辺の途上国が主になっている第3国国民の失業率はEU全体では22.0パーセントでEU国民の12.4パーセント、自国民の10.2パーセントよりも10パーセント以上高い。

　就業している場合も、不安定な職種や単純労働の職種の割合が高く、所得は低い。高学歴移民の自国民高学歴者との就業格差は低学歴者以上に大きく、その結果、過剰学歴型の就業がおこる傾向がある。また、文化・生活習慣的な要因もあって、第3国移民女性の労働参加率が顕著に低い。これらは移民の労働市場への統合が十分でないことを示すものであるが、その結果、とくに第3国移民が貧困にさらされる確率が顕著に高くなっている[16]。

　移民第2世代については、Eurostatの調査報告は、第1世代が克服できなかったいくつかの不利が軽減されるか克服されているとしている。しかし、両親の一方だけが移民である移民第2世代の好成績に比べて、両親の双方ともが移民である第2世代ではかなりの不利が残っている。移民第2世代は、後期中等教育を終えずに学校を離れる割合が全般的に高い。移民第2世代の労働市場への参加率は自国同世代と大差はないものの、失業のリスクは

図5-5　差別されている集団に属していると言明する割合（2002-12）

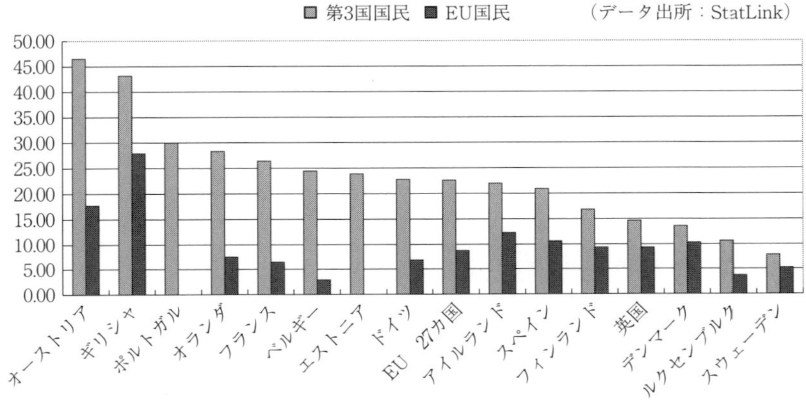
第3国国民
EU国民
（データ出所：StatLink）
50.00
45.00
40.00
35.00
30.00
25.00
20.00
15.00
10.00
5.00
0.00
オーストリア
ギリシャ
ポルトガル
オランダ
フランス
ベルギー
エストニア
ドイツ
EU　27カ国
アイルランド
スペイン
フィンランド
英国
デンマーク
ルクセンブルク
スウェーデン

後者よりも高い[17]。

EU/OECD の研究グループは、移民たちが差別あるいは社会的排除を受けている集団に属しているという被差別意識をどれだけの割合でもっているかについてのデータもまとめている（図５-５ OECD/EU 2015：273)。それによれば、ギリシャを除いてはEU 国籍移民の被差別意識は10パーセント以下に下がっているが、第３国籍移民は、その20パーセント以上が自分たちは人種的・国籍的な理由で差別や社会的排除を受けていると考えている。ドイツでは被差別意識者の割合はEU 平均とほぼ同じであるが、オランダとフランスではその率が25パーセント以上になっている。これは2012年以前の数値であるから、その後の反移民の高まりのなかで、この率はおそらく、より上昇していることであろう。

5　地域の統合と人の統合

第２次大戦後の欧州統合の歴史的過程は、国家および地域の統合の過程であると同時に人の統合の過程でもあった。そこには欧州の中心国の産業が周辺国および政治的影響下にある国の人的資源を吸引するという経済的要因と

ともに、周辺国の政治情勢・治安状態による人的移動という政治的要因が働いていた。

　戦後の欧州には、東欧の共産主義化、南欧の独裁政権の圧迫、植民地の独立などによって多数の政治的な移民が生まれていた。それに加えて、欧州中心国が経済繁栄にいたった1960年代には、欧州周辺国から旧西ドイツ等の欧州先進国に向かう大量の「移民労働者」（ガストアルバイター）の波が生まれたが、彼らの定住や社会的統合は想定されていなかった。1970年代の第１次石油危機とともに欧州中心国で失業率が高まると「移民労働者」の新たな流入のドアは閉ざされたが、すでに入国している「移民労働者」を強制帰国させることはできなかった。先進国内にとどまった彼らは、滞在国での実績を生み出しながら家族をよびよせ、第２世代を育てながら独自の文化的集団を維持した。彼らが大戦後欧州の「移民」のいわば第１世代であり、現在ではその２世、３世がこの集団の中心になっている[18]。

　その後、東欧の共産主義体制の崩壊、旧ユーゴスラヴィアの内戦・解体、コソボ紛争が欧州中心部への多くの移住者や難民流入を生み出した。また、EUの拡大は、中心国の資本と周辺国の労働資源との結合を意味した。資本が加盟周辺国に向かうだけでなく、かつての出稼ぎ国ギリシャ、スペイン、ポルトガル、さらに１ステップ遅れてポーランド、ルーマニア、ブルガリアらの東欧加盟国からの労働移動が欧州中心国の労働需要にこたえた。欧州地域政策が「結束政策」として定義しなおされ、その新しい拡充発展がはかられたのは、この広域自由市場の創設に対応したものであった。

　欧州先進国は高技能人材を求めて「選択的移民政策」を採用するようになった。しかし、広域市場圏での競争強化による経済成長というEUの発展戦略に呼応したのは、域内新加盟国の労働者だけではなかった。EU域内でそれぞれの地域に定住している住民以上に流動性の高い労働者がEU域境の付近に大量に存在していた。従来からの移民送り出し国であったトルコやモロッコ、アルジェリアからの流入だけでなく、政情不安なウクライナ、コソボ、アルバニアから、半分「難民」状態での流入があった。さらにアフガニ

スタン、イラク、シリアの中東難民、ソマリア、エリトリア、ナイジェリアなどのアフリカ難民の流入がいまも続いている。これが現在問題になっている（第3国からの）「新しい移民」である。加盟各国およびEUは移民・難民の入国管理と社会的統合に腐心してきたが、現在は難民問題を中心としたその急増局面に立ち会っているのである。

欧州中心国への「移民」送り出し国がEU加盟国と第3国へ分かれたこと、また1960-70年代の「移民」によって欧州社会内に文化を異にした「平行社会」と呼ばれる定住集団が成立したことと、1990年代以降の新しい移民の波を考慮すると、欧州の移民・難民の「社会的統合」について表5-2のような配置が描けるであろう。

欧州の移民・難民問題についてのこれまでの考察を念頭におきながら、欧州各国の移民統計によって欧州の人的・地域的構造を瞥見してみよう。表5-3は国連の人口局の最新のデータベースから欧州主要国と周辺国・前線国における「移民ストック」を抜き出したものである。「移民ストック」というのは、現在の居住国と出生国が異なる移住者数という意味で、外国籍保有者の数ではない。たとえば、この表でドイツについて見ると、ロシアおよびカザフスタンからの移住者がそれぞれ100万人程度いることになっているが、そのほとんどは旧ソ連に長年住んでいた民族ドイツ人（ヴォルガ・ドイツ人）でドイツ国籍を移住後に与えられている。

表5-2 欧州における移民・難民問題の構図

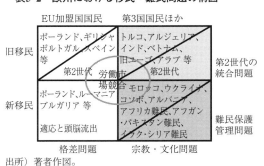

出所）著者作図。

表5-3からわかることは、各国の移民ストックの構造が、もちろん地理的近接性も無視できないにせよ、いくつかの歴史的・政治経済的要因の複合によって形成されていることである。その要因としては、第1には1990年以降の東欧の体制変動による影響、第2には旧植民地とその保有国との歴史的紐帯による影響、第3には欧州内・欧州外からの労働移民型の移住の影響、そして第4には庇護あるいはそれに準じる保護が与えられる難民受け入れの影響をあげることができる。

　たとえば、ドイツを例にとれば、第1の東欧要因と第3の経済的要因の影響が大きいことがみてとれる。第4の難民要因も近年増加していて、10位以下には多くの難民送出国が並んでいる。それに対して、フランスとイギリスでは、第2要因にあたる旧植民地国からの移住者が多い。前者におけるアルジェリア、モロッコ、チュニジアからの移民、後者のインド、パキスタン、バングラデシュ、ナイジェリアからの移民である。スリナム、インドネシアからの移住者の多いオランダにも同様な傾向がある。それに対して、スウェーデンの場合には近隣国要因もみられるが、イラク、イラン、ソマリア、ボスニア＝ヘルツェコビナからの難民受け入れ（第4要因）が大きな割合を占めている。イタリアについてはアドリア海をへだてた近隣バルカン諸国の体制変動の影響がみてとれる。もちろん、これらの要因すべての基礎には経済的な吸引要因が存在していて、ポーランド、トルコ、ポルトガルからの移住者の欧州全域的な進出にそれがあらわれている。

　それに対してEU内外の周辺国の代表として、ポーランド、ハンガリー、ギリシャ、トルコの4カ国の移民ストック構成も示している。これらの国は移民については出超国で、移民受け入れについての制度整備に欠けていたと思われる。前2国では東欧変動の要因、後2国では近隣バルカン諸国の要因が見て取れるが、トルコでのシリア難民約160万人の存在が突出している。

　こうした移民構成にあらわれた欧州の歴史的地域構造に、前節でみたような社会的統合における格差構造が結びつく。すでに説明したように、帰化して国籍を獲得した者から、非合法に入国して取り締まりから逃げ回っている

第5章 移民・難民問題に反映した欧州の内外地域構造　211

表5-3 欧州主要国における移民ストック*（2015年央）

地域・国		住民全数	1位	2位	3位	4位	5位	6位	7位	8位	9位	10位
欧州（全域）		76,145,954	ロシア 6,061,929	ウクライナ 4,707,315	カザフスタン 3,953,424	ポーランド 3,627,719	ルーマニア 2,988,557	トルコ 2,779,279	モロッコ 2,507,560	ドイツ 2,372,365	イタリア 1,672,250	アルジェリア 1,579,319
EU先進国												
ドイツ	同実数	12,005,690	ポーランド 1,930,136	ウクライナ 1,655,996	ロシア 1,080,503	カザフスタン 1,016,844	ルーマニア 590,189	チェコ 543,527	イタリア 414,476	ウクライナ 261,147	オーストリア 257,583	ギリシャ 215,059
イギリス	同実数	8,543,120	インド 776,603	トルコ 703,050	パキスタン 540,495	アイルランド 503,288	ドイツ 322,220	ハンガリー 230,143	ナイジェリア 216,268	米合衆国 212,150	ジャマイカ 172,829	イタリア 151,790
フランス	同実数	7,784,418	アルジェリア 1,430,656	モロッコ 926,466	ポルトガル 713,158	チュニジア 389,598	イタリー 367,593	スペイン 304,423	トルコ 297,435	ドイツ 233,627	ギリシャ 185,344	ベルギー 153,220
イタリア	同実数	5,788,875	ルーマニア 1,021,613	アルバニア 447,586	モロッコ 425,238	スイス 198,170	前ユーゴ 73,033	スリランカ 85,093	セネガル 84,815	フィリピン 143,457	モルドヴァ 166,819	ポーランド 127,507
オランダ	同実数	1,979,486	トルコ 199,551	スリナム 186,783	モロッコ 172,291	インドネシア 132,159	ドイツ 123,273	ポーランド 98,435	ロシア 56,841	中国 62,708	ベルギー 54,038	イギリス 49,549
スウェーデン	同実数	1,639,771	フィンランド 182,067	イラク 133,118	ポーランド 83,542	イラン 69,981	シリア 69,199	ソマリア 59,213	ボスニア=ヘルツェゴビナ 58,553	ドイツ 50,477	トルコ 47,186	デンマーク 43,331
周辺国・前藩国												
ポーランド	同実数	619,403	ウクライナ 206,518	ドイツ 76,313	ベラルーシ 75,926	リトアニア 50,444	ロシア 38,146	イギリス 34,545	フランス 26,120	米合衆国 13,671	イタリア 9,935	アイルランド 7,592
ハンガリー	同実数	449,632	ルーマニア 204,603	セルビア 38,724	ウクライナ 34,369	ドイツ 30,123	スロバキア 21,927	中国 11,449	オーストリア 9,044	ブルガリア 8,768	イタリア 4,464	フランス 4,047
ギリシャ	同実数	1,242,514	アルバニア 437,356	ドイツ 114,348	グルジア 83,388	ブルガリア 72,893	ロシア 54,192	ルーマニア 46,193	トルコ 33,489	オーストラリア 20,224	米合衆国 22,839	イギリス 17,879
トルコ	同実数	2,964,916	シリア 1,568,494	ブルガリア 482,851	ドイツ 274,691	前ユーゴ 144,544	ギリシャ 59,464	イラク 22,392	オランダ 21,913	ルーマニア 20,822	ロシア 19,944	イギリス 18,992

*出生国が居住国と異なる移住者数。記載国は本論の関心によって選ばれている。データの出所は、国連人口問題データベース2016年版（POP/DB/MIG/Stock/Rev.2015）による

者に至るまで「移民」の地位にはいくつかの段階がある。また、「社会的統合」の成否にも、部分的な成功から完全な失敗までの段階がある。移民の増加と難民の流入とともに、イスラム過激派のテロ行為の出現によって移民・難民に対する反感が増大した。移民・難民の側でも以前からひきずっている被差別・被排除意識が高まっていることであろう。

　欧州の中心部に位置する先進国は、それぞれに欧州周辺国、および欧州域外に勢力をはってその繁栄をささえてきた。各国ごとの移民・難民の出身国の構成は、当該国の過去から現在に至る外部との結合関係を反映している。欧州社会の内部で、「移民」は法的地位および実質的な社会参加、そして垂直的な社会構造のなかで各段階にもわたる階層をなして存在している。移民の存在構造は、欧州およびEUが形成してきた周辺および外部に位置する地域・国家との関係を反映している。2015年の欧州難民危機は、欧州中心国と域内周辺国との対立を露呈しただけでなく、文化的対立を含む反移民感情の高まりと連動し、英国のEU離脱の影響しだいで欧州統合のプロジェクトの挫折も生みかねない事態に至っている。移民・難民問題ほど、地域統合は人の統合でもあるという当然の事実を痛感させる問題はない。

注
1）高橋・石田編（2016）を参照。
2）本書序章の補論2を参照。
3）近藤（2007）、昔農（2014）参照。
4）2015年の庇護申請者数の受入国住民人口の比率は、ドイツが0.54パーセントであるのに対して、人口小国であるスウェーデンでは1.60パーセントになった。なおハンガリーは1.77パーセント、オーストリアは1.00パーセントである。（表5-1）
5）シェンゲン圏の創設が国境管理・治安協力などの実務面における十分な制度設計なしに行われたことについて岡部編（2016）第3章を参照されたい。また、福田編（2016）第6章、第7章も有益である。
6）European Commission - Press release, 4 May 2016, "Towards a sustainable and fair Common European Asylum System".
7）EUが推進しようとしている「再入国協定」を含む難民締め出しおよび管理政策の実態とその非人道性については、森・ルバイ編（2014）の諸章を参照されたい。
8）2016年第1四半期のEU初回庇護申請者数は28万7100人で、前年第4四半期のピーク42万6000人を33パーセント下回った。（Eurostat Newsrelease 120/2016, 16 June 2016）

9）国連人口局の国際移民趨勢統計（Table 6, POP/DB/MIG/Stock/Rev.2015）による。
10）EU トルコ間の合意のもとにとられた密航阻止の措置によって、2016年 4 月にギリシャに到着した難民の数は前月比で 9 割減の2700人に減少した。（2016年 5 月13日のFRONTEX のプレスリリース）
11）2016年 5 月 5 日14時 9 分、AFP 配信（YAHOO ニュース）。
12）European Commission – Press release. 5 November 2015, "Autumn 2015 Economic Forecast".
13）European Commission, *European Economic Forecast* – Autumn 2015, pp.48-52.
14）以下では、労働政策研究・研修機構（2006）第 6 章「欧州連合の共通移民政策」、和喜田（2009）、土谷（2009）、を参照している。
15）近藤（2007）第 1 章参照。
16）EU は世帯所得が各国平均の60％以下を「貧困世帯」としているが、EU28ヵ国（2012年）の16歳以上の移民の「貧困世帯」への所属率（貧困率）は29.6％で自国生まれの（16歳以上）16.3％の1.8倍になっている。（OECD/EU 2015, pp.22, 165）
17）Eurostat（2011）, p.21.
18）1970年代、1980年代はこの移民集団を念頭においた移民政策の反省のなかから、市民権の国民的排他性を否定する見解が誕生した。宮島（2016）参照。

参照文献・サイト
岡部みどり編（2016）『人の国際移動と EU』法律文化社。
近藤潤三（2007）『移民国としてのドイツ』木鐸社。
昔農英明（2014）『「移民国家」ドイツの難民庇護政策』慶応義塾大学出版会。
高橋進・石田徹編（2016）『「再国民化」に揺らぐヨーロッパ』法律文化社。
土谷岳史（2009）「欧州共通移民政策の展開」『高崎経済大学論集』52（3）。
中坂恵美子（2010）『難民問題と「連帯」── EU のダブリン・システムと地域保護プログラム』東信堂。
福田耕治編（2016）『EU の連帯とリスクガバナンス』成文堂。
宮島喬（2016）『現代ヨーロッパと移民問題の原点』明石書店。
森千香子/エレン・ルバイ編（2014）『国境政策のパラドクス』勁草書房。
労働政策研究・研修機構（2006）『欧州における外国人労働者受入れ制度と社会統合』（労働政策研究報告書 No.59）。
和喜多裕一（2009）「EU における共通移民政策の現状と課題」『立法と調査』293号。
European Commission（2015）*European Economic Forecast* – Autumn 2015.
Eurostat（2011）*Migrants in Europe: A Statistical Portrait of the First and the Second Generation*, Brussel: Eurostat, 2011.
Thomas Huddleston, Jean Niessen, and Jasper Dag Tjaden（2013）*Using EU Indicators of Immigrant Integration*, European Commission, Brussels, 2013.
OECD/EU（2015）*Indicators of Immigrant Integration 2015, Settling In*.
（www.oecd.org/els/mig/indicators-of-immigrant-integration-2015.pdf）
United Nations Population Division（2015）*Trends in International Migrant Stock, The 2015 Revision*, CD-Rom Database.

ほかに、Eurostat, European Commission, OECD（StatLink）のサイト、Wikipedia「2015年欧州難民危機」（日本語版、英語版、ドイツ語版）2016年5月閲覧。

第 2 部　地域を基礎にした政策の進化

第6章
欧州地域間協力の歴史と新基軸

清水耕一

1 共同体イニシアチブ Interreg から欧州地域間協力へ

　本章の目的は、1989年から2015年の期間における地域間協力の進化を説明するともに、2014-2020年期の欧州地域間協力の発展を展望することにある。
　欧州における越境地域間協力は第2次世界大戦後の地域や都市のイニシアチブに由来し、1958年にドイツ・オランダ国境地帯に設置された恒久的越境地域間協力機関エウレギオ（Euregio）がその起源であると言える（ディマルチノ 2007）。しかし、欧州共同体自身が域内地域間協力を促進するようになるのは、第1部第3章で触れられているように、単一欧州議定書調印後の1988年に構造基金改革が行われ、結束政策が開始されたことによってであった。EUの地域政策（結束政策）は、域内の地域間格差の解消および低開発地域の開発とともに、域内国境という障害を取り除いて越境地域空間の経済的社会的統合と結束を進め、実質的な意味における「EU市民」の創出をも目指している（若森他 2007）。1989年以後に実施されてきた結束政策は、欧州委員会が定めた優先目標に対して加盟国のイニシアチブによって提案され実施されるプログラムと、欧州委員会のイニシアチブによって定められた共同体イニシアチブ・プログラムの2本立てで展開され、共同体イニシアチブの1つである地域間協力プログラム（Interreg 等）においてマルチレベル・ガバナンスを特徴とする越境地域間協力が進められてきた。もちろん、構造基金の支援の大部分は前者の優先目標プログラムに向けられ、地域間協力プ

ログラムは予算規模からすれば小さなプログラムであった。しかし、1989年に開始された共同体イニシアチブ Interreg プログラムは次第にその重要性が認識されるようになり、2007-2013年期には結束政策の目標3「欧州地域間協力」(European territorial cooperation：ETC) として優先目標に格上げされ、2014-2020年期の結束政策においても目標2「欧州地域間協力」として実施されている。

よって本章は、まず第2節において、1990-1993年の Interreg I から2007-2013年期の Interreg IV（目標3「欧州地域間協力」）までの EU 地域間協力プログラムの進化を説明し、第3節において、2014-2020年期の Interreg V および地域間協力の担い手として期待される欧州地域間協力団体 (EGTC) の実態を紹介する。

なお、本章において言及する地域・地方については、一般的な意味の地域・地方と行政単位としての地域圏とその下位の地方自治体を意味する地方が混在しているが、行政単位としての地域・地方はフランスの越境地域間協力支援機関である MOT (Mission opérationnelle transfrontalière) の示すフランスとその隣接諸国の地域圏・地方自治体の対応関係（表6-1）のように理解し、地域圏・地方自治体と表現する。

また本章は清水（2016）の要約版に2012-2015年における展開および追加資料をもとに加筆修正したものであり、2011年までの詳細については同論文を参照されたい。

表6-1 フランスと隣接諸国との間の地域圏・地方自治体の対応関係

国家	地方自治体 (Local authorities)		地域圏 (Regional authorities)
	基礎自治体	中間自治体	
ドイツ	Gemeinden (13,854)	Kreise (323)	Länder (16)
フランス	Communes (36,565)	Départements (96)	Régions (22)
連合王国	5類型の基礎自治体	Counties (34) + GLA	Regions, Scottland, Walles, N-Irland
イタリア	Comuni (8,100)	Provincie (103)	Regioni (20)
スペイン	Municipios (8,106)	Provincias (50)	Comunidades autonomas (17)
ベルギー	Communes (586)	Provinces (10)	Régions (3) + Communautés (3)
スイス	Communes (2,904)	Cantons (26)	
ルクセンブルク	Communes (118)		
アンドラ	Parròquies (7)		
モナコ	Commune (1)		

出所) MOT (2010)
注) 連合王国の基礎自治体は、イングランドのCounty内の238地方区 (Rulal Districts)、100単一自治体 (Unitary Authorities でイングランドに46、ウェールズに22、スコットランドに32)、イングランドの36都市区 (Metropolitan Districts)、33ロンドン特別区 (Boroughs)、そして北アイルランドの26区である。

2 欧州地域間協力 (Interreg) の進化

　欧州地域間協力は1988年の構造基金改革によって共同体イニシアチブのInterregプログラムとして開始され、1990-1993年期、1994-1999年期、2000-2006年期を通じて徐々に拡大し、2007-2013年期には共同体イニシアチブから結束政策の目標3「欧州地域間協力」、2014-2020年期の結束政策では目標2「欧州地域間協力」として展開されるようになった（表6-2）。以下本節ではこの4期にわたるInterregプログラムの進化をフォローした後に、2000-2006年のInterreg IIIの事後評価報告書（Panteia 2010）の示す事業の主要成果を紹介することにする。

　なお、表6-2において、1988-1993年期のREGEN（目標1地域のエネルギー供給網・交通網整備）は第2期InterregではInterreg IIBとして進め

表6-2 欧州地域間協力（Interreg）プログラムの進化

	1988-1993年	1994-1999年	2000-2006年	2007-2013年	2014-2020年
	共同体イニシアチブ			EU結束政策	
	Interreg I	Interreg II	Interreg III	目標3（ETC）	目標2（ETC）
CBC	1988-89 パイロットP	Interreg IIA	Interreg IIIA	Interreg IVA'	Interreg VA
	1990-93 Interreg I				
	REGEN	Interreg IIB（エネルギー・交通網）			
TNC		Interreg IIC	Interreg IIIB	Interreg IVB	Interreg VB
IRC	域内地域間協力		Interreg IIIC	Interreg IVC	Interreg VC
	"Exchange of Experience"・PACTE (1989-95)				
	PACTE1 (1991-95)	PACTE2 (1996-99)			
	対域外地域間協力				
	パイロットP ECOS & OUVERTURE (1991-93)	ECOS-OUVERTURE I&2			
		Study Progr. on European Spatial Planning (1998-2000)	ESPON (European Spatial Planning Observation Network)	ESPON	ESPON
		LACE (technical assistance for CBC)	INTERACT	INTERACT	INTERACT

出所）Panteia (2010), p.24（清水(2016)表4の再掲）。

注）CBC :cross border cooperation（国境隣接地域の越境地域間協力）; TNS :transnational cooperation（複数の国にまたがるマクロリージョンの地域間協力）; IRC :interregional cooperation（EU内広域地域間協力）である。

られたが、第3期 Interreg において廃止され、第2期の Interreg IIC が第3期の Interreg IIIB になった。また第1期・第2期の Exchange of Experience（各地域の実践に関する情報交換）、PACTE（フランスとベル

ギーの国境地域の協力プログラム）、RECITE（Regions and Cities for Europe）プログラム、域外隣接地域との越境地域間協力プログラム（ECOS [European Cities Cooperation System] - Ouverture）は第3期にはInterreg IIIC に整理統合された。こうして2000-2006年期のInterreg III 以後の地域間協力は、国境隣接地域の越境地域間協力（cross border cooperation: CBC）であるA、複数国にまたがる広域（マクロリージョン）の地域間協力（transnational cooperation: TNC）であるB、そして大域間（Interreg IIICはEUを東西南北に4分割）あるいはEU全域内（Interreg IVC、Interreg VC）の地域間協力（interregional cooperation: IRC）であるCという3分野で構成されるようになった。以上の地域間協力事業に加えて、CBC、TNC、IRCをサポートする機関がInterreg II 期の試行を経て、Interreg III 期以降、ESPONおよびINTERACTとして設置・維持され、その事業費はCの予算に計上されている。以下で、CBC、TNC、IRCによって構成されるEUの地域間協力事業の進化を簡潔に説明することにする（詳しくは若森他2007；清水2010；清水2016）。

2.1　Interreg I：1990-1993年

　Interregプログラムは、1989年に14のパイロット・プログラムが試行された後、1990年に、欧州委員会が結束政策の優先目標非対象NUTS 3地域に対するERDFからの財政的支援を行うために制度化された[1]。Interregプログラム立ち上げの目的は、①孤立状態を原因とする域内国境地域の諸問題の解決を支援する、②域内国境を挟む地域行政間の協力関係および地域間協力ネットワークを発展させ、ネットワーク間の接合と広範囲の共同体ネットワークを確立する、③域外との国境地域において市場統合に備えるとともに、これらの地域と域外諸国との協力の可能性を追求する、ということであった（DG for Regional Policy 1990）。そして各地域の実施プログラムの作成と実施に関して欧州委員会が重視したのは、越境地域間プログラムを共同で立案すること、越境地域における公的機関・民間団体・ボランティア団体の間の

関係を改善すること、共同の機関を設置することによって越境地域間協力を推進・強化することであった (*ibid.*)。

最初のInterregプログラムの期間は1990-1993年であったが、開始されたのは1990年7月であり、実施プログラムの提出期限も1991年10月であったことから実際のプログラム実施期間は短かった。構造基金からの支援額も小さく、10.82億エキュであり、プログラム経費に対する構造基金の負担割合は結束政策の目標1「低開発地域の開発促進」の対象地域（1人当たりGDPが共同体平均の75パーセント未満のNUTS 2地域）におけるプログラムの場合は75パーセント、その他地域では50パーセントが上限とされていた（残りは対象地域が負担）。

越境地域間協力（CBC）プログラムの事業として採用されうる主要なテーマ（優先事項）は、中小企業支援、観光業・アグリツーリズムの発展、地方レベルにおける水・ガス・電気・テレコミュニケーションサービスの供給、農村開発、公害対策、交通インフラの整備および越境交通手段の整備、高等教育機関・研究機関の間の越境協力の促進、職能養成および雇用機会の創出、経済的社会的交流の促進であった。この第1期Interregでは31の実施プログラム、2500以上のプロジェクトが採用され、実施されている。ただし、計画期間が短く、またエウレギオなどの先進地域を除けばほとんどの地域において初めての越境地域間協力プログラムであったという事情もあって、この時期のプロジェクトの多くは具体的な越境地域間協力の計画を進める前段階ともいえる調査研究にとどまり、本格的な協力事業が展開され始めるのはInterreg IIからである。

このInterreg I期間中の1992年にはマーストリヒト条約が批准され、補完性原則が導入されるとともに地域委員会が設置されたことで、マルチレベル・ガバナンスへの道筋がつけられた。すなわち、EECの伝統的な超国家的決定プロセスに代わって、結束政策やInterregプログラムについて地域圏や地方自治体が地域委員会を通じて欧州委員会の決定過程に一定程度参画できるようになった。こうして、Interregはマルチレベル・ガバナンスに向

かって歩み始め、構造基金の支援額も必ずしも加盟国に配分する必要は無く、たとえば「ユーロリージョン」(Euroregion) やエウレギオといった越境地域間協力組織に直接配分することも可能になった。しかし、EU、国家、地域・地方の関係は各国における中央集権化・分権化の程度によって異なり（清水 2010）、Interreg I の時点で（そして Interreg IV の時点においても）構造基金が地域や地方、さらには越境地域間協力組織に直接配分されることは例外に留まった。

　Interreg I 期には、Interreg 以外の地域間協力関係の共同体イニシアチブとして REGEN（目標 1 地域のエネルギー供給・交通網整備プログラム）、域内地域間協力（地域の経験に関する大地域間での情報交換と PACTE）、RECITE が実施され、対域外関係についてもベルリンの壁の崩壊直後に開始された中・東欧地域と域内地域との協力プログラム（ECOS-Ouverture）が実施されている。これらは Interreg II 期にも継続され、Interreg IIIC プログラムに統合されることになる。

2.2　Interreg II：1994-1999年

　第 2 期の Interreg プログラムは、越境地域間協力（CBC）に諸国横断的地域間協力（TNC）が加えられ、CBC を Interreg IIA、TNC を Interreg IIB として開始された。ただし、Interreg IIB は前期の共同体イニシアチブ REGEN を継承するもので、ギリシャ国内、ギリシャ・イタリア間、スペイン・ポルトガル間のエネルギー・ネットワークの拡充・統合事業に対する支援であった。1997年には新たに欧州空間開発構想（European Spatial Development Perspective：ESDP）[2]に従った広域の地域計画と水資源管理を目的とした TNC である Interreg IIC が追加された。これは洪水対策プログラム（2 プログラム）、干ばつ対策プログラム（4 プログラム）、およびパイロット・プログラムから成っている（全259プロジェクト）。この Interreg IIB は Interreg III 期には廃止されて、Interreg IIC が Interreg IIIB として継続されていくことになった。またこの時期には、地域間協力のサポートの

ために欧州スペーシャル・プラニング研究プログラムおよび LACE（CBCサポート機関）が設置されるとともに、非 EU 国との CBC プログラムとして1994年に PHARE-CBC、1996年に TACIS-CBC[3]）が開始されている。

他方、CBC である Interreg IIA は、孤立状態の解消、生産構造の改善、生活の質向上、協力関係の深化という4つの優先的取り組み事項を定め、各優先事項のもとにサブテーマとして事業テーマを示した（表6-3）。Interreg IIA プログラムは域内の国境地域のすべてにおいて実施され（全35プログラム）、域外国境地域におけるプログラムも多く展開された（24プログラム）。

Interreg II の Interreg 事業については事後評価報告書（LRDP 2003）が以下の3種類のベスト・プラクティスを挙げている。第1は、越境地域間協力に関する戦略的展開とプログラム管理機構・手続きの点で成功していると考えられるプログラムで、オランダ・ドイツ国境地域の5つのユーロリージョン（エムス・ドラルト・レギオン、エウレギオ、エウレギオ・ラインバール、エウレギオ・ラインマースノルト、エウレギオ・マースライン）である（cf., ディマルチノ 2007）。第2は、プロジェクト・レベルの成功例であり、ベルギー・フランス・イギリス国境地域の観光プロジェクト（全75プロジェクト）、デンマーク・スウェーデン・フィンランド・ノルウェー国境地域の事業開発・中小企業間協力（エーレスンド地域のメディコンバレー等）、ス

表6-3　Interreg IIA の優先事項と事業テーマ

優先事項	孤立状態の解消	生産構造の改善	生活の質の向上	協力関係の深化
事業テーマ	①越境交通網 ②エネルギー・テレコム・公共事業の越境サービス網	①越境地域の事業活動・経済発展・中小企業強化 ②越境地域のR&D・イノベーション能力の強化 ③農業・農村の開発と観光促進 ④国境を跨がる教育・職能養成と労働市場の発展	①越境医療・緊急医療・ソーシャルサービスの提供 ②越境地域の自然環境の改善 ③国境を越えた文化交流・メディア配信	①プログラム全体での戦略的協力（共同決定、共同運営・管理、共同のプロジェクト選定、インフォーマルな協力関係） ②プロジェクト・レベルにおける協力（越境地域における市民、実業界、公的諸機関の間の協力関係の深化）

出所）LRDP（2003）に基づいて作成（清水［2016］の表5の再掲）。

ペイン・フランス国境地域の教育・職能訓練・越境労働市場に関する協力プロジェクト、オーストリアの域外（中欧）国境地域における自然環境・資源プロジェクト、フランス・イタリア・スイス国境地域における文化メディア・プロジェクト、越境インフラストラクチャー（主に交通網整備）に関するギリシャの域外国境地域における道路網の整備、ドイツ・ザクセン州とポーランドおよびチェコとの国境地域における交通網の整備、スペイン・ポルトガル国境地域における交通網整備等のプロジェクトである。そして第3は、複数の国のNUTS2地域間に跨がる広域の「マクロリージョン」（現在の表現に倣ってTNCの対象となる広域地域をマクロリージョンと呼ぶ[4]）における地域間協力（TNC）プログラム策定プロセスのモデルとしてのInterreg IICのパイロット・プロジェクトNORVISION（北海地域スペーシャルヴィジョンであり、ドイツ、デンマーク、オランダ、イギリス、スウェーデンおよびノルウェーが参加）であった。

ただし、Interregの目的とも言える国境地域の孤立状態の解消と協力関係の深化については、Interreg II プログラム終了時における状況は表6-4のごとくであり、Interreg II プログラムの実施によって孤立状態や協力関係の

表6-4 国境地域における孤立状態と協力関係（1999年時点）

		孤立状態		
		高	中	低
協力関係	薄	ギリシャ・イタリア・バルカン諸国国境、ドイツ・加盟候補国国境	スペイン・ポルトガル、フランス南西部国境、フランス南東部・イタリア・スイス国境、オーストリア・イタリア・加盟候補国国境	
	中		UK・アイルランド国境	UK・フランス・ベルギー国境
	密		スウェーデン・ノルウェー・フィンランド・デンマーク・バルティック国境、スウェーデン・フィンランド・ノルウェー・ロシア・エストニア国境	フランス北東部・ドイツ・ベルギー・オランダ・ルクセンブルク・スイス国境、ドイツ・ベルギー・オランダ国境、デンマーク・ドイツ・オーストリア・スイス国境

出所）LRDP（2003）に基づいて作成（清水［2016］の表6の再掲）。

改善は見られるものの、ポジションを変えるほどの成果は上がっていなかった。Interreg 開始以前に相対的に孤立状態が低く、協力関係も密であった地域を除けば、孤立状態の解消と協力関係の深化を飛躍的に進めることは困難であった。しかも事後評価報告書は、プログラムおよびプロジェクトが真に共同で作成・運営されたものは全体の3分の1程度であり、これらはすべてプログラム開始以前に孤立状態が低く、協力関係も密な地域におけるものであったことを指摘している。EC 委員会もまたベストプラクティスに示されているユーロリージョンのような緊密な協力関係の存在は「一般的というよりも例外的」であると指摘していた。実質的な CBC 事業は少なく、構造基金からの資金援助を受けるために形ばかりの CBC プロジェクトを作成して、実際には国境の両側で基金を分け合って別々に開発事業を進めるパラレル・プロジェクト（parallel projects）が多かったのである（C(2000)1101；LRDP 2003；若森他 2007[5]））。

2.3　Interreg III：2000-2006年

2000-2006年期の Interreg III プログラムには Interreg II の経験をもとに大幅な変更が加えられた。第1に、Interreg プログラムは3つの分野のプログラム、すなわち Interreg IIIA（CBC）、Interreg IIIB（TNC）、Interreg IIIC（IRC）で構成されるようになった[6]。最大の Interreg 基金を使用する Interreg IIIA は域内外の国境隣接 NUTS 3地域間の協力プログラムであり、1国境1プログラムを原則とした。Interreg IIIB は少なくとも3カ国の政府、地域圏・地方自治体、準公的アクターや民間アクターが参加する NUTS 2地域間の協力プログラムである。Interreg IIIC は、EU を東西南北の4大地域に分割し、この大地域間での地域開発に関する情報交換、経験の共有化を行って地域間協力や結束政策に貢献しようとするプログラムである。第2に、プログラムのガバナンス様式が改革・整備され、各地域の CBC・TNC プログラムは以下の5原則に従って計画・実施されなければならないことになった。すなわち、①関係地域の共同の戦略・開発プログラム

であること、②関係自治体および経済社会パートナーをも含むパートナーシップとボトムアップ・アプローチに基づいて作成されること、③構造基金の主要目標と補完的であること、④ Interreg III に使用される欧州基金は ERDF、EAGGF、ESF、FIFG であり、より統合されたアプローチによって作成すること、⑤域外国境地域では将来の EU 拡大を考慮して Interreg III と他の共同体イニシアチブ（PHARE、ISPA、TACIS、MEDA、EDF）との間の調整を行うこと、である。

　この第 3 期の Interreg IIIA プログラムの優先的テーマは、リスボン戦略・ヨーテボリ戦略を指針とした 8 テーマ、すなわち、①都市・農村・沿岸部の開発促進、②起業家精神の奨励と観光業を含む中小企業の発展、および地域雇用の創出、③労働市場の統合と社会的包摂の促進、④生産性の向上と安定的な職種の創出に貢献する研究・技術開発・教育・文化・コミュニケーション・医療の分野における人的資源と施設の共同利用、⑤地球および地域の環境保護、エネルギー効率の向上、再生可能エネルギー源の開発、⑥輸送の改善（環境フレンドリーな輸送手段建設等）、情報・通信ネットワーク、公共サービスと水・エネルギー供給システムの改善、⑦経済発展と社会的結束を進めるための法・行政分野での協力、⑧経済発展と社会的結束を進める越境地域間協力のための人的・制度的能力の増強、である。Interreg IIIB プログラムの優先的テーマは、①多極的で持続的な成長を進めるための都市間・都市農村間協力を含む複数国に跨がる規模での実施可能な地域発展戦略を仕上げる、②効率的で持続可能な成長に貢献する輸送システムの促進と情報社会へのアクセスの改善、③文化遺産および自然資源（特に水資源）の環境整備と管理の改善、④海洋地域・島嶼地域の統合、超周辺地域における総合的な協力の推進、域外地域との隣人プログラム、である。Interreg IIIC プログラムのテーマは設定されていないが、事業分野は、①他地域の経験についての情報交換、②構造基金事業および他の地域開発プログラムの成果の横展開、③地域政策および政策手段の改善、④水平的 EU 政策への貢献、であった（Panteia 2010）。

また各地域の実施プログラムのガバナンスについては、プログラムの管理局（managing authority）、財務局（paying authority）、共同書記局（joint technical secretariat）、監査委員会（monitoring committee）が制度化された。管理局は共同書記局のサポートを得てプログラムの作成、プロジェクトのコーディネーション、プロジェクト実施報告書作成等の業務を行い、財務局は構造基金への資金交付の請求・領収とプロジェクトへの資金の支払い、収支決算書の作成を行い、共同書記局は各プロジェクトの実施状況のフォローおよびコーディネーションと管理局のための情報収集・書類作成を行なうものである。Interreg IIIA プログラムの場合、地域アクターによるプロジェクトの作成・実施をサポートする支援チームや作業部会等が設置され、プログラムがサブプログラムを含む場合には、サブプログラム毎に運営委員会が設置された。監査委員会は、欧州委員会代表（必要であれば欧州投資銀行代表を加える）、関係地域圏・地方自治体代表、関係国政府代表をメンバーとし、実施プログラムの承認、プロジェクト実施上の基準作成、実施プログラムの修正・監査および評価を担った（以上については若森他（2007）が詳しい）。

　実施されたプログラムはCBC 62プログラム、TNC 13プログラム、IRC 4プログラムであり、構造基金からの支援額の上限は結束政策の目標1「低開発地域の開発促進」対象地域では事業費の75パーセント、それ以外の地域は事業費の50パーセントであった。総事業費は93.6億ユーロ、そのうち構造基金からの支援額が56.2億ユーロ（総費用の60パーセント）であった。その内訳は、Interreg IIIA が64.6億ユーロ（構造基金からの支援は39億ユーロ）、Interreg IIIB が23.6億ユーロ（同上13.6億ユーロ）、そして ESPON と INTERACT を含む Interreg IIIC が5億3940万ユーロ（同上3億6450万ユーロ）であった（Panteia 2009）。この Interreg III 実施状況については事後評価報告書（Panteia 2010）が以下のような評価を与えている。

　Interreg IIIA においては予算制約のために8つの優先テーマのすべてに取り組んだ実施プログラムは半数程度であり、他は予算制約と地域事情に応

じて特定の項目に限定したプロジェクトを実施していた。実施されたプロジェクトには産業、観光・地域開発と雇用促進、R&D、教育・文化、コミュニケーション、医療・市民保護、市民と諸機関との協力に関係するものが多かった。ケーススタディーに基づく限り、IIIAプログラムには越境地域の持続可能な社会経済発展への直接的効果が認められる。物的インフラストラクチャーへの投資では、スペイン・ポルトガル間の公衆衛生ネットワークと下水処理施設の建設、アイルランド・北アイルランド間の再生可能エネルギー生産、パミナ・プログラムの越境自然公園（パミナ・ラインパーク）、アルペンライン・ボーデン湖・上部ライン・プログラムのボーデン湖水情報システムの設置、ポーランド・チェコ間の道路網建設、オーストリア・スロバキア間の架橋事業等の成果が得られた。しかしより重要であったのは非物質的な「ソフト・コーオペレーション」であった。すなわち、CBCによってクロスボーダー・ネットワークの組織、情報基盤の整備、独自な政策実現手法の開発、研究・政策・開発計画の策定等における国境隣接地域間の協力が進み、プログラム・レベルおよびプロジェクト・レベルにおいて地域間の相互認識と協力が深化し、組織的・個人的学習が進んだのである。ただしIIIA全57プログラム（データが提出されなかった5プログラムは除外）の61パーセント（35プログラム）の越境地域間協力は「良好（Good）」であったと評価されたが、残りの22プログラム（データを提出していない5プログラムを加えると27プログラムで全体の44パーセント）の越境地域間協力は期待されるレベルに達していないと評価された。しかもIIIAプログラムの共同管理を実施していたケースは全体の6パーセントにすぎず、この問題のために欧州委員会はEGTCを制度化することになる（第3節で説明）。

　Interreg IIIBについては、予算が小さいにも関わらず実施プログラムの多くが特定の優先的取組みテーマに限定しない広範囲に及ぶプログラムを策定し、目に見える成果を上げることができなかった。取り組まれた主要なテーマは、環境保護・文化資産・自然資産の管理、地域開発戦略、多極的発展の順に事業数が多かった。物的投資を含むプログラムの場合、上水道施設、

洪水予防、効率的な持続可能な交通システムのための投資が効果的であったが、物的投資を行ったプログラムは少数にとどまった。マクロリージョンの発展に主に貢献した事業は「ソフト・コーオペレーション」（代表例はバルト海プログラム）によるものであった。IIIB プログラムはその目的であるマクロリージョンにおける協力関係の創出と深化というソフト・コーオペレーションが進展（60パーセント以上のプロジェクトにおいて共同での企画、資金供給、スタッフ動員が行われていた）したことで、全体として「非常に良い（very good）」と評価された。

　Interreg IIIC プログラムに期待されていたのは、Interreg を含む結束政策全体で実施されているプログラムの経験やベスト・プラクティスについての情報交換を進めて、地域の発展や結束のための政策手段の改善に貢献することであった。しかしプログラム・レベルにおける協力関係は相対的に低調であったっために、IIIC プログラムの評価は低かった。

　全体として、IIIA プログラムのスペイン・ポルトガル・プログラム[7]に代表される予算規模の大きいプログラムでは物的な貢献があったが、多くの中小予算規模のプログラムの場合にはむしろ非物質的な、個別テーマやサブリージョン・レベルの地域発展への貢献が顕著であった。他方、IIIB プログラムの場合、限られた予算で広域を対象としているために、地域発展に対する目に見える貢献が観察されるのは例外にとどまった。物的投資では、真に越境地域あるいはマクロリージョンに跨がる投資（IIIA のスペイン・ポルトガル・プログラム、IIIB の北西ヨーロッパ・プログラム）は地域発展に貢献したが、新旧加盟国間・新加盟国間の IIIA プログラムでは一般に片側地域のみへの投資（"One-side Investment"であるが以下では片側投資（ワンサイド・インベストメント）と表記）――Interreg II 期の表現ではパラレル・プロジェクト――が行われて国境横断的な投資になっていないという問題が存在し、この問題は IIIB プログラムにおいてはさらに深刻であった。こうして、新旧加盟国間・新加盟国間の国境地域のプログラムでは共同でプロジェクトを進めるためのさらなる努力が必要であること、IIIB プログラムについても地域発展に貢献する

ためにはソフト・コーオペレーションを継続・発展させる必要があることが指摘されていた。

2.4 Interreg IV（「欧州地域間協力」）：2007-2013年

第4期のInterregは共同体イニシアチブから結束政策の目標3「欧州地域間協力（ETC）」に格上げされ、構造基金・結束基金からの支援額も第3期の58億ユーロから87億ユーロへと1.5倍に増額された。よって、欧州地域間協力はInterreg III同様に、越境NUTS 3地域間の協力プログラム（CBC=Interreg IVA）、NUTS 2地域間の諸国横断的地域間協力プログラム（TNC=Interreg IVB）、EU全域内の協力事業（IRC=Interreg IVC）およびサポートプログラム（ESPONとINTERACT）で構成された。このInterreg IVの実施プログラム（OP）が取組むべき優先的テーマは以下のように定められた。

Interreg IVAは持続的成長のための越境地域の経済・社会および環境分野における発展を目的とするものであり、取り組むべき優先的テーマは、①起業家精神の奨励、特に中小企業・観光・文化・越境商取引の発展、②自然資源・文化資源の保護における協力、および自然リスクおよびテクノロジーリスクの予防、③越境地域における都市・農村間連携の支援、④孤立状態を解消するための交通網の改善、情報・コミュニケーション・ネットワークおよびサービスの活用促進、越境地域の水・ゴミ・エネルギーに関するシステムと設備の改善、⑤医療、文化、観光、教育等の分野における協力と能力の発展、およびインフラストラクチャーの共同利用であった。

Interreg IVBはマクロリージョンにおける地域間協力の確立・発展を目的とし、実施プログラムが優先的に取り組むべきテーマはイノベーション、環境、アクセシビリティー、持続可能な都市開発であった。イノベーション分野の事業は高等教育機関・研究機関と中小企業のネットワーク創出、R&D施設と国際的エクセレントR&Dセンターの間のテクノロジー移転、技術移転機関の編成、中小企業のR&D支援等であった。環境分野について

は、多国間に跨がる水管理、エネルギー効率、リスク予防、環境保護を目的として、河川・沿岸部・海洋資源・給水サービスおよび湿地帯の管理、火災・干ばつ・洪水対策、海上警備と自然・テクノロジーリスク対策、社会経済発展と持続可能なグリーンツーリズムのための自然資源の保護と育成等の事業が示されていた。アクセシビリティー分野については、多国間に跨がる輸送サービス・テレコミュニケーションサービスの質とアクセスの改善を目的とし、欧州横断ネットワーク（TEN-T）の越境地域部分への投資、地域・地方の国内・多国間ネットワークへの接続、国内・地域システムの相互運用、先進的ICTの促進を取組み事項としていた。最後に、持続可能な都市開発の取組事項は、マクロリージョンにインパクトを与える多極型発展の強化を目的とした都市間ネットワーク・都市農村間連携の創出と強化、共通の都市農村問題への取り組み、文化資源の保護と活用、発展地域の戦略的統合であった。

　最後にInterreg IVCは、地域政策の有効性を高めることを目的とするもので、事業分野としては①イノベーション・知識基盤型経済・環境・リスク対策に関する地域間協力、②ベスト・プラクティス（持続的都市開発のそれを含む）の同定と横展開、③研究・データ収集とEU内の発展トレンドに関する観察と分析であった。

　Interreg III時に比べるとInterreg IVではとくにマクロリージョンのTNCであるInterreg IVBの優先的テーマが詳細に規定されている。このInterreg IVBのテーマについての詳細な記述は、Interreg IIIBのバルト海プログラムが評価されたことからマクロリージョンにおける協力事業の促進が重視されるようになった結果であった（マクロリージョン戦略については本書第7章および柑本［2014］を見られたい）。他方、優先的テーマおよび取組事項を見れば、CBCは従来以上に越境地域の共通問題への取り組みと越境地域圏の形成を重視し、TNCおよびIRCではリスボン戦略・ヨーテボリ戦略のマクロリージョンおよびEU全体における展開を重視しているように見える。ただし、Interregにおいて重視されているのは知識基盤型成長と

持続的成長であり、「欧州社会モデル」というテーマは ESF の対象であるとはいえ Interreg の優先的取り組み事項としては後退したように思われる。

　さらに、実施プログラムのガバナンスに関してもいくつかの変更が行われた（結束政策の目標 1「収斂」、目標 2「地域の競争力と雇用」と共通のレギュレーション）。すなわち、実施プログラムに関与する国家は共同で単一の管理局（managin authority）、単一の「認証局」（certifying authority）、単一の監査委員会（audit authority）を設置し、監査委員会は管理局の設置された国におかれることになった。管理局と監査委員会は Interreg III 期（監査委員会は monitoring committee と呼ばれていた）と同じであり、認証局も Interreg III の財務局（paying authority）に相当する。ただし、認証局は ERDF 基金の請求とプロジェクトへの支払いを行うだけではなく、国家の責任・権限を侵さない限りで、プロジェクト実施上のルール違反があり基金が不当に支払われた場合に事業責任者に返済させなければならないことになり、責任と権限が大きくなったと言える[8]。また実施プログラムやプロジェクトにおける共同管理が少ないという Interreg III の事後評価報告書の指摘した問題を解決するために、国境を挟んだ地域の自治体、公的機関、その他アクターをメンバーとして国別の法制度の相違という障害を超えて越境地域間協力事業を推進するための法人格組織である欧州地域間協力団体（EGTC）が制度化され（Regulation (EC) No.1082/2006）、越境地域間協力事業を展開するようになった（詳しくは第 3 節）。

　Interreg IV の2015年 9 月時点での実績をみると、CBC は EU の東方拡大（EU27カ国）によって対象国境地域が拡大した結果、小規模プログラムの統合[9]は行われたが、38の域内国境で60プログラム[10]が実施され、ERDF の CBC への支出は56億ユーロであった。また TNC は Interreg IIIB 時と同様にマクロリージョン・プログラムであるバルト海プログラム等13プログラムが実施され、ERDF の TNC への支出は18億ユーロであった。IRC では EU28カ国全域を対象とした 1 プログラム（Interreg IVC）と、Interreg をサポートする 3 つのネットワーキング・プログラム（URBACT II、

INTERACT II、ESPON）が実施され、全体で ERDF の支出額は 4 億 5 万ユーロ弱であった[11]。実施プログラムの支出に占める ERDF の割合は、プログラム参加国の少なくとも 1 国の2001-2003年の期間平均の国内総生産が EU25平均の85パーセント未満の場合には85パーセントまで、その他地域でも75パーセントまで認められたことから（ただし IRC には上限がない）、事業実施地域の負担割合が小さくなり、事業が実施しやすくなった。

この Interreg IV は2013年が最終年度であるが、N＋2 ルールに従って Interreg IV の終了期日は2015年末になる（例えばルクセンブルク、フランス、ドイツ、ベルギーの NUTS 3地域が参加する Interreg IVA グレートリージョンの終了期日は2015年10月 7 日であった）。したがって2015年時点では Interreg IV の事後評価報告書は提出されておらず、Interreg III の事後評価報告書の例から考えると事後評価報告書の公表は2017年頃になると思われ、Interreg IV の具体的な成果については論評できる段階に無い。しかし、結束政策によって実施されたプロジェクトについて、欧州委員会が2008年から発表している『レッジョスターズ（*RegioStars*）』の2008年〜2015年の表彰対象最終候補にノミネートされた全184のプロジェクトを見ると、欧州地域間協力（Interreg/ETC）に属すプロジェクトの累積数が45、全体の24.3パーセントであったことが確認できる（図 6 - 1）。この45プロジェクトの内の最初の 4 プロジェクトは2008年の選考対象であり実質的には2007年までの Interreg III のプロジェクトであった。よって Interreg IV のプロジェクトからの候補は41であったと考えられる。また国別の候補プロジェクトは全体で140あるが、これらは2008-2013年期結束政策の優先目標 1「収斂」および 2「地域の競争力と雇用」に属すプロジェクトである（この目標 1 および 2 に属す候補プロジェクトの国別累積数を見ると、イギリスが27件で突出し、次いでドイツ16件、ベルギーとポルトガル10件、オーストリア 9 件、スペイン 8 件、スウェーデン、オランダ、フランス、ポーランドが 7 件、等々と続いている）。したがって、結束政策において Interreg IV に配分された基金が2.5パーセントであったことを考えると、欧州地域間協力 Interreg IV のコ

図6-1 RegioStars Awards 最終候補プロジェクト数：2008～2015年

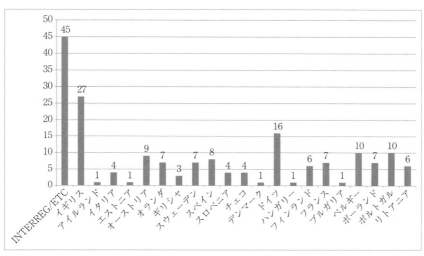

出所）European Commission, *RegioStars Awards*, 2008～2015年各号より作成。

ストパフォーマンスは非常に高かったと言えよう。

3　Interreg V と EGTC の可能性

　最後に、第5期（2014-2020年）の結束政策における目標2「欧州地域間協力」（Interreg V）についてであるが、欧州委員会は、地域間協力プログラムが多国間に関係し、また協力プログラムと事業プロジェクトについて地域の特殊性を考慮するように規則を定め、プログラムに EU 加盟国以外の国が参加できるようにするとともに、地域間協力において EGTC の果たす役割について体系的な指針を与えている。欧州地域間協力のレギュレーション（Regulation（EU）No.1299/2013）によれば、欧州地域間協力に配分される ERDF 予算89億ユーロの配分は、越境地域間協力（CBC）に66億ユーロ（74.05パーセント）、諸国横断的地域間協力（TNC）に18億ユーロ（20.36パーセント）、域内協力（IRC）に5億ユーロ（5.59パーセント）となって

いる。2007-2013年期の Interreg IV に比べると総額が2億ユーロ増額されたことから、CBC と IRC は若干増額されたが、TNC はやや減額されている（本書第1部第3章表3-2および表3-5参照、ただし表3-5ではクロアチアの EU 加盟によって総額が102億ユーロに増額されている）。なお、欧州地域間協力に関するレギュレーションは他に欧州近隣政策基金および加入前支援に関する条項も含んでいる。以下、本節では2014-202年期「欧州地域間協力」のレギュレーションを概観したのち、従来あまり注目されてこなかった EGTC について詳しく説明することにする。

3.1 2014-2020年期 Interreg V のレギュレーション

欧州地域間協力レギュレーション案（COM（2011）611 final/2）における興味深い変更点は以下のごとくである。

第1に、ERDF が支援する欧州地域間協力プログラムは2007-2013年期と同様に CBC、TNC および IRC である。CBC は国境隣接地域（150 Km 以内）の NUTS 3地域間の地域開発のための協力事業であるが、プロジェクトの主パートナー（lead or sole beneficiary）には上記の条件を満たす限り、Interreg IV まで主パートナーとしてプロジェクトを提出する資格のなかった隣接地域（adjacent area）も対象地域（eligible erea）に含むことができるようになった。例えば、Interreg IVA フランス・ワロン・フランドル・プログラム（CBC）の場合、フランス側のパ・ド・カレー県、ソンム県、オワーズ県、ベルギーのナミュール州、シャルルロワ郡、ブルッヘ郡、ヘント郡等はプログラムのカバーする地域ではあったが、隣接地域の資格で参加できたにすぎなかった[12]。2014-2020年期の CBC プログラムではこれらの隣接地域も対象地域として扱われるようになった[13]。実施プログラムにはノルウェー、スイス、リヒテンシュタイン、アンドラ、モナコ、サンマリノおよび EU 国境隣接地域も参加することができる。CBC に対して TNC と IRC は2007-2013期と基本的には変化はない。TNC は複数の国にまたがるマクロリージョン内の NUTS 2地域間の協力事業であり、EU 域内のみではな

く、EU域外の隣接NUTS 2地域（たとえばロシアの隣接地域）も参加可能である。そしてIRCはEU28カ国全域を対象としたプログラムである。

なお、CBCの対象地域についてはNUTS 3からNUTS 2に変更する要望が一部の地域から出されたようであるが、欧州議会はこうした変更は越境地域間協力の地方的性格を損なうものとして拒否した（Committee on Regional Development 2011）。しかし、対象地域に従来の隣接地域が加えられることから、上記のCBCフランス・ワロン・フランドル・プログラムのように地域によっては事実上NUTS 2地域が対象となるケースが生まれた[14]。

第2に、実施プログラムが優先的に取り組むべきテーマについては、CBCとTNCは欧州2020戦略に基づいた結束政策が示す11のテーマ（本書第1部第3章のコラム参照）から選んだ4つのテーマにERDF交付額の80パーセント以上を使用しなければならないことになった。ただしIRCは1プログラムであることから11のテーマ全てを対象にすることができるとされている。このようなテーマの絞り込みは、実施プログラムは予算規模に照らして広すぎる焦点の定まらない戦略を避け、地域の必要とするプロジェクトや地域統合の深化にとって重要なテーマに焦点を絞るべきであるという、Interreg IIIの事後評価報告書の提言に基づいていると思われる[15]。なお、4つのテーマについて、下記の優先的投資分野にERDF予算を使用できるとされている。

(1) 越境地域間協力（CBC）
　①雇用：持続的かつ質の高い雇用の促進、越境地域の労働市場統合による労働力移動（越境労働力移動を含む）の支援、雇用に関する地方自治体間の共同イニシアチブ、求人情報・相談窓口サービス、共同の職能養成の支援。
　②包摂：社会的包摂の促進、ジェンダー間の平等・機会の平等を進めることによる貧困とあらゆる形態の差別との戦い。
　③教育：共通教育・職能訓練制度の確立による職能資格の取得のための

教育・職能訓練・職業訓練、および生涯学習のための投資。

④行政：自治体当局とステークホルダーの組織的能力の強化、司法・行政間の協力および市民・公共団体間の協力の推進による行政の効率化。

（2）諸国横断的地域間協力（TNC）

自治体当局とステークホルダーの組織的能力の強化、およびマクロリージョン戦略と海洋地域戦略の確立とコーディネーションによる行政の効率化。

（3）域内協力（IRC）

①グッド・プラクティスおよびノウハウの普及、持続可能な都市開発に関する経験の情報交換による成果の資本化。

②プログラムの実効性、地域間協力事業、EGTC の活用に関する情報交換。

③発展傾向を分析することによって結束政策の実効性を強化し、テーマ別目標を達成するためのエビデンスのデータベースの強化。

第 3 に、実施プログラムのガバナンスについての重要な変更は、後述の EGTC のプログラムへの参加（運営委員会や中間団体として）を別にすると、基金の管理に関するものである。すなわち、実施プログラムに対する ERDF の支援額は「単一の口座」に振り込まれ、支援額を関係国の「サブ口座」に配分することはできないことになった。これは Interreg III の事後評価報告書において指摘されていた片側投資（ワンサイド・インベストメント）を避けるための措置である。さらに、この「単一の口座」は Interreg IV 期とは異なって、「認証局」ではなく管理局が管理することになった。すなわち、実施プログラムの管理局は管理局機能と認証局機能を果たさなければならず、したがって管理局が欧州委員会から支払われる基金を受け取り、プロジェクトの主パートナー（lead beneficiary）に資金を支払うことになる。プロジェクトにおいて不当な支払いが行われた場合、このプロジェクトの主パートナーに支払額の返済を要求するのも管理局の業務になることから監査業務も実施する必要が生ま

れる。例えば2007-2013年期の CBC フランス・ワロン・フランドル・プログラムの管理局は秘書を入れて4名のスタッフで構成されていたが、あらたに認証局機能が追加されたことから、スタッフの増強が必要になった。管理局は共同書記局に支援されているとはいえ、共同書記局が認証局機能を担当することはなく、管理局の作業は事実上2人のスタッフが担当していたことから、2007-2013年期の体制のままでは負荷が大きくなりすぎるのである。

なお、欧州委員会が行ってきたプログラムの認証評価は管理局の設置されている加盟国が担当することになるが、これは共同の原則に反するもので、認証評価は欧州委員会が実施するか、あるいは監査局が監査委員グループと共同して行うべきだという批判が行われた（INTERACT 2012a）。さらに、経済危機を反映して行われたＮ＋２ルールのＮ＋３ルールへの変更が2014-2020年期にも適用された。すなわち、2020年度に終了するプロジェクトに対する構造基金の支払いは2023年の９月30日までに行われることになる（Peters 2011）。プログラムはアディショナリティー（追加性）原則にもとづく協調出資によって実施されている以上、Ｎ＋２のＮ＋３への延長は事業期間を延長できるとともに、加盟国側（政府、地域圏・地方自治体等）の年々の負担額を若干ではあるが軽減することになる変更である。さらに、欧州委員会による ESI 基金（ERDF、CSF、結束基金等）の支払いは非ユーロ圏に対してもユーロでなされ、非ユーロ圏は受け取ったユーロを自国通貨に交換して使用することになる。

第４に、EGTC、コミュニティー主導の地域開発（CLLD）および統合地域投資（ITI）が承認された。すなわち、加盟国政府は協力プログラムやその一部の管理責任を EGTC に委任することができ、また CBC プログラムの地域開発プロジェクトとして ITI を利用した CLLD を実施することができるようになった。レギュレーション上はバルカ・レポート（Barca 2009）の提唱するプレイス・ベイスト・アプローチ（PBA）という表現は無いが、以上の措置は明らかにバルカ・レポートおよびアジェンダ2020の指針を反映したものであると言えよう（PBA および ITI の詳細については本章第１部第

3章を見られたい)。

コミュニティー主導の地域開発（CLLD）

上記 CLLD については全基金 ESI の共通条項レギュレーション（CPR：Regulation（EU）No. 1303/2013）の第32～35条がルールと ESI 基金の利用方法を定めているが、第32条が CLLD を LEADER 地域開発と呼んでいるように、CLLD は農村地域開発を目的として1991-1994期に導入された共同体イニシアチブ LEADER に由来する。すなわち、LEADER は地域のイニシアチブによる農村地域の開発を目的とし、ボトムアップ・アプローチと地域の必要に応じる地域特殊な活動を促進しようとするものであった。LEADER プログラムは1991年以降、全欧州においてその役割が認められ、1994-1999年期の LEADER II、2000-2006年期の LEADER +へと継承され、第４期の結束政策時における共同体イニシアチブの廃止とともに、共通農業政策（CAP）の枠内で欧州農村開発農業基金（EAFRD）によって展開されるようになった。CPR の第32～35条はこのような LEADER アプローチを継承する CLLD を地域政策遂行上の１手段として制度化するものであった。

この CLLD はローカルなニーズ・潜在力・社会文化特性を考慮したコミュニティーの利害を代表するローカルな活動グループによって企画され、実施されるボトムアップの地域開発である（CPR 序論(31)パラグラフ)[16]。欧州委員会の説明（European Commission 2014）によれば、CLLD の実施地域はサブリージョン領域、すなわち地域圏よりも小さな人口１万～15万人の範囲に収まる地域で、実施主体は地域の公共および民間の社会経済的利害を代表する地域の活動グループ[17]であり、地域の開発戦略はイノベーション・ネットワーキング・協力事業も含むローカルなニーズと潜在力を考慮した多分野にまたがる統合戦略である。このような CLLD を推進する目的は、①ローカルコミュニティーが地域的課題に取り組む場合の統合的なボトムアップ・アプローチの発展、②コミュニティーや地域内に存在する未利用の潜在力を発見し発展させることで、ローカルコミュニティーの起業家精神や変革能力を発展させ、社会イノベーションを含むイノベーションを刺激、③コミ

ユニティーへの参画によって当事者意識を高め、EUの政策の実質化のために参画意識・当事者意識を育むこと、④ローカルコミュニティーがEUの優先目標の実施計画に参画することによって、マルチレベル・ガバナンスを促進すること、以上にある。

　欧州委員会および欧州議会は、LEADERに由来するボトムアップ・アプローチ、地域に根ざした地域開発能力と参画・当事者意識の発展、マルチレベル・ガバナンスの推進がCLLDによって進むものと期待しているのである（European Commission 2009）。例えば、Interreg VA イタリア・オーストリア・プログラムの場合、優先的なERDF資金援助分野の1つにCLLDを挙げ、CLLDの課題としてローカルアクターの参画によるローカルガバナンスの改善と、越境CLLD地域の開発におけるボトムアップ・アプローチの発展をあげている。ただし2015年12月時点では、Interreg VA イタリア・オーストリア・プログラムがCLLDを導入した唯一の欧州地域間協力プログラムであり、CLLDの展開は欧州委員会や欧州議会の期待どおりには進んでいないと言える（InfoRegioによる）。

　以上の欧州地域間協力レギュレーションに従って進められるInterreg Vの実施プログラムは、2016年5月時点において、CBCが域内38国境60プログラムでERDFの配分予算額は66億ユーロ、TNCが15プログラムでERDF配分予算額は21億ユーロ、IRCが1プログラム（Interreg欧州）と3つのネットワーキング・プログラム（Urbact III、Interat III、ESPON）でERDF配分予算額は5億ユーロであった。なお、欧州地域間協力には、上記以外のEU域外との協力プログラムとして、加盟前支援国との越境地域間協力12プログラム（2億4200万ユーロ）と欧州近隣政策対象国との越境地域間協力16プログラム（6億3400万ユーロ）が実施されている。

3.2　欧州地域間協力団体（EGTC）

最後に、欧州地域間協力の推進主体として期待されているEGTCについ

て説明しておこう。

EGTC に対する欧州委員会の期待

EGTC は 2006 年 7 月 5 日の EGTC に関するレギュレーション（Regulation（EC）No.1082/2006）によって制度化された。EGTC とは、非営利団体・機関（地方公共団体、国家、大学、国立公園等公的機関）を構成員として設立された複数の国家にまたがる自律的な法人格を持った国境地域の越境地域間協力組織であり、EGTC が従うべき法規制は EGTC 本部が設置された国の法規制である。この EGTC は財政的に自立し、地域内に限定されずにスタッフを雇用し、認められた分野（運輸、医療、教育、地域計画、経済発展、都市計画、公共サービス、文化・観光）において自主的に活動することが認められている。ただし、EGTC 設置は「任意」であり、また EGTC の取り組む事業は定款によって定めることになっているが選択的であって、以下のような事業が考えられている。すなわち、EU 内の地域間協力を促進するための、欧州地域間協力プログラムの管理、プロジェクトの管理（非 EU 地域とのプロジェクトを含む）、国境隣接地域（CB）およびマクロリージョンの開発戦略計画、共同利用設備の運営、多面的で多層なコミュニケーション・協力事業のための場の提供、地域間協力プログラムの実施期間を超えた協力事業の情報公開と永続化、である。

欧州委員会がこのような EGTC 法人の制度化を欧州議会および閣僚理事会に提案したのは Interreg III プログラムの実施期間中の 2004 年のことであった（COM（2004）496 final）[18]。欧州委員会はその提案理由を概ね以下のように説明している。

　　共同体全体の調和した発展と経済的社会的地域的結束の深化のためには越境地域間協力の深化が必要であるが、地域間協力（CBC、TNC および IRC）事業を実施し管理するうえで、各国の法制度と行政手続きの相違のゆえに加盟国・地域圏・地方自治体が多くの困難に直面している。これらの越境地域間協力の発展を妨げている障害を除去するため

第6章　欧州地域間協力の歴史と新基軸　243

に、法人格をもって参加機関、特に地域圏・地方自治体のために行動するEGTCを制度化する必要がある。

　提案趣旨は越境地域間協力を困難にしている原因として加盟国間の法制度・行政手続きの相違を挙げているが、そうした法制度・行政手続きの問題のみではなく、現実に越境地域間協力において隣接地域間の共同事業が期待されたほど進まなかったという問題があった。前述のInterreg IIIの事後評価報告書はInterreg IIIAではIIA時代に比べて協力関係が深化したと評価していたが、INTERACTは率直に2000-2006年のInterrer IIIにおいてInterreg IIIAプログラムを共同で管理していたプログラムは全体の6パーセントでしかなく、残りのプログラムはそれぞれの国の地方自治体、地域圏、国家機関によって管理された片側投資(ワンサイド・インベストメント)に留まり、こうした傾向は2007-2013年のプログラムにおいても持続していると述べていた[19]。さらに、地域間協力の深化に対する障害はEUの東方拡大によって対象となる地域が増加したためにさらに大きくなったことから、地域間協力の推進を容易にする措置をとる必要があった（Regulation (EC) No. 1082/2006）。
　このような問題を解決して地域間協力を深化させるためにEGTCが制度化されたのである。この制度化によってEGTCに期待される効果は、EGTCという法的権限を認められた機関によって国境を越えた地域間協力が容易になること、地域間協力をより戦略的かつフレキシブルに発展させることができること、メンバー国家間、公的機関間のより良い対話の発展に貢献し、地域圏・地方自治体および政府やその他公的機関の間で首尾一貫した協力関係を発展させることができる、ということであった。
　2011年時点において欧州議会も、「EGTCは資金運用、プロジェクトおよびマルチレベル・ガバナンスの法的地位に関連した体系的協力を進めるという必要に応えるユニークで高い価値を持った地域ガバナンス機関」であって、地域・地方において越境地域ガバナンス体制を構築する手段として促進されるべきであり、またEGTCはマルチレベル・ガバナンスの展開におい

て重要な役割を果たし、地域統合のみならず社会的結束にも貢献できるものである、と述べていた（Committee on Regional Development 2011）。

ところで、EGTC の実態はどのようなものであろうか？

EGTC の現実

2008年1月28日に最初の EGTC であるユーロメトロポール・リール・コルトリイク・トゥルネー（Eurométropole Lille-Kortrijk-Tournai：以下ユーロメトロポール LKT）が設立され、表6-5に示すように、2015年末までに EU 全体で56の EGTC が設立されている。EGTC が多く設立されているのはフランス国境地域、スロバキア・ハンガリー国境地域、スペイン・ポルトガル国境地域である。

現存する EGTC のタイプにはプログラム管理タイプ、プロジェクト・タイプ、およびネットワーク・タイプがある。プログラム管理タイプの EGTC は、地域間協力プログラムの管理局および／あるいは共同書記局として行動するもので、2012年までに確認されているものは後述の Interreg IVA グレートリージョンの管理局のみであった（共同書記局は EGTC に属さない）。他の EGTC はすべてプロジェクト・タイプの EGTC であり、多

表6-5　EGTC の設立数

年	EGTC 設立数	EGTC 累積数	備考
2008	4	4	
2009	5	9	
2010	7	16	
2011	11	27	
2012	8	35	
2013	11	46	
2014	5	51	
2015	5	56	停止予定3

データ）COM（2011）462 final、EGTC Monitoring Report 各年版、EGTC Web site の EGTC full list より作成。

注）2016年1月8日に新たにブタペストに本部を置く EGTC Pontibus が承認されている。

くが構造基金・結束基金の支援を受けた特定のプロジェクトの主要パートナーもしくは単一事業主体となっているが、プロジェクト・タイプの中には戦略的地域開発計画を構想してプロジェクトを提案する中間的組織も含まれている。このような中間的組織は、ユーロメトロポール LKT が代表的な EGTC であるが、ユーロディストリクト EGTC（ストラスブール・オルテナウ、ザール・モーゼル）やユーロリージョン EGTC（チロル・南チロル・ロレンチーノ、アキテーヌ・エウスカディ）も中間組織型 EGTC と見なされている。最後のネットワーク型 EGTC にはスペインのマジョルカ島、イタリアのカターニャ島とキプロスのネットワークである Archimed、フランスのガール県、イタリアのレッジョ・ディ・カラブリア、ギリシャ、キプロスに連なるネットワーク Amphictyon、ブルガリア、ギリシャ、キプロスにまたがるネットワーク EFXINI Poli 等全7ネットワークがある。以下では、欧州委員会の報告（COM（2011）462 final）が実例として紹介している3類型の EGTC についてその概略をやや詳しく紹介しておこう。

（1）EGTC グレートリージョン（GETC Grande Région）

　EGTC グレートリージョンは、3つの Interreg IIIA プログラム、すなわちワロン・ロレーヌ・ルクセンブルク・プログラム、ザール・モーゼル・プログラム、ドイツ・ルクセンブルク・ベルギー（ドイツ語共同体）・プログラムを統合した Interreg IVA グレートリージョン・プログラム[20]の管理局である。プログラムに参加しているパートナーは、ルクセンブルク大公国、ベルギーのワロン地域圏・ワロン=ブリュッセル連合（Wallonie Bruxelles International: WBI）・ドイツ語共同体、ドイツのザールラント・ラインラントプファルツ、フランスのロレーヌ地域圏プレフェクチュール・ロレーヌ地域圏庁・メルテモーゼル県・モーゼル県・ムェーズ県の計11自治体〔および国家〕である。

　プログラム管理局は2010年3月まではワロン地域圏が担当し、3月29日にロレーヌ地域圏のプレフェ（地域圏における政府代表長官で知事ではない）が EGTC 設立条例に署名したことで4月1日に正式に EGTC が設立され

（EU広報での発表は4月10日）、管理局がフランスのメス市に設置されたEGTCに移った。EGTCグレートリージョン設立期の予算は51万9000ユーロであり、事務局スタッフは局長（Directeur）の他にバイリンガルの常勤2名である（EGTCの代表はロレーヌ地域圏のプレフェ）。EGTCは総会（各パートナーから1名が参加、年1回開催、議長は6カ月交代の輪番、決定は全会一致方式）、運営会議（各パートナーから1名が参加、議長は6カ月交代の輪番、決定はEGTC代表の選出および総会の決定事項についての準備と実施に関するもので全会一致方式）を持っている。予算はInterreg IVAプログラムの実施予算に含まれるが、2012年度で52万ユーロ（50パーセントはERDFの支援額、残りの50パーセントはパートナーの出資）であった。

　Interreg IVAプログラムの管理局をEGTCに移行させたことによって得られた成果は、プログラムが特定の国の利益に偏らない中立的な機関によって運営されるようになったこと、欧州レベルで管理局の活動が透明になったこと、適切な人材を確保することができるようになったこと、マイクロプロジェクト基金のような事業の管理が可能になったことであると言われている。また、問題点としては、EGTCが社会保障機関等の行政機関に認知されていないこと、スタッフの法的身分が不明確でありEUの規定がないこと、EGTC本部が設置されている地域の法規制が適用されること、管理業務（財務管理を含む）が過重であること、決定が全会一致方式であって迅速な決定ができないこと、であると言われていた[21]。

　ただし、EGTCグレートリージョンはInterreg IVAプログラムの終了と共に活動を終え、Interreg VAグレートリージョンでは1995年に開始されたグレートリージョン・サミットの管理運営を担当する書記局が2013年にEGTCとして承認され活動することになった。

（2）EGTCサルダーニャ病院（GETC Hospital de la Cerdanya）

　EGTCサルダーニャ病院は2010年4月10日にフランスの健康・スポーツ省大臣とスペインの健康・社会政策省大臣の署名によって設置されたプロジ

ェクト・タイプのEGTCである。このEGTCの設置期間は当初は10年間と限定されていたが、いずれかの政府が異議を唱えないかぎり自動延長され、2015年現在では無期限のプロジェクトとして扱われている。

　このサルダーニャ病院構想の起源はInterreg III 時に設立された民間財団サルダーニャ越境病院構想であり、病院は2008年にERDFの支援とフランスおよびカタルーニャ州の出資によってカタルーニャ・バシャサルダーニャの中心自治体プチャルダーに2008年～2012年に建設され（建設資金は3100万ユーロで60パーセントをERDFが負担）、2014年9月19日に開業した。EGTCサルダーニャ病院はこの建設された病院の管理のためのEGTCであり、フランスのラングドック=ルシヨン地域圏キャプシールとスペインのカタルーニャ州サルダーニャの住民計3万人に医療サービスを提供し、また越境医療サービスの改善のために両地域の最適な医療資源管理を行うことを使命としている。EGTCサルダーニャ病院の予算は年2000万ユーロ程度であり、この費用はInterreg IVAフランス・スペイン・アンドラ・プログラムのプロジェクトとしてカバーされている。

　この越境病院の建設以前には、フランス側のキャプシールの住民は遠方のペルピニョンかプラードの病院に行かなければならなかったが、国境のすぐ向こう側にあるサルダーニャ病院で診察を受け、入院することができるようになったのである[22]。欧州委員会はこのEGTCについて、すべてのEGTCの中でもっとも中身のあるベンチャーであり、加盟国間での医療分野での協力と調和を進めるというEUのきわめて重要な分野におけるパイオニアとなるプロジェクトであると評価していた（COM（2011）462 final）。

（3）EGTCユーロメトロポールLKT（GETC Eurométropole Lille-Kortrijk-Tournai）

　フランスとベルギーの国境地域のEGTCユーロメトロポールLKTは2008年1月28日に14の地域アクター、すなわちフランス側では国家、ノール・パ・ド・カレー地域圏、ノール県、リール大都市圏共同体（LMCU）、ベルギー側では連邦国家、フランドル地域圏、西フランドル州、フランドル地域

のコルトリイク自治体連合（LEIEDAL）、ブリュージュ自治体連合（WVI）、ワロン地域圏、ベルギー・フランス語共同体、エノー州、トゥルネー自治体連合（IDETA）、ワロン地域のムクロン自治体連合（IEG）をメンバーとして設立された。

ユーロメトロポール LKT の前身は Interreg I 期にリール大都市圏に属すフランスとベルギーの5つの自治体連合（LMCU、LEIEDAL、WVI、IDETA、IEG）によって1991年に設立された COPIT（Conférence permanente intercommunale transfrontalière：越境自治体連合恒久会議）である。COPIT は Interreg I および IIA のプロジェクトとして共同浄水場の建設、越境バス路線の整備等の事業を進め、Interreg IIIA 期には Interreg プロジェクトから外れたが活動を継続・発展させ、1998年～2002年に現在のユーロメトロポール地域の共同開発戦略を策定し、また地域アクターとして Interreg プロジェクトの提案を行っていた（清水 2007；清水 2010）。フランスとベルギーの国会議員が2005年に結成したワーキンググループが2006年6月に上記14のパートナーによるユーロディストリクトの設立を提案した結果、COPIT は「フランス・ベルギー・リールメトロポール」を設立し、一旦はレッジョ・パミナのような LGTC（Local grouping of territorial cooperation）に移行しようとした。ところが2006年7月に EGTC が制度化されたことから LGTC ではなく法人格をもった EGTC が選択され、14のパートナーによって EGTC ユーロメトロポール LKT が設立されたのである[23]。

EGTC ユーロメトロポール LKT の対象地域はリール市・コルトリイク市・トゥルネー市を頂点とする三角形を中心地域とする面積約3500平方キロメートル、147自治体、人口約210万人の EU 最大の越境大都市圏である。本拠はリール市に置かれ、したがってフランスの法規制下[24]にあるが、管理運営実務はベルギー側のコルトリイク市に置かれた事務局（Agence de l'Eurométropole）が担当している。活動資金は EU 基金ではなくフランス側50パーセント（LMCU25パーセント、ノール・パ・ド・カレー地域圏10パーセント、ノール県10パーセント、フランス政府5パーセント）、ベルギ

一側50パーセント（フランドル地域政府21.43パーセント、ワロン地域政府21.43パーセント、ベルギー連邦政府7.14パーセント）の協調出資によるもので、予算額は経済危機の影響を受けて変動するが、200万ユーロ程度である（METIS GmbH 各年版によると2012年度200万ユーロ、2013年度190万ユーロであった）。

ユーロメトロポール LKT の使命は、パートナー間の協議と対話を進めること、権限のある機関を結集して政策の検討を行うこと、地域全体の調和した発展を進めること、共同で策定した発展戦略に基づいたプロジェクトを提案し実現すること、両国の住民の日常生活を改善することであり、一言で言えばユーロメトロポールの調和した経済社会発展を協議・策定し推進することである。ただし、200万ユーロ程度の予算は組織の運営に必要な水準であって、自己の資金によって具体的な開発プロジェクトを実施する余裕はない。したがって、ユーロメトロポール LKT はパートナー間の協議によって決定された開発戦略に基づいて、COPIT と同様に、Interreg プログラムの地域アクターとしてプロジェクトを提案し、採用された場合に実施するということを行っている。このようにして実施された Interreg プロジェクトに「グリーンリンク」（越境サイクリングロード建設）、「雇用フォーラム」（求人企業と求職者の集団的面接会場の組織）、「インベスト・イン・ユーロメトロポール」（企業誘致活動）、「ドストラド」（エスコー川渓谷のグリーン・ブルー・ルート計画）、「ジャック・ドゥロール広場」（フランス側のアリュアンとベルギー側のメナンの境界地域にまたがる住民広場の建設）がある。現実には、ユーロメトロポール事務局の下に、市民サービス、観光、文化、交通移動、地域整備、経済発展の6つの分野のそれぞれに関する研究チームが組織され、研究チームがさまざまなプロジェクトを提案している。こうした提案にもとづいて、例えば、リール・ムクロン・コルトリイクをベルギー国鉄の車両が毎時1往復する鉄道サービスが両国国鉄の協力によって実現した。

この EGTC ユーロメトロポール LKT の特徴は、表6-6に見るような

表6-6 EGTC ユーロメトロポール LKT の組織

諮問会議	実施機関	決定機関
市民フォーラム	リエゾン・グループ	総会
	ユーロメトロポール局	議長室
自治体首長会議	テーマ別研究チーム 欧州研究チーム ユーロメトロポール2030タスクフォース	事務局

出所）*Eurométropole 2012-2013: Actions et Stratégie*, Agence de l'Eurométropole, 2011.

「頑健で完全なマルチレベル構造」を持っていることであると言われている（事務局長 Stef Vande Meulebroucke 氏による——2012年11月12日のインタビュー）。

　以上の3つのケースは活動形態から見た EGTC の3類型の典型例であったが、INTERACT は資金面を考慮して EGTC を図6-2のような4類型に分類している。上に紹介した3つの EGTC についていえば、EGTC グレートリージョンが地域間協力プログラムの管理局として ERDF の支援を得ていた（左上の類型）。EGTC サルダーニャ病院は Interreg プログラムのプロジェクトとして ERDF の支援によって病院建設が行われ、EGTC 自体も Interreg プログラムのプロジェクトとして ERDF に支援によって運営されている（右上の類型）。またユーロメトロポール LKT は Interreg IVA フラ

図6-2　資金面から考えられる EGTC の類型

出所）INTERACT, "The European Grouping of Territorial Cooperation (EGTC)", version October 2011（ppt）より作成。

ンス・ワロン・フランドル・プログラムにプロジェクトを提案し、ERDFの支援を得てプロジェクトを実施しているが、EGTC自体はフランス側とベルギー側の協調出資によって運営されていることから右下の類型に属す。INTERACTの説明によれば、加盟国はEGTCをEU基金の支援を得たもののみに限定することはできるかもしれないが、現実には、大部分のEGTCが非EU基金によって設立されたEGTCであり、ユーロメトロポールのようなEGTCが一般的である。ただしプロジェクト・タイプのEGTCは欧州地域間協力プログラムにプロジェクトを提案し、資金援助を得てプロジェクトを実施している。

　以上に見たように、事業形態から見れば、EGTCはEGTCグレートリージョンのようなプログラム管理型EGTC、EGTCサルダーニャ病院のようなプロジェクト型EGTC、EGTCユーロメトロポールLKTのような戦略的総合地域開発型EGTC（あるいは中間的組織）に分類でき、また資金面で見ればEU基金の支援を受けたEGTCとEU資金の支援を得ていないEGTCに分類することができる。

EGTC2006年レギュレーションの修正

　以上のようなEGTCについて、欧州議会はEGTCに大きな期待を寄せていたが（Committee on Regional Development 2011）、同時に2006年のEGTCレギュレーション（Regulation (EC) No. 1080/2006）の問題も認識していた。欧州委員会の地域政策総局CBC部門長F.カルヴァーリョ（Carvalho 2011）によれば、2011年段階で認識されていたレギュレーションの問題は以下のごとくである。

　特に重大な問題は、EGTCを設立しようとする際に関係国の法制度の相違からEGTCの承認に時間がかかり、また手続きが煩雑なことが、EGTC設立を躊躇させるということにあった。また、2006年レギュレーションについて、加盟国がそれぞれ異なった解釈を行い、したがって多様なEGTCの活動が展開される可能性があったこと、EGTCスタッフの法的地位が不明確であること（どの法が適用されるのか）、労務およびサービスの調達に関

しては EU の公的調達に関する指針（Directive）の制約を受けていること、そして既存の EGTC の定款（status）を変更することが困難であるという問題が存在した（Committee on Regional Development 2011）。こうして EGTC の設立および活動を容易にするために、欧州委員会は2011年に EGTC のレギュレーション修正案（COM（2011）462 final）を提出し、最終的に2013年のレギュレーション（Regulation（EU）No.1302/2013）によって2006年のレギュレーションが修正された。よって最後にこの2006年レギュレーションの主要な修正点を示しておきたい。

① EGTC は、EU 全体の調和した発展と EGTC 地域の経済的社会的地域的結束、欧州2020戦略に貢献し、地域間協力における障害を減じ、非 EU 国・海外領土と EU の国境地域との間の地域間協力を進めることができる。
② EGTC は結束政策のみではなく、EU の他の政策の協力事業においても実施することができる。EGTC は加盟国内において法人として最大限の権限を与えられる。たとえばマクロリージョン戦略を展開するために他の EGTC と協定を結んで共同プロジェクトを実施することができる。ただし、加盟国は管轄下の EU 基金を使用しない EGTC の行動を制限することができる。
③ EGTC は2加盟国以上で事業を展開するが、EGTC は本部の設置された加盟国の国内法に従う。
④加盟国には小国や中央集権的国家が存在することから、国家機関も EGTC のメンバーになることができる。また国家機関、地域圏・地方自治体、公的組織および公企業の他に、教育・職能養成、医療、介護、児童支援、職業紹介事業、低所得者向け（準公営）住宅、社会的弱者の支援と社会的包摂といった公益事業を行っている民間企業も EGTC のメンバーになることができる。
⑤ EU（超周辺海外地域も含む）に隣接する非 EU 国も EGTC のメンバー

になることができるが、このEGTCには少なくともEU加盟国2国のメンバーが参加している必要がある（EGTCは定義からしてEU域内の越境地域間協力組織であるため）。EGTCの目的は結束政策に従う限り、EUの域外においても活動することができるが、EGTCは加盟国の地域間協力を目的とすることから、EUの1加盟国と1または複数の隣接国との開発協力や経済・金融・技術協力は副次的目的としてのみ認められる。

⑥加盟国はEGTCの承認手続き申請から3カ月以内に行われなければならなかったが、この期限はほとんど守られていなかったことから、期限を6カ月に延長する。またEGTCの設立協定（convention）は承認手続きがこの期限を超えた場合には暗黙の同意がなされたものとみなされる。ただし、EGTCが設置される加盟国は正式にEGTCの設立協定を承認する必要がある。

⑦既存のEGTCに新たなメンバーが参加する場合、協定の修正を全ての参加国に通知する必要は無く、このメンバーの所属する国とEGTC本部の設置された国に通知するだけで良い。ただし、このメンバーがEGTC協定を承認していない国に所属する場合は、この限りではなく、既存の参加国の全てがこの参加が一般的利益や公的秩序に反しないかどうか検討する必要がある。

⑧EGTCの定款はEGTC協定の全ての条項を含む必要は無いが、協定と定款を登録または公表しなければならならず、EGTC設立の決定に関してはEU広報（Official Journal）のCシリーズで公告される。

⑨EGTCは全ての債務について責任を負い、EGTCの資産によって債務を返済できない場合はEGTCメンバーが債務を返済しなければならない。EGTCメンバーを有限責任とする場合は、EGTCは定款に有限責任EGTCであることを明記しなければならない。

EGTC2006年レギュレーションの修正は以上のようにEGTC設立上の障害を取り除き、既存のEGTCの存続ならびに事業展開を容易にすることを，

目的とするものであり、欧州委員会は、こうした修正によってEGTCが発展し、公共団体間の地域間協力と協調的な政策が進むものと期待したのである（COM（2011）462 final）。現実には、2013年の修正以後のEGTC設立数は2014年に5件、2015年は5件（2016年1月に1件承認）であり、やや停滞している感があるが、2016年5月時点で承認待ち1件、準備中8件、構想中3件の合計12件のEGTC候補が存在し、EGTCはさらに増加していくはずである。

4　結びにかえて

　EUの地域的結束政策を担うInterregは2015年に誕生から25年目を迎え、9月にはInterreg誕生25周年事業がルクセンブルクで行われ、Interregが国境隣接地域のパートナー間における協力事業を支える重要な手段になったことを確認している。

　本章が概観した欧州地域間協力Interregの歴史を振り返ったとき、元々関係の深いEU15カ国の越境地域間協力はInterregプログラムによってさらに深化し、マルチレベル・ガバナンスが進み、プレイス・ベイスト・アプローチによる越境地域の協力事業の進展が予想されるが、新旧加盟国間、新加盟国間の越境地域間協力が片側投資（ワンサイド・インベストメント）を行うパラレル・プロジェクトが多く、地域間協力は期待されるようには進んでいなかったと言えよう。さらに、2015年の9月21日〜12月21日に欧州委員会地域・都市政策総局が実施したインターネットによる意見聴取（回答者623人、その84パーセントは国境地域の住人）の分析（DG de la Politique Régionale et Urbaine 2016）は、国境地域の交流には依然として多くの障害が存在していることを明らかにしている。最も大きな障害は法制度と行政であり（回答者の53パーセント）、次いで言語の相違（38パーセント）、国境地域間の交通上の困難（32パーセント）、経済格差（29パーセント）、公権力における協力意識の欠如（29パーセント）、地域間における社会文化の相違（20パーセント）、相手側への信頼感

の欠如（12パーセント）となっていた。過半数の回答者が問題視していた法制度・行政の障害は国境を越えた就労・事業展開に関するものである。EU全体で170万人の越境通勤者を数える就労面では、地域レベルにおける取得学位や職能資格の相互承認の欠如による差別、社会保障制度・退職制度・税制の相違による2重課税のような不利益、相手地域の法規制についての無知や受け入れ地域の行政の越境労働者の境遇に対する無知等が越境労働への意欲を削ぐといったことが指摘されていた。また事業面では、異なった技術規格・製品規制・サービス規制が市場参入の障害になっていること、また事業展開する上での課税、保険、労災等に対する法・行政規制についての情報が十分でないことが障害として指摘されていた。雇用・事業に共通する問題としては、法制度・行政の相違のゆえに口座開設・クレジットカード利用・保険加入・不動産賃借に不利な条件が付されていること、モバイルフォンの国外での電話接続費用が高額であるとともにインターネット接続が出来ないこと、等々の問題も指摘されていた。よって、Interreg 開始から25年を経たとはいえ、EU 全体で見れば域内国境という越境地域間協力への障害は依然として大きいのが現実である。

　ただし、長期的には、地域間協力の推進体として EGTC を制度化したことによって、EGTC がフランス、スペイン、ポルトガル国境地域のみではなくスロバキア・ハンガリー国境地帯においても多く設立されていることを考えると、新加盟国国境地帯においても EGTC を中心に越境地域間協力事業が発展するものと思われる。さらに欧州地域間協力において Interreg III 期から注目され、重視されるようになったマクロリージョン戦略は、2015年時点ではバルト海プログラムやドナウ川流域プログラムが実績を挙げている程度で、期待されるほどの進展は見られないが、マクロリージョン戦略が発展することで広域における地域間協力、とくにソフト・コーオペレーションが発展すると思われる。そしてマクロリージョンに属す複数の EGTC が共同で事業を展開し、マクロリージョン戦略の有力なアクターとなることも想像できる（この点については本書第2部第7章を見られたい）。さらに

2014-2020年の第5期結束政策のレギュレーションによって制度化されたCLLDが軌道に乗れば、ミクロレベルにおいてもプレイス・ベイスト・アプローチによる経済的・社会的・地域的結束が進展するものと思われる。もちろん、Interregプログラムの実施状況に地域間格差が存在するように、EGTCおよびCLLDの進展も同様であろうと思われる。

　以上は欧州地域間協力の長期的な動向であるが、短中期的には、2015年11月13日のパリ同時テロ、2016年3月21日のブリュッセルにおける連続テロ、2016年7月14日のニースにおけるテロ等によるEU域内におけるテロへの懸念と、2015年からの欧州移民危機を契機とした不法移民対策によって、シェンゲン協定領域内の国境に検問・警備が再導入され、シェンゲン域内の自由な交通が脅かされ、越境通勤者、観光、物流が大きな影響を被っているという問題が発生している。例えば、独仏国境のストラスブール（仏）・ケール（独）間のライン川に設けられた欧州橋（pont de l'Europe）に検問所が設置されたことから、渡橋時間の長時間化や公共交通機関（バス、路面電車）の遅延、商品流通の停滞が引き起こされた。そのため、2016年1月からドイツ側からフランス側への通行に対する検問のみが不法移民対策として行われるようになり、混雑は緩和されたが、検問所の設置によってストラスブール市民とケール市民の間に地理的な断絶感や越境活動に対する躊躇といった心理的影響が及んでいると言われている（MOT 2016）。一般に、2016年現在では域内国境における国境警備・検問の再設置は暫定的であるとはいえ中東問題が解決しない限り欧州移民危機を解決できないであろうし（詳しくは難民問題を論じた本書第5章を参照されたい）、したがってEU統一市場の理念である「ひと、もの、サービス、資本」の自由流通を抑制し、欧州地域間協力の推進にブレーキがかかる可能性を否定できないであろう。

注

1）INTERACTの「欧州地域間協力」の前身であるInterregの説明（Fact Sheet: Historical View of Interreg, pdf [http://www.interact-eu.net/library?field_fields_of_expertise_tid=1#524—最終閲覧日2016年8月10日]）およびDatar（2011）による。なお、14プ

ログラムのうち9プログラムはフランス・ベルギー国境地域のプログラムであり、これは1989年にフランス政府、ノール・パ・ド・カレー地域圏、ノール県、ワロン地域政府間の欧州地域間協力行動（PACTE 89）およびノール県と西フランドル州の間の西フランドル州・ノール県協定に基づいて行われた（清水 2007）。

2）ESDP については、1999年5月のポツダムにおける非公式閣僚会議の合意（European Commission 2009）を参照。

3）PHARE（Poland and Hungary : Assistance for Restructuring of Economy）は1989年にポーランドとハンガリーの経済改革支援のためのプログラムで、後には援助対象国が13カ国（チェコ、エストニア、ハンガリー、ラトビア、リトアニア、ポーランド、スロバキア、スロベニア、ブルガリア、ルーマニア、アルバニア、マケドニア、ボスニアヘルツェゴビナ）にまで拡大された。TACIS（Technical Assistance to the Commonwealth of Independent States）はソ連崩壊後の独立国家共同体諸国（CIS）12カ国（アゼルバイジャン、ベラルーシ、グルジア、カザフスタン、キルギスタン、モルドバ、ロシア、タジキスタン、トルクメニスタン、ウクライナ、ウズベキスタン、アルメニア）との協力プログラムである（正木 2007）。

4）EU のマクロリージョンについては柑本（2014）が注目し北海マクロリージョン並びにバルト海マクロリージョンの詳しい研究を行っている。

5）若森他（2007）は Interreg IIA の事後評価報告書（LRDP 2003）および Interreg IIIA の中間評価報告書（OGM 2003）に依拠して主要なプログラムにおけるプロジェクトの実態とガバナンス問題を検討している。詳しくは同書の各章を参照されたい。

6）INTERREG III は他に ESPON（European Spatial Planing Observation Network で域内地域発展の観察・分析と地域計画［Spatial planning］の研究を行っている）および INTERACT（INTERreg-Animation, Co-ordination, Transfer で情報収集・提供等の欧州地域間協力プログラムへのサポートを行っている）というサポート・プログラムを含んでいる（表6-2参照）。

7）Interreg IIIA スペイン・ポルトガル・プログラムについてはバユス（2007）が詳しく説明している。

8）Regulation（EC）No. 1080/2006による。なお、清水（2016）は Interreg IVA フランス・ワロン・フランドル・プログラムのガバナンス構造の詳細を説明している。

9）1例を上げると、1989年のパイロットプログラムに始まって Interreg I、Interreg IIA、Interreg IIIA と展開されたフランス・ドイツ国境地域の CBC プログラム Pamina は Interreg IVA においてドイツ・フランス・スイス国境地域の上部ライン・プログラムに吸収され、Pamina はユーロディストリクト Pamina として活動を継続している。

10）InfoRegio（http://ec.europa.eu/regional_policy/en/policy/cooperation/european-territorial/）2015年4月現在による。ERDF 配分額は InfoRegio による。

11）Interreg のプログラムと ERDF の支出額は InforRegio の Interreg：European Territorial Cooperation（http://ec. europa. eu/regional_policy/en/policy/cooperation/european-territorial/: 2015年9月19日現在）による。

12）ベルギーの行政区については、Province を州、Arrondissement を郡と表記している。フランスとベルギーの行政区分の比較は清水（2007）p. 68のコラムを見られたい。

13）Interreg IVA フランス・ワロン・フランドル・プログラムのフランス・フランドル・

サブプログラムの支援チームの Sylvie Tondeur 氏による（2012年11月16日、リール市におけるインタビューに基づく）。
14）リール市における Sylvie Tandeur 氏に対する2012年11月16日のインタビューによる。
15）INTERACT（2010）も、「過去の Interreg プログラムは焦点を欠き、そのために目に見える成果を挙げられていないと批判されてきた」と述べている（p.2）。なお、レギュレーションの4つの優先テーマへの限定については、CBC 地域および TNC 地域固有の複雑さと課題を無視しており、さらに地域パートナー間で共同して最適な4つのテーマの組み合わせを選択するのは不可能である、という批判も行われた。さらに CBC についてみれば、CBC は伝統的には地域の観光・文化遺産・自然遺産・越境輸送といった事業項目に取組んできたのであり、次期の実施プログラムもこれらの事業を実施できるようにすべきであるという要求がなされた（INTERACT 2012a ; INTERACT 2012b）。
16）欧州議会リサーチサービス・ブログに投稿されている Marie-Laure Augère-Granier のブログ（"Cammunity-led Local Development"）は、CLLD はローカルな活動グループ、ローカルな開発戦略、明確に定義された領域という相互に関連した3つの要素に依拠している、と説明している（https://epthinktank.eu/2015/03/16/community-led-local-development/－―2016年5月31日閲覧）。
17）ローカル活動グループの決定に際しては、非公共部門の投票権が50パーセント以上である必要があり、また単一の利害グループの投票権は49パーセントを超えてはならないことになっている。
18）EGCT は COM（2004）496 final の英語版では EGCC（European grouping of cross-border cooperation）であり、フランス語版は GECT（Groupement européen de coopération transfrontalière）であった。その後、英語表記もフランス語表記法に統一されて European grouping of territorial cooperation（EGTC）になった。この EGTC の制度化という発想ははフランスの地域間協力支援機関である MOT（Mission opérationnelle transfrontalière）による（2012年11月19日の MOT における MOT 局長 Jean Peyrony 氏へのインタビューによる）。
19）INTERACT Sharing Expertise の More About 中の EGTC, 'EGTC and European Territorial Cooperation'（http://www.interact-eu.net/egtc_and_etc/egtc_and_etc/67/40）における説明による（2013年3月時点）。
20）構造基金（ERDF, ESF, 結束基金）の支援する CBC プログラムは NUTS 3地域を対象としているが（Regulation（EC）1083/2006, 第7条パラグラフ1）、Interreg IVA グレートリージョン・プログラムの対象地域は NUTS 2地域になることから、ERDF のレギュレーション（Regulation（EC）1080/2006）の第21条の定義する例外的ケースとして Interreg IVA プログラムとして承認されることを要求したが認められず、結局は対象地域プラス隣接地域という扱いになった。
21）以上は主に欧州委員会地域政策総局 EGCT 部局長のプレゼンテーション、Mohamad Hazzi, 'Le GECT IINTERREG "Programme Grand Région"', ppt. Presented at the Annual Meeting 2011 of Regional Policy Cross-Border Cooperation, 25 October 2011による。なお、Interreg IVA グレートリージョンの実施プログラムも参照した。
22）以上の説明は Hospital de la Cerdanya の Web site（http://www.hcerdanya.eu/fr/）による。

23) LGTCとEGTCの相違は、法人格か否かの相違の他に、EGTCにはフランス政府およびベルギーの連邦政府、地域圏政府および言語共同体が参加していることである。したがってEGTCにおいては、越境地域の地域開発にあたっての国境を挟む国家間、地域圏間、および地方自治体間の協力体制が制度化されている。
24) ユーロメトロポールLKTはフランスの1935年10月30日の法（décret-loi）の定めるsyndicat mixte ouvertの扱いになっている。syndicat mixteは自治体間協力組織であり、syndicat mixte ouverは加盟自治体以外に公法の認めた法人組織が参加する協力組織である。

参照文献

柑本英雄（2014）『EUのマクロリージョン：欧州空間計画と北海・バルト海地域協力』勁草書房。
清水耕一（2007）「フランス・ベルギー国境地域におけるユーロリージョン」、若森他『EU経済統合の地域的次元』第3章。
──（2010）「地域は国境を越えるか──EUにおける越境地域間協力とそのガバナンス」、清水耕一編『地域統合：ヨーロッパの経験と東アジア』大学教育出版、第2章。
──（2016）「EU地域政策の進化と越境地域間協力（CBC）の現状」『岡山大学経済学会雑誌』Vol. 47, No. 2。
篠田武司（2007）「スウェーデン・デンマーク間の国境を越える地域開発──エーレスンド地域における地域統合とガバナンス」若森他『EU経済統合の地域的次元』第1章。
ディマルチノ, ルイス A.（2007）「オランダ・ドイツの国境地域におけるユーロリージョン」、若森他『EU経済統合の地域的次元』第2章。
バユス, ユイス（2007）「スペイン・ポルトガルにおける国境を越える地域協力」、若森他『EU経済統合の地域的次元』第7章。
正木響（2007）「ワイダー・ヨーロッパ構想と周辺地域──EUの南と北への展開を中心に──」、若森他『EU経済統合の地域的次元』第13章。
若森章孝（2007）「EUの地域政策と国境を越える地域形成」、若森他『EU経済統合の地域的次元』序章。
若森章孝・八木紀一郎・清水耕一・長尾伸一（2007）『EU経済統合の地域的次元──クロスボーダー・コーペレーションの最前線』ミネルヴァ書房。
Barca, Fabrizio (2009) "An Agenda for a Reformed Cohesion Policy. A place-based approach to meeting European Union challenges and expectations". Independent Report prepared at the request of Danuta Hübner, Commissioner for Regional Policy.
C (2000) 1101, "INTERREG III, lying down guidelines for a Community Initiative concerning tran-European cooperation intended to encourage harmonious and balanced developement of the European territory, Communication from the Commission to the Member States", Commission of the European Communities, 28 April 2000, Brussels.
Carvalho, Filomena (2011) "European Grooping of Territorial Cooperation", Presentation (ppt.) at the Annual Meeting of EU Regional Policy, 25 October 2011.
COM (2004) 496 final, "Proposal for a Regulation of the European Parliament and of the Council establishing a European grouping of cross-border cooperation (EGCC),

European Commission, Brussels".

—— (2011) 462 final, "The application of the Regulation (EC) No. 1082/2006 on an European Grouping of Territorial Cooperation (EGTC)", Report from the Commission to the European Parliament and the Council, European Commission, Brussels.

—— (2011) 611 final/2, "Proposal for a Regulation of the European Parliament and of the Council on specific provisions for the support from the European Regional Development Fund to the European territorial cooperation goal", European Commission, Brussels.

Committee on Regional Development (2011) "Report on Objective 3: a challenge for territorial cooperation--the future agenda for cross-border, transnational and interregional cooperation", European Parliament Plenary Sitting (A7-0110/2011), 11.4 2011, Strasbourg.

DATAR (2011) *La cooperation transfrontalière*, La Documentation française.

DG for Regional Policy (1990) "Community Initiatives, INTERREG", *Info Technique* (T-501.90), Directorate General for Regional Policy, Commission of the European Communities, Brussels.

DG de la Politique Régionale et Urbaine (2016) "Surmonter les obstacles dans les regions frontalières: Rapport de synthèse sur la consultation publique en ligne, 21 septembre-21 décembre 2015", Commission Européenne, Bruxelles.

European Commission (1999) "ESDP : European Spatial Developement Perspective Towards Balanced and Sustainable Development of the Territory of the European Union, Agreed at the Informal Council of Ministers responsible for Spatial Planning in Potsdam, May 1999", Brussels.

—— (2009) "Working towards a New Europe: The role and achievements of Europe's regional policy, 2004-2009", Directorate General for Regional Policy, European Commission, Brussels.

—— (2009) "Community-Led Local Development", Cohesion Policy, March.

INTERACT (2010) "European Territorial Cooperation post 2013 - Position Paper", INTERACT, October 2010.

—— (2012a) "Summary of Inputs to the Draft Legal Framework for European Territorial Cooperation (ETC)", INTERACT, January 2012,

—— (2012b) "Summary of the opinions expressed by the ETC stakeholders on the draft CSF and proposals on how ETC specific contribution to the delivery of each Thematic Objective could be featured in the CSF", INTERACT, July 2012.

LRDP (2003) *Ex-Post Evaluation of the Interreg II Community Initiative 1994-99*, (Contract No. 2002. CE.16.0.AT.138), European Union.

METIS GmbH (2009) "Groupements européens de coopération transfrontalière (GETC): état des lieux et perspectives", Comité des Régions, Union Européenne, Bruxelles.

—— (2011) *EGTC Monitoring Report 2010*, European Union, Brussels.

—— (2013) *EGTC Monitoring Report 2012*, European Union, Brussels.

—— (2014) *EGTC Monitoring Report 2013: Towards the New Cohesion Policy*, Committee of the Regions, European Union, Brussels.

―― (2015) *EGTC Monitoring Report 2014: Implementing the Strategy Europe 2020*, Committee of the Regions, European Union, Brussels.
MOT (Mission opérationnelle transfrontalière) (2010) *Guide des projets transfrontaliers, Guide opérationel et financier à l'attention des porteurs de projets*, MOT.
―― (2016) "'Réviser Schengen': quells impacts pour les zones frontalières", *L'Actualité transfrontalière*, No. 117, mars.
OGM (2003) *Evaluation intermédiaire de l'Interreg IIIA 2000-2006 France-Wallonie-Flandre*, Commission des Communautés européennes.
Panteia (2009) *Ex-Post Evaluation of Interreg 2000-2006 : Initiative financed by the Regional Development Fund (ERDF), 1st Interim Report to the European Commission DG Regio, Main Report*, Zoetermeer.
―― (2010) *Interreg III Community Initiative (2000-2006) Ex-Post Evaluation, Final Report*, (Contract No. 2008. CE.16.0.AT.016), European Union, Zoetermeer.
Peters, Dirk (2011) "ETC and EGTC Regulations in legislative proposals", Presentation (ppt.) in INTERACT Seminar: Consultation on 2014–2020 Draft Legal Framework, 26 October 2011, Brussels.
Regulation (EC) No.1080/2006, of the European Parliament and of the Council of 5 July 2006 on the European Regional Development Fund and repealing Regulation (EC) No 1783/1999
―― (EC) No.1082/2006, of the European Parliament and of the Council of 5 July 2006 on a European grouping of territorial cooperation (EGTC).
―― (EC) No.1083/006, of 11 July 2006 laying down general provisions on the European Regional Development Fund, the European Social Fund and the Cohesion Fund and repealing Regulation (EC) No 1260/1999.
―― (EU) No.1299/2013, of the European Parliament and of the Council of 17 December 2013 on specific provisions for the support from the European Regional Development Fund to the European territorial cooperation goal.
―― (EU) No.1302/2013, of the European Parliament and of the Council of 17 December 2013 amending Regulation (EC) No 1082/2006 on a European grouping of territorial cooperation (EGTC) as regards the clarification, simplification and improvement of the establishment and functioning of such groupings.
―― (EU) No.1303/013, of the European Parliament and of the Council of 17 December 2013 laying down common provisions on the European Regional Development Fund, the European Social Fund, the Cohesion Fund, the European Agricultural Fund for Rural Development and the European Maritime and Fisheries Fund and laying down general provisions on the European Regional Development Fund, the European Social Fund, the Cohesion Fund and the European Maritime and Fisheries Fund and repealing Council Regulation (EC) No 1083/2006.

第7章
EUのマクロリージョン戦略
―― 地域アーキテクチュアの視点から ――

田中　宏

1　はじめに

　本章の目的は欧州連合（European Union; EU）のマクロリージョン戦略（Macro-Region Strategies: MRS）を解明することにある。EUには2015年9月現在で、5つのMRSが設立されている[1]。最初、2009年にバルト海地域戦略（EU Strategy for the Baltic Sea Region: EUSBSR）が創設され、それにドナウ地域戦略（EU Strategy for the Danube Region: EUSDR）が2011年に続き、この2戦略がMRSのパイロットプロジェクトとなっている。その後、アドリア・イオニア地域戦略（EU Strategy for the Adriatic and Ionian Region: EUSAIR）（2014年7月）[2]、EUアルプス地域戦略（EU Strategy for the Alpine Region: EUSALR）（2015年7月）[3]が欧州委員会より承認されている。今後、カルパチア地域そして北海地域、黒海地域、地中海の西部と東部、さらには環大西洋の沿岸地域がMRSの創設のための準備や議論がはじまっている（Dühr 2011）。MRSは2013年以降の結束政策における欧州地域間協力の重要な戦略の1つになっている（Schuh 2015）。

　EUのこのマクロリージョン戦略は、欧州地域間協力のなかで、これまで研究してきたユーロリージョンのような、ミクロ・ローカルな越境協力の中から分離・成長してきたものである（柑本2014）。ミクロ・ローカルな越境協力は、1956年エウレギオの発足、1964年「オーレスン協議会」発足、1971年欧州国境地域連合の発足、1975年EUの地域開発基金の発足、1980年欧州

審議会のマドリッド協約の承認、その影響下での1980年代〜1990年代越境協力ユーロリージョンの増加・急増、1988年構造政策改革の開始と Interreg の発足（1990年第1期）、1993年マーストリヒト条約（結束を EU の目的として定式化、地域委員会発足）、2003年ニース条約および2009年リスボン条約による領域的結束の追加、そして2006年の共同体法（Regulation）による欧州地域間協力団体（European Grouping of Territorial Cooperation: EGTC）の設立へと進んできた。EGTC は2015年末現在では56団体に増加し、準備中のそれは14団体となっている[4]。

これに対して、マクロリージョン戦略の方は次のように発展してきた。

Interreg の第2期（1994-1999）の前半は Interreg ⅡaもⅡbも EU の地域的問題を解決するのに不十分であると認識されたので、その後半（1997-1999）に欧州空間開発構想（ESDP）に従って Interreg Ⅱcとして追加されたのが、Interreg ⅡC のマクロリージョンプログラムである。このプログラムは次には Interreg ⅢB（2000-2006）となり、さらに先進を切ったバルト海の場合、国家間のグランドデザイン VASAB2010（plus）と結合することで、2009年に EUSBSR に進化していった（柑本 2014：第5‐6章）。その後に EUSDR のマクロリージョン戦略の設立（2011年6月）が続いた。この時期、第4期多年度財政枠組み（Multiannual Financial Framework; MFF）（2007-2013）決定過程で地域政策は補償的な政策から成長戦略の一環に位置付けなおされ、「パラダイム・シフト」を経験する。第5期 MFF（2014-2020）では、その結束政策の10項目の改革の一環に位置付けられ、「9．国境に沿った協働を強化する。越境協力のプロジェクトを増やす。ドナウ流域とバルト海地域のようなマクロリージョン戦略に国家・地域プログラムによる支援を結びつける」と勧告されている（八木 2016）。

本章は、その EU のマクロリージョン戦略を、マルチレベル・ガバナンス（Multi-level governance; MLG）ではなくて地域アーキテクチュア（Architecture of Region; AR）という分析視角から考察しようとするもので

ある。本章の構成は以下のようになっている。最初に、はじめに続く第2節ではEUにおけるマクロリージョンとマクロリージョン戦略とは何かを確認し、第3節では、これまでの研究のレヴューを行い、なぜMLGを採用しないかを明らかにする。第4節では地域アーキテクチュアの概念と視点とを明らかにし、その後第5節では、上記の分析視角でEUのマクロリージョン戦略とドナウ地域戦略を検討していく。最後の第6節では3つの結論を明らかにしていく。

2　マクロリージョンとマクロリージョン戦略とは何か[5]

2.1　マクロリージョンの定義

　最初にマクロリージョンというタームの定義から入ろう[6]。この課題担当の旧欧州委員であったサメツキによると、公式の標準化された定義があるわけではない。そこでサメツキ（Samecki 2009a；2009b）に従うと、マクロリージョンとは「1つあるいは複数の共通の特徴か挑戦に関連する異なる国あるいは地域の多数からなる領域（territory）を含むエリア」、「単一の戦略的アプローチを正当化するような共通した問題を十分持ち、多数の行政的地域をカバーする」ものということになる。それは、どのスケールのエリアなのかを示唆する点を含まず、共通の問題と挑戦という点での一貫性（consistency）を含んだものになっている。その一貫性は、実際の戦略準備過程で展開されるものであり、したがって、その組織的枠組みは必ずしも地理的エリアの条件と一致するわけではない（Stocchiero 2010）。問題の共通性、戦略過程依存性と地理的エリアと一致しないというこの3点は注目されなければならない。

　では、そのマクロリージョン戦略とは何か。同じくサメツキによると次のようになる。MRSの背後には次のようなアイデアがある。つまり、EUか国家行政、地域行政あるいは民間セクターの違いを問わず、マクロリージョンの機能様式（functioning）を一段と強化することにより、これら（主体）

が行う諸介入に付加的な価値（added value）を与える点にある。その方法は、比較的少数の諸国家や諸地域の問題を解決することで明確なものなり、共同で仕事をすることで、それが習慣とスキルになる。付け加えて、政策領域を越えて行動を全面的に調整すると、そのことは個々の主導によるものよりももっと優れた結果を将来もたらすことになる。ただしMRSの目標はその関係する地域のニーズに従って明確に多様になるだろうとされる[7]。

この定義はすでに今期のMFF（2014-2020）の編成で採用されてきているが（八木 2016）、それを要約すると（EC 2013）、MRSの狙いは既存のプロジェクトやイニシャティブを動員して、共通責任のセンスを創出することである。MRSとは同じ地理的エリアの加盟国と第3国に関係する統合的枠組みであり、共通の挑戦に応えて、経済・社会・領域的結束のための協力の強化から利益を引きだすものである。それは統合と調整、協力、マルチレベルのガバナンス、パートナーシップの5つの原則を結びつけ、その目標は関係するリージョンのニーズによって異なる。しかし戦略的問題に優先権を与え、「欧州2020戦略」に関係する水平的な共同体政策に真の付加的価値を加える。挑戦（環境・気候変動・連結性（connectivity）問題などの分野協力の増加が決定的）と好機（研究・イノベーション・ビジネス・能力開発での共同提案・ネットワーキング・経験の共有・基金のプール化など相互利益のための協力の強化）という2重のアスペクトとアプローチをもっている。

2.2 マクロリージョン戦略の特徴：機能性と弾力的な統合的枠組み

次にもっと詳細にみていこう。MRSの特徴とは何か。その特徴の第1は、「複数の共通の特徴か挑戦」「共通の問題と挑戦」に一貫して関わる点にある。リージョンという名称がついているが、それは必ずしも地理的範囲からいうリージョンと同一ではなく、機能として押さえられている。マクロリージョンの機能性とは、共治の行為体を強く意識する。柑本（2010）によれば、それは次の点を意味する。つまり、EUには国民国家から「機能」（主権の一部）が移譲されプールされるが、同時にこの国家の退場は地域政策の

一部に関する機能を下位地方政府に移譲する。そしてその機能は EU と国家の中間に出現するマクロリージョンにプールされて行使されることが MRS では構想される。これがマクロリージョンを機能から把握することの意味である。そこでは行為体と機能を明確に分離している。

　他方、弾力的な統合的枠組み（integrated framework）とは何か。それは 3 つの NO と 3 つの YES で表現される（General affair Council 13. 04. 2011）。弾力的な統合的枠組みの定義は、EU の MRS の「戦略性」としての特徴にかかわる。3 つの NO とは、この戦略のために特に用意された「基金なし」[8]「新立法なし」[9]「新制度なし」[10]を指す。3 つの NO とは中身や政策ではなく枠組みのみを準備・用意していることの裏返しの表現である。これにたいして 3 つの YES とは、基金同士連携の改善、政策用具の調整の能率化、新しいアイデアのことを指すが、既存の基金・立法・制度を新たに別の方法で統合する様式は、政策領域を越えた行動調整が付加的な価値を生み出すこと、一国では満足に対応できない特殊な問題に限定すること（trans-national issue）、「下から」明確に共通性を共有できること、に強く関係している[11]。

2.3　従来型の地域協力との違い

　このようなマクロリージョン戦略は従来型地域協力とどこに違いがあるのか（Dühr 2011：15-24）。マクロリージョンの旧来の用語にあたるサブリージョン団体（sub-regional grouping）に類似した協力はすでに1990年代に中欧イニシアティブ（Central European Initiative 1989）やヴィシェグラード・グループ（Visegrad group 1991）、バルト海諸国評議会（Council of the Baltic Sea States 1992）のように EU 周縁地域に多数誕生している。さらにさかのぼれば、中心国同士の Benelux もこれに当たるだろう。これにたいして、この新タイプは周縁部の新加盟国（あるいは非加盟周辺国を含む）の安定化を目的として、それが EU 内部のインナーコア部分と結びついている点は異なる（Gänzle and Kern 2011：6）。もう 1 つの違いは次の点である。

旧来のサブリージョン団体化は制度化の傾向をもち、独立した財政的基盤をEUや国際機関に求める傾向があった。1990年以降のInterregは、EUとの共同出資（co-funding）が特徴的で、超国家的な問題だけを取り組むのではなくて、共通の関心事とくに従来の中央政府機関の権限の一部を担当することになっている。それは、国内政治の文脈でみると、優先順位の高くない課題を引き受けることになっていた。その結果、国際協力プロジェクトの開発とその実施にInterregは強力に関与できず、その権限は既存の既得権益集団のもとにまだ留まることになっていた。それゆえにむしろ効果的な超国家的な協力プログラムの障害物になっていた。同じように、第4期MFF（2007-2013）の構造基金における超国家的協力エリアでは超国家的空間ビジョン（transnational spatial vision）という視点が軽視されてきた。バルト海協力の場合は、その超国家的領域の共同戦略は成功してきたが、セクター政策を強く調整してきたのは政府間主義であった。今回のMRSは、これらの諸批判のうえに提案されてきている。つまり協力の局面の狙いに関しては、強力な政府間主義やセクター政策指向をシフトさせるだけではなく、また反対に、超国家的制度のより強力な役割を要請するようなマルチレベルのガバナンスに転換するのでもない。EUはその調整のファシリテーター兼調整者になることが構想されている。

2.4 マクロリージョン戦略の発生と背景

では、なぜMRSが登場したのか[12]。「はじめに」の指摘を拡張して、セクター政策統合の深化、加盟国拡大、結束・地域の進化の合成的連関の点で少し詳しくふり返ってみよう（柑本 2010；111-126；蓮見 2009；17；八木 2016）。

EU統合は、モノの市場統合（60年代末関税同盟）から単一市場・単一通貨の導入へと進化し、その過程で競争を促した。その結果、地域レベルでは、統合の勝者地域と敗者地域が生まれ、その地域間格差が拡大した。70年代は欧州地域開発基金（European Regional Development Fund: ERDF）を

創設したが、競争政策の補完的役割しか果たさなかった。80年代になると、欧州地域会議（Assembly of European Regions）が設立され、86年単一欧州議定書（単一市場完成）において「経済的社会的結束」の目標が明確にされる。90年代地域政策は新局面に入る。マーストリヒト条約（単一通貨導入）では、この「経済的・社会的結束」がEUの中心的支柱に定式化され、結束基金（Cohesion Fund）が設立される（GDP平均の90％以下の地域の環境・交通インフラ整備）。また、欧州委員会の諮問機関として「地域評議会」（Committee of the Regions、その意見書は拘束力なし）が設立され、地域政策総局（欧州委員会内）はInterregを導入することになった。グローバル化に対応する単一市場と単一通貨にかかわる各種政策は共通化（欧州化）されたが、各種政策間の調整が十分になされず、その具体的実施は各国政府に任された。その結果、地域政策、社会的インフラ整備、環境政策等の国境を越えた調整が必要となった。以下で見るInterregと欧州空間開発計画（European Spatial Development Planning: ESDP）の登場である。

　1990年のInterreg Iは単一市場実現のための域内国境の遮断性を克服することに主要な狙いがあった。Interreg IIA（1994-96）は越境協力（cross border cooperation）を中心にしながらも、非加盟国との国境や海上国境をも包括し、越境に関する内容であれば特定の分野ではなく、あらゆる内容を対象とするようになった。Interreg IIC（1997-1999）では、地方自治体組織の参画、リージョンのアイデンティティの構築努力を取り入れて、サブリージョン（マクロリージョン）の越境プログラムが開始された。ここでは7つのサブリージョンが区分けされた。今日のEUSDRに相当するのは、7つ目の「中央部・アドリア海沿岸・南東ヨーロッパ地域」（CADSES）である。その中にドナウ流域地域は包摂されているが、ポーランド、ドイツ東半分とイタリア・アドリア沿岸地域、ギリシャ、アルバニアも包摂していた。サブリージョン毎に管理委員会、運営委員会、事務局の体制が構築された。1999年に「国家の国土計画」にあたるグランドデザインが初めて作成完成される（バルト、北海、北西大都市地域とCADSESはそれぞれ個別に作成さ

れ、CADSES では Vision Planet が作成された)。その集大成が欧州空間開発計画（European Spatial Development Planning: ESDP）である[13]。2007年5月 EU 閣僚理事会は非公式会合でいわゆる「地域アジェンダ」（本書第3章表3－6参照）を採択した（Tatzberger 2008：19）。Interreg III（2000-2007）では、上記の7つのサブリージョン（このときはメガリージョンと呼ぶ）のプロジェクトに北部辺境地域のパイロットプロジェクトおよび海外領土プロジェクトが追加された。

ところで、2000年代前半（2000年～2006年）、次の第5期 MFF における地域政策と予算額をめぐり各国間の意見対立が表面化し、そしてその後収拾していった（八木 2016）。清水（2013）によれば、Interreg IIIB においては、物的投資プログラムは少数だったがソフト・コーオペレーション（共同の企画、資金供給、スタッフ動員）が高い評価を獲得した。ただし、Interreg IIIC ではインターラクト（INTERACT）[14]も導入されたが、管理運営や実施面での問題をもっていた（新加盟国にたいしては戦略的内容をもちえなかった点）。この段階の「マクロリージョン」の地域間協力は「片側投資」にとどまり、共同のレバレッジ効果は薄かったとされる。

次の Interreg IV では、イノベーション、環境、アクセシビリティー、持続可能な都市開発を4つのテーマにしたマクロリージョンの地域間協力（Interreg IVB）が重視され、その優先的テーマが詳細に規定された。そこでは欧州社会モデルの追求よりも知識基盤型成長と持続的成長が重点化される。また管理運営・監査の共通のレギュレーションが改善された。

Interreg V では、もっと広域なマクロリージョン戦略を結束政策の効率化のために推進すべきで、そのなかに公的、準公的、民間市民社会のアクターを参加させ、評価と選択基準を明確にし、そして中央政府にたいしてではなくて実施プログラムの「管理局」の口座に直接 EU 資金が振り込まれることになった。2010年設定の「欧州2020戦略」の4つの結束政策のテーマが優先的に取り組むこととなり、2014年度以降の結束政策はこの「戦略」に従って推進されるようになった。

以上から明らかなように、EU 統合の進化が、一方では、単一市場の実現とユーロ導入を推し進め、他方では、その推進が地域格差是正とメゾ（あるいはサブ）レベルの地域の内発的発展の促進、数次にわたる Interreg と欧州地域間協力の経験、欧州とマクロリージョンレベルの空間開発計画の作成、地域間協力プログラムの支援ローカル事務所の活動を生みだし、EU 全体の成長戦略の作成と実施の相互作用のなかで、現在の MRS が次第に生成してきている。EU 統合の進化にともない、Interreg の根本問題の解決と旧リスボン戦略、「欧州2020戦略」が結合したものということになる（清水 2013）。

3 マクロリージョン戦略の分析方法をめぐって

3.1 クロススケールガバナンスの検討

マクロリージョン（あるいはサブリージョン）開発戦略については、わが国においてもメコン川流域を中心にして蓄積されてきているが（西口・西澤 2014）、欧州地域での MRS についての調査研究はようやく開始されてきた段階である（蓮見 2009；柑本 2011a；2014；田中 2013）。そのなかで、EUSDR について、田中（2013）はマルチレベルガバナンスそのものの再検討は行わず、EUSDR がもつボトムアップのガバナンスの弱さ、域内の各種非対称性、問題解決の構想力、政策と資金、実効力、統合的アプローチの不足を解明したに留まっていた。

このような複合的に生成途上にあるマクロリージョン戦略の特徴をどのような視角から考察することができるのであろうか。以下ではこの点を検討していこう。これまで蓄積された研究をサーベイすると、以下のように、MLG 論以外に差別化された地域統合論、経済政策のイノベーション論、中2階（メザニン）論、クロススケール・3つの逸脱論の4つ分析視角があることが分かる（田中 2013：8-10）。そのなかで最も包括的な分析視角はクロススケール・3つの逸脱論である。以下ではそれを検討してみよう。

EUのMRSの本格的・総合的研究である柑本（2014）は、EUの地域政策の進展とそして越境リージョンの生成とともに創発したマクロリージョンをMLGの視点から理解することの限界を指摘している。つまり、「垂直的重層のガバメントの管轄領域」と「行為主体としてのガバメント」との峻別を行わず、両者を「埋め込み」状態でモデル化していると批判する（pp.61-62）。そしてEUのMRSを地域政策施行過程におけるスケール間の権力共有形態である「クロススケールガバナンス Cross-scale governance: CSG」の視点から解明しようとしている。

この場合、スケールとは、特定の社会的プロセスを通して形成される空間単位を意味するが、個々のスケール（身体、世帯、近隣、都市、大都市圏、省・州、国民国家、大陸、グローバル）は固定化されず、クロススケールとはヒエラルキー的でもなく、入れ子状態でもなく、特定のサイズに分割できないとされる（p.33-35）。

EU統合の進展のなかで、越境広域空間の開発がEUの地域政策としてEUに一旦は吸い上げられ（アップロード）、その次にそれをEUから下方に移す（ダウンロード）とき[15]、積層的なMLGの元のルート（EU-国家-地方政府・州）と同時に、それとは異なる地域政策の「新しい政策容器群」を3つ生み出していく。そのポイントは、EU領域レベルと州政府領域レベルの間に越境の政策決定のための独自の「挟空間」が出現することを認める点である（p.74）。ミクロリージョン（CBR）、マクロリージョン（MR）そしてメガリージョン（以下では触れない）がそれである。

そのなかでクロススケールガバナンスの最もその特徴を表現しているのが、マクロリージョンということになる。欧州地域間団体EGTCに相当するミクロリージョンは、参加行為者の種類や数が限定され、ローカルな地方政府と国境を挟んだ国家間の関係の局面に限られている点で、マクロリージョンほどクロススケール性を鮮明に体現化していない。つまり、両者は本質的に同じであるが、その相違は線と面の違いとして押さえられている。

柑本（2014）の提唱するCSGのもうひとつの特徴は、マクロリージョン

のアクター（行為体）を3つの種類に分けていることである。第1種行為体は、EU、国家、地方政府、第2種行為体は商工会議所、漁協、企業、第3種が環境NGOである。この区分は行為体を規定するものによって区分される。第1種行為体を規定しているのは領域（area）、第2種行為体は機能（function）、第3種行為体は課題（issue）である。だから、マクロリージョンは行為体のハイブリッド種として存在する（pp.48）。そしてハイブリッド的な行為体システムが発生するなかで、ガバメントというシステムの中核をなしていた国家の国家性が、「国境を越えた逸脱」「スケールの埋め込みからの逸脱」「種を超えた逸脱」によって再びEUに吸い上げられ、さらにそれがダウンロードされ、ヘテラルキーなミクロリージョンやマクロリージョンに再度埋め込まれる、という循環が開始される（pp.216-223）。

以上の分析は、EUの地域空間に、積層的なマルチレベルガバナンスとは異なり、地域政策を実施する地域諸主体と領域、機能、課題がクロスに関連する独特のガバナンスが誕生していることを解明している。そこで生まれる唯一の疑問は次の点である。第1種行為体あるEU、国家、地方政府は領域のみに関係して、機能、課題から（再）規定されないのか。第2種行為体である商工会議所、漁協、企業は領域や課題から（再）自由なのか。第3種行為体である環境NGOは領域や機能からの（再）規定はないのか。3つの行為体には、それぞれ固有の範囲、機能、課題があり、その強弱とそれによる相互関係の変形を観察しなければならないだろう。3つの行為主体はともにそれぞれ独自の領域、機能、課題がクロスしながらインターフェイスしているというのが、アーキテクチュア論からみた評者の把握と理解である。

3.2 地域政策のパラダイム転換：場所から積み上げるアプローチ

さて次の検討では、アーキテクチュア論から地域を解明していき、地域アーキテクチュアとEUマクロリージョン戦略、欧州地域間協力団体との関係を解明することが求められてくるだろう。その解明にはEUの地域政策のパラダイム転換の理解が重要なカギとなる（八木2016）。2000年代後半の同じ

時期に、MRS、EGTC という、地域政策を実行するイノベイティブな手段・用具が登場したのはその EU の地域政策をめぐるパラダイム転換があったからである。その転換の核心はバルカ報告が最も的確に明らかにしている (Barca 2009)[16]。

それによると、EU 地域政策のパラダイム・シフトの目的は、財政再分配政策の側面としての地域政策から離脱することである。市場と政府の失敗を克服して、地域のもつ潜在力の恒常的な低水準利用（非効率）と恒常的な社会的排除を減少させ、地域政策の実施過程が進行している場所（place）で地域政策の介入が行われることを求めている。Place は機能的地域（functional regions）とも呼ばれる。

その方法と手段は、特殊な領域のコンテキストに合わせ、ローカルな情報と選好を顕在化させながら集約し、地域の公共財・サービスを統合して束にしながら供給することである。このように、トップダウンで画一的に課される地域政策、諸プログラムではなくて、ローカルな諸条件に適応した地域政策を「場所を基礎にしたアプローチ／戦略」（place-based approach/strategy）とバルカは称している[17]（本書第 3 章参照）。この場所に基礎を置いた政策は EU の公式文書のなかで採用されることはなかったが、成長戦略である「欧州2020戦略」に位置づけられ、第 5 期 MFF にとりいれられた（八木 2016：103）。これは近年に転換した OECD 地域開発政策論と同じパラダイムである（OECD, 2009）。ボトムアップ型の地域アーキテクチュアの形成を目指しているということになる。

3.3 EU ガバナンスとアーキテクチュアの転換

ところで、EU のガバナンスをアーキテクチュアという視点から論じているのは Sabel and Zeitlin（2008）である。それによると EU に新しい公的なルール決定が創発してきている。そのルール決定のアーキテクチュアは EU 条約にもまた EU 諸機関のコンペテンスを説明するどのような教科書にも記載されていない。経験主義的ガバナンス（experimentalist governance）あ

るいは直接熟慮型多頭政治 (directly-deliberative polyarchy) と概念化されるが、その内容は熟慮、コンセンサス、非公式主義 (informalism)、マルチレベル意思決定に要約される。そのなかで興味深い点は、経験主義的ガバナンスを構造的あるいは制度的タームではなく機能的用語で理解すべきであるという点である。なぜか。このアーキテクチュアでは、ガバナンスの機能を一対一の関係で特殊な制度的メカニズムや政策用語に写像することを拒否しているからである。ひとつの機能は多様な、相互に影響し合って機能している制度的仕掛け装置 (devices) を通じて動いているとされる。あるいはその逆も当てはまり、ひとつの制度的メカニズムでさえも、多数の個別のガバナンス機能を実行することができるとされる。このような特徴付けは、以下にのべる経営学の製品・工程アーキテクチュア論からすれば、(ガバナンスの機能と主体が一対一の関係にある) モジュラー型のアーキテクチュアではなく、それを否定してインテグラル型のアーキテクチュアへと EU ガバナンスを転換しようとしていることを示唆していることになる。

4　地域統合、リージョナリズムと地域アーキテクチュア[18]

4.1　アーキテクチュアとは

　では、EU の MRS と EGTC をどのようにして統一的な理論枠組みで観察することができるのか。その統一的な理論的枠組みへの接近を、以下では、進化経済論、とくに地域アーキテクチュア (AR) 論に求めたい。しかし残念ながら、地域アーキテクチュア論なるものがすでに存在するわけではない。

　アーキテクチュアとは日常的には「建物」と理解されているが、ここでは人工システムのシステム設計の基本思想として押さえる。非建築物的現象をアーキテクチュア論から分析するわが国の研究成果はものづくり経営学によって代表される (藤本 2002; 2003; 2007)。地域を人工物として理解できるかどうか議論が分かれるところであるが、現在の EU の地域政策、結束政策の

一環として「戦略」論として提起されている面を考慮すると、それも許されるだろう。特に、上記のレヴューのなかで指摘された、領域（あるいは機能）と行為主体としてのガバメント（とガバナンス）とをきちんと峻別し、その階層構造に注目する製品・工程アーキテクチュア論はその点で研究方法論上の優位性をもっている。次に最初にEUガバナンスとアーキテクチュアとの関係をみていこう。

4.2 アーキテクチュアから見たリージョン：architecture of region

ものづくり経営学の製品・工程アーキテクチュア論からの比喩を借りながら、地域アーキテクチュアを観察していこう。それは次のようになる。リージョンとは何らかの地域設計情報が人工物の素材＝媒体（自然的・歴史的環境）に転写され、モノ・サービスと生命、その環境が再生産される空間ということになる。その空間は現在国境によって分離・分断されている。あるリージョンの実力は、ある地域空間の諸機能の再生産の工程の設計思想（アーキテクチュア）と場所（place）と、その中心としての行為体（actor）の組織能力との「相性」（fit）に左右される。この相性は国境によって遮断・変形される。ある地域設計情報の創造の仕方、媒体への転写の仕方がリージョンの形成・再生の基本的課題である。だがこの転写は国境によって制限される。ある地域を構成する場所のもつ組織能力は、それぞれのレベル、スケールによって特有の特徴、属性をもつが、それはそのアクター単体のそれの調整された束であり、場所のなかで継承される常軌的な行動パターン（ルーチン）の集合でもある。それは学習によっても構築される。国境を超えるとその組織能力と行動パターンは異なる。したがって、リージョンの再生と創造をめぐる地域政策を考える場合、地域アーキテクチュアという概念は重要な分析的示唆を与えてくれるはずである。以上が地域アーキテクチュア論のアウトラインである。

4.3　地域的アーキテクチュア（regional architecture）との違い

　地域アーキテクチュア（AR）と類似したものに、地域的アーキテクチュア（regional architecture）がある。後者は主要に世界政治、国際秩序の地域的側面を表現する。Nolte（2014）によれば、リージョナリズムの研究領域で、地域統合、地域協力のコンセプトとは別の、地域的相互作用をあらわすオールタナティブとして地域的アーキテクチュアがある。このコンセプトは最近使用されるようになったが、定義がはっきりしない。Weixing Hu Richard（2009）は、アジア太平洋地域をハイブリッドのリージョナリズムとみなし、それを「地域組織、制度、2国間・多国間協定、対話フォーラム、地域の安全・繁栄・安定を集団的に機能させる他の適切なメカニズム」としている。これにたいして、Biermann et. al.（2009：19）は、グローバルガバナンスアーキテクチュアとして、地域レベルでの「世界政治のある問題エリアで有効か活発に動いている民間あるいは公的な制度の包括的な体系」と定義している。前者は領域空間において強制しているルール設定についての言及が全くなされておらず、後者は地域的アーキテクチュアをメタレベルのガバナンスとして定義し、特定の問題課題に限定している。ベルマンによれば、リージョナリズムの異なる形態を差別化するための概念のコアに置くべきは、地域の領域空間を構成する諸規制や政治的制度であると主張される。これは政治的制度ガバナンス論に近い。

　アジア開発銀行（Asian Development Bank 2010）は、アジア統合の制度的アーキテクチュアとして、制度化の程度が低いという理解は誤りであると主張する。アジアのほとんどの制度では、手続き的ルールの明瞭性の不足、恒常的な書記局が引き受ける課題の少なさ、加盟国にたいする強制度合いの低さが、意思決定のコンセンサス方式、非拘束的自発的コミットメント（ソフトロー）、国家主権の尊重する価値観と裏腹の関係にあり、その結果、アジアの統合は、諸法による規制（legalization）が制約され、そのアーキテクチュアは複雑で同時に軽量（complex and light）である。それは中央政府重視で、地域諸団体・市民社会への権限移譲の低位、弾力性とインフォーマ

ル性、コンセンサス重視とそれによる信頼・トラストの構築、漸進性が特徴とされる。ADB の見るアジアの地域的アーキテクチュアは、国家を中軸に据えているが、地域の諸機能の再生産の工程の設計思想（アーキテクチュア）と、場所（place）とその中心としての行為体（actor）の組織能力との「相性」（fit）のアジア的特徴を観察する方向に向かっている。

　マクロリージョンに関しては、唯一 Gänzle and Wulf（2014）が EU のマクロリージョンガバナンス・アーキテクチュアという概念を出しているが、しかしそのコンセプトは明示されていない。それによると、いわゆる 3 つの NO（制度、立法、資金無し）ゆえに、EUSMR のガバナンス・アーキテクチュアは戦略、オペレーション、実施のレベルを緊密に結びつける EU のガバナンスの現構造のなかに組み入れられ、そのアーキテクチュアは EU 制度、加盟国国家、相手国、国際機関、下位ナショナル当局、民間アクター、EU レベルの上級官僚グループ会合（High level Group）だけでなく、各国の優先領域接触事務所（Priority Area Focal points）、優先領域調節者（Priority Coordinators）や各種プログラム、財政諸道具を通じて包摂されている、とされる。EU のマルチレベルガバナンスと同様なものの別表現であ

図7-1　地域アーキテクチュア

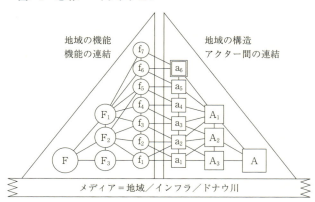

出所）筆者による作成。

る。ここでは地域的アーキテクチュアはさまざまな機能とレベルの各種アクターとその相互作用のあり方を探る方向に傾いているように思われる。地域的アーキテクチュア論は地域アーキテクチュア論の一歩手前まできている。

4.4　地域アーキテクチュアの6つの特質

そこで次に、以上の地域的アーキテクチュア論の検討結果を地域アーキテクチュア論として組み直して行こう。それを表したのが図7-1である。その特質は以下6点にまとめることができるであろう。

第1に、確認しておかなければならないのは設計情報を転写する媒体についてである。製造業（例、自動車）の場合は、耐久性の有形物（例、鋼板）であり、サービス業の場合は非耐久性の無形物となるが、地域アーキテクチュアの場合の媒体は地域空間そのもの、場所（place）あるいはそこにあるインフラの集合体となり、有形と無形、耐久性と非耐久性の混合となるだろう。EUSDR の場合はドナウ川流域となるだろう。媒体そのものが大いに経路依存的である点が特徴である。

第2に、製品・生産アーキテクチュアと地域アーキテクチュアとの間には重大な相違点が2点ある。ひとつは、前者では製品構造を構成するのは人工物である部品・コンポ・モジュラー群であるのに対して、地域アーキテクチュアの場合は、地域を意識的か無意識的か形成・参画・再生する行為体・アクター（諸組織、諸団体）であるという点である。EU の国境地域ではボトムの自治体、NGO、EGTC がそれに当たり、トップは EU 諸機関、国家諸機関となる。しかも3層（EU－国家－地域・地方）に分かれている。製品・生産アーキテクチュアの場合にはアーキテクチュアの設計者は外部者となるが、地域の設計思想（地域政策、地域の理念）は地域に包摂されているアクター自身が決定しているか、それの創出に参加しいている。この点が決定的に異なり、そのアイデンティティや理念が再帰的に重要となってくる。もう1つの相違点は、後者のケースではアクターと機能に資金のフローが随伴するが、前者では直接に資金のフローが伴うことはない。設計情報の流れ

が伴うだけである。資金のフローは地域アーキテクチュアをより複雑にまたオープンにする。

　第3に、先にのべたように、マクロリージョンは行為体と機能を明確に分離しているが、地域アーキテクチュアを表現する図7-1は、魚の干物の開きのように、左側は地域の諸機能の階層的体系を表現して、大文字Fは地域の全体の総括的機能や目標、実施、評価を実現する機能を表現し、小文字fは地域でのミクロ機能（安全、電力、福祉、医療、教育、ツーリズム、公的サービス等々）を表現する。アーキテクチュアの右側の地域構造とは、地域を構成するアクター（行為体）の階層的な体系を表現し、大文字のA、AnはEU（諸機関）、中央国家（諸機関）、小文字のaは地域のミクロアクター（個人、消費者、自治体、NGO、NPO、地方企業など）を表現する。マルチガバナンスのうち、その主体の側面を切りだしている。図7-1では、機能と行為主体を結びつける線（インターフェース）は、小文字aと小文字fのレベルしか表示していない。大文字FとAとのインターフェイスは省略している。

　柑本（2014）が第2種行為体（商工会議所、漁協、企業）だけを機能（function）を担うものとして、第1種行為体（EU、国家、地方政府）は領域（area）を表現し、第3種行為体（環境NGO）が課題（issue）を表しているのに対して、ここでは地域アーキテクチュア論ではいずれの行為体もそれぞれの領域と課題をもつが、それとは独立したものとして機能面を押さえている。領域は諸機能の結びつきの空間的集合として押さえることができるだろう。その領域と課題は地域アーキテクチュアを取り巻く環境と、各種主体によるその解釈によって変化する。

　第4に、この地域アーキテクチュアは大きく2つの軸で分けられる。1つの軸はインテグラル型対モジュラー型の違いである。前者は機能（F、Fn、f）間の相互調整とアクター間の相互調整、そして各機能と各アクターの間の対応関係、相互調整（擦り合わせ）が深く複雑に実行されているタイプであり、後者は機能間とアクター間のそれぞれのインターフェイスが単純で、

同時に各機能と各アクター間の結びつきも単純なタイプ（1対1の関係）である。そこでは機能FnとアクターAn機能、機能fnとアクターanとの関係、オペレーションや実施が重要となる。図7-1はインテグラル型のみを示している。この2つの型、インテグラル型とモジュラー型はそれぞれ柑本（2016）のソフトな空間とハードな空間に対応する。柑本（2016）は、近年、MRSとそれが押し進める空間をマクロリージョナリゼーションとして把握することを始めている。そこで進行する越境、越種、越スケールがマクロリージョンをしてソフトな空間にしているが、同時にそのハード化、換骨奪胎化も進行している（ハードな空間への転化）。そして両者の組み合わせがMRSの類型化（国家主導型、地方政府主導形、EU主導型）を誕生させていると指摘している。それはアーキテクチュアの位置取り戦略（例えば、中インテグラル・外モジュラー対外インテグラル・中モジュラー）に相当するだろう（藤本2004：264-293）。

もう1つの軸は地域外にたいする関係で、オープン型とクローズド型である。相互調整とインターフェイスが標準化され、外部にたいしても開かれている場合はオープン・アーキテクチュア、1つの地域のなかで機能とアクターが比較的閉じられている場合はクローズド・アーキテクチュアとなっている。これに近い表現にクローズドな地域主義（closed regionalism）とオープンな地域主義（open regionalism）がある。この裏側には単一市場の成立、グローバリゼーション、EUの近隣諸国政策がある[19]。

第5に、ここまで地域アーキテクチュア論を明らかにしてくると、次のことにすぐに気がつくだろう。つまり、地域はもともと諸機能と諸アクターが複雑に絡み合って多数の諸機能と多数の諸アクターが複雑な関係を結んでいる。この点で豊かで高い生産性をもつ地域は、本来、インテグラル型だろう。あるいはSabel and Zeitlin（2008）が示しているように、EUの超国家的・超中央政府的（transnational, transgovermental）なガバナンスはその方向に進化している。しかし各国別の特色をもつインテグラル型の地域アーキテクチュア同士が国境を挟んで接触・統合すると、とてつもなく複雑なイ

ンテグラル型アーキテクチュアが出現する危険性がある（複雑性・不確実性の発生）。ヒト・モノ・マネー・サービスの単一欧州市場の出現は自動的にこのアーキテクチュアとインターフェイスの単純化を保障しない。反対に、f1やf2、f3などの機能と権限を持たないか未発達、欠落のケースもあるだろう（周縁国のケース）。

これに対してモジュラー型地域アーキテクチュアとはどのようなものだろうか。もちろんそのような研究はないが、モジュラーリージョナリズムというコンセプトは存在する。Gardini（2013）は、ラテンアメリカの地域主義を管理し解きほぐすことの困難な「サラダボール」状態であるとして、それをモジュラー地域主義と定義している。「サラダボール」状態をモジュラーと表現するのは、以上の検討からすると、少し違和感を覚えるだろう。しかし、そこではモジュラーリージョナリズムを、コミットメントとコンプライアンスの程度が極めて低いが、国家が地域統合プロジェクトのメンバーを選び出し、特定のエリアでのナショナルな利害と対外政策の優先権を反映させるものとして考察している。ここでは、国家に限定したアクターとそれが可能なインターフェイスが特定のエリアで低水準の機能を果たすような地域的統合がモジュラー的とされているのだろう。地域アーキテクチュア論では、国家だけにアクターの役割を限定することはできないだろう。各アクター間のインターフェイス、各機能間のインターフェイス、そして各アクターと各機能の間のインターフェイスが1対1に近い形でシンプルに相互作用しているタイプがモジュラー型地域アーキテクチュアとなることと整合的である。

第6に、地域アーキテクチュア論からEUのMRSを観察すると、図7－1にどのような変化をもたらすだろうか。それがいわゆる3つのNO（制度、立法、資金を新たに作らない）を前提にすると、地域アーキテクチュア図の右側、地域の構造、アクター間の連結の中に新しいアクターとその層を出現させるものではないことが分かるだろう。他方、MRSがローカル・地域/ナショナル/EUレベルの諸政策をクロスに調整し、そのそれぞれのレベルの資金を連携（alignment）し、協力のプラットフォームを拡張して政策

レベルとオペレーショナルなレベルを広範囲に EU 主導で（あるいは下から積み上げて）結びつけ、調整・フィットするようになることを考えると、大文字の F と Fn、Fn と f の間に新しい機能空間が誕生すると考えるのが自然であろう。これが柑本（2014）のいう独自の「挟空間」、ソフトな空間に相当する。

4.5　EGTC と地域アーキテクチャ

　他方、EGTC の場合は、国境間の設立された法人（どちらか一方の国内法に基づく）が独自の資産保有、独自の予算、スタッフの雇用、契約権限や訴訟権限をもち、経済的社会的結束を強化する目的で地域間協力プログラム（越境協力、トランスナショナル協力、地域間協力）を実施する。主要な活動領域は、ポルトガルやスペインのような国では地域間結束に関わる広い領域をもっている EGTC もあるが、東欧諸国の場合は観光などの地域政策に絞られ、また EU のコア諸国の場合は空間計画や都市開発（文化、スポーツ、教育）などに絞られている。EGTC は MLG の実験室であるが（Soós 2015）、上記のモジュラー型地域アーキテクチャに近いと理解することもできるだろう。

　ところで、地域アーキテクチャからみて両者はどのような関係にあるのだろうか。マクロリージョンが EGTC を活用することは 3 つの NO に違反するという見解もあるので、両者は直接に関係ないものとしても理解できる。だが、相互依存関係をもつ（Martinez 2014; Favalli 2015）。それによると、EGTC は MRS のためのツールである。マクロリージョンは、そのアクションプランの一部（各種プロジェクトの実施、活動の調整のための支援構造の確立、ローカルと越境、マクロリージョンの各局面の知識の提供）を管理・調整するために EGTC を利用する。反対に、EGTC はマクロリージョンを構造化し、優先アクションを関与・実施する領域の声をまとめる役割を果たす。しかも EGTC のもつ硬直性を調整してもっと融通のきく地域間協力をつくり出すのである。

5　EU ドナウ・マクロリージョン戦略

ようやく本題の EU ドナウ・マクロリージョン戦略の検討に入ろう。そのまえに地域アーキテクチュアの媒体としてのドナウ川流域の特徴を観察していこう。

5.1　ドナウ川・地域の歴史的特徴と統合上の特徴

欧州にはそれぞれスイスとドイツに源流をもつ２本の国際河川（大規模内陸水運体系）が流れている。ライン川とドナウ川である。スイスに端を発するライン川はドイツを代表（「父なる川」「ライン型資本主義」）するだけでなく、欧州統合の前進と光を象徴している。ドナウ川はこれとは対比的に西から東へ流れる唯一の川である。ドイツのバーデン・ヴュルテンベルク州から東欧各国を抜けて、黒海にそそぐドナウ川は欧州中央部の近代的発展から取り残された地域（半周縁・周縁地域）、欧州統合の影を象徴していると表

図7-2　EU ドナウ・マクロリージョン戦略の参加国

出所）www.danube-region.eu　http://www.danube-region.eu/pages/what-is-the-eusdr

現することもできるだろう。たとえば、内陸水運貨物量（トンキロ：2009年）で見ると、ライン川はEU全体の77％を占めているが、ドナウのそれは10％に過ぎない（Hardi 2012：104）。そのドナウは「1つの世界」で、中欧文化を背景に「ドナウ経済圏」を築く可能性を秘めていた（加藤1991）。

　ドナウ川は全長2850kmで、ドナウ地域は約800万平方キロメートル弱の面積に約9000万人が居住しているエリアである（図7-2参照）。経済力でEUの13％、人口と面積でその18％を占める。この地域はローマ帝国の時代にほぼ全域がその帝国北方地域に編入されていたが、中世から近代にかけてビザンツ、ハプスブルグ朝、オスマン帝国の大国が出現した。そして現代に近づくほど次第に小国（民族国家）に細分化していった（Hardi 2012：42）。その過程のなかで、隣接する西欧地域が資本主義化、近代化の「センター」に上り詰めると、この地域はその（半）周縁地域に再編されていった。この地域は、このような小国の列立によって分断されているだけでなく、経済発展水準、エスニック、言語、宗教、文化によっても多様化・モザイク化してきた典型的な地域である。ところがドナウ川は膨大な電力発電能力、歴史的な汎欧州輸送回廊、欧州の希少種の宝庫でもあるが、これらは、反対に、この河川を常に国際的な対立の源泉とさせていった。特に1990年以前の冷戦期をみると、東西対立のために、この地域はインフラ整備投資が十分にされず、移民問題と気候変動、安全保障、環境保護の対策も遅れてきた。幸いにも、冷戦の時代には両陣営の敵対的関係はバルト海ほど激烈ではなかった。だが、バルト海地域とは対照的に、この地域が全体として安定化するのは体制転換後約10年を待たなくてはならない。ユーゴ紛争が終結して、和平と民主主義、人権尊重、経済的繁栄を促進する南東欧の「安定化協定」（Stability Pact）が結ばれた1999年、コソボ紛争の終結した2000年以降である。他方、東欧11カ国がすべてEUに新規加盟したのはようやく2007年（第5次拡大：2004年バルト諸国、ポーランド、チェコ共和国、スロヴァキア、ハンガリー、スロヴェニアの加盟と2007年ルーマニア、ブルガリアの加盟そしてクロアチア2013年7月加盟）であった。この第5次拡大でこの地域が抱える共通

の問題や歴史的遺産に全体として取り組むことができる超国家的（transnational）な制度的枠組み・基盤が整えられる可能性がでてきた。

前に指摘したように、EU統合の発展には3つの側面（3つのベクトルの合成）がある。①単一市場と単一通貨というセクター的側面（統合の深化、政策統合）と②拡大（新規加盟）、そして③地域格差の是正、地理空間の再編、近隣諸国との関係の再構築という地域的側面の進化である。1番目のベクトルの優先的推進は多様で発展水準の異なる国へのEU拡大という2番目の挑戦を引き起こし、前2者は最後の側面を顕在化させ、経済的・社会的結束に加えて地域間（territorial）結束を迫ってきた。しかもこの経済的・社会的・地域間結束を、国家間のレベルやそれよりも低位なローカルな地域レベルだけではなく、国家レベルを超えるがEUレベルよりも下位な地域空間で求めてくるようになる（Stocchiero 2010：2）。ここに、第4次拡大と第5次拡大の後バルト海マクロリージョン戦略（EUSBSR）を発足させるひとつの推進力があり（蓮見2009）、EUにおいてMRSが政策・手法として定式化される要因があった。このバルト海地域協力の経験とEUの政策化のなかで、以下でみるように、EUDRSがスタートした[20]。

まず、上記の3側面のなかで「多様で発展水準の異なる国への拡大」を指摘したが、EUに新加盟した中東欧諸国の特徴について2点ほど確認しておきたい。第1は、欧州の旧加盟国・西欧地域とはさまざまな点で異なっている点である。資本主義の多様性論から観察すると、中東欧諸国は、外資依存型成長（国内貯蓄と資本の不足）、弱い市民社会、EUや他の国際機関から強い影響をうけているポスト社会主義の資本主義であるという点では共通性があり、旧EU加盟国と異なる（Farkas 2011）。さらに体制転換の20年以上の間に資本主義のこの東欧タイプもさらに分岐化している（Bohle and Greskovits 2012）。これらの国はEU旧加盟国へのキャッチアップと収斂化を次第に強めてきたが、その歩みも2008年以降の危機が停滞させている。それはこれら諸国の経済成長潜在力（投資、教育、イノベーション）を低下させ、新加盟国間の格差と相違も拡大させてきている。一部の東欧をEUの周

縁部として固定化する（EU peripherialization）危険性をはらんでいる（田中宏 2012）。EU レベルと各国政府レベルで緊縮政策が欧州を覆っている中で、人的資本のダメージと知的生産の基盤の低下をできるだけ最小限にすることが求められている（Farkas 2012）。第2に、これらポスト社会主義諸国には「地域」自体を作るという課題（making regions）が発生している。体制転換は中央集権的再分配メカニズムを解体したために地域的平準化の手段をも喪失した。地域間格差の拡大に対処する手段が未整備で、地域的多様性と地域的アイデンティティの形成やローカルな主体による中央集権でないレベル（メゾ）で制度の構築の要求が発生し、「近代的」地域の制度構築と「ポスト近代化」のそれを同時に遂行しなくてはならなかった[21]。

5.2 EU ドナウ・リージョン戦略とは何か

EUSDR は2008年秋 EUSBSR の協議が開始された時期に同時に検討が開始された。初期の提案国はルーマニア、オーストリアそしてセルビアであった。その後ハンガリーがこのグループに加わり、2011年前半の EU 議長国の任期中に EU の優先的課題にすることを宣言した（Schymik 2011）。

最初の提案は以下のようになされた（Novello 2010）。2009年6月19日 EU 理事会は、欧州委員会に対して、バルト海を参考にして、ドナウ・リージョンの EU 戦略を作成するように決定した。その期限は2010年度末とした。諸基金のより効率的な利用、加盟国、EU、非加盟国等の行動の調整が目的であった[22]。それを受けた作業の後、欧州委員会は2010年12月8日にドナウ流域の開発促進の戦略に関するコミュニケーションを発表し、それに基づいて2011年4月13日の欧州理事会は EUSDR を採択した。極めて迅速であった。以下に見るように、200以上の優先的アクションとプログラムが準備された。加盟する国（州）は EU 加盟の9カ国（ドイツの2州、チェコ共和国、オーストリア、スロヴァキア、ハンガリー、スロヴェニア、ブルガリア、ルーマニア、クロアチア）と非加盟の5カ国（セルビア、ボスニア・ヘルツェゴヴィナ、モンテネグロ、ウクライナ、モルドヴァ）である（表7-

1参照)。

　ドナウ・マクロリージョンの経済の現状は次のとおりである。各国間の不均等を伴いながら経済成長の停滞と失業率の上昇に象徴される経済危機から十分に脱却できていない。その裏には次のような問題を抱えている（Gal 2012：11-30)。この領域は首都圏を中心とする、僅かながらも人口増加するエリアと反対に過疎化が進行している地域とに分極化している。そのなかで少子化と高齢化が進行している。1国内の周縁地域では若年層、低学歴、低技能の労働者の失業、少数民族グループの失業が深刻化している。しかも長期化している。インフォーマルセクターも広がっている。経済発展と工業化、外資による投資、貿易の点で旧加盟国、新加盟国そして未加盟国に段差があり、格差が拡大している。エネルギー供給の安全保障の点からも、EUの影響をうけて、転換が迫られている（Gal 2012：18-19)。農業の近代化・商業化・輸出指向への転換・個人農家育成でも分岐傾向がある。域内交通ネ

表7-1　2つのマクロリージョンの比較

	バルト海マクロリージョン	ドナウ・マクロリージョン
EU加盟国	デンマーク、スウェーデン、フィンランド、エストニア、ラトビア、リトアニア、ポーランド、ドイツ3州 (Hamburg, Schleswing-Holstein, Mecklenbug-Voprommen)	クロアチア*、ルーマニア、ブルガリア、ハンガリー、スロヴェニア、スロヴァキア、チェコ共和国、オーストリア、ドイツ2州 (Baden-Wurttemberg, Bavaria)
非EU加盟国	ノルウェー、ロシア、ベラルーシ	ウクライナ、セルビア、ボスニア・ヘルツェゴヴィナ、モンテネグロ、モルドヴァ
優先領域	15件	11件
結束政策基金	500億ユーロ（2007-2013)	1000億ユーロ（2007-2013)**
人口（100万人)	71（14%)	89（18%)
面積（1000平方km)	1270（30%)	769（18%)
GDP（10億ユーロ)	1,375（11%)	1,620（13%)

出所）Groenindijk (2013,9)、Schymik (2001)
注）括弧内の%はEU全体に占めるこのリージョンの比率である。
　＊クロアチアは2013年7月に新規加盟した。
　＊＊2007-2013年度の結束基金は3548億1500万ユーロ（EU予算額9936億100万ユーロの35.7%）の約28%となる。

ットワークが時代遅れで、域内連携だけでなく EU のセンター地域との間に期待される連携を強化できていない。マクロリージョンを一体化させる制度的整備度が低い。ドナウ東岸地域は西岸地域と比較して、またドナウ川下流域は上流域と比較しても、いずれの場合でも前者の方の経済的停滞と貧困、失業がより深刻な問題になっている。

　EUSBSR と EUSDR の相違は次の点にある（Gänzle and Kern 2011：14）。つまり、EUSBSR が主としてバルト海沿岸地域の内外の異なるパートナー同士の比較的広範囲のよく組織されたネットワークに依拠してきたのに対して、EUSDR の場合は、このマクロリージョンに対応する市民団体が欧州ドナウ委員会（the Danube Commission）や最近（2009年）設立されたドナウ都市地域欧州協議会（European Conference of the Danube Cities and Regions）を除いてあまり存在しなかった。Hardi（2009：239-258）によれば、体制転換後、オーストリアを中軸にドナウ川流域の取り組みが僅かになされ[23]、EU に関係する Danube Space Study（2000）と Vision Planet（1999）という共同空間開発文書が作成されたのに留まっていた。その対比からいうと、バルト海マクロリージョンが国家主導、北海マクロリージョンが地方政府主導であることとは対照的に、EUSDR は EU の超国家組織主導型の MRS である。つまり、自然地理的意味（ドナウ川）を付加し、アイデンティティを構築することをトップダウン的に狙ったものである（柑本 2011b：36）[24]。

　では、なぜこのような超国家組織主導型の戦略を EU は採択したのか。それは、その前段として実施された Interreg ⅡC（1997-1999年）と ⅢB（2000-2006年）の中欧・南東欧の近隣超国家協力（CADSES）による欧州化が成功しなかったからである[25]。先にも述べたように、ドナウ川流域は EU 加盟の 8 カ国と非加盟の 6 カ国を包摂している。そこは、環境問題の脅威（汚染、洪水、気候変化）、水運事業の未開発とそれと陸上輸送網との連結の不十分さ、エネルギー問題、不平等な社会経済的発展、バラバラな教育・研究イノベーション体系、安全保障の不十分さなどの問題を抱える。そ

こからクリーンで迅速な河川運輸環境、より安価で安全なエネルギーの確保、経済的社会的包摂、研究イノベーション開発による地域全体の繁栄、ツーリズムと文化による魅力の増進が潜在的に求められていた。しかし、これらの問題解決には従来型の地域・地域間協力方式の刷新が要請され、それにむけてアイデンティティの構築も必要であった。バルトの経験が示唆を与え、歴史に裏付けされた自然地理的意味（ドナウ川）の付加がそれを容易にした。

　次の問題は、それらに必要な財源やその他の資源をどこから捻出するか、である。先の3つのNOの指摘通り、このEUSDRもこれらの施策に必要な追加的資金をEUから提供してもらうことを想定していない。すでに利用できる既存の財政資源をより統合、調整した方法で利用して、付加的価値をつけようとする。つまりEUSDR参加国はEUの結束政策や他のプログラムさらにはさまざまな国際金融機関を利用することが念頭に置かれている。EUはすでに上記の問題解決のための協力を実りあるものにするようなさまざまなプログラムを提供しているとされている[26]。

　EUSDRには、以下のように、優先される4つの柱がある。それぞれの柱にはいくつかの優先領域（Priority areas: PA）がある。括弧の中は調整国である（EUEC 2011：4-7)[27]。

　第1の柱：ドナウ地域を結合する。 3つのPA：① PA01：移動性と多様な方法の改善。内陸水運（オーストリア、ルーマニア）、10のアクションと9のプログラム、およびPA1B:鉄道・道路・航空（スロベニア、セルビア）、7のアクションと6のプログラム。② PA02：持続可能なエネルギーの奨励（ハンガリー、チェコ共和国）、17のアクションと10のプログラム。③ PA03：文化やツーリズム、市民同士の接触の促進（スロヴェニア、セルビア）14のアクションと20のプログラム。

　第2の柱：ドナウ地域の環境を保護する。 3つのPA：① PA04：水質の維持改善（ハンガリー、スロヴァキア）、14のアクションと7のプログラム。②

PA05：環境リスクの管理（ハンガリー、ルーマニア）、8のアクションと11のプログラム。③ PA06：生物多様性・景観・大気と水の質の保持（独バヴァリア、クロアチア）、16のアクションと13のプログラム。

第3の柱：ドナウ地域に繁栄を構築する。 3つのPA：① PA07：研究、教育、情報テクノロジーを通じた知識社会の発展（スロヴァキア、セルビア）8のアクションと12のプログラム。② PA08：企業、クラスター・ネットワークの競争力の強化支援（独バーデン・ヴィルテンベルグ）、7のアクションと10のプログラム。③ PA09：人間とスキルへの投資（オーストリア、モルドヴァ）、8のアクションと7のプログラム。

第4の柱：ドナウ地域を強化する。 2つのPA：① PA10：制度的能力と協力の開始（ウィーン、スロヴェニア）、9のアクションと8のプログラム。② PA11：安全保障促進の共同と深刻な組織犯罪への対処（ドイツ、ブルガリア）11のアクションと10のプログラム[28]。

では実際にEUSDRはどのようにして運用・機能しているのか（図7-3参照）。政策水準では欧州理事会が戦略を承認して主要な政策方向を決定す

図7-3　EUSDRのガバナンスモデル

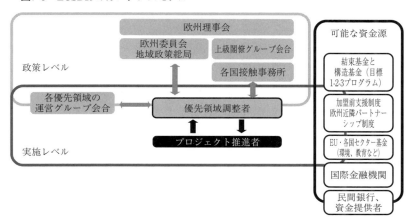

出所）http://www.danube-region.eu/pages/what-is-the-eusdr 田中宏（2013）より引用。

図7-4　インターラクトの役割

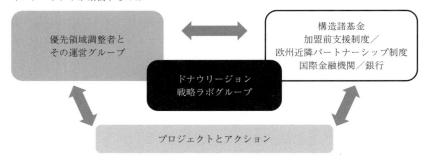

出所）http://www.danube-region.eu/pages/what-is-the-eusdr. 田中宏（2013）より引用。

る。関係政府の上級閣僚グループ会合（High Level Group）は、上記の決定を行動計画、戦略目標にまで落とし込んだ決定を行い、欧州委員会は行動計画過程の調整と促進、実績と進歩に関する報告書を作成すると同時に、戦略フォーラム（Forum）を開催する。各国接触事務所（national contact point）は国内行政間の調整とアドバイスと情報の提供を行う。それは5つの段階を経過して実施される。最初は協議（consultation）段階で、毎年このフォーラムが開催され、そこでは各国政府関係者、EU機関そして利害関係者（政府機関、民間部門、市民社会）が参加して、行動計画について議論協議する。第2段階は政策調整で、上級閣僚グループと欧州委員が政策について調整する。合意に達しなかった場合には独立の専門家を交えた対話を継続する。第3段階では、それぞれのプロジェクトを通じて行動に移る。それぞれの優先領域PAは域内の担当する国が担う。それぞれに優先領域調整者（PA Coordinator）、専門家（experts）が省庁官庁の線に沿って配備される。その優先領域調整者は計画と目標、指標、タイムテーブルとの整合性と、各担当者間の効果的な協力を引き出すようにする。技術的支援も行う。次の段

階が実施の促進である。これを担うのは各国接触事務所に支援された委員（プロジェクト推進者）である。最後に報告と評価の段階で、優先領域調整者とパートナーを組んでこの委員が報告・評価を行い、次の年次フォルムに提出する。戦略フォーラム、各国接触事務所、優先領域調整者が4.4で示したインテグラル型の調整を行っている[29]。

　そのインテグラル型の調整の一部はインターラクトでも担われている。インターラクトについては脚注14においてすでに指摘した。ここではウィーンにあるインターラクト・ポイントの役割と機能を概観しておこう。訪問した事務所は思いのほか小規模で、常任スタッフが6名であった。その役割はEUSDRを支援する活動で、専門性（戦略的ラボグループが担う）に基づいて協力のネットワークの構築、相互のコミュニケーションの促進、加盟国と欧州委員会の支援を行うことであった。さまざまな情報や専門的知識の提供者そして参加者がそこに出入りするプラットフォームの役割を果たしている。

5.3　EUドナウ・リージョン戦略（EUSDR）の現状

　次に、ヒアリングと文献調査を行ったその評価を要約的にまとめておこう。EUSDRの肯定的成果として、2007-2013年度欧州地域開発基金（ERDF）の実施の改善、共通のセクター戦略と計画、一部の分野で基金設立がもたらされたこと、基金資源を連結する必要性の認識の高まり、セクター横断的先駆事業の開始、教育等における若者向けプロジェクトの開始、潜在的投資家との対話の開始、などがインテグラル型調整の前進として指摘されている。もちろん、以下のような多くの解決すべき課題も指摘されている。

　第1の問題点として、このドナウ・リージョンがもつ、いわば構造的で多面にわたる隔絶（divide）とそこからくる地域間非対称性、そしてそのための各国間の熱意のアンバランスと同床異夢が現存する。もちろん、EU加盟と非加盟から来る違い（アキ・コミュノテールの導入の格差）もある。第2

の問題点は、EUSDR が EU の新たな資金をもたらす可能性が全くないこと、さらに EU の2014-2020年第5期多年度財政枠組みで地域政策に向けられる基金の縮小が予測されることに対する心配も指摘された。以上2つの問題点は、それを解決するためにむしろ EUSDR が設立されたと理解すべきであろう。第3に、準備段階で十分な調査と戦略準備がなされていない。このことは第1の隔絶や3つの NO にもかかわってくる。優先順序の不明確さも指摘される。そして最後に、閣僚レベルの政治的コミットメントを実際に多国間・1国・地域の事業の仕組みに落とし込むこと、そこで関連するアクターがともに作業することの不十分性である。まとめて言えば、インテグラル型の地域アーキテクチュア構造は未成熟で、視覚化されず、なによりもその構造の諸スケールを越えた機能のすり合わせが不明確である。

5.4 欧州委員会による EUSDR の2年間の総括と欧州議会の MRS の総括

これに対して、欧州委員会（European Commission 2013）は、EUSDR 発足後2年間が経過したので、過去18カ月実施状況について、以下のような総括と報告を行っている。この戦略の成果として指摘されるのは以下の点である。地域に影響とインパクトを与える超国家的プロジェクトが促進され、異なる各国・EU の政策や基金の間の調整がなされた。より一貫性と結果を出す方法が開拓され、広範囲な協力プラットフォームと開発と共同の努力が挑戦され、閣僚レベルの戦略的支援と実施が具体的に前進した。これらを通じてこの戦略の政治的重要性に光をあてられるようになった。

改善すべき点は次のように指摘されている。つまり、実施運用面でコアとなっている、政策レベルとオペレーションレベルをつなぐ各国接触事務所・優先領域調整者・運営グループをさらに強化する必要（政治行政構造のなかへ埋め込み、安定的な政治的承認と十分な人材の保障）があり、また上級署僚の政治的サポートも決定的に重要であるとされる。既存の資源や2014-2020年の多年度財政枠組みの期間で、具体的行動計画をファイナンスする手立ての必要性および既存の国際組織のイニシャティブの利用の積極

化、結果指向性を強めて目標を設定し、EUレベルでクロスセクター的協力の統合的アプローチを強調し、EU非加盟国を参加させ、コミュニケーションを強化することが求められる。各国に対しては、2014-2020年多年度財政枠組みの期間の地域政策の新しい世代のプログラムにEUSDRを組み入れ、地域政策以外の各種基金（欧州構造投資基金、EUの研究イノベーション・フレームプログラムであるHorizon2020（2014-2020）、企業・中小企業の競争力構築のためのプログラム（2014-2020）であるCOSMEなど）の利用を活用し、ドナウ・リージョン戦略の優先課題を達成できるのに適切なスタッフと財務を確実に揃え、さらに部門別閣僚理事会でEUSDRの狙いを浸透させること、を薦めている。つまり、EUレベルと加盟国レベルで、地域アーキテクチュアのインテグラル型調整の深化と拡大を求めている。

他方、欧州議会はEUSDRだけでなく既存と将来設立準備中のMRSを含めて、「欧州地域間協力におけるマクロリージョンの役割」について2015年1月に委託調査報告書を発表している（Schuh et. al. 2015）。それによると、先に上記の欧州委員会総括とほぼ重なるが、MRSの意義の強調点に違いがある。欧州議会はMRSを「領域化された」結束政策として強調して、地域政策と対外政策の双方を解決する手段として位置付けている。この強調と位置づけはまだ設立されていない地中海や黒海のMRSへの期待に関わっている。さらに結束政策のパイロット的推進として位置付け、その諸資源を利用できるように束にする相対的力能とキャパシティが異なるアクター間のネットワークのノードとしてマクロリージョンを特徴づけている。マクロリージョン化とは多様な利害とキャパシティの間な統合的均衡過程（integrative balancing）として理解している。よりオープンな地域アーキテクチュアに転換することと、それを結束政策に収斂させることを訴えている。

6　結　論

これまで、マクロリージョン戦略とそれを分析する視角、地域アーキテク

チュア論、ドナウ川・地域の歴史的特徴を明らかにした後に、地域アーキテクチュアの点から欧州連合のEUSDRとはどのようなものかを解明し、最後にEUSDRの現状、到達点と問題点を明らかにしてきた。EUSDRも含めてマクロリージョン戦略の全体の総括は次の研究課題として残しておき、以下のように、まとめと結論を出しておきたい。

最初に指摘すべき点は、現地ヒアリング調査を経験して感じる、EUSDRのEU（ブリュッセル）側の理念的熱意と東欧の現場の感覚との乖離、ドナウ・マクロリージョンの域内の乖離である。これは、EU（旧加盟国側）が東欧諸国の新規加盟に何を期待し、新加盟の東欧諸国がEU加盟に何を期待したのか、の期待感のギャップの再現でもあるだろう。3つのNO原則（新基金なし、新立法なし、新制度なし）にもかかわらず、各国の旧式ニーズの寄せ集め、資金なし、道具先行と準備不足そして参加国間・リージョン内格差是正の資金・手段の不足という指摘は現場からの的を射た批判である。

第2に、上の結論と正反対になるが、MRSは新リスボン戦略という観点からは、地域政策、結束政策の相互の調整的施行とソフトな調整を組み合わせたものとして画期的である。社会経済のイノベーションとして3つのNOはEUのこれまでの政策展開では明らかになかったものである。その構想と実施に欧州議会が深く関わっている点でも展望的である。財政・政治同盟についての現在の合意水準および今次の経済財政危機のなかでは、EU財政の根本的再編成と各国レベルでの大規模な財政出動というオプションはないだろう。この現段階では、極めて強い専門性に裏付けられているが、しかし弾力的な統合的調整にしか経済政策の戦略的調整の道は残されていない。

しかし、第3に、EUSDRはボトムアップのガバナンスの弱さ、域内のさまざまな点での非対称性の存在、ドナウ川地域の経済問題を解決する構想、政策と資金、実行力の欠如も明らかである。インテグラル型地域アーキテクチュア構築は未成熟であり、その深化・拡大・拡張・可視化が求められている。EGTCとの関係の実践と研究も求められている。これは伝統的なヨー

ロッパ統合の方式を否定する、EUの社会経済イノベーションとなる可能性を秘めているだろう。EUSDRはその実験の始まりである。

＊本稿は、田中宏（2013）（2015）を合わせて整理・加筆・修正したものである。

注
1) Benelux を最初のマクロリージョンに加える見解もある（Groenendjik 2013）。
2) EUSAIR は 8 カ国をカバーし、EU 加盟 4 カ国（クロアチア、ギリシャ、イタリア、スロヴェニア）と EU 非加盟 4 カ国（アルバニア、ボスニア・ヘルツェゴヴィナ、モンテネグロ、セルビア）が参加している。
3) EUSAR は 7 カ国、オーストリア、フランス、ドイツ、イタリア、リヒテンシュテイン、スロヴェニア、スイスが加盟している。
4) 本書第 6 章表 6 - 5 参照。
5) マクロリージョン戦略に関する研究は極めて初期の段階である。研究はバルト・リージョンの多くにまだ限定されている。我が国では柑本（2011a, 2011b, 2014）、蓮見（2009）がある。European Commission（2013）は欧州委員会によるマクロリージョン戦略の短期間の総括的報告書である。以下の研究はこれらの研究の成果に負っている。
6) 柑本（2010：17-19）は region を地域と訳さずリージョンと訳することを提案する。それによれば、リージョンには狭義と広義の定義がある。狭義のそれは「構成基礎単位としての小さなリージョン」、州等の地方政府の管轄領域のことである。もうひとつは広義の「地域空間そのものの大きさを示すリージョン」である。ミクロ、サブ、マクロという接頭語をつけて空間の大きさを表す場合がある。Interreg のプログラムのなかでは EU の地域政策を実行する「政策容器」としての意味をリージョンは有するようになる。2001年の欧州ガヴァナンス白書（European Governance: A White Paper）で初めて地方政府が欧州を共治する行為体であることを認めた。EU をメガリージョンとして位置付けると、EU（メガリージョン）―ドナウ地域（マクロリージョン）-加盟国国家となる。他の研究（百瀬宏）では、このドナウ地域（マクロリージョン）に下位地域（サブリージョン）という名称を付している。しかし、EU の地域政策では国内下位地域を下位地域（サブリージョン）と呼ぶ場合もある。その場合、EU（マクロリージョン）、国家、サブリージョン（国際交流する州レベルの地域、例；北海沿岸地域）、越境地域（ユーロリージョン、ミクロリージョン）と分類できる。欧州地域政策での国際協力は、国家の行う国際協力 international cooperation と、地方政府が基礎単位となる越境協力（trans-national/inter-regional cooperation）に大別できる。ここでは、柑本（2010）にしたがって、政策容器、欧州を共治する行為体としての意義を意識しているが、マクロリージョンを併用している。
7) セメツキによれば、2 つのタイプのマクロリージョン戦略がある。1 つは一国単独では満足して対応することができない問題に対処するタイプ（transnational なタイプ）と、多数国が協力することで利益となるタイプ（common issue なタイプ）である。EU が重視するのは前者のタイプである（Dühr 2011）。

8）新基金がない点は、後述するように、この戦略の弱点と思われるが、より強い調整と様々なレベルの様々な財政資金のより強いシナジーを求め、これまでの基金に依拠する機会を強化し、さまざまなプログラム・政策・制度の点から異なる資源を調整する様式や現実可能性を考慮するようになる。その意味でガヴァンスの挑戦である（Stocchero 2010：7）。
9）新立法なしは、協議形式で集めた行動計画を準備することが各国政府やEUの戦略の内容となる。このことは「ボトムアップ」アプローチであると同時に「トップダウン」のアプローチを含み、両者のあいだの基本的な衝突を含んでいることを意味している（Stocchiero 2010：6）。
10）新制度なしはマルチレベルとマルチアクターのガバナンスによって支えられることに通じる。欧州委員会は全面的な調整者、外部からのファシリテーター、ソフトパワーを行使することになる（Stocchiero 2010：8）。
11）CRPM-CPMR（2012）によれば、欧州経済社会評議会や欧州議会もMRSにのみ限定した追加的な資金源を要請した。また地域評議会は欧州委員会の非柔軟的姿勢の再考を求めた。その結果、欧州理事会は2012年4月12日の結論で「3つのYES」のルールを決定した。
12）その前提に国境（ボーダー）の意味の変化について指摘しておかなければならない（蓮見 2009）。Mirwaldt et.al.（2010）によれば、単一市場統合の結果、国境（ボーダー）が障害ではなく、架橋/コミュニケーションのチャンネルとして再定義されることが多くなった。越境した結びつき（リンケージ）は経済発展の地理について異なる思考を生みだした。特に周辺地域の越境リンケージはローカルな企業同士の相互支援を奨励することになる。協力的なリンクと学習機会、潜在的シナジーはある地域に比較優位をもたらすはずの領域的資本を形成する資産となるとされる。
13）ただし、ESDPは政府間の拘束文書ではなく、EUの政策の計画と調整のための基礎を提供し、新しい政策領域の出現の前兆を示すものだった。CEADSESとはCentral European, Adriatic, Danubian, South-Eastern European Space CADSES - Advancing transnational co-operation in Central and South East Europeの略称。GrauteUlrichによる総括的まとめは、http://www.mrr.gov.pl/aktualnosci/fundusze_europejskie_2007_2013/documents/dea56ea5af844c44993ab3c5d941cf5ewstiiibcadses.pdfを参照。
14）インターラクトINTERACTとは、欧州地域間協力プログラムのための実践的支援、訓練と助言、関係者のためのフォーラムの開催、経験の交流、規則的な情宣サービスを行う唯一の専門家組織である。2003年に設立され、EU（Interreg）と加盟国（＋ノルウェーとスイス）の共同出資によって運営されている（2007-2013年度4000万ユーコ：EU側85％、加盟国分15％）。現在、フィンランドのTurku、スペインのValencia、デンマークのBivorg、オーストリアのViennaに4つのINTERACT Point（事務所）が設置されている。
15）進化論の点からすると、クロススケール、アップロード、ダウンロードは構造的フィードバック（structural feedback）、フィードバック・ループ（feedback loop）、フィードバック跳躍（feedback jump）、制度化されたショートカット（institutionalized short-cut）、交差階層ショートカット（cross-hierarchy shortcut）を表現している。
16）八木（2015）やFarkas（2012；133）によれば、結束政策の目的は収斂ではなくて、

包摂的社会発展を目指すことを含んで、その地域の経済的潜在力を使いきることにある。
17) 大文字の Region や小文字 region と混同させないために place/functional regions という用語を利用している。本書第 3 章と第 6 章では PBA は地域政策の実施手段のひとつとして挙げられているので、ここでは PBA の意義が拡張されていることになる。
18) ここでは分析しないが、EGTC のなかで ESPON だけがこのような 1 つだけの Interreg 機能を担う団体ということになる。
19) マクロリージョン戦略は地域政策、結束政策の一環に位置付けられるが、その進化の過程で EU 非加盟国を包摂するようになった。
20) ドナウリージョンは14カ国を包括し、うち EU 加盟国が 9 カ国で、残り 5 カ国が非加盟近隣諸国である（表7.1参照）。クロアチアは加盟直後である。その迅速性は、2009年 6 月に欧州理事会がその議長結論で EUSDR の準備を欧州委員会に提案したが、その後欧州員会が原案を作成し、わずか 1 年半後の2010年12月に欧州理事会は、11の優先領域に包括される130近くのアクションプランを含むコミュニケーション（Communication）を署名確認した、ことに表れている。
21) Tatur (2004, 15-39) 参照。地域自体の再構築というこの問題は、ドナウ・マクロリージョン戦略の中にも反映される。後で述べるように、南東欧諸国はこの戦略を担う主体の形成が不十分である。Bruszt and Balazs (2013) によれば、加盟前支援プログラムは地方行政組織や非国家組織の組織能力を確実に構築してきている。
22) この地域には、最初の 4 つの Interreg で CBC プログラムが実施され、2007-20013年には42件の ETC, IPA-CBC, ENP-CBC プログラムが実施されていた。2007-2013年には総額（各国政府拠出分もふくむ）43億ユーロが拠出されている（Territorial Cooperation 2010：No.1）。
23) 以下の取り組みがなされている。1990年設立のドナウ流域作業共同体（Arge Donau）、1993年ドナウ学長コンファレンス、1994年ドナウ川保護のためのドナウ保護協定・ドナウ保護国際委員会（ICPDR）、ドナウ川流域内陸航行・環境持続可能性共同声明（NAIADES）、2002年ドナウ協力プロセス、2003年 Donauhanse（ドナウ流域都市経済協力）、欧州共同体水枠組み原則（2000年）、2005年 Via-Donau 水運会社設立。
24) 同時に EU に関係する Danube Space Study (2000) と Vision Planet (1999) という空間共同開発文書が作成されてきた。Hardi (2009：83) によれば、南欧協力（Southeast Europe cooperation）との間に開発をめぐる問題があった。
25) Jacic, Croccolo, Graute (2008) によれば、CADSES は政治的枠組みを変更して、CADSES 参加国がすべてのプログラムに等しく参加でき、契約当局の間で協力調整がなされ、Interreg と対外的基金（Tacis, CBC, PHARE, CARDS）とが統合され、セルビア等が新たに参加することが必要であった。
26) さまざまなプログラムについては http://www.danube-region.eu/announcement/2014.02.23/を参照。
27) バルト海マクロリージョン戦略の場合、優先領域調整国になるのは 1 国のみであったが、ドナウ戦略の場合 2 カ国で共同担当。どこの国がどの領域を担当するのかは公募・選定された。EU 加盟国であるルーマニアだけが参加していない。
28) 以上で表記した「アクション」とは、各国/関係者が関与する重大な論点を示し、必

ずしも資金提供が伴わない。これにたいして「プログラム」とは開始・終了日、実施主体・協力者が明記された具体的行動のことを指し、必ず資金提供が必要となる。

29) EUSDR のガバナンス構造の最近の以下の変化については、実際の状態が確認出来ていないので、ここでの分析に加えていない。2015年ドナウ戦略事務所（Danube Strategy Point; DSP）が設立された（2015-2016年はパイロット期間とされている）。設置場所はバーデン・ヴュテンベルグ州のブリュッセル事務所である。その目的はこの戦略の実施過程の改善である。この戦略の調整課題で EU 委員会を支援し、優先領域調節者と各国調節者との間の意見の交換かつ EU 諸機関からの基金を管理執行することとされるが、実態は未確認である。http://danube-region.eu/about/governance/2016,05,23/

参照文献

加藤雅彦（1991）『ドナウ河紀行』岩波新書。
柑本英雄（2008）「リージョンへの政治地理学的再接近：スケール概念による空間の混沌整理の試み」『北東アジア地域研究』14。
── (2010)『EU 地域空間再編成とサブリージョン──越境する非国家領域行為体とクロススケールガバナンスの視座からの分析──』（早稲田大学審査学位論文　2010年12月）。
── (2011a)「新しい「地域」の胎動：マクロ・リージョン『バルト海戦略』から見た東アジアの地域協力推進可能性への視角」『都市計画』60（2）。
── (2011b)「スケール間の政治と"マクロ・リージョン"：『EU バルト海戦略』成立過程の研究」『北東アジア地域研究』17。
── (2014)『EU のマクロ・リージョン』勁草書房。
── (2016)「サブリージョナリズム分析の新しい潮流：マクロリージョナリズム」立命館大学社会システム研究所・経済学会セミナー報告（2016年1月23日）。
清水耕一（2013）「EU 地域政策の進化と越境地域間協力（CBC）の現状」2013年進化経済学会報告。
── (2016)「EU 地域政策の進化と現状」、「欧州地域間協力の発展と新機軸」本書第3章、第6章。
田中宏（2001）「東欧におけるグローバル化と地域変容」『ロシア東欧学年報』30。
── (2009)「欧州統合とユーロリージョン──越境協力の第三段階──」篠田武司・西口清勝・松下冽編『グローバル化とリージョナリズム』お茶の水書房。
── (2013)「EU のマクロ・リージョン戦略：ドナウ川流域のケース『立命館国際地域研究』38。
── (2015)「EU の地域アーキテクチュア：マクロ地域戦略と欧州領域協力団体」『立命館経済学』64(2)。
藤本隆宏（2002）「製品アーキテクチャの概念・測定・戦略に関するノート」独立行政法人経済産業研究所 REITI　Discussion Paper　Series　02-J-008。
── (2003)『能力構築競争』中公新書。
── (2004)『日本のもの造り哲学』日本経済新聞社。
── (2007)『ものづくり経営学』中公新書。
蓮見雄編（2009）『拡大する EU とバルト経済圏の始動』昭和堂。

若森章孝・八木紀一郎・清水耕一・長尾伸一（編著）（2007）『EU 経済統合の地域的次元：クロスボーダー・コーペレーションの最前線』ミネルヴァ書房。
八木紀一郎（2016）「地域政策の新しい役割と欧州統合」『摂南経済研究』6（1-2）。
Asian Development Bank（2010）Institutions for Regional Integration― Toward an Asian Community―.
Barca, F. (2009) An Agenda for a Reformed Cohesion Policy. Independent Report prepared at the request of Danuta Hübner, Commissioner for Regional Policy.
Bartlett, W. and Monastiriotis, V. eds. (2010) South East Europe after the Economic Crisis: a *New Dawn or back to Business as Usual?* LSE and LSEE.
Bierman, F. et al. (2009). The Fragmentation of Global Governance Architectures: A Framework for Analysis. *Global Environmental Politics*, Volume 9, Number 4 November 2009, pp. 14-40
Bohle D. and Greskovits B. (2012) *Capitalist Diversity on Europe's Periphery*, Cornell University Press.
Braun-Zoltan, G. and Kovacs, L. (2011) Macro-Regional Strategies, Experiment for the Renewal of Economic Policy of the European Union, *Public Finance Quarterly*, 56(1).
Bruszt, L. and Balazs, V. (2013) Associating, mobilizing, politicizing: local developmental agency from without, *Theory and Society* 42(1): 1-23.
CRPM-CPMR (2012) *Technical Paper from the CPMR General Secretariat, Guidelines for the Drafting and Implementation of Macro-Regional Strategies (MRS)*. Reference CRPMNTP120040 AO-September 2012.
Danube Space Study (2000) Final Report Commissioned by European Commission DG: Regional Policy, http://ec.europa.eu/regional_policy/sources/docgener/studies/pdf/danube/extrapart/content.pdf/2014.02.24/
Dühr, S. (2011) Baltic Sea, Danube and Macro-Regional Strategies: A Model for Transnational Cooperation in the EU? *Notre Europe* 86.
EUEC (2011) Panorama Inforegio 37.
European Commission (2013) *Report from the Commission to the European Parliament, the Council, the European Economic and Social Committee and the Committee of the Regions concerning the European Union Strategy for the Danube Region*, Brussels,8.4.2013, Com (2013)181final.
――(2016) Communication from the Commission to the European Parliament, the Council, the European Economic and Social Committee and the Committee of the Region, European Union Strategy for Danube Region, Brussels, 08/12/20010,COM (2010) 715, http://www.danube-region.eu/component/edocman/communication-of-the-commission-eusdr-pdf/2016.05.23/
Favalli, V. (2015) Macro-regional Strategies in Territorial Cooperation, The future of European Regional Cooperation, *PECOB*,
http://www.pecob.eu/Macro-regional-Strategies-Territorial-Cooperation-future-European-Regional-Policy/2016.03.30/
Farkas, B. (2011) The Central and Eastern European Model of Capitalism, *Post-*

Communist Economies, 23(1).

—— (2012) The Impact of the Global Economic Crisis in the Old and New Cohesion Member States of the European Union, April 29, 2012, *Public Finance Quarterly/ Pénzügyi Szemle* 52(1), pp. 53-70.

Fleisher, T. (2013) EU Strategy for the Danube Region: Expectation and Realities, (Budapest, February 21st 2013 meeting material)

Gal, Z. (2012) *Danube Region, Transnational Regional Report* (V1,16 February 2012), Territorial Scenarios and Visions for Europe (ET2050), Pecs

Gänzle S. and Kern K. (2011) Macro-regional Strategies: A New Mode of Differentiated Integration in the European Union (Paper prepared for presentation at the CEPSA Annual Conference 2011)

Gänzle, S. and Wulf, J-J. (2014) The Emerging Core of the EU's Macro-regional Governance Architecture; *ISL Working Paper* 2014:1, Department of Political Science and Management, University of Agder.

Gardini,G. L. (2013) The added value of the Pacific Alliance and 'modular regionalism' in Latin America, http://blogs.lse.ac.uk/ideas/2013/06/the-added-value-of-the-pacific-alliance-and-modular-regionalism-in-latin-america/2015.02.02/

Gogacz, M. (2009) Macro-regional strategies in the European Union (September 2009) http://ec.europa.eu/regional_policy/cooperate/baltic/pdf/macroregional_strategies_2009.pdf

Groenendijk, N. (2013) Macro-Regions: Regional Integration within and beyond the EU, Paper presented at the 21st NISPAcee conference, Belgrade, 16-18 May 2013.

Hardi, T. (2009) *Duna-stratégia és területi fejlődés*, Budapest,Akadémia Kiadó

Jacic, M., Croccolo, F. and Graute, U. (2008) INTERREG III B CADSES, Results, Issue 2, *Advancing Neighborhood Co-operation.*

Martinez, A. A. (2014) Towards a New Generation of European Groupings of Territorial Cooperation, *EStIF - European Structural and Investment Funds Journal* 2/2014, pp. 89-100.

https://portal.cor.europa.eu/egtc/ressources/articulo-egtc.pdf//30.03.2016./

Matarrelli, F. (2012) The Macro-regional Concept as a New Model of Differentiated Integration, http://lup.lub.lu.se/luur/ 24.08.2013/

Mirwaldt, K. McMaster,I. and Bachtler,J. The Concept of Macro-Regions: Practice and Prospects, European Policies Research Centre, University of Strathclyde, *Discussion Paper on Macro-Regions*, http://www.ostsam.no/file=18022/ 06.06.2016/

Nolte, D. (2014) Latin America's New Regional Architecture: A Cooperative or Segmented Regional Governance Complex? *EUI Working Paper* RSCAS 2014/89.

Novello,M. (2010) What is the EU Strategy for the Danube Region? http://www.interact-eu.net/downloads/1915/Newsletter_INTERACT_Territorial_Cooperation_Onboard_with_the_EUSDR___Issue_2010-04.pdf/2013.08.24/

OECD (2009) *Regions at a Glance 2009*, Paris.

Panteia and Partners (2010) Interreg III Community Initiative (2000-2006) (No. 2008.CE. 16.O.AT.016) Final Report
Sabel, C. F. and Zeitlin, J. (2008) Learning from Difference: The New Architecture of Experimentalist Governance in the EU, *European Law Journal*, 14(3), 271-327.
Samecki, P. (2009a) From the Baltic Sea to the Danube Basin— a Macro-regional Strategy for the EU, Speech delivered at ministerial conference, Stockholm, September 16, 2009 http://ec.europa.eu/regional_policy/cooperation/baltic/documents_en.htm/2012.12.10/
―― (2009b) Macro-regional strategies in the European Union, (a discussion presented by Commissioner Pawel Samecki in Stokholm on 18 September 2009.
Schuh, B. et al. (2015) *New role of macro-regions in European Territorial Cooperation*, in European Parliament, Directorate General for Internal Policies, Policy department B: Structural and Cohesion Policies, Regional development, January 2015.
Soós, E. (2015) Contribution of EGTCs to multilevel governance, http://www.iias-iisa.org/egpa/wp-content/uploads/020_SO%C3%93S-Contribution_of_EGTCs_to_Multilevel_Governance-213PSGXIV.pdf/2015.01.08/
Stocchiero, A. (2010) Macro-Regions of Europe: Old Wine in a New Bottle? *CeSPI Working Papers*, 65/2010(ENG)
Stockhammer, K. (2013) The EU Strategy for the Danube Region, INTERACT Point Vienna, (at the meeting with Ritsumeikan University (18.02.2013))
Schymik, C. (2011) Blueprint for a Macro-Region, EU strategies for the Baltic Sea and Danube Regions, *SWP Research Paper*.
Tatzberger G. (2008) A Global Economic Integration Zone in Central Europe? *Diplomingenieur aan de Technische Universiteit Wenen, Oostrenrijk*, http://repository.tudelft.nl/islandora/object/uuid:2913bfbd-0575-4185-9eae-ad3d308f28a6?collection=research/2015.01.08/
Tatur, M. ed. (2004) *The Making of Regions in the Post-Socialist Europe---the Impact of Culture, Economic Structure and Institute*, Volume 1. VS Verlag für Sozialwissenschaften.
Territorial Cooperation : Danube Region Strategy, issue 1/2010, p.5
Vision Planet (1999) A közép-európai, a Duna menti és az adriái térség integrált terület fejlesztési Stratégiája, *Tér és Társadalom*, 1-2. 195-251
Weixing Hu, Richard (2009) Building Asia Pacific regional architecture: the challenge of hybrid regionalism, Washington D.C.: The Brookings Institution.

第8章
ドイツのハルツ改革の特徴と EU 諸国

保住敏彦

1　はじめに

　ドイツは1990年の東西ドイツの統一以後、長期にわたり経済不況と高い失業率に苦しみ、「病めるドイツ」とまで言われた。しかし、現在ではドイツは欧州経済の中で「一人勝ち」とさえ言われる状態になっている。もちろん、図8-1に示されるように、ドイツといえども2008年のグローバル金融恐慌による打撃を回避できたわけではない。しかし、2009年以降はプラスの実質 GDP 成長率を維持し、かつては10パーセント以上あった失業率も6ないし7パーセント台におさまっている。

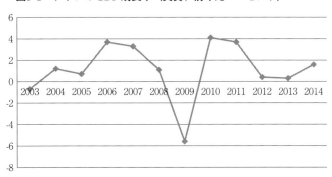

図8-1　ドイツの GDP 成長率（実質、前年比パーセント）

出所）eurostat http://ec.europa.eu/eurostat/tgm/table.do?tab=table&init=1&language=de&pcode=tec00115&plugin=Eurostat

このドイツ経済の転機になったと一部で考えられているのが、第2次ゲアハルト・シュレーダー政権下で実施されたハルツ改革である。1998年に首相の座に就いた社会民主党のシュレーダーは、2期8年にわたって政権を維持したが、第1期と第2期とでは、対照的な方法で不況と雇用不足を解決しようとした。第1期シュレーダー政権（1998～2001）が政府の投資増大によって雇用の増大を図ったのに対して、第2期シュレーダー政権（2002～2005）は、政府が長期失業者に積極的に仕事を斡旋する、いわゆる積極的労働政策をとった。連邦雇用庁を積極的に失業者の再就職を支援する組織（連邦雇用機構）に改組し、失業者に再就職に積極的に取り組むモチベーションを持つように要請した。

そこで、本稿においては、まず、ハルツ改革と呼ばれる第2期シュレーダー政権の積極的労働政策が、どのような事情のもとに出されて来たかについて論じる。とりわけ、イギリス労働党のトニー・ブレア首相の「社会民主主義の第3の道」論[1]に、シュレーダー首相も共感したと言う事情がある。世紀転換期において、英、米、独などの政治指導者のなかで、新自由主義にも社会主義・共産主義にも対抗する第3の道の路線がかなり共感されていた。

次に、2002年～2005年に制定されたドイツの労働関係および社会保障に関する改革法案、つまりハルツ委員会の提案に基づく労働法制・社会保障法案について、簡単にその内容と特徴を説明する。ハルツ改革といわれるものは、ドイツの労働関係、社会保険関係の法律を包含した社会法（Sozialgesetz）の改訂によって、積極的労働政策を実現しようとするものであった。

さらに、そうした法律と組織の改革がなされて10年以上の期間を経た今日、それがどのような結果をもたらしたか、また、影響をもたらしたか、検討する必要がある。そして、それに基づいて、ハルツ改革をどう評価すべきかが、当然問題になる。

最後に、福祉型社会保障から積極的労働政策への転換を目指すハルツ改革

を現代的に評価してみたい。ケインズは完全雇用を需要の増大によって達成できるものと考えたが、ハルツ改革の構想は、積極的労働政策を通じて失業者の再就職は可能になるというものである。商品に対する需要の増大を介して完全雇用を達成するというケインズ政策は経済の論理を介して完全雇用を達成できると考えるが、積極的労働政策は、失業者への職業紹介や職業訓練という行政的介入によって失業者を再就職させようという考えであり、より直接的な方法で完全雇用を目指すものである。ここには、資本主義観の変化とパラダイムの変化がみられる。

ともあれ、ドイツはこのハルツ改革を通じて、失業率の削減を図ることができたが、EUに加盟する28の諸国のうちで、スペイン、ポルトガル、イタリア、ギリシャのような南欧諸国、およびポーランド、ハンガリー、チェコ、スロバキアなどの東欧諸国において、高い失業率が続いている。とりわけ、青年層の労働者がそうなっている[2]。EUは、これにたいして、発展途上国と移行国への特別補助金を支出し、その経済発展を図っている。このEU諸国の経済政策の相違と、EU当局の対応策がどうだったのか、検討する必要がある。

2　ハルツ改革の成立事情

保守党キリスト教民主同盟のヘルムート・コール首相が東西ドイツの統合という大事業をなし遂げた後、西ドイツは東ドイツの経済を引き上げるために、まず、同地域の社会資本に膨大な投資を行い、その生活環境と経済的環境を改善しようとした。また、東西ドイツの社会・経済的格差を縮小するために、社会保障的な援助をおこなった。しかし、失業率の相違をはじめ、多くの経済指標において、両地域の間には、大きな格差があった。こうした事情のもとに、1998年の国会選挙によって、社会民主党と緑の党の連立政権が成立した。これが第1期シュレーダー政権である。シュレーダー政権は、当時、全国平均で10パーセントほどだったドイツの失業率を引き下げるため

に、ケインズ理論に依拠し、需要を増加するため、公共投資を増加させる政策をとった。しかし、第1期政権の終わる2001年になっても、失業率はあまり低下せず、景気動向も良くなかった。シュレーダーはその頃イギリスの首相で労働党党首であったトニー・ブレアの「第3の道」論に共鳴していた。社会学者アンソニー・ギデンスによって提唱された第3の道論は、英・独の社会民主主義政党の指導者に共鳴され、かれらの政策に影響を及ぼしたのである。この社会民主主義の第3の道論は、サッチャー首相の新自由主義に対抗し、旧来の社会民主主義を革新しようとするものであり、新自由主義が市場経済の競争による効率向上を重視するのに対して、競争により発生する格差（不平等）を法や制度の改革により是正し公正を実現しようとする。競争による効率向上を認めつつ、その過程で生じる不正、不平等を是正し、公正を実現しようとする。第3の道論をブレア首相、シュレーダー首相は主張したのである。

　シュレーダー首相は、前述のように、第1期政権の際には、まだ、公共投資の増強による需要増大を介して雇用増大を図るケインズ主義的政策をとったが、それが顕著な成果を挙げない事態に直面し、2002年の選挙における敗北が予想された。こうした状況において、かれは第3の道論にそった政策を提唱しようとした。実際、第2期シュレーダー政権（2002〜05年）の発足に際して、かれは「アジェンダ2010」という演説を行い、包括的な制度改革の構想を論じた。これは、ドイツの従来の社会保障制度を全般的に見直し、その改革案を提示しようとするもので、その核心をなしたのがハルツ委員会の答申に基づく労働市場改革であった。

　1990年に東西ドイツの統一がなされ、ソ連社会主義圏が崩壊し、市場経済をとる幾つかの国民経済に復帰して以来、また、中国やインド、および東南アジア諸国が著しく経済発展し、さらに南米諸国、アフリカ諸国が経済発展を開始する中で、世界経済の躍進が感じられるようになった。いわゆるグローバリゼーションが進行した。そして、このグローバリゼーションの結果として、国際経済のもとで、発展途上国が先進諸国と激しく競争するようにな

った。先進諸国による帝国主義的支配は見られなくなり、先進諸国は安価な賃金を武器とした発展途上国との競争に晒されるようになったのである。先進諸国における失業者の増大と、それを解決するためのさまざまな試みは、現代におけるグローバリゼーションの先進国への影響の現れであろう。もちろん、グローバリゼーションは、先進国だけでなく発展途上国においても、その影響を与えている。高い経済成長率を示している BRICs と呼ばれる諸国も、その成長は先進諸国からの投資や技術援助に基づいているのであり、また、自国製品の先進国への輸出に依存している。

こうしたグローバリゼーションの進展という世界情勢の中で、先進国あるいは発展途上国の直面する社会問題、経済問題も論じられねばならない。先進諸国に見られる雇用問題、途上国にみられる国際金融の影響なども、世界経済との関連で捉えられねばならない。そのためには、グローバリゼーションが具体的にどのような事態を引き起こしているのかが研究されねばならない。先進資本主義国における非正規労働の増加も、グローバリゼーションのもたらす資本の競争激化と賃金低落の結果なのである。

3　ハルツ改革の内容とその特徴

シュレーダー首相が、2003年3月14日に「平和への勇気―変革への勇気」と題して行った施政方針演説はシュレーダーの「アジェンダ2010」演説といわれる。そこでは、「社会国家の再編」のための社会政策と労働政策の構造改革、「景気と予算」について景気刺激策と予算の健全化、税制負担の緩和などの政策、「労働と経済」についてハルツ第Ⅰ法および第Ⅱ法に示される失業手当の支給期間の短縮、手工業法の改正などの政策、そして「社会保険制度の改革」、医療保険制度の改革などが提唱された[3]。

第2期シュレーダー政権は、ハルツ委員会[4]の答申に基づき、それを実施する最初の法律を2003年3月に成立させた。ハルツ委員会の提案に基づく社会法の修正法案は、2002年から2005年にかけてドイツ連邦議会に提案さ

れ、ハルツⅠ法、ハルツⅡ法、ハルツⅢ法、ハルツⅣ法として漸次承認された。

解雇制限法（Kündigungsschutzgesetz）5)については、従来の規制を緩和し、従業員5人までの小企業は無条件で有期契約雇用の労働者を雇用でき、かつ解雇制限の規制を適用されないとした。もっとも、整理解雇の場合、労働者は法に定められた示談金を受けとるか、あるいは雇用継続の訴訟を行うかの選択権があたえられる。失業関連給付については、失業保険金の受給期間を短縮し、55歳未満の失業者は最長12カ月まで受給でき、55歳以上は最長18カ月まで受給でき、その後は、失業保険金Ⅱを申請する権利を得る。失業保険金Ⅱ（Arbeitslosengeld Ⅱ）は、従来の失業扶助（Arbeitlosenhilfe）にあたるものを改編して設けられたものであり、2004年以後、就業能力のある長期失業者と就業能力のある社会扶助受給者が申請する権利を持った。その額は従来の社会扶助（Sozialhilfe：わが国の生活保護にあたるもの）の額までとする。失業保険金Ⅱと社会扶助の月額は、旧西ドイツ地域では345ユーロ、旧東独地域では331ユーロ、配偶者がいる場合には西では331ユーロ、東では298ユーロが加算され、子供がいる場合にはさらに加算される。従来の社会扶助受給者は、本人の持つ資産が査定されるだけでなく、配偶者の収入も査定されるようになるので、新法では失業保険金Ⅱの受給対象にならない場合がある。失業保険金Ⅱの受給者が、公共・福祉部門の提供する1ユーロ・ジョブないしはその他の労働に従事して収入を得ても、一定の金額の収入までは失業保険金Ⅱを受給する権利を失わない。社会扶助の支給に際しては、資産評価がなされ、有償労働による収入の増加は、支給の打ち切りになった。だが失業保険金Ⅱの支給は、長期失業者であれ、社会扶助受給者であれ、労働能力を持つ者が就業することを援助することを目指しているので、多少の収入の獲得は認めたのである。

手工業法の改正では、この法によるマイスター（親方）・職人・徒弟制度が起業や雇用創出を妨げているという認識から、職人も10年続ければ企業を継承するか創設できるとし、職人による起業や継承を容易にした。また、マ

イスターの資格をガス配管工や暖房機製造工などの危険を伴う手工業職種についてのみ要求し、その他の手工業職種についてはマイスター資格なしに営業できるようにした。また、マイスターだけが後継者の職業訓練を行う資格をもつのではなく、5年間の職業経験があればそうした職業訓練を行うことができるとした。マイスターの資格を保護する旧来の手工業法が時代に適合しなくなってきていると見たのである。職業訓練については、ドイツが誇るデュアルシステム[6]のもとでは、企業は若者に訓練職を提供しなければならず、企業がそれを怠る場合には、連邦政府は、課徴金を課して強制できるとしている。また、最低5年間企業を運営してきたものは、訓練生を教育する資格を得るとした。このように中世以来の伝統のある職人教育とマイスター制度を危険な手工業職種について存続させるとともに、その他の広範に存在する新しい手工業職については、デュアルシステムにより職業教育を行うとともに、教育の機会を拡大するという政策がとられた。

ハルツ改革は、労働市場に対する従来の政府の規制を変更し、労働者の雇用が増大するように志向する改革と、労働者として採用されるのではなく、個人企業の創設による経済的自立を援助するための改革を含んでいる。前者は積極的労働市場政策と呼ばれる政策である。つまり、従来の労働市場政策が、景気変動に従って発生する解雇などによる失業者に対して連邦雇用庁（わが国の職業安定所）による職業紹介、社会保険法に基づく失業保険金の提供など、受動的な対応をしていたのに対して、改革案は連邦雇用庁を改組して連邦雇用機構（ジョブセンター）として、積極的に失業者に職業を紹介する組織にしようとするものである。各地方のジョブセンターは、少なくとも1つの派遣元会社と提携し、失業者ないしは失業が見込まれる者にたいし、派遣元会社を通じて仕事を紹介し、それにふさわしい職業能力を持たない者に対しては公的な職業訓練の機会をあたえ、その訓練期間には生活の援助を行う。こうして、失業者と生活保護者のうち労働能力を持つものに対して積極的に職業を紹介することによって、失業率を削減し、社会保障費を削減しようとした。そのため、ハルツ第Ⅰ法から第Ⅳ法によって、従来の労

働法、社会保障関連法を改革したのであった。以下、その内容を簡単に紹介しよう。

　まず、ハルツ改革の眼目は、失業保険金や社会扶助（生活保護）によって失業者・貧困者を救済することではなく、職業紹介・職業訓練と資格の取得などにより、失業者・貧困者を就業させることを主要目的としている。このため、まず、組織の変更が行われた。従来の連邦雇用庁（Bundesarbeitsamt）を連邦雇用機構（Bundesagentur für Arbeit）と名称変更し、各州の労働局もジョブセンター（Job Center）とアムト（官庁、Amt）からエージェンシーに名称変更し、失業保険金や「社会扶助」（生活保護）の配分などの福祉的な業務を行う職業安定所から、失業者や貧困者に仕事を紹介する職業紹介所に機能を転換する。ジョブセンターは、1つ以上の人材派遣元会社を用いて、失業者・貧困者への職業紹介を行う。また、十分な職業的資格をもたず、技術的訓練の不足する失業者・貧困者には、訓練機関での訓練や資格取得のための援助が行われる。さらに、失業者が、こうした企業で働く労働者としてではなく、自営の小企業の創設を行うことによって自活する道も援助される。それが「私－企業（Ich-Gesellschaft）」ないし「家族企業（Familiegesellschaft）」の創設に対する資金援助である。さらに、失業者・貧困者にたいして積極的に仕事を仲介できるように、前記のような組織変更に加えて、失業したとき、あるいは失業が予想される場合に、できるだけ早くジョブセンターに失業状態ないしは解雇予告状態について届出を出すように要請し、出さない場合には失業保険金を減額される。また、職業紹介に際して、家族の扶養義務のある失業者が、そうでない若者よりも優先されることになった。

　この関連で最も重要な変更は、従来の失業保険金の支払いと「社会扶助」の支給の仕方の大幅な変更である。従来の失業保険制度では、失業後2年間は、支払われていた賃金相当の失業保険金を支給し、それ以後は、当該賃金の半額の金額が「失業扶助」として無期限に支給されると定められていた。これを新しいハルツ第Ⅳ法によって、次のように変更した。失業後、ま

ず、失業保険金第Ⅰが失業保険の保険料から支払われる。この失業保険金第Ⅰの金額および支払い期間は、従来の失業保険金と同じであり、在職時の賃金と同額を2年間まで支払う。この期間に再就職できない場合には、旧法においては、無期限に「失業扶助」（元の賃金の半額））が国庫から支払われたが、新法規においては、国家の税収入から支払われる「失業保険金第Ⅱ」（Arbeitslosengeld Ⅱ）によって支払われる。2年以上失業している長期失業者だけでなく、「社会扶助」7)を受けている者のうち就業能力のある者にも、この失業保険金第Ⅱが支給される。そしてこの失業保険金第Ⅱを受給する者に対して、ジョブセンターが積極的に就業斡旋を行う。すなわち、ジョブセンターは提携する派遣元会社を介して多様な仕事を斡旋するのである（運送、清掃、販売などが多いと言われている）。当該の失業者が斡旋された仕事に就業することを拒否した場合には、支払われるはずの失業保険金から一定金額が差し引かれる。最後に、就業能力のない者に対しては、従来通り、社会扶助が支給される。国庫により支払われる「失業保険金第Ⅱ」を導入することにより、長期失業者を削減するとともに社会扶助受給者の内の就業能力のある者を「失業保険金第Ⅱ」の受給者に組み込むことにより就業者を増加させることになる。

　結局、ハルツ改革による積極的労働政策は、福祉政策によって生活し、就業していない長期失業者と就業能力をまだ持っている貧困者を、再び就業させることによって、失業率を引き下げ、国の社会福祉的経費負担を削減することを意図していた。また、このハルツ改革は、2008年に始まるメルケル政権（キリスト教民主党＝キリスト教社会同盟と社会民主党との連立政権）によっても大筋で継承された。それでは、こうしたハルツ改革による労働市場改革によって、ドイツの労働市場は、どのような変化を生じたのだろうか。

　2002年から2005年にかけて立法化された第2次シュレーダー政権の労働市場・社会保障政策に関する改革は、具体的にどのようなものであったのだろうか。

　まず、地方の労働機関（州の雇用局）の職業紹介・労働訓練の特徴はどう

だったのか。

　第1に、公的機関の行う労働紹介・職業訓練などのサービスと方法の有効性と能率が高まったことである。以前の公的雇用機関は階層制的に組織され官僚的に対応したが、いまや販売店のようにサービスを行うようになった。以前は、地方の雇用局は、助言と相談のサービスを与えるだけであったが、いまや職業紹介や職業訓練を与える利益供与の機関に変化した。

　第2は、以前の公的雇用機関と雇用者との間の関係が以前は非公式で非効率であったが、今や商品市場に似た関係の下、効率的な職業紹介や職業訓練が行われるようになった。失業者は、6週間の期間は公的雇用機関によって職業紹介されるが、その期間に再就職できない場合には民間の職業紹介を利用する。公的雇用機関は、外部の派遣元会社のサービスを利用するようになった（とくに重要なのは職業紹介サービスである）。地方の雇用機関は2003年来、「個人サービス代理人（PSA）」を作ったが、これは失業者のために非正規労働を斡旋する代理人のように活動しているという。したがって、地方の労働雇用機関である「ジョブセンター」と提携して活動する「PSA」は、職業訓練の手段と就職口探しの援助という2つの機能をもっている。

　第3に、この改革は活動手段や手段と資源との配置などを改善することを目的としている。PSAの活動においては、個々の求職者に対して個々のケースワーカーが対応するが、ケースワーカーはインタビューの中で、担当する求職者（クライアント）の能力、抱えている問題、および労働市場のチャンスなどを評価し、幾つかの選択可能な可能性を見いだし、その1つを割り当てる。それらの選択可能な可能性というのは、（1）当該の求職者が雇用を見出す最高のチャンスがある場合、（2）求職者の活動性を検査した時、かれらがその求職活動のなかで活発になる必要がある場合、（3）クライアントが「要求と支援」を必要としている場合、（4）クライアントが「管理され特別に世話される」必要のある場合などである。第4の場合には求職と訓練の手段から利益を受けられず、求職の参加者から除かれる。

　このようにハルツ改革によって雇用庁の組織の近代化とその活動の合理化

がなされた。それとならんで、求職者を積極的にすることも、ハルツ改革の特徴であった。積極化は労働市場のあらゆるところで試みられている。給付金制度は、その１つである。給付金を受け取り、労働市場に参加できる条件は、個人が労働能力を持っていることにある。それは、少なくとも、１日３時間、１週間に15時間働くことができるという条件である。失業者は、最初の６〜12カ月の間は、失業保険金Ⅰを受け取る。それをすぎても失業していると、次に失業保険金Ⅱを受け取る。前者は、社会保険料から支給され、後者は租税から支給される。この際、資産テストがなされる。最後に、疾病、身体障害者、介護を要するために働くことのできない者は、資産テストを受けたうえで、地方自治体から社会扶助を受け取る。このように失業者を３種類に区別したうえで、社会保険で救済される者と、租税から救済資金が調達される者とに区別する。この際、従来、失業保険金から支払われていた者と租税から支払われていた者のうち、労働能力のある者を選びだし、この者たちに失業保険金Ⅱを支給し、疾病その他のために労働能力を持たない者を社会扶助の対象に区別した。資産をもたず、社会扶助を受けている者のなかにも、１日３時間以上労働することのできる者もいる。その者達は求職する資格があるとみなされ、失業保険金Ⅱの受給者に数えられる。

　従来の制度では、社会扶助受給者として、労働の参加義務がある者と見做されていなかった者たちを、再度、労働に参加させるために、失業保険金Ⅱの受給者という範疇が作られたのである。そして、この範疇の者たちを再就職させるために、各州のジョブセンターは、派遣元企業と提携して、失業者の再就職を図り、それが困難な者に対しては職業訓練を行うなどの方策を講じる。さらに、政策当事者は、所得の低い者に対して、極少所得労働（Minijob）ないし中所得労働（Midijob）に従事し、少額所得を得ることを許可する。これらの少額所得をえることによっては、かれらが失業保険金Ⅱを給付されることは中止されない。失業保険金Ⅱを受け取りつつ再就職を目指している者が、少額所得をえることのできる些細な、しばしば臨時的な仕事をすることを禁じていないわけである。旧制度では所得獲得を制限され

ていた社会扶助受給者に対して、失業保険金Ⅱを支えに再就職を図るか、あるいは少額所得を得る活動を促進するように、制度改革が行われたのである。

　さらに、労働市場の「規制緩和」が付け加わり、臨時雇い、解雇制限、有期契約の規制などに関して、その規制の撤廃ないし緩和が図られた。臨時雇用に関しては、派遣労働者の雇用のようにすでに広範に行われるようになっている部門でそれをより容易にした。臨時雇用を斡旋する代理店は、以前には制限されており、とりわけ、建築業においては完全に禁止されていたが、1990年代の後半には自由化された。そしてハルツ改革は、正規雇用と非正規雇用の同時使用、非正規雇用の再使用、有期雇用、および臨時雇用の最大限の継続などに対する制限を撤廃し、非正規労働者の雇用に関する諸制限も無くした。臨時雇用を斡旋する代理店が臨時被雇用者と正規労働者の同一賃金と同一待遇を保証するか、あるいは労働組合と雇用者との団体交渉の合意が得られるようにルール作りがなされた。こうして、建築業においても、労働組合と使用者との合意があれば、臨時被雇用者の雇用が認められた。他方、組織変更によって、連邦雇用機構の下部組織である各州の雇用機構（ジョブセンター）は、失業者に雇用を斡旋する機構を作った。ジョブセンターがそれと協力する派遣元会社を用いて、失業者を正規雇用者および非正規雇用者に再就職させる体制を作ったのである。しかし、ハルツ改革は、正規雇用については、非正規雇用とは異なり、その雇用規制に関して、撤廃するとか自由化するとかする変更を行わなかった。つまり、正規雇用労働者については、とりたてて目新しい規制緩和を含む法制改革はなされなかったのである。ハルツ改革は、ドイツの高い失業率を引き下げるために、行政の組織をより活発にし、長期失業者や社会扶助受給者のなかで、労働能力のある者がより活発に求職活動を開始できるように、制度改革するものであった。

4　ハルツ改革の影響

ハルツ改革の前後で、雇用問題や労働市場の状況に、どのような影響が生じたのであろうか。シュレーダー首相は、失業問題を解決するために、ハルツ委員会による労働市場政策の改革を始めた。したがって、ドイツの失業問題がこの改革の前と後でどう変化したのかという問題を見る必要がある。図8-2はドイツ連邦統計局が示している1991年から2014年までの失業率の推移である

1998年から2001年の第1期シュレーダー政府の時期（1998～2001年）には、11.1パーセントから10.5、9.6を経て9.4パーセントへと低下しているものの、全体として高い失業率である。ついで、第2期シュレーダー政府の時代になっても、ハルツ改革が始まったにもかかわらず、失業率は9.8パーセント、10.5、10.5、11.8パーセントとかえって高くなっている。これは、失業保険金Ⅱの設定のために、生活保護世帯の一部が失業者として取り扱われ

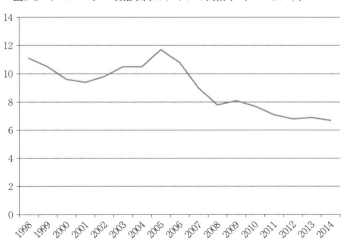

図8-2　シュレーダー政権以降のドイツの失業率（パーセント）

出所) Statistisches Bundesamt　https://www.destatis.de/DE/ZahlenFakten/Indikatoren/LangeReihen/Arbeitsmarkt/lrarb002.html

るようになったためである。2005年にメルケル首相の下にキリスト教社会民主党と社会民主党の連立政権が成立した後はハルツ改革の成果が出てきた。失業率は、2006年から2014年にかけて、10.8パーセント、9.0、7.8、8.1、7.7、7.1、6.8、6.9、6.7パーセントと傾向的に低下してきた。ハルツ改革が失業率の低下という効果を挙げたと言えるのである。

　ハルツ委員会による労働法の改革は、労働者が失業したとき、再就職するまで、失業保険金で生活を保障し、傷害や疾病によって労働ができない場合に、社会扶助によってその生活を保障するという従来の福祉国家的な政策に対して、失業者が労働能力を持つ限りはその再就職を図るように政府がさまざまな政策によって配慮するという意味で、積極的労働政策と呼び得るものであった。そのために、連邦雇用庁を連邦雇用機関と名称変更するとともに、積極的に失業者に仕事を斡旋しようと活動をするという意味で、ジョブセンターと名付けた。景気変動の影響で失職し、時期がくれば、再就職しうる労働者よりも、かなり長期にわたり失業状態が継続するような労働者、および、従来生活保護により扶助されていた者で、労働能力のある者（毎日3時間以上で、週に15時間以上労働しうる者）にたいして、提携する派遣元会社を通じて仕事を斡旋するという活動に力を注ぐように組織されている。

　前記の失業統計に見られるように、明らかに、2006年以降には、失業率は低下し、ハルツ改革の目的は達成されたかに見える。他面で問題と見られているのは、その派遣元会社を通じて斡旋された仕事の多くが、非正規労働とりわけ派遣労働であることだ。シュレーダーによる労働市場の規制緩和は、正規労働者の増大ではなく、非正規労働者の増大をもたらした。ドイツ連邦統計庁の刊行する統計年鑑でも、1991年には男性就業者の6パーセント、女性就業者の23パーセントであった非典型的就業者が、2014年には男性で12パーセント、女性で32パーセントに増加していることが示されている。この「非典型就業」には、有期雇用・一時労働・低報酬労働・パート労働が含まれる[8]。しかし、パートへの参入基準が週20時間以内に限定されているので、日本で行われているような長時間パートを含めればその割合はさらに多

くなるであろう[9]）。

5 労働市場政策の進化としてのハルツ改革に対する評価

　ハルツ改革は、2005年の国会選挙による CDU=CSU（キリスト教民主同盟とキリスト教社会同盟の同盟政党）と SPD（ドイツ社会民主党）との大連立政権のもとでも堅持された。長年見送られてきた最低賃金制度が導入されたことが、ハルツ改革以後のあらたな制度的改革であった。
　ハルツ改革については、賛同、反対にわたって広範に論じられた。すでにその一端は前述したが、ここではまず、ハルツ改革を肯定的に評価する見解に従って問題を考察してみよう。
　1990年の東西ドイツの統合以来、ドイツの失業率は高く、その原因としては両ドイツの統合により東ドイツのインフラ整備などの支援のために新国家の財政支出が巨額となり、財政赤字のために十分な雇用拡大策がとられなかったことがあった。このため失業保険制度や社会保障制度の充実が図られて、長期失業者や社会扶助に依存する人が多くなったので、ハルツ改革による社会保障の削減はやむを得なかったという見解がある。社会保障の削減と結び付けて、長期失業者と生活保護で生活するもののうち、労働能力を持つ者（週15時間以上労働できるもの）に政府が積極的に仕事を斡旋し、また就業可能なように職業訓練と資格取得の機会を与える積極的労働政策をとることが、失業率の低下を図る道と考えられた。
　労働者が解雇を予告される時には、出来るだけ早く各州の雇用機構（ジョブセンター）に解雇を申告するように義務づけたこと、また、失業期間に労働能力のある者は積極的に求職活動を行う義務があるが、長期失業者となり失業保険金第Ⅱを受け取る段階になるとジョブセンターの派遣元会社を介した仕事の斡旋に応じなければならない。もしジョブセンターが紹介した仕事口を拒否し、就職しない場合には、支給されている失業保険金Ⅱが減額される。失業保険金Ⅱは、社会扶助とおなじく政府の財源から支給されるもので

あるから、就業斡旋の拒否に対しては、減額と言う罰則が科される。社会扶助を受ける者のうち労働能力を持つと見做された者も、この失業保険金Ⅱを受け取っているから、ジョブセンターの職業斡旋を拒否する場合には、同じく、その金額を減額される。

さらに、失業者のうち、企業に就職するかわりに小企業を起業する場合、政府はそれに対して一定期間の間資金を供与する。すなわち、個人で起業する場合の「私―企業」と、家族で起業する場合の「家族―企業」である。

こうして、行政が失業者に対する積極的な再就職の努力を行ってゆくという体制のもとで、労働者自身が失業したおり、受動的に失業保険金を受け取るだけでなく、積極的に再就職活動を行い、職業訓練をうけ資格を取得するように努力する、あるいは「私―企業」や「家族―企業」を起業するという仕方で失業率を引き下げて行くことを、ハルツ改革は目指していた。

こうした積極的労働市場政策を行う場合、原理とされているのが、「要求と支援」（Fordern und Fördern）である。これは、労働者は労働市場に関して、要求を掲げるとともに、行政もそれに相応しい支援を行うということである。

これに対して、ハルツ改革に対する批判は、まず、この労働法の改革が正規労働者の労働条件の改善に係るものではなく、失業者の再就職を斡旋することにより、結果的に、非正規労働者の増加という形で、失業率の低落を図るものにすぎないという批判である。ドイツの社会保障制度が正規労働者の労働条件を良好に保とうとするものであることは言うまでもない。しかし、1990年代以降に高い失業率の続く中で、失業保険金の支払い期間が長くなった。在職期の賃金と同額の失業保険金の支払いが1年半、その経過後は、在職時の賃金の半額の支払いが失業扶助として半永久的に支払われるという、失業者に有利な国家の援助がなされる状況を変更し、前者にあたる失業保険金第Ⅰを1年間、後者にあたる失業保険金第Ⅱを2年間とした。つまり、支払いの期間についても、支払金額についても短縮した。さらに、失業期間に、ジョブセンターはその提携する派遣元会社を通じて失業者に新たな就職

先を紹介し、その再就職を促進する。その結果、失業率は低下するが、失業者は必ずしも意に沿わない仕事に就職することになる。たとえば、当該の失業者が事務職への就職を希望しているのに、ジョブセンターは農園での果実の採取という仕事を斡旋し、失業者がこれを選ばない場合には、失業保険金の一部を支給しないとすれば、職業選択の自由は妨げられているといわざるをえない。ハルツ改革によっては、失業率は低下するだろうが、再就職した長期失業者は自分の望んだ仕事をやるわけではない。ハルツ改革の積極的労働政策は、このようなかなり強引な失業率引き下げ策に陥る性格も持っていると思われる。

　また、ハルツ改革は、すでに在職する正規労働者の労働条件を改善するものではなく、失業者、長期失業者、および労働能力をもつ社会扶助（生活保護）受給者などを対象に、かれらの再雇用の実現を目指すものであり、そのために派遣元会社と提携し、これらの失業者に仕事を斡旋し、それが困難な場合には、かれらに対する職業訓練や資格取得を支援するものである。このように行政が、積極的に失業者の再就職を支援するが、誰もが望むような正規労働者になることは困難であり、結局、非正規労働者になる場合が多い。

　ドイツでは、正規労働者と非正規労働者との間では、その雇用期間が無期（終身）であるか、有期であるかの差別を除けば、賃金・労働時間などの労働条件および社会保険の負担などは両者の間で同一とされている。いわゆる「同一労働・同一賃金」の原則が実現している。その点では、そうした原則が実現していないわが国の正規労働者と非正規労働者との差別的状況とは異なっている。しかし、有期の非正規労働者であるということは、短い期間で解雇されることで、正規労働者にならない限りは、有期の就業を繰り返してゆくということになる。労働者の置かれた状態としては、愉快なものではない。したがって、ハルツ改革は、失業率の低下を可能にしたが、正規雇用より非正規雇用を増加させる傾向があり、社会的格差を拡大する可能性がある。こういう問題を孕みながらも、失業率の低下によって、完全雇用状態へ前進し、失業による労働の喪失を克服したことは、経済的前進と評価せざ

を得ない。同時に、ハルツ改革による社会保障経費の減少は、ドイツの国・地方自治体の社会保障向け経費の削減となり、国家・地方自治体の財政も好転した。

6 ハルツ改革とEUへの参加の影響

　シュレーダー政権は、政権獲得当時10パーセント近かった失業率を引き下げるために、第1期政権においては、ケインズ政策的な投資支出の増大による総需要の増大を介して完全雇用を実現しようとした。しかし、それがあまり効果を上げることができなかったので、第2期政権においては、失業者および社会扶助（生活保護）受給者のうちの労働能力を持つ者に積極的に職業紹介を行うことによって失業率の削減を図ろうとした。これが積極的労働政策であり、これを進めるために、失業保険金Ⅰと失業保険金Ⅱを区別し、前者は労働者と企業家の支払う保険料から賄うが、後者は税金から支給するとし、後者を受給する失業者を再就職させるために、各州に置かれている連邦雇用機関の下部組織を「ジョブセンター」と改称し、民間の派遣元会社を用いて失業者に積極的に職業を紹介し、また、未熟練な求職者に対する職業訓練を行うなどの政策をとった。この積極的労働政策によって、前述のように、現在のEU諸国28カ国の中でドイツは失業率が最も低い国の1つになっている。この点では、労働市場政策という経済政策の一領域において、ドイツはかなりの成果を挙げたと評価してもよい。

　また、この失業保険制度の改革によって、政府の社会保障のための支出が削減されたことが、近年のドイツの財政状態の好転をもたらしたことも周知のとおりである。他面では、ドイツの製造業の発展にとっても、EUの成立によってEUに属する諸国内では自由に投資を行い、関税なしで自国製品を販売できるようになったことは有利な情勢であった。これに加えて、EU加盟諸国から、高度な教育を受けた青年・壮年の労働者がドイツに流入することになったことも、将来における人口減少が見込まれる同国にとって有利な

現象である。

　さらに、EU がユーロという共通通貨をもったことは、EU 諸国内での関税を伴わない自由な商品流通を可能にしただけでなく、旧通貨マルクに比べてユーロの外国為替相場は相対的に低かったので、EU 内の先進工業国ドイツ、フランスなどは、海外貿易と海外投資において有利な立場に立ったのである。

　このように、ドイツ、フランスなどの経済的先進国、デンマーク、スウェーデン等北欧の福祉国家は、EU への加盟によって、相対的に有利に貿易と投資を行うことができたが、社会主義計画経済から市場経済に移行してきた東欧諸国（ポーランド、チェコ、スロバキアなど）や、ドイツ、イギリス、フランスに比べて経済発展の遅れた南欧諸国（ポルトガル、スペイン、イタリア、ギリシャなど）は、EU に統合されることによって、EU 内の先進国によって悪影響をうける側面もあった。これらの国の工業は、EU 内先進国の製造業との市場競争によって、衰退する場合もあっただろう。もちろん、他面では EU の経済援助によって、国内経済の改善を図り、他面で、外国への貿易の促進を図ってきた。

　今日、イギリスの EU からの離脱が問題となっているが、経済統合にとどまらない高邁な理想を掲げた EU が、今後どのように発展するのかは、まだ、しばらく、観察を続ける必要があるだろう。

注
1）第3の道論とは、台頭する新自由主義に対抗して、自由主義でも社会主義でもない第3の道として、市場経済の自由競争を認めつつ、それが不正を伴い格差をもたらす場合には政府の社会的干渉によりそれらを是正できるとする立場である。アンソニー・ギデンスによって理論的に論じられた。
2）2004年度の EU 参加国の地域別失業率によれば、最高失業率地域は、ポーランド（Dolnośląskie）24.9パーセント等、スロバキア（Vchodnc Slovensko）24.2パーセント等であり、女性については、スペイン（Extremadura）27.3パーセント、ギリシャ（Dytiki Makedonia）26.6パーセント、ポーランド（Dolnośląskie）25.5パーセント、スロバキア（Vcchodne Slovensko）24.6パーセント等であった。また、若年層（15～24歳）の最高失業者地域は、ギリシャ（Dytiki Makedonia）49.3パーセント、ポーランド

（Dolnośląskie）47.9パーセント、イタリア（Sicilia）42.9パーセントであった。EU統計局の失業率検査は、国別ではなく、EU全体を250ばかりの地域に分けてなされている。同じ国でも地域別に失業率が異なっている。独立行政法人「労働政策研究、研修機構」（2005.11月）「2004年のEU25カ国の地域別失業率」（jil.go.jp/foreign/jihou/2005_11/eu_03.html）を参照。

3）「アジェンダ2010」演説およびハルツ第Ⅰ法および第Ⅱ法については、横井（2004）が詳しく論じている。この改革をめぐるSPDを含む国内の論争についても詳しい。

4）フォルクスワーゲン社の取締役でシュレーダーの友人であるペーター・ハルツを委員長とする委員会。

5）このドイツ語語句の訳語には、解雇保護法というのもよく使われるが、解雇することを保護するのではなく、解雇することに制限を加え労働者を保護するという趣旨なので、解雇制限法と訳した。また、Schiefer/Worzalla（2004）が詳しい。

6）理論的知識を与える学校教育と実践的技術を修得する企業での実地教育を結びつけて行う教育。ちなみに、ドイツの大学、とりわけ実践的なポリテクニクスの学生は、在学中に工場や外国の企業に研修に出かける。

7）これはわが国の生活保護に相当する。いずれも国の財源から支払われる。つまり、失業保険金Ⅰは、労働者が支払った失業保険の保険料から支払われるが、失業保険金Ⅱは国民の支払った租税から支払われる。ハルツ改革では、失業扶助が長期失業者にたいして、社会扶助と同様の扱いを受けていることを問題とする。

8）Statistisches Bundesamt（2015）p.352.

9）ドイツの総労働者（20歳から64歳の世代グループ）に対するパート労働者（非正規労働者の80パーセントを占める）の比率は、2016年刊行の「雇用統計資料」（Eurostat所収）によれば、2005、2010、2015年について、23.7、25.7、および26.8パーセントと上昇している。http://esp.eurostat.ec.europa.eu/statisticexplained を見よ。

参照文献　［直接リファーしていない文献も含む］

ゾンマー，モニカ（2014）「ドイツ・ハルツ改革の功罪」『フォーカス』2014年10月号、労働政策研究・研修機構。

武田公子（2016）『ドイツ・ハルツ改革における政府間行政関係』法律文化社。

野川忍、根本到、ハラルト・コンラット、吉田和史（2006）『労働政策研究報告』 No.69「ドイツにおける労働市場改革―その評価と展望―」、独立行政法人　労働政策研究・研修機構。

布川日佐史（2003）「ドイツにおける労働市場政策改革の現段階」『静岡大学経済研究』第7巻3/4号。

保住敏彦・李 春利（2013）『アジアとヨーロッパの社会・経済問題－中国の原子力政策と日・独の労働市場―』（愛知大学国際問題研究所ブックレット）、愛知大学国際問題研究所。

横井正信（2004）「第二次シュレーダー政権と＜アジェンダ2010＞（１）」、『福井大学教育地域学部紀要Ⅲ（教育科学）』。

労働政策研究・研修機構（2012）「国別トピック：分かれるハルツ改革の評価―実施から10年」労働政策研究・研修機構。

Busl, Claudia and Seymen, Atilim (2014) "Die gesamtwirtschaftlichen Effekte der Hartz-Reformen" (7. März 2014) in www.oekonomenstimme.org in KOF.

Lange, Björn (2011) *Hartz IV - und der Tag gehört dir.* Spiegel: Norderstedt.

Laser, Jan (2007) *Deregulierung der Zeitarbeit / Leiarbeit und ihre Auswirkungen auf den Arbeitsmarkt*, Self publication by Grin.

Nemstein, Max (hrsg.) (2009) *Kurzarbeit, Arbeitslosigkeit, Hartz IV. Der deutsche Arbeitsmarkt nach der Krise.* fastbook publishing 2009.

Schiefer, Bernd und Worzalla, Michael (2004) *Agenda 2010: Gesetz zu Reformen des Arbeitsrechts*, Luchterhand.

Schmidtke, Oliver (ed.) (2002) *The Third Way Transformation of Social Democracy. Normative claim and policy initiative in the 21st century.* Ashgate.

Schuldt, Karlsten (2008) "AktiveArbeitsmarktpolitik nach den Hartz-Gesetzen." In Klute, Jürgen (hrsg.) *Sozial - und Arbeitsmarktpolitik nach Hartz*, Universitätsverlag Göttingen, 2008.

Staitistisches Bundesamt (2011) *Statistisches Jahrbuch 2011*, Wiesbaden.

第 9 章
EU の社会保障・労働政策とユーロ危機
―――イタリアの事例を中心に―――

平野泰朗

1　問題の所在：ユーロ危機、社会保障、雇用

1.1　EU における社会保障

　EU は、単一通貨ユーロを創出して、市場統合を果たした。その結果、モノ（財）とカネ（資本）は、域内を自由に移動し、域内の貿易・資本取引量は増えた。しかし、ヒト（労働力）に関しては、いくつかの国境地域を除くと、移動は限定的である。とはいえ、EU は、ヨーロッパに暮らす人の生存条件に関しては、社会的な欧州（Social Europe）という共通理念を掲げている。これは、労働移動・労働権・雇用促進・ジェンダー間平等・医療保障・差別撤廃を目指すものである。これを実現するのが社会的保護政策であり、その中心には社会保障がある。したがって、社会保障に関しても各国で似たような給付水準に合わせる必要があるが、社会保障制度はすでに国ごとに多様な発展をとげており、これを制度統合するのは現実的ではない。そこで、各国の社会保障給付水準・給付条件を調整していくことが現実的といえる。

　さて、一般に、社会保障は、社会保険や租税制度を通じた所得再分配と理解されるが、EU は社会保障を雇用戦略と統合してとらえている。例えば、年金制度を持続させるためには、就業率を上げる必要があるというように。その上で、公開調整方式（open method of coordination）とよばれる方式で、各国の社会保障給付を調整している。この方式では、加盟国が雇用や社会的

保護政策に関する年次報告（とくに年金は別立てで報告書が作成されている）を提出し、閣僚理事会の審査と勧告を受け、政策を調整していく。こうして、各国の社会保障は、この方式にしたがって徐々にではあるが、相互の調整を試みていくようになった。

1.2 ユーロ危機の影響

ところが2009年10月にギリシャ政府による財政赤字の隠蔽が発覚したことから、ギリシャ危機が始まる。それは、やがてユーロ圏全体に広がる危機となる。そして、これが、社会保障財政にも影響を与えることとなった。

なぜなら、ユーロ危機は、当面、国家債務危機（sovereign crisis）として発現したからである。つまり、財政赤字の累積によってギリシャ等の国債の償還が危ぶまれ、債務不履行（default）に陥るのではないかとの懸念から金融市場では国債価格が暴落し、リスク資産を安全資産に変える流れが加速した。これへの当面の対応策として、EUが当該国（ギリシャやイタリア等）に資金支援を行う代わりに、当該国には緊急の緊縮政策が求められた。この緊縮政策の中に、最低賃金の切り下げや年金の給付カットが含まれたのである。

ところが、この年金費カットは、それまで当該国が公開調整方式にしたがって行ってきた年金制度改革の延長線上の改革のようにもみえ、制度変更だけをみると高齢化対応なのか財政危機対応なのかが判然とはしない。

緊縮政策が社会保障政策として妥当であるか否かを確定するには、本来、制度変化とともに、国民経済に占める年金費割合や年金と平均賃金との比率（所得代替率）などを調べる必要がある。また、これらは、政治的プロセスによって決定されるので、国民が納得するには、他国との比較だけでなく、自国の過去とも比較する必要があろう。

そこで、本稿おいては、当面、信用危機が現れやすいと考えられている南欧諸国（イタリア、スペイン、ポルトガル、ギリシャ）において、まず社会保障費の中でも財政削減効果が数字となって表れやすい年金費の削減措置

が、どの程度国民生活に影響を与えているのかを、その国の歴史的変化をたどるとともに、他の国の年金関係指標と対比しながら政策としての妥当性を検証する（ただし、紙幅の制約上、ここでは、イタリアを中心に取り上げる）。

1.3 ユーロ危機の中の雇用と社会保障改革

ところで、年金を含む社会保障制度は、雇用環境が変化すれば変化する。また、社会の労働生産性が変化すれば、財源確保の可能性が変動し、社会保障の財政制度も変化する。したがって、ユーロ危機の社会保障への影響は、広くは、雇用環境や労働生産性への影響を含めて検討しなければならない。

これには、遠回りのように思えても、一度、ユーロ危機の原因がどこにあるのかを推定することが必要である。ユーロ危機の全体像を把握しなければ、雇用や生産性のようなマクロ変数の変化を把握できないからである。

ユーロ導入後、ユーロ圏は、国際競争にうまく適応するように調整様式（とくに労使関係や技能形成方式）を変化させ、輸出を伸ばした北欧諸国（ドイツ、オランダ、フィンランド等）と、それに適応できず貿易赤字を増やした南欧諸国（イタリア、スペイン、ポルトガル、ギリシャ等）に分かれる。単一通貨を導入した後は、南欧諸国は、通貨切り下げによって国際競争力の回復を図ることが出来ず、国家の財政支出により国内需要を創出せざるを得なくなった。こうして、一方で、北欧諸国では貿易黒字が増加してゆき、他方で、南欧諸国では貿易赤字・財政赤字が累積してゆく構造が、ユーロ導入以後に出来上がっていった。

それゆえ、ユーロ危機は、単なる国家債務危機ではない。また、金融政策決定と財政政策決定の分離から生まれたという単純な産物でもない[1]。

そこで、以下では、南欧諸国の代表的国家であるイタリアを中心に、ユーロ危機と社会保障および雇用環境に影響を与える労働政策との関連を考察し、当該政策の社会的・経済的妥当性を吟味する。

2 年金改革のマクロ経済的分析

まず、各国の年金支出状況を確認し、持続的制度確立のためには年金支出の抑制が喫緊の課題であるか否かを、マクロ経済的数値を検討することから始めよう。

年金財政がその国の経済規模にとって過大か過少かを判断する絶対的な基準はないが、相対的に判断することはできる。そのうちの1つの指標が、国内総生産（GDP）に占める年金支出の割合の国際比較である。

表9-1をみると、2009年時点で、ギリシャ、イタリア、スペイン、ポルトガルのうち、スペインを除く3国は、年金支出の対GDP比率が高い部類に属する。とくにポルトガルは、2000年から2009年の10年間で1.5倍以上に伸びている。こうしたことから考えると、スペイン以外は、国家債務危機がなくとも年金財政の過大な増加に対抗措置が取られうる状況にあると言えよう。

ただし、年金支出の必要度は、高齢化の進展により異なる。高齢化が進展している国では、年金の需要は高まり、支出は大きくなるだろう。詳しくみ

表9-1　公的年金支出割合（対GDP比：％）

	2000	2005	2006	2007	2008	2009
フランス	11.8	12.4	12.4	12.5	12.9	13.7
ドイツ	11.1	11.4	11.0	10.6	10.5	11.3
ギリシャ	10.8	11.8	11.8	12.1	12.4	13.0
イタリア	13.5	13.9	13.9	14.0	14.5	15.4
日本	7.3	8.7	8.7	8.9	9.3	10.2
韓国	1.4	1.5	1.6	1.7	2.0	2.1
ポルトガル	7.9	10.3	10.6	10.7	11.3	12.3
スペイン	8.6	8.1	8.0	8.1	8.4	9.3
スウェーデン	7.2	7.6	7.3	7.2	7.4	8.2
イギリス	5.3	5.6	5.3	5.3	5.7	6.2
アメリカ	5.9	6.0	5.9	6.0	6.2	6.8
EU27カ国	5.9	6.0	5.9	6.0	6.2	6.8
OECD	6.9	7.0	7.0	7.0	7.1	7.8

出所）OECD（2013）*OECD Factbook 2013 : Pension Expenditure*

表9-2 平均余命（2012年）

	0歳時	65歳時
フランス	81.6	20.8
ドイツ	80.6	19.3
ギリシャ	80.7	19.2
イタリア	82.2	20.3
日本	83.5	21.7
韓国	81.3	19.5
ポルトガル	79.8	18.9
スペイン	82.0	20.4
スウェーデン	81.7	19.8
イギリス	80.4	19.3
アメリカ	78.8	19.2
OECD	79.9	19.1

出所）OECD（2013）*Pension at a Glance 2013*

ることは紙幅の都合で避けるが、ギリシャ、イタリア、スペイン、ポルトガルは、高齢化率が飛び抜けて高いわけではないが、低い部類にも入っていない。

　高齢化率と関連する指標が、各国の平均余命（表9-2）である。後に見るように、近年、年金支給開始年齢の設定を平均余命に連動して決める制度設計が出てきた。平均余命（とくに65歳時点）が長いほど、そうした制度を採用しやすい環境にあると言えよう。中長期的には、イタリア、スペイン（および日本）がそうした条件を揃えていると言えよう。

　以上のように南欧諸国は、スペインを除くと、年金財政を抑制する必要が強かったと言える。そこに、国家債務危機が襲ってきた。

　そこで、次にこれらの国々の政府はそれにどう対処したかを、イタリアを代表例に取り、見てみよう。

3　危機へのイタリア政府の対応

　2011年、ギリシャ危機の余韻が収まらぬなか、政府負債の累積が

GDP120％に上るイタリア政府に対する国家債務危機が発生する。国際通貨基金（IMF）の監視下に入り、EUから財政支援を受けなければならなくなったイタリアは、モンティ新政権の下で緊急の財政改革に乗り出した。その中の1つのメニューが年金改革であった。

では、改革されるべきイタリア年金制度はどのような課題を抱えていたのか？

まず、イタリアの年金制度の概要を見ておこう。

イタリアには、強制加入の公的年金と任意加入の補足年金とがある。

公的年金は、戦後、「気前のいい年金」として有名であった。財政は賦課方式で運営され、個人には給付建て方式で支給されていた[2]。さらに、所定の年齢（57歳）と保険料納入期間（37年）を満たせば、支給開始年齢以前に年金を満額受給できる制度があった。これを年功年金という。この結果、イタリアでは早期に退職して年金生活に入る人が多かった。しかし、平均寿命が延びていくので、この仕組みは、財政にとって大きな負担となり、2011年以前から幾度か改革が試みられてきた。

とくに1995年には、年金額算定方法を、それまでの給付建て方式から拠出建て方式に段階的に切り替えてゆくことが決められた。同時に、年功年金の支給要件を厳格化した。ただし、こうした改革も移行期間を長く取ったため、年金財政をすぐに改善するまでには至らなかった。

そして、ギリシャ危機に端を発するユーロ危機が起こったのである。それは、やがてイタリアに飛び火した。そこで、モンティ新政権下でドラスティックな緊縮財政が始まった。年金改革はその第一歩と位置づけられた。その概要は以下のとおりである。

（1）年金支給開始年齢の統一化。男女、民間労働者と公務員、自営業者の区別を問わず統一化を図る。
（2）年金支給開始年齢を遅延化する。当面は65歳とし、2021年には67歳まで引き上げる。

（3）その上で、個人が年金受給を開始できる時期を柔軟化する。そして、受給開始を後に設定するほど年金額を増す仕組みを導入する。したがって、各国民は、公式上の支給開始年齢（当面は65歳でやがて67歳まで遅延）と70歳の間で年金受給開始を決め、年金を受け取る。このことにより、全体としては生涯労働年数の延長を図る。

（4）その上で、支給開始年齢を平均寿命の動向に併せて自動的にスライドさせる。すなわち、65歳時点の平均余命が伸びれば、支給開始年齢を遅らせるのである。

（5）2012年1月以降は、すべての国民に拠出建て方式が適用される。すなわち、1995年の改革では、その時点で18年以上給付建て方式を適用されていた人は引き続き給付建て方式を適用されていたが、それが廃止され、2012年1月以降に納めた保険料からは、拠出建てにより年金額が算定されることとなった。

（6）年功年金は存続するものの、その運用は厳格化する。すなわち、支給開始は63歳とする（以前は57歳）。その支給要件は、男性で42年5カ月（以前は35年）、女性で41年5カ月の保険料納入期間を要し、しかも、60歳以前から受給する場合は1年当たり2％、60～62歳からでは年1％の減額を受けることとなる。（ただし、重労働従事者は2011年改革以前の制度を適用される。）

このほか、臨時措置として、2012～2013年には、月1400ユーロ（約19万6000円）以上の年金受給者には物価スライドを適用しないことも決められた。

以上を概観すると、モンティ政権の年金改革も突然出現したわけではなく、大筋では、それまでの年金改革の延長線上にあるものと解釈される。すなわち、中長期的に持続可能な年金制度への再編を目指したものと言えよう。

イタリアの改革はラディカルである。年金支給開始年齢を2021年までに67

歳に引き上げること、支給開始年齢の平均余命スライド制、年金算定方式の給付建てから拠出建てへの移行などが、比較的短期間で実行に移される。これは、緊縮財政の必要からばかりでなく、年金支出の対 GDP 比が南欧 4 カ国中最も大きく、改革の必要性が最も大きかったためでもあろう。

このように、EU からの支援に対応したイタリアの年金改革は、概ね、持続可能な制度変革と見なせるであろう。しかし、こうした改革が、現在の年金受給者にとって、生活を維持できる許容可能な水準を担保するか否かは、別に検証されなければならない。

ここでは、きわめて大枠の検討のみを行っておこう。まず、各国の年金受給者の所得代替率を見てみよう。表9-3は、各国の年金受給者の所得代替率を記したものである。これを見ると、イタリア・スペインは、所得代替率が平均所得者・低所得者ともに最も高い部類に属する。ギリシャ・ポルトガルもイタリア・スペインほどではないが、スウェーデン並みの値で、決して低くはない。むしろ、ドイツや日本の方が低い（日本の低さは、おそらく国民年金のみを受給する者の年金が低いためであろう）。

表9-3 所得代替率（2012年）単位：％

	平均所得者	低所得者
フランス	58.8	64.8
ドイツ	42.0	42.0
ギリシャ	53.9	75.4
イタリア	71.2	71.2
日本	35.6	49.8
韓国	39.6	59.2
ポルトガル	54.7	67.5
スペイン	73.9	73.9
スウェーデン	55.6	70.2
イギリス	32.6	55.8
アメリカ	38.3	49.5
OECD	54.4	71.0

出所）OECD (2013) *Pension at a Glance 2013*
注1）所得代替率は、全老齢所得保障制度からの年金受給額の平均所得に対する比率。
注2）低所得者の所得は、平均所得の50％。

この点からみれば、今のところ、南欧諸国の年金改革は、ジャーナリズムで取り上げられたほど年金受給者の生活を壊しているのではなさそうである。

4　緊縮政策と年金改革

これまで見てきたように、ユーロ危機のときに行われたイタリアの年金改革は、概ね、持続可能な制度構築への改革であった。しかし、この改革は、緊縮政策の一環として行われた。実は、ここに雇用の現状と社会保障政策との間に矛盾が生じているのである。

緊縮政策は、金融市場の不安定性を緩和するための財政支援の見返りとして、取られた。しかし、金融市場の要請に応えようとすると、実体経済の成長を抑制することになるのである。緊縮政策は、総需要を低下させ、企業活動を不活発にする。その結果、雇用の縮小、すなわち失業が生じるのである。

ところが、この失業の増大が、年金、とくに改正された年金の制度設計と矛盾する。改革された制度では、各人の年金額は、給付建て方式であれ拠出建て方式であれ、制度加入期間に応じて増減する。しかも、満額年金の資格期間は延長され、支給開始年齢も引き上げられる。この制度設計では、雇用が、生涯、ほとんどとぎれることなく支給開始年齢まで続くことを暗黙の前提にしている。したがって、雇用がたびたび中断し、失業期間が長引けば、受給できる年金額が少額になり、制度設計そのものが失敗に帰すことになる。

この事態を回避するには、基本的には安定的な成長が必要である。緊縮政策は、一時的にせよそれを阻害する。その効果を緩和するためには、雇用を促進したり、労働生産性を上げたりする労働政策が必要である。それゆえ、この労働政策は、年金政策とセットで執行されることが多い。では、次に、緊縮政策期に行われた労働政策を検討してみよう。

5　労働政策

EU 各国の労働政策を理解するには、2つの分析視角が必要である。1つは、EU から各国に要請される政策の分析であり、もう1つは、各国独自の政策の分析である。

そこでまず、この時期の EU 中枢部が、今回の危機をどのように捉えていたかをみておこう。

彼らは、それを、長期的な視点からは、競争力の危機と認識した。すなわち、国際競争力の弱い国の政府が赤字国債を発行しやすく、これが国家債務危機を招いたと考えられた。そして、それを解決する要の1つとなるのが、労働市場の柔軟性と低い労働コストであると考えられた。それゆえ、EU 中枢部にとっては、労働政策は競争政策でもある。

この政策を推進する枠組として、新たにユーロプラス協定が使われた。ユーロプラス協定は、各国に経済政策の協調を促すものである。それは、競争力の強化、雇用の促進、財政の持続性の強化、金融安定性の強化の4分野をカヴァーする。今回は、このうち「競争力の強化」の分野を通して、労働政策の共通化が推し進められた。

そこで、ここでは、労働政策を以下の2点にわたって検討する。1つは、EU 全体に適用されようとし、特に、南欧4カ国（ギリシャ、イタリア、スペイン、ポルトガル）に共通に適用される新自由主義的な賃金政策であり、他は、南欧諸国の中の1つ、イタリアの独自の労働市場政策である。

5.1　EU の新自由主義的な賃金政策

EU 全体に関する労働政策は、2つのプログラムからなる。1つは、高失業の原因を時代遅れで硬直的な制度にあると断じた上で、それを改革する「構造改革」政策である。もう1つは、団体交渉を産業レベルから企業レベルへ移す、賃金決定分権化政策である。これらが、財政支援の見返りとして、直接的に南欧諸国にも適用される。

まず、後者の政策から見てみよう。南欧諸国では、主に産業別の労働協約が結ばれている。これが、法による一般的拘束力制度等を通じて、広く非組合員にも適用される。およそ80〜90％の労働者に適用されると言われている（Busch et al. 2013）。これを企業レベルまで分権化させようというのが、EUの方針である。また、ヨーロッパ中央銀行も、国債購入の条件としてこれを要求したとのことである（*ibid.*）。ブッシュらの研究によれば、労働協約に関しては、以下のような政策変更が見られた。（*ibid.*）

（１）部門別協約から企業別協約への分権化を法的に承認する（イタリア、ポルトガル、スペイン）
（２）企業別協約の他の協約に対する絶対的優先性と労働協約優先原則の廃止（ギリシャ、スペイン）
（３）労働組合ではない団体との企業別協定の締結可能性の承認（ギリシャ、ポルトガル）
（４）協約終了後の有効性に関する制約（ギリシャ、スペイン）
（５）労働協約の一般的拘束力への制限（ポルトガル）

南欧諸国に中小企業が多いことを考えると、こうした変化は、労働協約適用範囲の縮小をもたらすと考えられる。結果、団体交渉（賃金決定）の分権化よりもさらに進んで、賃金の個別化が進行する可能性もある。

「構造改革」の労働政策としては、賃金形成への政府の介入強化が挙げられる。自由主義的政策が介入を強化するのは矛盾のように見えるが、政策者の意図は、介入によって硬直的な制度を崩し、市場原理を浸透させるところにある。これは、以下の３点を通して実行される。１）公的部門の賃金決定、２）法的最低賃金の決定、３）労働協約への直接介入である。

公的部門の賃金カットは、財政支援受け入れ国では共通の手法となっている。もちろん、これは、トロイカ（EU、ヨーロッパ中央銀行、IMF）の要

請という形で実施される。ギリシャでは2009年から2013年にかけ30％がカットされ、他の国々では5〜10％がカットされた（ibid.）。公的部門の賃金形成が民間部門の賃金形成に影響を与える国もあり、この手法は、賃金抑制に効果あり、とされている。

　法的最低賃金も、さまざまな経路を経て一般賃金形成に影響すると考えられている。ポルトガルとスペインでは、2012年の初頭から最低賃金が凍結された。

　最も大きな最低賃金切り下げは、ギリシャで行われ、2012年に22％も切り下げられた。これは、ギリシャの賃金形成に大きな変化をもたらした。なぜなら、それまでギリシャでは、最低賃金は法的に決められるのではなく、全国的な労働協約によって決められていたからである。

　こうした政策の結果を反映してか、次の事態が起こった。2009年までの10年間は、ほとんどのEU諸国で実質賃金が上昇していた。その傾向はギリシャで最も強かった。唯一、実質賃金が下落したのはドイツのみであった。しかし、この傾向が2010年から逆転する。EU27カ国中18カ国で実質賃金が下落した。最も下落幅が大きかったのがギリシャで、20％下落した。次がポルトガルの10％である（ibid.）。

　ギリシャ、イタリア、スペイン、ポルトガルの緊縮政策要請の下に、以上のような賃金政策が行われたのである。これは、賃金低下による価格競争力の上昇を狙った政策である。これにより、輸出が若干伸びた国もあるが（イタリア、スペイン）、GDPは総じて低下ないし横ばいで推移している。ギリシャにいたっては、GDPが急激に減少している（OECD 2015）。これは、南欧4カ国において、国内需要が低下ないし横ばいで推移しているからである。賃金低下は、コスト削減により価格競争力を高めるが、所得支出の低下をもたらし、国内需要の低下を招く。したがって、より望ましいのは、労働生産性上昇による競争力強化である。この点で、南欧諸国は、何らかの労働政策を行ったのであろうか。この点について、イタリアの事例をみてみよう。

5.2 イタリアの労働市場政策

さて、労働生産性上昇を目的とした労働政策に、円滑な労働移動と職業訓練を組み合わせた積極的労働市場政策がある。イタリアでは、この点をも取り入れた労働政策が、緊縮財政期に行われた。それは、モンティ内閣（2011～2013年）の社会政策大臣エルサ・フォルネーロによって行われた。

エルサ・フォルネーロは、経済学者で年金問題の専門家である。彼女は、2011年11月、モンティ新首相（当時）から、年金改革と労働市場改革の遂行にあたるために、労働社会政策大臣に就任するよう要請を受けた。彼女は、この要請を受け、後に「フォルネーロ改革」と呼ばれる政策を実行した。

まず、イタリアの年金改革と労働市場改革の関連について見ておこう。先に見たように、改革以前のイタリアの年金は「気前のいい」年金とされていたのに対して、失業対策はヨーロッパで最も貧しいものと認識されていた。そこで、国家債務危機後の年金・労働改革においては、年金から失業対策へ財源のシフトが図られた（Corti et al. 2014）。先に見たイタリアの年金改革は、こうした観点から行われたものであった。そこで、次に労働市場改革の概要を見よう。

イタリアの労働市場は、典型的な二重構造の様相を呈している。一方で保護されたグループが存在し、他方で保護を受けないグループがいる。前者には、男性、公務員と製造業の40歳代以上の労働者が属し、後者には、若者、女性、高齢者が属している。こうした労働市場を、格差の少ないダイナミックな構造に変えることに目標が置かれた。

労働市場改革を推進するにあたって、フォルネーロは、手本をドイツの「ハルツ改革」に求めた。ハルツ改革は、2003年にシュレーダー首相（当時）のもとで、フォルクスワーゲン社の労務担当役員だったペーター・ハルツを指導者にして行われた労働市場改革である。その中心には、職業紹介機関の再編と機能強化、求職者の求職活動へのインセンティブ強化（その手段としての失業給付期間の短縮等）、そして規制緩和（派遣労働・有期契約・解雇

規制の条件緩和) がある。10年以上たった現在では、失業を減らしたという肯定的評価と低賃金労働者を増やしたという否定的評価とがある[3]。

ともあれ、ハルツ改革を参照しながら、フォルネーロは、労働市場改革の柱を5つ建てながら政策を進めた (Fornero 2013a, 2013b)。

その第1の柱は、入職に関するもので、労働市場参入における柔軟性の確保である。

労働契約の種類を減らした上で、2つの目的をもたせた。1つは柔軟性の確保であり、もう1つは不当な労働契約の制限である。不当な労働契約とは、低賃金・不安定・間欠契約であり、あるいは労働者間・企業間での不公正な競争を起こすものでもある。

具体的な政策内容としては、次のようなものがある。

有期契約は、一方で使用の正当性を証明しなくても締結できるよう自由化されたが、他方で、期間の定めのない労働契約より1.4%、給与税を多く納めるよう義務づけられた。これは、失業にさらされやすい有期契約労働者と失業時にさまざまな支援を提供する社会への失業コストの支払を意味している。また、常用雇用への転換の場合は、6カ月分の給与税が企業に払い戻される。

雇用リスクを使用者から労働者に転嫁するような一時的雇用は認められない。

すさまじい速度で増加している派遣労働には、さまざまな規制がかけられる。

特別な配慮をすべき労働者 (産業再編成で解雇された高齢労働者、経済的困難地域での女性労働者) には、労働契約状態の如何にかかわらず、ボーナスが支給される。

常用労働者として雇われた実習見習いには、特別な支援が支給される。これは、将来の技能形成を期待しての措置である。ここに職業訓練への配慮がある。

以上が、労働市場参入における柔軟性の確保のあらましである。

第9章　EUの社会保障・労働政策とユーロ危機——イタリアの事例を中心に——　341

　直近の結果は、およそ次のとおりである。2012年と2013年の第2四半期の間では、常用労働の比率が若干伸びた（16.8％から17.5％）。見習い実習も若干伸びた（2.6％から2.8％）。有期契約はさらに増えた（62％から67％）。逆に、プロジェクト職（特定プロジェクトに関わる一時的仕事）は、減った（8.2％から6.7％）。派遣労働は8.5％から4.4％に減った。

　第2の柱は、退職に関するもので、労働市場から一旦退出する時の硬直性を緩和することである。

　従来、期間の定めのない労働契約を交わした労働者の解雇制限は、大変強かった。この労働形態が支配的なものであることに変わりはないが、運用をもう少し柔軟にした。

　すなわち、従来、個人別の解雇が裁判所で違法と認められたら、解雇から何年たっていようと、職場復帰が唯一の解決策であった。これは、差別的解雇（人種、性、性的嗜好等によるもの）には引き継がれたが、それ以外であれば、職場復帰するケースを、裁判所が解雇理由の不在を認めた場合にのみ適用し、他のケースについては金銭補償に替えたのである。これにより、退職（解雇を含む）手続きの硬直性が緩和される。

　直近の結果は、次のとおりである。解雇が増え、辞職が減った。これは、解雇手続きが容易になったことと偽装辞職が減ったことを意味しているようである。7カ月間で申請された調停のうち40％が合意に至った。紛争が大幅に沈静化され、解雇手続きに要する時間も短縮された[4]。

　第3の柱は、社会的保護プログラム（失業対策給付）の適正化である。

　従来の保護の対象は、形式上4類型に分かれていた。①農業部門、②建設部門、③継続雇用給付を受給できる部門（主に工業部門）、④その他の労働者。このうち、③継続雇用給付を受給できる部門に属する者だけが十分な給付を享受できた。そこでは、賃金の60％以上が支給され、しかも50歳以上の者は、48カ月にわたって受給できた。したがって、それまでの年金制度と合わせると、多数の50歳以上の労働者が、公式記録上は失業していないにもかかわらず、労働していない状態に入れられていた。しかし、フォルネーロ改

革では、上記の4部門のうち農業部門を除く3部門が統合された。そして、保護の期間は、55歳未満の労働者には12カ月、55歳以上の労働者には18カ月に短縮された。この期間、一定の金額までは、退職前給与の75％が支給される。ただし、職業紹介を理由なく拒んだ場合には、給付が停止される。これは、ハルツ改革の失業保険の取り扱いに似ている。新しい失業対策制度には、これまで排斥されていた労働者、特に若い実習見習い生や有期契約労働者の多くが加入できるようになった。

　失業対策としては、もう1つの制度が存在する。それは、雇用継続給付制度である。この制度は、事業主・労働者・国家による拠出金により運営される。これにより、企業は、①一時的不況時か、②構造的不況時かにより、労働者の一時解雇または労働時間短縮を行うことが出来る。労働者は、その間、上限付き賃金の80％までを受給できた。期間は、①のケースが3〜12カ月、②のケースが6〜48カ月である。この制度の改革も当初は企画されたが、労働組合および経営者団体の反対が激しく、実施が困難であったので、部分的修正のみが行われた。すなわち、部門別の労働協約の中に労使双方から拠出される「連帯基金」を設ければ、雇用継続給付は、すべての労働者に拡充することができるようになった。しかし、拠出が事業主と労働者のみであることに加えて、不況がこうした基金の設立を難しくしている（Corti et al. 2014）。

　第4の柱は、効果的な支援サービスの強化である。地方当局の職業紹介、職業訓練、職業意識の向上、支援サービスの内容周知などをきめ細かく行うことである。ただ、これには、地方当局の担当部署の再編が必要である（Fornero 2013a, 2013b）。これは、必ずしも上手くはなされなかった。この課題は、後のレッタ内閣・レンツィ内閣に引き継がれることになる（Corti, et al. 2014）。

　第5の柱は、政策の過程や結果のモニタリングや評価を行い、効果的なことは強化し、正していくことを行うことである。ただし、モンティ政権は2013年4月に終了したので、この作業は十分には行われなかった。

以上のような枠組の中でイタリアの労働市場改革は行われた。結果を判断するには、まだ早いだろう。しかし、こうした改革が、財政支援に対応した緊縮政策の中で行われたことは、皮肉なこととも言えよう。せっぱ詰まらなければできなかった、とも言えるが、総需要抑制・賃金抑制の中で、職業訓練や職業紹介の改革をしなければならず、緊縮財政が素早い効果を得にくくさせたと言える[5]。

6　おわりに：社会保障政策と労働政策

　以上、ユーロ危機の中の社会保障（特に年金改革）政策を労働市場改革政策との関連でみてきた。

　これまでの考察から、以下のことが言えるであろう。

　社会保障政策については、中長期的に持続可能な制度にすることが、現代の課題であるので、景気変動に関わりなく、中長期視点から取り組まれることが望ましい。その点からすれば、今回、イタリアで行われた改革は、いくつかの緊急避難的措置を除いて、適切なあるいはやむを得ざるものであったと言えよう。

　しかし、労働政策に関しては、短期的な視点を入れることが、不可避であろう。「ハルツ改革」を参照したイタリアの労働政策でみたように、この中には職業訓練や職業紹介の新しい手法が取り入れられているが、本来、職業訓練や職業紹介は、非需要不足型の失業に対して有効な政策であり、需要不足型の失業に対しては、必ずしも有効ではない。したがって、不況期にこれらの政策をとっても、効果は限定的なものであり、同時に、需要不足型失業への対策と併用して用いられることが望ましい。その点からすると、EU当局の執拗な緊縮政策の重視は、その自由主義的賃金政策の事実上の強制をも含めて、適切さを欠いたものと言えよう。

注
1) ユーロ危機に関しては Boyer(2012)およびボワイエ(2013)を参照。
2) 賦課方式とは、当該年度の支出を当該年度の収入で賄う方式である。給付建て方式とは、あらかじめ給付水準を決めておき、その給付に合わせて拠出を調整する方式である。これに対して、拠出建て方式とは、あらかじめ拠出水準を決めておき、これに合わせて給付を調整する方式である。
3) ハルツ改革の評価については、さしあたり、本書第8章および野川他(2006)を参照されたい。
4) これは、後(2015年)にレンツィ内閣によって雇用法(Job Act)として法制化される。
5) 上記の雇用法が成立した2015年の最初の9カ月の雇用に関して、長期雇用が減り、一時雇用が増えるという法律の趣旨とは逆の結果が出ているようである。これについては、Marta Fana and Dario Guarascio(2016)を参照されたい。

参照文献

厚生労働省(2012)「南欧諸国の労働施策」(http://www.mhlw.go.jp/wp/hakusyo/kaigai/12/)
―― (2013)「2011〜2012 海外情勢報告 第3章欧州地域にみる厚生労働施策の概要と最近の動向」(http://www.mhlw.go.jp/wp/hakusyo/kaigai/13/)
小島晴洋、小谷眞男、鈴木桂樹、田中夏子、中益陽子、宮崎理枝(2009)『現代イタリアの社会保障』旬報社。
中益陽子(2012)「イタリアの年金制度」『年金と経済』31(1)
野川忍、根本到、ハラルト・コンラット、吉田和央(2006)「ドイツにおける労働市場改革－その評価と展望－」労働政策研究書 No.69、労働政策研究・研修機構
ボワイエ, ロベール(山田鋭夫・植村博恭訳)(2013)『ユーロ危機』藤原書店。
前田俊之(2013)「欧米諸国の年金事情 イタリア編」ニッセイ基礎研究所(http://www.nli-research.co.jp/report/focus/2012/focus130121.pdf)
Boyer, R. (2012) Overcoming the Institutional Mismatch of the Euro-zone: Undetected by Conventional Economics, Favoured by Nationally Focused Politics, Fuelled and then Revealed by Global Finance, Article prepared for the Conference *"Asian Economic Integration in Transition: Learning from European Experiences"*, Yokohama International Conference.
Busch, K., Hermann, C., Hinrichs, K., and Schulten, T. (2013) Euro Crisis, Austerity Policy and the European Social Model, *International Policy Analysis*, Friedrich Ebert Stiftung.
Corti, M., Delfino, M. and Spinelli, C. (2014) The Impact of the Global Economic Crisis on the Evolution of Labour Law in the National Leagal Systems: Italian Report, *International Society for Labour and Social Security Law*.
Davy, P. (2013) Setting the stage for pension reform,
  http://www.europeanpensions.net/ep/setting-the-stage-for-pension-reform.php
Fornero, E. (2013a) Italy's reforms are bearing fruits, *The Wall Street Journal* 2013.06.05.
―― (2013b) Reforming labor markets: reflections of an economist who (unexpectedly)

became the Italian Minister of Labor, *IZA Journal of European Labor Studies*.

Italy Pension Summary (2013) http://euracs.eu/summaries/italy-pension-summary/

Marta Fana and Dario Guarascio (2016) "Assessing the effects of Italian labour market reforms: the consequences of the Jobs Act" *Open democracy*
(https://www.opendemocracy.net/can-europe-make-it/marta-fana-dario-guarascio/assessing-effects-of-italian-labour-market-reforms-con)

Novero, S. (2014) Italian Policies for Labor Flexibilization: The Role of Digitalization and the Change in Italian Job Market
(http://www.ef.umb.sk/konferencie/dvfp/pdf/prispevky/Novero.pdf)

OECD (2013) OECD Factbook 2013: Pension Expenditure

OECD (2013) Pension at a Glance 2013

OECD (2015) National Accounts
(http://stats.oecd.org/Index.aspx?DataSetCode=SNA_TABLE1)

Reuters (2015) "Italy's Renzi completes labour reform, growth needed for jobs" 2015.9.4

Sanz, S. (2012) Monti's 30 billion euros survival plan, *Eurofound*
(http://www.eurofound.europa.eu/eiro/2012/01/articles/it1201039i.htm)

Sanz de Miguel, P. (2013) Pension reform rows back on early retirement benefits, EUROFOUND (http://eurofound.europa.eu/eiro/2013/04/articles1304011i.htm)

The Wall Street Journal (2013) Italy's Reforms Are Bearing Fruit, 2013.06.05
(https://martindale.cc.lehigh.edu/sites/martindale.cc.lehigh.edu/files/Pension.pdf)

第 10 章
越境労働市場の発展：オーバーライン地域の挑戦[1)2)]

土井康裕

1 はじめに

　この章では、欧州の経済統合により、国境地域の労働市場とそれに付随する組織にどのような影響があったのか、具体的な事象を含めた現地調査を基に解説する。特に、国境地域における労働市場統合の結果として、越境通勤が発生するメカニズムとそれを促進させるための超国家機関の役割を明らかにすることを目的とする。

　ここでは、オーバーライン地域の取り組みと越境労働について現地調査を行った結果を中心にまとめている。本調査で扱うオーバーライン地域とは、ドイツ、フランス、スイスの国境地域で、欧州委員会のプログラムによって労働市場統合が促進されている地域の1つである。特に今回は、この地域の「越境通勤」について着目する。「越境通勤」とは、住居は元の国（母国）に維持したまま労働のためだけに日々国境をまたいで隣国へ通勤することを指している。

　まず、背景となるヨーロッパの労働市場の統合や地域間連携を進めるプログラム（Interreg）等の制度、さらには分析対象であるオーバーライン地域に関する先行研究について説明する。伊藤（2003）によると、オーバーライン地域は歴史的に国境を挟んだ関係が深く、1970年代には越境地域連携が進められていたことがわかっている。また、1990年以降、この地域では超国家組織が形成され、この地域における越境連携に関わるさまざまな取り組みを

一堂に会す体制を整えるようになった。また、Interreg 事業の一環として、越境に関わる全ての情報を提供する INFOBEST が 3 カ国共同事業として設立された。これら越境連携の組織は、これまでの国の枠組みからは逸脱する形で形成されており、複数国の労働市場統合による実験的な取り組みである。

　過去のデータによれば、経済統合のプロセスの中で、財や資本の域内移動は大きく増加したことが指摘されている。それに対して、国境を越えた労働移動については限定的であることが知られている。Zimmermann（2009）は、欧州経済統合のプロセスの中で、域内の労働移動が増加したことを示すデータはないと指摘している。また、Heinz & Ward-Warmedinger（2006）によれば、2000年の 1 年間に、EU 加盟国15カ国（EU15）の総人口のうち、移民として居住地を変更した者の割合は0.1パーセント（22.5万人）であったとしている。同様にBonin et al.（2008）も、EU15の人口中、過去 2 年以内に移民として移入してきた者の割合（Average cross-border mobility rate）は、1995年から2006年にかけておおむね0.2パーセントという低水準で推移していることを指摘している。

　国境を越えた労働移動、特に移民の意志決定に関しては、賃金率や失業率の差異など、個々の労働者の効用最大化行動に基づいた要素に加えて、労働者の家族の移動に伴う「家計の要素」も重要な役割を担うことが指摘されている（Fertig 2001; Fertig and Schmidt 2002; Mansoor and Quillin 2006; Tsegai 2007; Heinz and Ward-Warmedinger 2006）。さらに、文化や言語の違い、社会保障システムの不調和、住宅・年金の移行障害、専門資格に関する国境を越えた認識の不在、地元への強い愛着なども、移民の意志決定を阻害する要因となることが指摘されている（Zimmermann 2004, 2009; Heinz & Ward- Warmedinger 2006; van der Velde & van Naersse 2010）。これらを踏まえ、労働市場の統合による労働者の移動（移民）は、財や資本の移動に比べて課題が多く、結果として労働者の移動は促進されていないことがわかっている。これを踏まえ、オーバーライン地域で実施されている新しい取り組

第10章　越境労働市場の発展：オーバーライン地域の挑戦　349

みが「越境通勤」の促進である。

　本件に関して、2011年8月24日にフライブルグのドイツ連邦雇用機関（Bundesagentur für Arbeit）にて当該地域の労働移動に関して他国との連携に関するドイツ側の責任者（Stabstelle für grenzüberschreitende Zusammenarbeit）を担当しているマトゥッシュ（Norbert Mattusch）氏にインタビューを行った。インタビューでは、当該地域における他国の公的機関との連携や労働移動（越境通勤）促進について質問した。また、これまで公開された関連データや具体的な組織や計画に関する情報を頂き、内容について説明を聞いた。本稿では、このインタビューを基に、越境組織の役割や越境労働の推移についてデータの整理を行った。さらに翌年の2012年度には、上記のインタビューを基に、研究を進めた。特に、本研究の第2段階として、マクロデータを基にオーバーライン地域を構成する各地域経済の現状把握を行った。つまり、各地域の特色や差異を明らかにすることにより、越境通勤が発生する要因やその因果関係を推察した。具体的には、欧州委員会の欧州越境雇用サービス（European Employment Service; EURES）や欧州統計局（Eurostat）を中心としたマクロデータを基に、オーバーラインを構成する各国地域の経済的特色や地域間の差異を明確にし、越境労働の現状を明示した。さらに、産業構造に着目をしながら各地域の労働生産性を比較した結果、第2次産業については南プファルツ・バーデンの生産性が高く、第3次産業についてはアルザス・北西スイスの生産性が高かった。古典派の第一公準の考え方に従えば、労働生産性の格差は賃金率の差として反映すると考えられるため、より生産性の高い地域へ労働移動が発生する可能性があることを示唆した。また、労働市場に関しては、オーバーライン地域内において雇用率の格差が存在していることがわかった。本地域においては1国内と同様に労働移動が自由化されていることから、雇用率の格差が1つの労働市場の中に存在している場合、雇用率の低い地域から高い地域へ労働移動が発生する可能性があることを指摘する。また、とりわけアルザスの若年層雇用率が低いことに言及し、アルザスの若者が越境通勤促進の取り組みの重要な

ターゲットになっていることとの関係を説明する。

　2013年6月には再度現地調査を行った。2011年に訪問したフライブルグ公共職業安定所に加え、フランス労働行政機関「雇用センター（Pôle emploi)」と共同運営する職業紹介所（2013年に開設）や両地域の情報を包括的に労働者へ提供している INFOBEST Vogelgrun/ Breisach、また EU の特区として活動している Eurodistrikt の事務所にも訪問しインタビューを行った。

　本章では、上記2回の現地調査を踏まえ、オーバーライン地域で行われている「越境通勤」について、歴史的背景、統計データ、並びに具体的な取り組み内容を紹介し、地域的な労働移動に関する包括的な理解を促す。

2　各地域の経済比較

　本節では、背景となる本研究開始当時のマクロデータを基にして、オーバーライン地域を構成する4地域の経済的特色を比較し、労働移動に関する各地域の差異を明示する。ここで扱う4地域とは、（1）バーデン：ドイツ・バーデン＝ヴュルテンベルグ州の一部、（2）南プファルツ：ドイツ・ラインラント＝プファルツ州の一部、（3）アルザス：フランス・アルザス州、（4）北西スイス：スイス・北西スイス地域[3]であり、各地域の領域はEURES およびオーバーライン会議による定義に従っている（図10-1）。

　統計データは2006年のものを中心に扱い、以下の資料から引用した：(A) EURES-TransfrontalierOberrhein and Oberrheinkonfrenz (2008) "Regionalprofil Oberrhein 2008"、(B) Oberrheinkonferenz (2008) "Oberrhein Fakten und Zahlen 2008" (C) 欧州統計局（Eurostat）地域統計データ。(A) ならびに (B) の統計については、（1）〜（4）の4地域についてデータがまとめられている一方、(C) の統計は Eurostat の地域統計区分である NUTS[4]の Level-2（NUTS2）に準拠している。そこで、（1）〜（4）の4地域に対応する NUTS2地域を6つ選定し、対照関係を表10-1に示した[5]。

図10-1 オーバーライン4地域の地理的立地

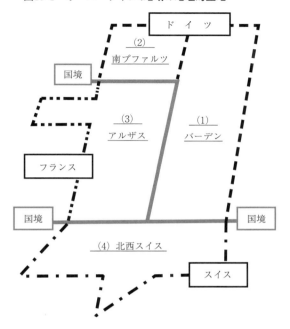

表10-1 オーバーライン4地域と対応するNUTS2地域

オーバーライン4地域	対応するNUTS2地域（NUTSコード番号）
(1) バーデン	① Karlsruhe：カールスルーエ（DE12）
	② Freiburg：フライブルグ（DE13）
(2) 南プファルツ	③ Rheinhessen-Pfalz： ラインヘッセン＝プファルツ（DEB3）
(3) アルザス	④ Alsace：アルザス（FR42）
(4) 北西スイス	⑤ Espace Mitteland：エスパース・ミッテランド（CH02）
	⑥ N2-Nordwestschweiz[注]：N2北西スイス（CH03）

注）オーバーライン会議の4区分の1つである(4)北西スイスと混同しないよう、⑥については N2-北西スイスと表記する。

次に、2つの観点から各地域の経済的特色を説明する。はじめに、2.1節で産業構造と生産性に着目し、産業分野ごとの生産性の差異が労働移動を誘発する可能性を示唆する。続く2.2節では労働市場に焦点を当て、各地域の人口構成を踏まえながら地域間の雇用率の格差を示し、越境通勤が発生する潜在性を示唆する。

2.1　産業構造と生産性

本節では、はじめに地域経済の全体像を把握するために、GDPと産業分野ごとの構成比を示し、経済規模と産業構造を地域間で比較する。さらに、経済規模や産業構造の特色を踏まえ、その背景にある労働生産性に着目し、地域間の差異が越境労働を発生させる可能性を考察する。

表10-2は、2006年の各地域の名目GDPと、第1次～第3次産業の構成比を示している。GDPに着目すると、オーバーライン地域全体では16兆9635億ユーロで、4地域の内訳を見ると、バーデンが6兆5015億ユーロ、南プファルツが5564億ユーロ、アルザスが4兆1394億ユーロ、北西スイスが5兆7680億ユーロとなっている。GDPは地域の経済規模を示すとともに、労働市場の観点からは雇用の規模を暗示するものであると考えられる。南プファルツは他の地域と比べてGDPが非常に小さいことから、労働市場の規模も小さいことが推察される。実際に2006年の雇用者数を見てみると、バーデンが125万人、アルザスが70万人、北西スイスが75万人であるのに対して、南

表10-2　オーバーライン4地域の名目GDPと産業構造（2006年）

		バーデン	南プファルツ	アルザス	北西スイス	地域合計
名目GDP; Mil. Euro		65,015	5,546	41,394	57,680	169,635
分野別シェア; %	第1次産業	0.8%	2.1%	2.0%	1.0%	1.2%
	第2次産業	35.9%	37.3%	27.5%	39.4%	35.2%
	第3次産業	63.3%	60.8%	70.6%	59.5%	63.6%
	合計	100.0%	100.0%	100.0%	100.0%	100.0%

出所）EURES-Transfrontalier Oberrhein and Oberrheinkonferenz, *Regionalprofil Oberrhein 2008*

プファルツでは11万人となっている。このことから、南プファルツでは越境労働を受け入れる潜在性も小さいと推察される。

さらに、GDPに占める各産業分野の割合を見てみる。第3次産業の占める割合は、全ての地域において50パーセントを超えているが、詳しく見ていくと地域ごとに産業構造の差異があることがわかる。南プファルツとアルザスでは第1次産業の構成比が2.0パーセントを超えている。南プファルツはGDPの規模がそもそも小さいということを考慮する必要があるが、アルザスでは第1次産業の存在感が他の地域に比べて大きいといえる。第2次産業については北西スイスと南プファルツでの構成比が高く、一方で第3次産業の構成比はアルザスが高くなっている。

続いて、経済規模や産業構造の背景にある生産性に着目する。以下で扱うのは、名目GDPを総労働時間で除した「時間あたり名目労働生産性」（以下、労働生産性）である。表10-3は、各地域の労働生産性を産業分野別について示している。各地域の平均の生産性を見ると、北西スイスの47.0ユーロが最も高く、その他の地域は、軒並み36～37ユーロ台となっている。産業分野ごとに労働生産性を見ていくと、地域ごとの特色を見出すことができる。第1次産業については、アルザスの労働生産性が最も高く（35.6ユーロ）、バーデン（8.7ユーロ）・南プファルツ（14.3ユーロ）・北西スイス（12.1ユーロ）を大きく上回っている。既に産業構造のところで述べたように、アルザスは第1次産業の構成比が他の地域よりも高かった。労働生産性の高さが市場の結果としての産業構造の特色に影響を与えたものと考えられ

表10-3　オーバーライン4地域の名目労働生産性（2006年）

		バーデン	南プファルツ	アルザス	北西スイス	地域合計
分野別生産性; Euro/時間	第1次産業	8.7	14.3	35.6	12.1	14.4
	第2次産業	38.7	39.7	30.5	53.8	41.2
	第3次産業	31.4	30.1	34.3	41.3	34.9
	平均	36.7	36.3	37.2	47.0	39.8

出所）EURES-Transfrontalier Oberrhein and Oberrheinkonferenz, *Regionalprofil Oberrhein 2008*

る。第2次産業に着目すると、北西スイスの53.8ユーロに続き、南プファルツとバーデンの労働生産性が高い（それぞれ39.7ユーロと38.7ユーロ）。一方で、アルザスの労働生産性は30.5ユーロとドイツ2地域に比べても低いことが分かる。表10-2と比較すると、やはり労働生産性の高低と産業構造の間に相関関係が認められる。最後に第3次産業について見てみると、北西スイスが41.3ユーロで最も高く、続いてアルザスが34.3ユーロである。バーデンと南プファルツは、それぞれ31.4ユーロ、30.1ユーロとなっていて、ともにアルザスの労働生産性を下回っている。

　産業ごとに各地域の労働生産性に特色があることを踏まえ、労働生産性の差異が生み出される要因を考察する。前提として人的資本の技術・教育水準が地域間で同一であることを仮定すると、生産性の差異は、生産設備の充実度、すなわち過去に行われた資本蓄積の結果によってもたらされると考えられる。オーバーライン地域の事例として南プファルツの車両製造業を取り上げると、車両製造業が地域のGDPに占める割合は17.9パーセントとオーバーライン地域の中でも抜きんでて高くなっている。この背景には、南プファルツの南東部に世界有数の自動車工場が立地していることが挙げられる。すなわち南プファルツは車両製造業の産業集積地になっているのである。実際に、南プファルツにおける車両製造業の労働生産性は54.6ユーロで、オーバーライン地域の平均である46.5ユーロを大きく上回っている。別の事例としては、北西スイスの化学・医薬品分野が挙げられる。北西スイスは伝統的に化学・医薬品分野が盛んな地域として知られていて、多数の有名製薬会社が立地している。化学・医薬品分野は地域のGDPの13.4パーセントを占め、労働生産性を見ても北西スイスでは122.5ユーロとなっていて、バーデン（69.1ユーロ）、南プファルツ（72.2ユーロ）、アルザス（44.2ユーロ）を大きく上回っている。以上の議論から、産業集積に代表される「生産工程への資本蓄積」の多寡が、地域の産業構造ならびに労働生産性に大きな影響を与えていると考えられる。

　さらに労働者の視点から考えると、より生産性の高い地域で就労するとい

うことは、1人の労働者がより多くの付加価値を生み出せるようになることを意味する。古典派の第一公準の考え方に従えば、労働生産性の格差は賃金率の差異として反映される。基本的な労働経済学の考え方に基づけば、賃金率の格差は労働移動のインセンティブとなる。以上の議論をまとめると、労働生産性の地域間格差は、賃金率の格差を媒介として、越境労働を発生させる重要な要素になると考えられる。

具体的に労働移動の可能性を示すと、第2次産業について、労働生産性の低いアルザスからの労働移出、あるいはより高い労働生産性を求めて北西スイスへの労働移入が起こりうるだろう。一方、第1次産業については、もともとのGDPが小さいことから労働移入・移出の可能性は限定的だ。また、第3次産業はサービス業という特性から、言語や地域の文化・制度が大きく関係してくると考えられるため、労働の移動は簡単ではない。以上を踏まえると、この地域における越境労働は主として第2次産業が中心になると推察される。もちろん、第2次産業の場合にも資格に関する統一的認識の不在など幾つもの課題は残るが、EURES等の取り組みが有効に働くとすれば、第2次産業に従事する労働者が、隣国の地域へ越境通勤を希望する可能性はあると考えられる。

2.2 労働市場

本節では労働市場に着目し、特に雇用率を取り上げて各地域の特色を明示する。はじめに、雇用の背景にある人口ならびに年齢構成を見てみる（表10-4）。2006年のオーバーライン地域全体の人口は589.6万人で、地域別の内訳はバーデンが243.0万人、南プファルツが30.4万人、アルザスが181.7万人、北西スイスが134.5万人となっている。労働市場の特徴を捉えるために年齢構成に着目をすると、15～65歳の労働力人口が全体に占める割合は、北西スイスが66.6パーセントと少し高く、他の地域では64パーセント台となっている。一方で、将来労働市場に参入する15歳未満の人口は、アルザスが17.6パーセントとなっていて、オーバーライン地域全体の平均である15.6パ

表10-4　オーバーライン4地域の人口と年齢構成（2006年）

		バーデン	南プファルツ	アルザス	北西スイス	地域合計
人口; 1000人		2,430	304	1,817	1,345	5,896
年齢構成 %	-14	14.6%	14.7%	17.6%	15.1%	15.6%
	15-64	64.7%	64.5%	64.3%	66.6%	65.0%
	65-79	14.6%	15.3%	12.6%	12.8%	13.6%
	80-	6.0%	5.5%	5.5%	5.6%	5.7%

出所）EURES-Transfrontalier Oberrhein and Oberrheinkonferenz *Regionalprofil Oberrhein 2008* Oberrhein Conference（2008）*Oberrhein Zahlen und Fakten 2008*

ーセントを上回っている。EURES-Transfrontalier and Oberrheinkonferenz（2008）もアルザスにおける若年層人口の多さを指摘しており、2006年現在、総人口に占める20歳代の割合がアルザスでは24.9パーセントとなっていて、他の地域と比べても顕著に高い。また、Eurostat の統計[6]によれば、アルザスの人口成長率は2006年には0.7パーセントであり、他の地域を上回っている。さらに、各地域の人口動態を自然増加と入移民超過に分けて詳しく見てみると、自然増加がプラスになっているのはアルザス、N2-北西スイス、エスパース・ミッテランドの3地域であり、その中でも自然増加が入移民超過を上回っているのはアルザスのみであった（アルザスの自然増加は8920人、入移民超過は2835人）。これらの事実はアルザスで若年層の人口の割合が大きいということを裏付けるものであると同時に、今後もアルザスの若年層人口は増加することが推測される。

　次に年齢構成の特徴を踏まえつつ、各地域の雇用率を見てみる。表10-5は、2006年のオーバーライン各地域における雇用率を示している。雇用率は労働力人口に占める被雇用者の割合によって計算される。はじめに全体（Total）の雇用率を見ると、ラインヘッセン＝プファルツ（53.9パーセント）とアルザス（55.0パーセント）が、他の地域に比べて相対的に低い水準にあることがわかる。ただし、15歳から24歳の雇用率に注目すると、とりわけアルザスの雇用率が低いことが分かり、アルザスにおける若年層人口の相対的な多さが背景にあると考えられる。

表10-5 オーバーライン4地域の若年層雇用率（2006年）

		バーデン		南プファルツ	アルザス	北西スイス	
		カールスルーエ	フライブルグ	ラインヘッセン=プファルツ		エスパース・ミッテランド	N2 北西スイス
雇用率; %	合計	56.0%	58.5%	53.9%	55.0%	64.3%	65.6%
	15-24	45.8%	49.7%	42.5%	36.0%	66.4%	63.8%

出所）Eurostat, *Employment rates by sex and age, at NUTS levels 1, 2 and 3,*

　Greenwood（1975）・Pekkala and Tervo（2002）は、1国内において地域間に失業率の格差が存在する場合、失業率の高い地域（仕事を探すことの出来ない地域）から失業率の低い地域（雇用の見込みがより有利な地域）への労働移動が期待されることを指摘した。オーバーライン地域では隣国の地域への越境労働が自由化されている。したがって一国内の労働移動（internal migration）と同じ枠組みで考えれば、労働者は雇用率の低いアルザスから、雇用率の高い（つまり雇用される可能性の高い）バーデンや北西スイスへ越境通勤を希望する可能性がある。特に、若年層に着目すれば、雇用率が相対的に低いアルザスからの労働移出が推測される。

　ドイツ連邦雇用機関で行った聞き取り調査では、アルザスの若年層労働力が越境通勤促進の取り組みにおいて重要なターゲットになっていることが指摘されていた。ストラスブール・オルテナウ・ユーロディストリクトでは、国境を越えた職業訓練として語学研修プログラムが提供されており、この研修所がアルザスに立地していることからも、アルザスの若年層労働力をオーバーライン地域内でいかに活用するかが重要課題になっていることが理解できる。

3　越境労働市場の行政的な枠組みの変遷

3.1　越境通勤の制度と移動人数の変遷

　本節では、オーバーライン地域における労働市場統合の歴史的背景を踏ま

え、越境地域の労働市場と2国の行政機関の関係について解説する。ここでは単純化のためにオーバーライン地域における労働市場統合を、労働行政の観点から2つの段階（第1段階と第2段階）に分けて説明する。

本地域における越境労働市場の行政的な枠組みを考える際、以下のポイントが重要な役割を果たす。（1）税制を含む国家間の制度的連携、（2）地域内の労働行政機関による情報共有を中心とした越境連携、（3）越境労働市場を念頭に置いた超国家機関の存在。これらを念頭に置き、労働市場が国境によって分断されていた状態を第1段階とし、過渡期を経て、上記3つの要素を含んだ越境労働市場が構築される2000年頃以降を第2段階とする。

第1段階は、労働行政機関の連携が始まる以前の段階で、労働市場が国境によって分断されていた1970〜80年代を想定している。すでに指摘したように第1段階に相当する1970年代にも、オーバーライン地域には多数の越境通勤者が確認されている。表10-6はフランスからドイツへの越境通勤者数の推移を示している[7]。1972年には1万0590人の越境通勤者が確認されており、9年後の1981年には1万5470人へと増加している。

1980年代後半から1990年代前半は、第1段階から第2段階への過渡期と呼ぶことができる。1985年には西ドイツとフランスを含む欧州5カ国の間でシェンゲン協定が締結された。この中では加盟国間の域内出入国管理を漸次的に撤廃していくことが合意され、国境を越えた「人の移動の自由化」が進められた[8]。さらに同年に欧州委員会が刊行した「域内市場完成白書」の下で、1993年のEU設立に向けて「労働移動の自由化」が政策的に進められた。「人の移動」と「労働者の移動」の2つの自由化が、越境通勤を念頭に置いた労働市場統合の制度的な前提条件となった。また、ドイツ・フランス間では独仏租税協定の改訂（1989年）によって、越境通勤を含む2カ国間での労働移動に関して税制上の法整備が進んだ。これに伴い、本地域で越境通勤者として認定されるための居住地・就労地の条件等が定められた。こうした国レベルでの連携を踏まえ、1992年にはアルザス地域からバーデン地域へ2.2万人の越境通勤者が確認されている。

第10章　越境労働市場の発展：オーバーライン地域の挑戦　359

表10-6　アルザスからドイツへの越境通勤者数の推移

	アルザス→ドイツ*	アルザス→バーデン†	アルザス→バーデンビュルテンブルク‡	出来事	段階
1972	10,590				段階1
1973	11,190				｜
1974	13,460				｜
1975	13,250				｜
1976	12,740				｜
1977	12,370				｜
1978	12,070				｜
1979	12,250				｜
1980	14,460				｜
1981	15,470				｜
〜				シェンゲン協定: 1985 Interreg Pilot: 1989-90 Interreg I: 1990-93 INFOBEST パミナ: 1991	｜ ｜ ｜ ↓
1992		22,000			
〜				Interreg II：1994-99	
1999		27,000	29,214	EURES-T-オーバーライン（労働の公的機関が連携）	段階2
2000			29,856	Interreg III: 2000-06	↓
2001			30,933		↓
2002			30,178		｜
2003		30,000	29,100	Eurodistrict REGIO パミナ	｜
2004		28,000	27,864		｜
2005			26,970	Eurodistrikt シュトラスブール-オルテナウ	｜
2006		25,900	26,067	Eurodistrict Region フライブルク・南アルザスセンター	｜
2007			25,861	Interreg IV: 2007-13 Trinationaler Eurodistrict バーゼル	｜
2008		23,900	25,383		｜
2009			24,365		｜
2010		22,500	23,380		｜
2011			23,297		↓
2012			23,112	"Job Forum"開催	段階3

出所）＊ Schlagowski（1982）、† Oberrheinkonferenz（2006, 2008, 2010, 2012）
‡ Bundesagentur für Arbeit（2013）

1990年代は地域的な組織による越境通勤を念頭においた取り組みも始まった。EUの越境地域協力プログラム「Interreg」のプロジェクトとして、1991年に越境通勤者のための情報提供機関「INFOBEST PAMINA」がフランスのロテルブール（Lauterbourg）に設立された。ここでは、主に税制や社会保障制度に関する相談窓口として越境通勤者への支援が行われた。1993年にはフランスの自治体組織（SIVOM Hardt-Nord）がドイツのブライザッハ・アム・ライン（Breisach am Rhein）に同様の情報提供機関「Info Center」を設立し、1996年に「INFOBEST Vogelgrun/Breisach」へと改編された。現在オーバーライン地域にはINFOBESTが4拠点あり、越境通勤のみならず、隣国への移住も含む広義の「越境移動」に関する情報提供を行っている。以上の過渡期を経て、この地域の労働市場統合は第2段階を迎える。

　第2段階（1999年から2010年頃）は、越境地域の超国家機関の成立により始まったと考える。オーバーライン地域は1999年にEURESにより国境地域における労働市場統合促進の重点化地域「EURES-Transfrontalier（EURES-T）Oberrhein」に選ばれ、両国の労働機関が複合的に構成された組織を形成することとなった。EURESとは欧州委員会の一組織であり、労働行政機関の越境ネットワークを構築することで、欧州における越境労働移動の促進を図っている。その中でも「EURES-T」は、国境地域における労働市場統合を進めるプロジェクトである。オーバーライン地域がEURES-Tの1つに選ばれたということは、本地域の、労働市場統合が超国家機関によって政策的に進められるようになったことを意味している。

　オーバーライン地域では、EURESの主導でドイツ・フランスの労働行政機関の連携、特に求人情報の共有が始まった。またドイツ・フランスの関係機関に所属する13名の職員がEURESアドバイザーとして越境通勤に関する相談に応じている。所属機関の内訳はドイツ公共職業安定所6名、フランス雇用センター3名、ドイツ労働総同盟（Der Deutsche Gewerkschaftsbund）2名、フランス労働総同盟（Confédération générale du travail）とフランス

経団連（Mouvement des entreprises de France）から各1名となっている。

行政機関による取り組みとは別に、2003年から2006年にかけてオーバーライン4地域に「ユーロディストリクト（Eurodistrict）」が設立された[9]。ユーロディストリクトとは、国境をまたいだ複数の自治体によって構成される超国家的な行政組織であり、経済・教育・環境問題等の分野で越境地域協力を進めている。ユーロディストリクトの1つで、2010年にEGTC（欧州地域間協力団体）に認定された「ユーロディストリクト・ストラスブール・オルテナウ」では、越境通勤者のための教育機会を独自に提供しようとする試みを始めた。具体的には、ドイツの職業訓練制度「デュアルシステム」に倣い、職業教育訓練を「理論の学習」と「実践の学習」に分け、前者を母国で、後者を隣国の企業で学ぶというものである。

以上のように、第2段階では越境労働市場に対する行政上の連携関係が構築されると共に、越境通勤を促進させるための具体的な取り組みが始まった。第2段階における越境通勤者の推移を見てみる。1999年にアルザス地域からバーデン地域へは2.7万人の越境通勤者が確認されている。毎年の統計がないため厳密に判断することはできないが、アルザスからバーデン＝ヴュルテンベルグ州への越境通勤者のデータも踏まえると、越境通勤者の数は2001年から2003年にかけてピークに達し、その後は減少に転じている。

3.2　行政機関の枠組み

ここからは労働市場統合の段階的な変遷を踏まえ、労働市場と行政機関の関係について考察する。図10-2は、第1段階におけるオーバーライン地域の労働市場と行政機関の関係を図示したものである。国境によって分断された労働市場は、各国の法律・制度によって秩序付けられていることを示している。また、国の公的機関である労働行政機関は、基本的に自国の労働市場を活性化させることを目的としている。したがって、フランスの労働市場は雇用センターが管轄し、ドイツでは公共職業安定所が管轄している。つまり、求人・求職活動の支援や職業紹介（マッチング）等、実際の取り組みも

図10-2 第1段階における市場と行政機関の関係

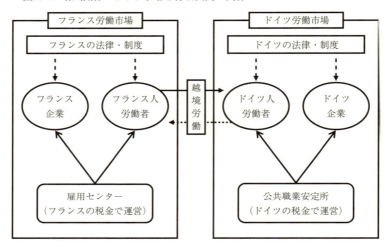

管轄内の労働者と企業に対して行われることを前提としている。労働者と企業が1国の市場の中で経済活動を行う限りにおいて、労働行政上、管轄地域と施策の実施対象は一致している。

　すでに指摘しているように、第1段階においても2カ国間で越境通勤は確認されている。ただし、越境労働市場を念頭に置いた行政の枠組みはできておらず、この段階における越境通勤は、あくまでもドイツとフランスの異なる労働市場間の労働移動に過ぎなかった。

　図10-3は第2段階における市場と行政機関ならびに関連組織の関係を図示したものである。第1段階において労働市場は国境によって分断されていたが、EURESによる主導のもとで、オーバーライン地域の労働市場統合が政策的に進められた結果、第2段階では2カ国にまたがる越境労働市場の枠組みが描かれている。また、それぞれの国で個別に活動を行ってきた2ヵ国の労働行政機関は、求人情報の共有をはじめとする越境連携を開始した。すなわち、越境労働市場の活性化を念頭においた、行政上の連携体制ができたことを意味している。2カ国の労働行政機関が連携することにより、例え

図10-3 労働市場と行政機関②（第2段階）

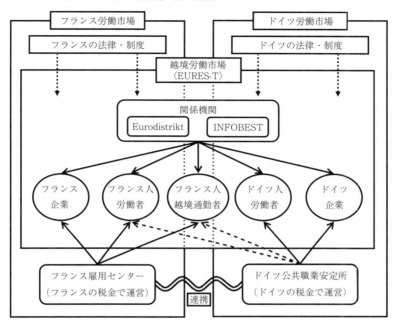

ば、求職中のフランス人労働者は、自国にいながらドイツの労働市場に関する情報を容易に入手できるようになった。また、EURESも越境通勤者のための用語解説集や、履歴書の書き方に関するガイドブックを作成してウェブサイトで公開する等、越境通勤者にとっての障壁削減に取り組んできた。1980年代後半からの取り組みによって、労働市場に関する法律・制度に関しては、2カ国間である程度の連携・連動性は確保されるようになったが、完全な協調には至っていないのが現状である。図10-3では、本地域における越境通勤を代表して、フランス人越境通勤者が描かれている。この場合、居住国と就労国が異なるため、雇用の契約や条件に関してはドイツのルールに従い、所得税についてはフランスの法律に従って納税する必要がある。法律・制度が一本化されていないことにより、越境通勤者は隣国の制度についても理解することが求められる。こうした法律・制度の違いは越境通勤者が

従うべきルールを複雑にする要因となっている。これらの問題の中でも、特に税制や年金・社会保障制度に関する越境通勤者からの問い合わせについては、INFOBESTが相談窓口として重要な役割を担っている。

　以上で説明してきたように、オーバーライン地域では、第1、第2段階を経て、労働市場統合が政策的に推進されてきた。EUレベル・国家レベルの協定によって越境通勤に関する制度的障壁は解消され、行政機関の連携や関連する超国家機関による取り組みによって情報に関する障壁も削減されてきた。ただし、聞き取りを行ったフライブルグ公共職業安定所の担当者は、現状の枠組みだけでは越境労働市場の潜在能力が十分に生かし切れていないと指摘し、越境労働市場の活性化には更なる取り組みが必要との認識を示した。4節では、越境労働市場の課題を明示し、5節ではドイツ公共職業安定所が2012年から新たに始めた試みについて紹介する。

4　越境労働市場の課題

　前節では、オーバーライン地域における労働行政機関の連携と具体的な取り組みについて説明した上で、越境労働市場を活性化させるためには、これまでの越境通勤促進政策だけでは不十分であるというドイツ公共職業安定所の認識を紹介した。本節では、この見解を踏まえて越境労働市場の課題について言及する。

　フライブルグ公共職業安定所の資料によれば、アルザス地域には越境通勤者を誘致する潜在性があり、その根拠としてアルザス地域の労働市場に関する3つの特徴を指摘している（Agentur für Arbeit Freiburg 2012）。1点目が堅調な人口増加、つまり豊富な労働力である。2点目が産業構造の変化で、一部産業（繊維・衣服・皮革製造業や自動車製造業）でアルザス地域の雇用者数が大きく減少し、潜在的な越境労働者の増加を招いたと指摘している。3点目が相対的に高い失業率である。図10-4は、アルザス地域とフライブルグ地域（バーデン地域南部）における失業率の推移を示したものであ

図10-4 フライブルグ・アルザス地域の失業率

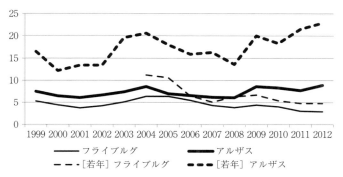

出所）Eurostat "Unemployment rates by sex, age and NUTS 2 regions"

る。全期間にわたって、アルザス地域の失業率がフライブルグ地域の失業率を上回っていることが分かる。また、2000年代後半にはフライブルグ地域の失業率が低下する一方で、アルザス地域では失業率が上昇している。特にアルザス地域の若年失業率（15歳～24歳）は非常に高く、2012年の時点で22.8パーセントを記録している。アルザス地域における失業率の高さが、オーバーライン地域の越境労働促進政策において重要な要素になっていることは、土井・鈴木（2012）でも指摘している。バーデン地域における失業率の低さとは対照的に、アルザス地域の労働力が有効に活用されていないということがわかっている。これは、越境労働市場の中で、国境を挟んで超過需要と超過供給が併存していることを暗示している。

これまでのオーバーライン地域における取り組みは越境連携の枠組み作りに重点が置かれてきた。ただし、労働者と企業の特性を踏まえてマッチングを推進していくこと等、越境労働市場の「質的」向上に関する施策は改善の余地を残した状態にあった。こうした背景から、ドイツ公共職業安定所は、越境通勤者数の増加ではなく、市場の質的向上が重要であるとの認識に至ったと考えられる。

以下では、聞き取り調査を元に、越境労働市場の質的向上における行政・制度上の課題を3つの観点から述べる。1点目としては、労働行政機関の管轄区域が、事実上、国境によって分断されていたということである。2カ国の労働行政機関は、越境労働市場の活性化を目標に掲げて連携の枠組みを作ったものの、国家機関である以上、究極的には自国の労働市場を活性化させることが至上命令であった。つまり、越境通勤を念頭に置いたマッチングを行う場合、労働者と企業が異なる国に属しているため、最適なマッチングを行う努力（機会）が少なかったことが挙げられる。

　2点目として、法律的な観点から越境労働市場の課題について述べる。前節で述べたように、越境労働市場の中で法律の連携はあっても、完全な共通化は図られていない。こうした状況を踏まえて、越境通勤者の数自体は2000年代前半をピークに下がっているにもかかわらず、INFOBESTへの問い合わせ件数が年々増加していることに注目している。INFOBEST Vogelgrun/Breisachの資料によれば、開設当初（1996年）の年間問い合わせ数は2161件で、4年後の2000年には3474件へ増加し、さらに直近の2012年には5600件を超えている。この中には、越境通勤に直接関係しない内容も含まれてはいるが、法律の違いが継続的な越境通勤を阻害する要因になっている可能性を示唆している。

　法律や制度に関する課題には、税制や社会保障制度のみならず、最低賃金や労働時間等、労働条件に関するものも含まれる。例えば、最低賃金制度に関して、フランスでは最低賃金法によって時給9.43ユーロが保障されているが、一方のドイツに最低賃金はない（Administration française 2013）。フライブルグ公共職業安定所の担当者によれば、ドイツの労働市場で提示される賃金がフランスの最低賃金を下回っている場合、フランス人の労働者はドイツに越境通勤を希望しない場合がある。例えばバーデン地域ではホテル・レストラン等の接客業で高い労働需要があるものの、賃金がフランスの最低賃金よりも低いため、アルザスからの越境通勤者を誘致することが難しい状況にあるという。また、労働時間についてもフランスでは週35時間、ドイツで

は通常週40時間[10]となっており、この違いも越境通勤の意志決定に影響を及ぼす可能性がある。

最後に3点目として、教育・資格に関する課題について言及する。ドイツとフランスでは教育制度および専門資格制度が異なっている。聞き取り調査によれば、高等学校卒業資格であるアビトゥア試験（ドイツ）とバカロレア試験（フランス）を評価する共通の尺度がないこと、ドイツとフランスで職業訓練の教育期間が異なっていること、さらに各国が独自の専門資格制度を有していること等が、越境通勤者の教育水準・専門性の評価を歪める要因になっている。例えば、自動車整備士（KfZ-Mechatroniker）や工具製作者（Werkzeugmechaniker）についてはバーデン地域で高い労働需要があるものの、フランスの専門資格との比較が難しいため越境通勤者を誘致できず、越境労働市場の潜在能力を生かし切れていないことが指摘されている（Agentur für Arbeit Freiburg 2012）。

5 ドイツ公共職業安定所による取り組み

本節では、4節で明示した越境労働市場における課題を踏まえてドイツ公共職業安定所が進めている取り組みについて紹介する。本節で取り上げる取り組みは、オーバーライン地域における労働市場統合の第3段階と位置づけることができる。本節は2部構成となっている。5.1節では、フランス雇用センターとの共同運営施設「Service」の事例を中心に、これまで基本的には管轄外としてきたフランス労働市場を対象とした施策について紹介する。5.2節ではフライブルグ公共職業安定所が2012年に行ったフライブルグ地域とミュルーズ地域における労働市場調査に関する報告書を元に、データを示しながら解説する。

5.1 Service の開設とフランス労働市場への施策

2013年2月、ドイツ公共職業安定所はフランス雇用センターと共同運営を

行う職業紹介所「ストラスブール＝オルテナウ越境職業紹介サービス（Service für Grenzüberschreitende Arbeitsvermittlung Strasbourg-Orter.au）」をドイツのケールに開設した。ドイツとフランスの労働行政機関が越境通勤者のための職業紹介所を共同で開設したのは Service が初めての試みである（EURES 2013）。

Service には、ドイツ公共職業安定所とフランス雇用センターの職員が勤務しており、ストラスブール地域とオルテナウ地域を中心に、越境通勤を念頭に置いた職業紹介サービスを推進している。求人情報のデータベースを2カ国間で共有するというこれまでの連携協力を基盤に、職業紹介そのものも共同で行うというのは、画期的な試みと言える。

開設からの日が浅いため、Service 開設による具体的な成果はまだ公表されていない。ただし、異なる国に属する企業と労働者を一括して担当する機関がなかったことを踏まえると、Service の試みによって、今後国境を越えた労働需給のマッチングがより強力に推し進められることが期待される。また、聞き取りを行ったドイツ側の担当者よると、Service の開設は労働行政機関の職員にとっても重要な意義を持つ。フランス雇用センターの職員と机を並べて仕事に当たるという Service の職場環境は、労働行政の越境協力を象徴的に表しており、職員の動機づけにも繋がっているという。

フランス労働者に対する施策の事例として、2012年10月にブライザッハ市（ドイツ）で開催された Job-Forum の事例が挙げられる。フランスからの越境通勤者誘致を目的にドイツの企業15社が集まり、当日にはアルザスを中心に350人が来場した（Badische Zeitung 2012）。参加企業からはドイツでの就労機会や、研修プログラムについて説明があった他、ドイツの労働市場に関する法律・制度についての解説も行われた。前節では、最低賃金等の労働条件に関する違いについて言及したが、こうした機会を通じ、フランス人労働者が労働条件の違いを理解し、その上で柔軟な姿勢を持てるよう、積極的に働きかけている。ドイツの企業に対しても労働市場のルールが異なっていることを踏まえた上で、フランスからの越境通勤者を積極的に受け入れるよ

う呼びかけている。

　フランス人労働者を対象に職業訓練やインターンシップの機会を提供しようという試みも進められている。こうした教育プログラムの中にはドイツ企業と協力しながら専門的な知識・技術の習得を支援するものに加え、ドイツで労働する際の基本となる言語教育も含まれている。

　以上で説明してきたドイツ公共職業安定所による取り組みは、ドイツの労働行政機関がフランス人を対象に施策を行っているという点で画期的といえる。管轄外であるフランスの労働者に対して就労支援を行う背景には、施策そのものは管轄外に当たる外国の市場を対象としているが、その成果は、ドイツの労働市場にも還元されるという認識があるからだと考えられる。アルザスの豊富な労働力をバーデン地域に取り込んでいくことで、管轄地域を含む越境労働市場全体の活性化を図ろうとする狙いがあると考えられる。

5.2　フライブルグ・ミュルーズ労働市場調査

　本節では、フライブルグ公共職業安定所がフライブルグ地域（ドイツ）とミュルーズ地域（フランス）を対象に行った労働市場調査について、2012年に発行された報告書「経済危機前後における各産業分野の動向（2007年－2010年）：フライブルグ地域とミュルーズ地域の比較[11]」を元に紹介する。本調査は、ミュルーズ雇用・訓練センター（Maison de l'emploi et de la Formation du Pays de la Région Mulhouse: MEF）との共同研究で、産業分野別の雇用状況を調査したものである。分析の特徴として、ドイツとフランスで統計の取り方が異なっていることを考慮して2カ国のデータを比較可能にしたこと、産業構造が2地域で大きく異なっているため集計データではなく分野別データ（33分野）を用いたことが挙げられる。

　報告書によれば、本調査は、ミュルーズ地域の高い失業率、フライブルグ地域における熟練労働者への需要の高まりを踏まえ、これまでの行政的な枠組みを超えて越境労働市場を考察する必要があるとの認識に立って進められたものである。

表10-7を参照し、全体として言えることは、フライブルグ地域とミュルーズ地域では2008年の経済危機による影響の受け方が大きく異なっていることである。フライブルグ地域の主要6産業のうち経済危機によって雇用者数が減少したのは建設業だけであるが、ミュルーズ地域では飲食店・宿泊業を除く主要5産業で雇用者数が減少している。さらに、フライブルグ地域の建設業については2009年以降回復しているが、雇用者が減少したミュルーズ地域の5産業では依然として減少が進んでいる。

　続いて分野ごとに雇用者数の動向を見てみる。結果として、同じ産業でも経済危機による影響の受け方が地域ごとに異なっているということがわかった。これは、越境労働市場を考える上で重要なインプリケーションを与えてくれる。例えばミュルーズ地域の主要産業の一つである自動車修理業については、雇用者数が2007年末から一貫して減少している。つまり、この分野で就労する技能や能力を有する労働者のプールがあることを示唆している。他方、フライブルグ地域では同分野の雇用者数が継続的に増加している。フライブルグ地域で更なる労働需要の高まりが期待されるのであれば、ミュルーズ地域で求職中の労働者に対して越境通勤を奨励することができる。隣国の労働市場の動向についての詳細な分析により、越境通勤の潜在性がどの産業分野にあるかを特定し、より的確かつ有効な労働市場のマッチングを促進させるための施策を打つ手がかりとなる。

　この調査はあくまでも2地域の労働市場調査の報告に過ぎない。この成果が、越境通勤促進の取り組みにどのように活かされたかについては、今後調査する必要がある。

表10-7 フライブルグ・ミュルーズ地域における産業分野別雇用者数の成長率
（2007年末〜2009年第1四半期／2009年第1四半期〜2010年末）

フライブルグ	07-09 ↓（％）	09-10 ↓（％）	ミュルーズ	07-09 ↓（％）	09-10 ↓（％）
危機による影響がない／小さい産業			**危機による影響がない／小さい産業**		
⑤小売業；自動車修理業	2.8	2.1	④飲食店・宿泊業	4.2	3.3
④運輸業；倉庫業	1.1	9.9	⑥医療・福祉	0.8	2.7
④飲食店・宿泊業	1.2	5.3	⑥保護施設；社会的サービス	0.5	4.4
②鉄鋼業；金属製品製造業	-0.1	-0.2	④学術・開発研究	1.8	2.9
③コンピュータ・電子・工学機器製造業	0.9	2.2	**危機から回復した産業**		
①電気機械製造業	5.3	3.8	③食料品・飲料・たばこ製造業	-10.0	11.8
①機械製造業	2.0	1.6	③コンピュータ・電子・工学機器製造業	-11.7	2.7
①輸送用機械器具製造業	8.0	14.1	⑤不動産業	-6.9	7.2
②その他の製造業・機械修理業	1.9	0.3	⑥芸術；娯楽業	-7.2	11.7
③電気；ガス業；熱供給業	0.9	2.1	④その他の商用サービス	-17.1	26.1
⑤金融業、保険業	-0.7	0.3	**調整中の産業（未回復または衰退）**		
④学術・開発研究	11.7	10.5	②鉱業・採掘業	4.1	-2.6
⑥公務	5.5	2.2	③繊維工業・衣服	-36.0	-11.4
⑥教育	5.0	7.4	②木材・木材製造業、製紙業	-2.9	-1.0
⑥医療、福祉	3.5	5.4	②化学・医薬品工業	-8.9	-0.9
⑥保護施設、社会的サービス	3.8	9.0	②プラスチック・鉱物製品製造業	-3.8	-1.6
⑥芸術；娯楽業	3.8	13.8	②鉄鋼業；金属製品製造業	5.9	-10.4
⑥その他のサービス	1.5	3.0	①電気機械製造業	5.8	-4.8
危機から回復した産業			①機械製造業	-0.9	-8.5
②鉱業・採掘業	-10.9	2.0	①輸送用機械器具製造業	-9.1	-9.4
③水道業；廃棄物処理業	-6.3	6.5	②その他の製造業・機械修理業	-3.9	-8.1
①建設業	-3.6	4.6	③電気；ガス業；熱供給業	-2.4	-1.4
⑤不動産業	-24.9	41.5	③水道業；廃棄物処理業	-16.7	-8.6
④その他の専門技術サービス	-1.5	10.2	①建設業	-0.9	-4.4
④その他の科学技術サービス	-5.1	9.7	⑤小売業；自動車修理業	-0.4	-3.2
④その他の商用サービス	-6.5	20.8	④運輸業；倉庫業	-4.8	-4.9
調整中の産業（未回復または衰退）			⑥出版業；放送業	-5.9	-6.5
③食料品・飲料・たばこ製造業	-7.0	-0.3	⑥情報通信業	-18.0	-9.6
③繊維工業・衣服	-2.2	-7.8	④情報技術・情報サービス業	-1.1	-11.4
②木材・木材製造業；製紙業	-9.0	-3.2	⑤金融業；保険業	-5.2	-5.8
②化学・医薬品工業	-3.8	-51.2	④その他の専門技術サービス	0.7	-2.2
②プラスチック・鉱物製品製造業	3.0	-4.6	④その他の科学技術サービス	-5.4	-0.9
⑤出版業；放送業	-0.1	-4.8	⑥公務	-0.1	-13.2
④情報通信業	-24.0	-25.8	⑥教育	1.5	-2.8
④情報技術・情報サービス業	17.2	-13.4	⑥その他のサービス	5.7	-3.2

①生産財工業、②消費財工業、③その他の製造業、④企業向けサービス、
⑤小売業・その他の経済的サービス、⑥非経済的サービス
出所）Agentur für Arbeit Freiburg and MEF（2012）

6 結論

　本稿は、欧州国境地域における労働市場統合のモデルケースとして、オーバーライン地域におけるドイツ公共職業安定所による越境通勤促進の取り組みについて、市場統合の歴史的経緯や政策上の課題を踏まえながら論じた。
　2012年の段階で、制度的には越境労働市場を活性化せていくための枠組みは構築されていた。ただし、この枠組みは完全ではなく、結果として越境通勤を阻害する要因を残したまま、行政的な連携が進められることとなった。現在、ドイツ公共職業安定所が進めている試みは、フランスの行政機関と連携し、越境労働市場の「質的向上」を目指したものへと進化している。本研究の政策的なインプリケーションとして以下の2点を挙げる。
　1点目として、越境労働市場の中で、従来の労働行政上の管轄を超えた施策を行うことの重要性である。労働行政の越境協力に関する枠組み自体はあるものの、これまでフライブルグ公共職業安定所は、基本的に管轄する自国の市場に対して施策を行ってきた。ただし、越境労働市場の活性化を考える上では、フランス人労働者を含む需給の両サイドを踏まえてマッチングを進めていく必要がある。フランス雇用センターと共同で職業紹介所を開設したことや、フランス労働市場に関する調査の実施、フランス人労働者の就労支援の取り組みは、超国家的な視点から労働行政を行う試みと言える。
　2点目として、労働市場に関する法律・制度の違いが、越境労働市場における需給のマッチングを阻害する要因になっているということである。ここでは出入国管理や税制等の法律・制度に加えて、最低賃金や労働時間といった労働条件や、専門資格に対する認識の違い等が重要になってくる。公共職業安定所はガイダンスを通じて、フランスの労働者やドイツの企業に対して、法律・制度の違いを受け入れた上で柔軟な対応をするように呼びかけている。こうした取り組みは制度的な解決にはならないものの、越境労働市場における労働行政機関の役割を考える上で重要な意味を持つ。単に求人情報を2カ国で融通し合うだけではなく、労働条件や教育・資格制度の情報を提

供し、企業と労働者に対して積極的に働きかけていくことが越境労働市場の活性化おいて重要な意義を持つことを示唆している。

　本稿で分析した公共職業安定所による取り組みは、国境地域における労働市場統合の事例として、経済政策的に重要な意義を持つと考えられる。ただし、取り組みの成果については実証的に分析されておらず、実際に政策効果があったかどうかについては言及されていない。政策効果の詳細な分析により、本研究が、労働市場のボーダーレス化を進める他の地域へも応用可能な汎用性を持つものになると考える。今後の課題としては、地域や産業分野、教育水準別の越境通勤者のデータを用いて、公共職業安定所による取り組みの成果を実証的に分析していくことが必要である。

　最後に、本稿では詳しく紹介しなかったが、聞き取り調査を行ったINFOBEST Vogelgrun/ Breisachでは、越境通勤者を念頭に置いた情報提供だけでなく、失業した場合の対応や、年金受給者で隣国に居住している場合の行政手続きに関しても情報提供を進めている。つまり、就労に直接関連することだけでなく、広義の越境労働を支援し、越境労働市場を充実させていくことが重要との認識に立っている。こうした内容については、今後の研究課題となっている。

注

1）本研究が受けた、科学研究費補助金・基盤研究（B）「EU経済統合と社会経済イノベーション」（課題番号22402024）による助成と、研究会での共同研究者からの有益なコメントにこの場を借りて感謝の意を表したい。また、本稿の現地調査に同行し、校正にも貢献してくれた学生RAの鈴木健介君にも心から感謝したい。さらに本研究は、進化経済学会2013年大会（中央大学）、日本経済政策学会2013年中部地方大会（静岡大学）で口頭発表され、各々有益なコメント提供して頂いたそれぞれの討論者、参加者に感謝したい。

2）本稿の内容は、すでに以下の論文で公表した内容を再構成したものである。
　　土井康裕、鈴木健介、「欧州国境地域における越境労働市場の現状―オーバーライン地域のモデルケース―」、『経済科学』、査読無、第60巻第2号、pp. 119-133、2012．
　　土井康裕、鈴木健介、「欧州越境労働市場の制度的課題とドイツ公共職業安定所による取り組み－オーバーライン国境地域の調査報告－」、『日本経済政策学会中部部会Onlineワーキングペーパー』、No. 006、査読有、2014年1月29日．

3）Basel-Stadt（バーゼル シュタット）、Basel-Landschaft（バーゼル ランドシャフト）、Aargau（アールガウ）、Jura（ジュラ）、Solothurn（ゾロトゥルン）の5つのカントンから構成される。
4）Eurostat では、NUTS（Nomenclature of Territorial Units for Statistics））という地域統計区分に準拠して地域統計がまとめられている。NUTS には、Level-1～Level-3の3つのレベルがあり（以下 NUTS1～NUTS3と表記）、レベルが高くなるほど区分も細かくなる。NUTS1は「主要な社会経済地域」、NUTS2は「地域政策に応用するための基本地域」、NUTS3は「詳細な分析のための小地域」と定義されている。本稿では、NUTS2のマクロデータを用いることとした。スイスに関しては、EU 非加盟国であるのため NUTS ではなく「Regional Statistics Regions」という地域統計区分が適用されている。ただし、基本的な概念は NUTS と同様であり、Level-1から Level-3まで、3つのレベルがある。スイスについては Regional Statistics Regions: Level-2の統計を用いることとした。ただし、便宜的に「NUTS2」と表記している。
5）ただし、オーバーライン4地域の領域と、対応する NUTS2地域の領域は完全に一致しておらず、（3）アルザスを除く3地域については、NUTS2の領域がより広い範囲を含んでいる。したがって、NUTS2のデータは、EURES 及びオーバーライン会議のデータよりも母集団が大きくなってしまっている。ただし、データの入手可能性を踏まえ、誤差は認めた上で NUTS2の統計を用いることとした。
6）Eurostat, *Population at 1st January by sex and age from 1990 onwards* および *Demographic balance and crude rates* を参照。
7）データの出所が年代ごとに異なっており、受け入れ地域の定義がソースによって異なっている。ここでは越境通勤者数の動向を概観することを目的としており、時系列のデータとしては厳密性を欠くことを理解した上で、これらのデータを用いる。
8）1990年のシェンゲン協定施行協定を経て、1995年に国境管理が廃止された。当初は欧州共同体の枠外で締結された協定であったが、1997年のアムステルダム条約によって EU 条約に統合された。
9）Eurodistrikt Straßburg-Ortenau、Eurodistrict Region Freiburg/Centre et Sud Alsace、Trinationaler Eurodistrict Basel（TEB）、EURODISTRICT REGIO PAMINA。
10）団体交渉によって決定される。
11）Die Entwicklung der Wirtschaftsbranchenvor und nach der Krise（2007-2010）: Vergleich der Regionen Freiburg im Breisgau und Mulhouse

参照文献

伊藤貴啓（2003）「バーゼル国境地域における越境地域連携の展開とその構造」『地理学報告』97, 愛知教育大学。

土井康裕・鈴木健介（2012）「欧州国境地域における越境労働市場の現状：オーバーライン地域のモデルケース」『経済科学』60(2)。

若森章孝・八木紀一郎（2006）「第12章　上部ライン地域における越境地域協力 ―豊かなコア地域における地域協力―」、『平成14年度～平成17年度科学研究費補助金（基盤研究（A））「国境を越える地域経済ガバナンス・EU 諸地域の先行例を中心とした比較研究」（課題番号 14252007）研究成果報告書』243-256頁, 関西大学。

Administration française（2013）Salaire minimum de croissance（Smic）, Le site officiel de l'

第10章　越境労働市場の発展：オーバーライン地域の挑戦　375

administration française, retrieved from http://vosdroits.service-public.fr/particuliers/F2300.xhtml
Agentur für Arbeit (2012) Chancen der grenzüberschreitendenMobilität: Fit für den Mitarbeiter aus dem Elsass, Presentation slide at "Erstes Forum des Netzwerks Arbeitsmarktmonitor Freburgim Hitstorischesn Kaufhaus" on May 8th 2012.
Badische Zeitung (2012) German-French Job Forum invites a lot of interest, Badische Zeitung, Breisach, Octorber 14th 2012, retrieved from http://www.badische-zeitung.de/breisach/deutsch-franzoesisches-job-forum-ruft-grosses-interesse-hervor
Bonin, Holger, Eichhorst, Werner, Florman, Christer, Hansen, Mette Okkels, Skioeld, Lena, Stuhler, Jan, Tatsiramos, Konstantinos, Thomasen, Henrik, and Zimmermann, Klaus F. (2008) "Geographic Mobility in the European Union: Optimising its Social and Economic Benefits," *Report for the European Comission*.
Bundesagentur für Arbeit (2013),unpublished data Deutsch-Französisch-Schweizerschen Oberrheinkonferenz (2006) Oberrhein-Zahlen und Fakten 2006.
Deutsch-Französisch-Schweizerschen Oberrheinkonferenz (2010) Oberrhein-Zahlen und Fakten 2010.
────(2012) Oberrhein-Zahlen und Fakten 2012.
EURES (2013) First Franco-German job placement service opens, retrieved from EURES Website: https://ec.europa.eu/eures/main.jsp?lang=en&catId=10541&myCatId=10541&parentId=20&acro=news&function=newsOnPortal
EURES-TransfrontalierOberrhein and Deutsch-Französisch-Schweizerschen Oberrheinkonferenz (2008) Regionalprofil Oberrhein 2008 – Statistische Daten, Analyse der Wirtschaftlichen Lage und des Arbeitsmarketes.
Eurostat Unemployment rates by sex, age and NUTS 2 regions, retrieved from Eurostat Website.
Fertig, Michael (2001) "The economic impact of EU-enlargement: assessing the migration potential," *Empirical Economics*, Vol.26, pp.707-720.
Fertig, Michael and Schmidt, Cristoph M.(2002) "Mobility within Europe -What do we (still not) know?", *IZA Discussion paper*, No.447.
Heiz, Frigyes Ferdinand and Ward-Warmendinge, Melanie (2006) "Cross-Border Labour Mobility within and Enlarged EU," *ECB Occasional Paper series*, No.52, European Central Bank.
INFOBEST Vogelgrun/Breisach (2012) Grenzgänger sein am Oberrhein: Arbeitsrecht, Stuern und Sozialsysteme, Presentation slide at "Erstes Forum des Netzwerks ArbeitsmarktmonitorFreburg im Hitstorischesn Kaufhaus" on May 8th 2012.
────(2013) *Unknown Title*. Presentation slide at interview by authors in June 2013.
Mansoor, Ali and Quillin, Bryce (2006) "Migration and Remittance: Eastern Europe and the Former Soviet Union," The World Bank.
Schlagowski, H. (1982) Die Elsässischen Grenzgänger in der Region SüdlicherOberrhein

1981: Unter besonder Berücksichtigung der Arbeitsmarktverflechtungen zwischendem Oberelsass und den Kreisen Freiburg und Breisgau-Hochschwarzward, Zulassungsarbeit zur wissenschaftlichen Prüfung für das Lehramt an Gymnasien, Albert-Ludwigs-Universitäte Freiburg.

Statistisches Landesamt Baden-Württemberg (2013) Statistische Berichte Baden-Württemberg –Löhne und Gehälter, Artikel-Nr. 4135 12001.

Tsegai, Daniel (2007) "Migration as Household Decision: What are the Role of Income Differences? Insights from the Volta Basin of Ghana," *The European Journal of Development Research*, Vol.19, No.2, pp.305-326.

van der Velde, Martin and van Naerssen, Ton (2010) "People, borders, trajectories: an approach to cross-border mobility and immobility in and to the European Union," *Royal Geographical Society*, No.43, Vol.2, pp.218-224.

Zimmermann, Klaus F. (2004) "European Labour Mobility: Challenges and Potentials," *IZA Discussion Paper*, No. 1440.

―― (2009) "Labor Mobility and the Integration of European Labor Mobility," *IZA Discussion Paper*, No. 3999.

第11章
スペインにおける再生可能エネルギー政策と電力システムのモデル

ユイス・バユス

1　はじめに

　欧州連合（EU）の再生可能エネルギー（renewable energy: RE）政策は、CO_2排出の削減、消費エネルギーにおける RE の拡大ならびにエネルギー利用効率化、さらにエネルギー供給の安全性を目的としている。EU のエネルギー政策の目標を達成するために、またエネルギー輸入依存を減らすために、スペインの RE 政策は90年代末から実行され、とりわけ風力発電の顕著な普及という成果を見せている。しかし風力発電の大きな普及をもって、RE 政策が成功していると画一的に結論づけることはできない。なぜなら RE 政策を評価するためには、量的成果だけではなく、RE 普及による電力システムの変革の特徴および、RE 普及の持続性も分析する必要があるからである。

　基本的に電力システムは、電力事業の集中度、発電分野への消費者の参加、電力生産者の目的さらに生産者と消費者との力関係によって、2つのモデルに別けることができる。化石エネルギー発電および原子力発電に基づいた電力システムは、限られた数の大手電力会社が能力の高い発電所から遠方の消費者に電力を提供する集中モデルである（Devine-Wright and Wiersma 2013；Rifkin 2014）。これは、利潤追求を最優先にし、大手電力会社が地域や環境を考慮せずに生産性の高い大規模発電所を建設して電力を提供する体制であるので「電力会社利益優先モデル」とも定義することができる。

一方、これとは対照的に RE 発電に基づいた電力システムは、不特定多数の消費者、あるいは消費者団体や中小企業が自らあらゆる場所に RE 発電設備を設置し、近隣の消費者に電力を提供する「分散発電システム」になる可能性が極めて高い（Devine-Wright and Wiersma 2013；Rifkin 2014）。このモデルは、自治体と住民が協力して、利益よりも自然環境を守ることを優先し、環境と地域社会を考慮し、中小規模発電所を建設しながら電力を供給する体制であり、「地域社会（市民と自治体）主導取り組み」（和田 2011）、「コミュニティ主導 RE」（Allen et al. 2012；Bagliani et al. 2010）、また、「地域社会優先モデル」とも定義できる。

　大手電力会社が RE 発電事業に参入する際、利益のために生産性を優先し、地域の自然環境、経済と社会への（悪）影響を軽視する傾向にある。したがって RE 普及のためには発電で得られる利益が少なくても実現でき、そして悪影響を及ぼさないように RE 発電所建設が検討される地域の住民、自治体や企業が RE 導入計画の作成や実行に参加するという「地域社会主導 RE」のモデルが必要である（Allen et al. 2012；Bagliani et al. 2010；和田 2011, 2014）。

　本論文の主たる目的は、スペインにおける RE 普及状況の考察、ならびに RE 政策の評価である。まずは、スペインの RE 電力システムのモデルを明らかにしながら、RE 政策の目標とこの政策実行の結果を分析する。その後、RE 発電が最も導入されているカスティリア・イ・レオン自治州（Castilla y León）および RE 発電導入の実現に課題を抱えているカタルーニャ自治州（Cataluña）、両自治州における RE 振興政策とこの政策に対する地域社会の反応を分析する。当研究にあたっては、両自治州における RE 振興政策当局、電力会社、風力発電協会、自然保護団体、RE 協同組合と自治体を訪問し、インタビューを行った上で政策資料の分析も行った[1]。

2 スペインの再生可能エネルギー政策

2.1 EUの政策とスペインの政策

スペインのRE政策はEUの政策を履行したものである（表11-1）。EUにおける電力部門の統合および自由化を目指す1996年のEU指令「EU内電力市場の共同規則」に基づいて、スペインでは1997年に「電力部門法」が施行された。この法令によってスペインにおける電力部門の自由化が始まり、

表11-1　スペインにおける電力部門政策および再生可能エネルギー政策とEU政策との関連

EU	スペイン
・EU内電力市場の共同規則（Directive 96/92/EC, 1996） ➡	・電力部門法（Ley 54/1997）
・再生可能エネルギー白書（1997） ➡	・再生可能エネルギー発電に関する政令（Real Decreto 2818/1998） ・再生可能エネルギー振興計画（Plan de Fomento de lasEnergías Renovables de España 2000-2010（PFER）, 1999）
・再生可能発電振興（Directive 2001/77/EC, 2001） ➡	・再生可能エネルギー計画（Plan de Energías Renovables 2005-2010（PER）, 2005） ・再生可能エネルギー発電保証の省令（Orden Ministerial 1522/2007）（2007） ・スペインエネルギー委員会の回状（Circular 1/2008 de la Comisión Nacional de Energía）（2008） ・特別制度における発電に関する政令（Real Decreto 661/2007） ・エネルギー部門のための対策に関する政令（Real Decreto - Ley 6/2009）
・再生可能エネルギー振興にあたって（Directive 2009/28/EC, 2009） ➡	・スペイン再生可能エネルギーのための行動計画（Plan de Acción Nacional de EnergíasRenovables de España（PANER）2011-2020, 2010）
・欧州2020戦略（COM 2010/2020 final, 2010） ➡	・スペイン改革プログラム（Programa Nacional de Reformas 2011-2014） ・電力部門における赤字緊急対策に関する政令法（Real Decreto-Ley 14/2010） ・再生可能エネルギー発電保証の省令（Orden Ministerial 2914/2011） ・再生可能エネルギーによる発電のインセンティブの廃止に関する政令（Real Decreto-Ley 1/2012） ・電力部門および金融部門のための緊急対策に関する政令（Real Decreto-ley 2/2013） ・電力部門法（Ley 24/2013） ・再生可能エネルギーによる発電に関する政令（Real Decreto 413/2014） ・エネルギー産業省指令（Orden Ministerial 1045/2014）

出所）EUR-Lex（EU法律のデータベース）、Agencia Estatal Boletin Oficial del Estado（スペイン政府広報のデータベース）とIDAE（1999, 2005, 2010）のデータ分析に基づいて作成。

2003年に完了した。現在では発電部門、送電部門と小売り部門は分離され[2]、送電は独占的に「送電ネット社」(Red Eléctrica)によって行われているものの[3]、エネルギー産業省の許可を得ることができれば、発電部門と小売部門の双方に全ての企業が参入できる。また、消費者は自由に小売り業者を選ぶことができる。

　現在のEUにおいてRE振興政策が定められた背景には、2009年のEU指令「再生可能エネルギー振興」(Directive 2009/28/EC)が挙げられる[4]。この指令は各国の「2020年再生可能エネルギー目標」を取り決め、この2020年目標の達成、および政策的に安定的投資を促す目的でEU加盟国に行動計画の作成を命じた。その後EUはエネルギー効率向上を強調し、また「電源におけるRE保証書」(guarantee of origin)制度を策定した。これによりスペインの2020年RE目標は、総エネルギー消費におけるRE割合を20%、交通部門における再生可能燃料の割合を10%と設定された。EUは、加盟国が配電網へRE電力のアクセスを広く保障すること、およびRE事業手続きの簡素化と透明化を進めることを命じて、「固定価格買い取り制度」(Feed-in Tariff; FIT)などのRE振興策を勧め、またバイオ燃料についての規制も定めた。また「欧州2020戦略」の遂行にあたって「スペイン改革プログラム」が立案され、温室ガス排出の削減目標も設定し、EU域内排出量取引制度に含まれないCO_2排出量を2005年の数値より20パーセント削減することとした。さらにはエネルギー効率を上げる目的で、一次エネルギーの消費を121.6Mtoe[5]に抑えることも定めた。しかしながら一連の目標は義務づけられているものの、達成できなかった場合の制裁は存在しない。

　EU政策の遂行、REを振興するためにスペイン政府は「再生可能エネルギー振興計画2000-2010」(Plan de Fomento de las Energías Renovables, 2000-1010; PFER)、「再生可能エネルギー計画2005-2010」(Plan de la Energía Renovable, 2005-2010; PER)と「スペイン国の再生可能エネルギー行動計画2011-2020計画」(Plan de Acción Nacional de Energías Renovables de España, 2011-2020; PANER)を作成した。PANERのRE目標は、消費

エネルギーにおける割合が22.7パーセント、交通における割合が13.6パーセント、発電量における割合が40パーセント、EUの2020年目標より高い目標である。この計画はそれぞれのREについて現状、設置電力目標、政策提案を示し、援助制度を決定した。しかし、EUとスペインの政策はいずれも量的な目標にとどまり、電力生産への消費者の参加を促進する政策や、地域で自治体と市民の取り組みを支援する政策は具体的には決定されていない。

スペインで1998年に導入された援助制度（政令2818/1998）には、RE発電による電気価格の決定方法が2つある。1つは、政府が定めた定額制度によって電気を販売する方法である。もう1つはFIT制度であり、市場による値段に政府が定めた割増金が加えられる方法である。2007年に制度が見直され（政令6661/2007）、定額および割増金価格の期間が定められ（太陽光発電は25年間、風力発電は20年間）、キロワット時（kWh）の最低・最高価格も定められ、4年毎にそれ以降の新設備の値段を見直すことになった。この政令でREへの投資が活発になりREによる発電、特に風力発電が発展した（Corominas 2014）。

しかし、2008年に始まった経済危機の影響を受けて財政赤字が拡大し、「電力財政赤字」も膨らんだ。「電力財政赤字」とは、政府が高騰する電気料金の負担軽減の名目で電気価格を低く設定した結果、本来徴収すべき料金と実際に消費者が支払う電気料金に差異が生じ、膨らんだ負債を指す。その状況を是正するために2009年以降政策は一変した。新規のRE発電所建設を抑制するために、2009年にRE新設発電所が一定の許容電力量を超えると援助金が与えられないという電力制限法が定められた（Real Decreto-Ley 6/2009）。2010年には太陽光発電におけるFIT制度を活用した発電時間が制限され（Real Decreto-Ley 14/2010）、2012年には定格およびFIT制度を適用した新施設建設も抑制され（Real Decreto-Ley 1/2012）、また発電に新たな税金がかけられた（発電税）。そして2013年に全てのRE発電所に適用されていたFIT制度での割増金制度が廃止された（Real Decreto-Ley 2/2013）。さらには新しい電力部門法が施行され、RE発電所に投資した金

額に合わせて政府が報酬を決めることになった（Corominas 2014）。しかし、2014年の報酬として政府が定めた金額（Real Decreto 1413/2014, Orden Ministerial 1045/2014）は、事業のコストより低く、決定方法も不透明であるとRE業界から批判を受けている（APPA 2015; EOLICCAT 2014, 2015；AEE 2015）[6]。

2.2 スペインにおけるRE政策の結果

スペインの消費エネルギーにおけるRE割合は2005年で8.4パーセント、2010年では13.8パーセント、2013年に15.4パーセントまで増加し、スペインの現状は2020年目標へ着実に進んでいるとして、2013年にはスペインのRE政策がEU委員会から高い評価を受けた[7]。とりわけ発電量におけるRE割合は、2013年に36.4パーセントまで上昇した。なかでも総発電量中の風力発電の割合は2013年で19.5％パーセントに上り（IDAE, 2015）、RE発電の最大部門となった。

しかし、2009年以降のRE政策改正による一連の助成削減の影響を受け、2010年以降のスペインのRE発電設備の新設置は低迷している。その結果、それぞれのRE発電力蓄積導入量は、PANERの2013年目標を達成できなかった（表11-2）。さらに、2013年にFIT制度が無効となり2014年に風力発電力導入量は27.5メガワット（MW）[8]にとどまった（AEE 2015）。近年、温室ガス排出削減、エネルギー消費削減やRE発電量割合の増加が着実に進んだ要因は、RE普及が直接的要因ではなく、経済危機によって産業生産や国民消費が低下し、GDPがマイナス成長となったことで電力消費が落ちたためである（表11-3）。この状況を認識して、EU委員会における「スペイン改革プログラム」に関する2015年の評価では、スペインのCO_2削減量は2020年では2パーセントに留まると予想し、RE割合についても2013年までに良い傾向を見せたものの、政策転換の影響で2020年の目標を達成できない恐れがあり、もし景気が回復傾向に転じるとRE以外の発電量が増え、エネルギー効率目標の実現もより困難になるという厳しい評価に変わった

表11-2　PANERの再生可能エネルギー発電力蓄積導入量の目標と2013年の状態

	PANERの目標				2013年の状態	
	2010 MW	2013 MW	2020 MW	GWh	MW	%
水力（全て）	18,687	19,949	22,362	39,593	18,800	12.9
50MW以下の水力	−	−	16662	−	−	−
地熱	−	−	50	300	−	−
太陽光	4,021	5,222	8,367	14,316	4,766	2.9
太陽熱	632	2,471	5,079	15,353	2,250	1.7
風力（全て）	20,155	24,986	38,000	78,284	22,958	19.5
陸上中大規模	20,155	24,986	34,630	70,502	−	19.5
陸上小規模			370		−	
海上	−	−	3000	7753	−	−
バイオマス	752	844	1000	6000	657	1.3
廃棄物燃焼	−	−	187	1400	274	0.2

MW：メガワット（1000キロワット）　GWh：ギガワット時（100万キロワット時）
出所）PANER（2010）とIDAE（2015）を基に作成。

（SWD（2015）28 final）。さらに、FIT制度廃止は以前に設置されたRE発電所にも適用されたため、REに投資した多くの市民投資家が甚大な損失を被り、また多数のRE中小企業も倒産することとなった（Corominas 2014）。

　このようにスペインにおけるRE政策の量的な結果について分析を行ったが、政策が生み出したRE電力システムを明らかにするためには、さらに具体的に政策の特徴も分析する必要がある。電力の内訳に関して言及すると、全RE発電力蓄積導入量における大規模水力および大規模風力の割合は83.6パーセントであり、RE発電力蓄積導入量の大部分を占めている（表11-4）。風力企業協会のデータ（AEE 2014）によると風力発電力の大部分は、「イベルドロラ社」（Iberdrola）（24パーセント）、「アクシオナ・エネルヒア社」（Acciona Energía）（18.6パーセント）、「エ・デ・ペ・エレ社」（EDPR）（9.1パーセント）、「エネル・グリーン・パワー・エスパーニャ社」

表11-3 スペインにおける再生可能エネルギー政策の結果と目標

	結果									目標		
	2005	2006	2007	2008	2009	2010	2011	2012	2013	PANERの2013年目標	PANERの2020年目標	EUの2020年目標
RE (%) ①	8.4	9.2	9.7	10.8	13.0	13.8	13.2	14.3	15.4	15.4	22.7	20
交通 (%) (*) ②	1.0	0.7	1.2	1.9	3.5	4.7	0.4	0.4	0.4	6.5	13.6	10
エネルギー消費③	135.9	136.4	138.3	134.1	123.2	122.8	121.4	121.7	113.6	-	-	121.6
温室ガス④	100	99.98	100.51	96.24	91.35	92.63	87.49	84.36	-	-	-	80
発電量 (%) ⑤	19.1	20.0	21.7	23.7	27.8	29.8	31.6	33.5	36.4	31.9	40	-
電力消費 (1000 TOE)	20,827.40	21,163.00	21,563.60	21,934.40	20,617.30	21,100.00	20,861.40	20,586.40	19,920.10			
GDP成長率	3.7	4.2	3.8	1.1	-3.6	0.0	-0.6	-2.1	-1.2			

① RE (%)：エネルギー消費における再生可能エネルギー (%)　②交通 (%)：交通燃料における再生可能エネルギー (%)　③エネルギー消費 (Mtoe)：第一エネルギーにおけるエネルギー消費量 (Mtoe)　④温室ガス：2005年と比較の温室ガス排出 (貿易制度外) (%)　⑤発電量：発電量における再生可能エネルギー (%)
(*) 2010年までは全てのバイオ燃料が含まれているが、2011以降は持続可能性条件 (Directive 2009/28/EC) のバイオ燃料だけが含まれている。
出所) Eurostat (2015) と PANER (2010) を基に作成。

第11章 スペインにおける再生可能エネルギー政策と電力システムのモデル

表11-4 スペインの各自治州における再生可能エネルギー発電力蓄積導入量（kW、2013年）

	風力	水力	太陽光	太陽熱	その他	合計
ANDALUCIA	3,333,085	1,173,717	880,049	997,280	292,546	6,676,677
ARAGON	1,893,233	1,562,282	172,964	0	88,180	3,716,659
CANARIAS	149,799	1,432	177,495	0	1,322	330,047
CANTABRIA	35,011	441,477	2,127	0	2,886	481,501
CASTILLA Y LEON	5,560,023	4,387,459	515,033	0	46,766	10,509,281
CASTILLA-LA MANCHA	3,785,020	833,324	948,604	349,400	60,104	5,976,457
CATALUÑA	1,212,186	2,344,956	266,448	22,500	102,375	3,948,466
CIUDAD DE MELILLA	0	0	58	0	2,700	2,758
COMUNIDAD DE MADRID	61	99,369	67,810	0	72,501	239,742
COMUNIDAD FORAL DE NAVARRA	998,221	234,144	162,612	0	47,087	1,442,064
COMUNIDAD VALENCIANA	1,285,986	1,272,824	352,457	0	32,629	2,943,896
EXTREMADURA	15	2,223,469	562,372	849,100	17,110	3,652,065
GALICIA	3,319,555	3,228,033	16,735	0	99,833	6,664,156
ISLAS BALEARES	4,043	0	80,257	0	77,001	161,301
LA RIOJA	448,194	49,857	85,834	0	4,839	588,724
PAIS VASCO	153,418	169,817	26,505	0	125,184	474,923
PRINCIPADO DE ASTURIAS	518,471	742,258	986	0	87,150	1,348,866
REGION DE MURCIA	261,999	36,096	446,874	31,400	10,714	787,083
合計	22,958,319	18,800,513	4,765,221	2,249,680	1,170,927	49,944,664

出所）IDAE（2015）を基に作成。

（ENEL Green Power España）（6.5パーセント）、「ガス・ナトゥラル・フェノサ・レノバーブレス社」（Gas Natural Fenosa Renovables）（4.3パーセント）の５社が電力の62.5パーセントを運営しており、大手電力会社によって占められている点が窺える。なお、アクシオナ・エネルヒア社以外の４企業は、火力発電所と原子力発電所も運営している。

REの地理的分布を見ると（表11-4）、カスティリア・イ・レオン自治州は全国のRE電力の５分の１を占め、風力発電においてこの自治州は全国の発電力の４分の１を占めている。そのほか風力発電力3000MW以上を設置した自治州は、カスティリャ・ラ・マンチャ自治州（Castilla la Mancha）、

ガリシア自治州（Galicia）とアンダルシア自治州（Andalucía）であり、残りの自治州では風力による発電は比較的少ない。特にスペイン初の風力発電所を設置したカタルーニャ自治州では、風資源が北西・南西の山と沿岸に多い（IDAE 2011）にも関わらず、風力発電力蓄積導入量は1200MW にとどまっている。スペインでは国家レベルで中央政府が決めた共通の電気料金制度や規制の枠組みがあるが、各自治州では独自の RE 振興政策が展開され、それぞれの地域で風力発電の普及に大きな影響を与えているようである。

以上のようにスペインにおける RE 政策で構築された電力システムは、①大規模風力発電が中心であること、② FIT 制度廃止などの政策改正が RE 支援を縮小させ、RE 普及低迷の原因となったこと、③利益を優先する大手電力会社が発電力の大部分を占めていること、④自治州によって RE 普及の現状が異なるという4つの特徴に要約できる。この RE 電力システムは、「電力会社利益優先モデル」に当てはまると認識できる。

2.3 「電力財政赤字」問題

前述のとおり「電力財政赤字」対策により、FIT 制度を中心にした RE 助成政策は縮小された。スペイン政府は「電力財政赤字」の要因は RE 普及を発端とした FIT などの援助金の拡大であると考察している。しかし、研究者はこの問題の原因は RE にのみ存在するのではなく、先に述べた政府が関与した電力価格の決定方法と大手電力会社の権力にあると指摘している。

電力価格の内訳には2つの部分がある。1つは、発電会社や小売りを行う配電会社が参加して電力競売で決める「市場価格」である。この競売により電力価格は、全ての発電エネルギーの蓄積プールで最も高い値段で決定されている。このシステムによって、最初に蓄積プールに入るのは最安値からであり、まずは RE と原発による発電である。そのほかのエネルギーは安い値段から順番で蓄積プールに入る。そして一番コストの高い火力エネルギーが入った時点で全てのエネルギー価格が決まる。この仕組みの結果、「市場価格」は発電コストへさらに相当な金額が上乗せされる傾向にある

(Couture 2011, 2012 ; Gallego y Victoria 2012)。

　もう1つは、政府が決定する「規制価格」である。ガリェゴとビクトリアが、「規制価格」の1998年～2009年におけるコストの内訳を分析した。その結果、FITなどのRE支援によるコストは28.9パーセント、送電と配電のコストは46.8パーセント、新規の原子力発電所建設中止による電力会社へ損害金支払いおよび核廃棄物のコストは4パーセント、電力部門自由化のために電力会社に支払う損害金は6.7パーセント、赤字返済は4.8パーセント、その他は8.7パーセントであることが判明した（Gallego y Victoria 2012）。本来は「市場価格」に「規制価格」を加えて電力価格が決まる。しかしインフレを抑えるため、さらには「選挙活動」の一環として家庭の電気料金を安くする目的で、政府は消費者が払う電力価格を本来の価格よりも安く設定したため、「電力財政赤字」は1998年から2009年のあいだで205億3000万ユーロに上った（Corominas 2014 ; Gallego y Victoria 2012 ; Couture, 2011, 2012）。

　さらに、政府から電力会社への天下りも報告されており、電力政策の混迷やREへの援助後退の要因は、原発やガス発電に莫大な投資をした大手電力会社の既得権益が守られているためであるとも指摘されている（Corominas 2014 ; Narbona y Ortega 2012 ; Navarro, et al. 2012）。また、政府が主導したREへの援助削減は、2008年以降の経済危機が生み出した財政難への対応でもあるともいえる。

3　自治州レベルの再生可能エネルギー政策

3.1　カスティリア・イ・レオン自治州における風力発電政策とその結果

　カスティリャ・イ・レオン自治州はRE発電、特に風力発電が最も普及した自治州である。その風力発電振興政策は1997年の「認可手続き規制法」（Junta de Castilla y León 1997）で始まった。この認定制度によって、発電所の開発業者が新設備の申請をしてから、その計画が公表され、複数の開発業者が同じ場所で発電所計画の申請もできる。そして、最終的に自治州政府

が審査をして開発者を選び、発電所を認可する。しかし、自治州政府が発電所の建設可能な場所を指定する計画を策定しなかったため、環境および風景に悪影響を与える発電所が各地に建設された結果、地元で反対運動が起こった。これに対応するため、1999年に「風力発電計画」(Junta de Castilla y León 1999) が立案、実施されてきた。計画の具体的な中身としては、風資源の有無、環境への配慮や配電網接続の可能性を吟味しながら、風力発電所の建設可能な場所を指定した。また発電所認可にあたって、現地企業と取引を行うことを条件とした。その後、風力発電振興政策による地元の反対運動は抑制され、風力発電所が多く建設された。当初、風力発電力蓄積導入量の予想は2006年までに2750MW、2010年までに3500MWであった (Junta de Castilla y León 2002)。だが、実際の蓄積導入量は1999年時点では53MWであったものが、2006年で2048MW (Junta de Castilla y León 2012)、そして2011年には5233MWまで達し (AEE 2012)、自治州政府の予想をはるかに超えた。一方、2010年に総発電量におけるREの割合は76パーセントで、また総RE発電量における風力の割合は30.7パーセントであった (AEE 2012)。

　カスティリャ・イ・レオン自治州の風力発電力は、スペインの大手電力会社5社の大規模発電所が62パーセントを占め (APECYL 2015)、この自治州の政策が生み出したRE電力システムは「電力会社利益優先モデル」であることがうかがえる。

3.2　カタルーニャ自治州における風力発電政策とその結果

　カタルーニャ自治州政府もRE発電推進を目指し、とりわけ風力発電を普及する様々な政策を策定したが、その進捗は低迷している。カタルーニャ自治州政府は1997年に「風力発電所計画1997-2000」(Generalitat de Catalunya 1998) を掲げ、風力発電振興政策を始めた。しかし、環境や観光事業に悪影響を及ぼすという懸念から、地元の環境保護団体や自治体から反発を受けた。その結果、風力発電所計画は未達成に終わり、計画の再考に迫られた。その後「風力発電計画2010年」(Generalitat de Catalunya 2002)、

「エネルギー計画2006-2015年」（Generalitat de Catalunya 2006）や「認可手続き規制法」（Generalitat de Catalunya 2009年）といった政策が相次いで計画された。これらの政策には風資源、環境条件や配電網の設備計画も含まれていた。しかし、以前と同様に地元は発電所建設や配電網建設に対して大きな反発を起こした。

スペイン最大規模の環境保護団体「エコロヒスタス・エン・アクシオン」のカタルーニャ支部は、自治州政府の風力振興政策について何点かの問題を指摘した。これは、計画決定過程に際して地元と市民社会の参加が十分に認められていない点、風力発電所の環境アセスメントが脆弱である点、風力発電を中心としたRE発電量増加による非RE発電量の削減計画が欠如している点、さらにはRE小規模発電所の具体的な振興政策が存在しない点も問題視した。

「エネルギー計画2006-2015年」における2015年の目標では、消費電力に対するREの割合を11パーセントと設定し、総RE発電量における風力の割合は25.7パーセントと設定、また風力発電力は3300MWを目指すこととした（Generalitat de Catalunya 2012a）。しかし、実際に2013年までの蓄積導入量は1212MWにとどまった。さらに2007年から2013年の6年間で風力発電力導入量は870MWのみで、2015年の計画目標である蓄積導入量の3300MWを達成するには、残りの2年間で2088MW分の風力発電力を新たに設置しなければならなかった。この目標は到底実現できない数値であり、カタルーニャ自治州政府による風力発電振興政策は成功しているとは言い難い状況である（Valls 2013）。前述のカスティリャ・イ・レオン自治州のケースと対照的な事例である。

これまでの振興政策を改善するために現在、カタルーニャ自治州政府は「エネルギー計画2012-2020年」を作成し、2020年までの風力発電力を5000MWとするという厳しい目標を設定した。この計画では発電所認可の新しい制度を導入した。具体的には、前計画のように開発業者の申請と自治州政府による認可で発電所建設が可能になるという制度とは違い、新計画で

は入札制度を導入し、自治州政府は発電所建設に際して細かな事前準備（土地の確保、自治体の認可など）を行い、開発業者が円滑に申請作業を行えるように補助している。また、「風力発電発展のための設置優先地計画」（Generalitat de Catalunya 2012b）によって、風力発電所の建設可能な地域を7つに限定し、落札した開発業者が1つの地域で独占的に発電所の開発ができることとなった。しかし2012年に入札が行われて以来、地元の自然保護団体や落札できなかった企業が自治州政府を相手取って訴訟を起こすこととなった。また、FIT制度がすでに無効となっているため、現状としては許可を得た風力発電所の開発は難しくなっている。この計画で新たに導入された入札制度でも他の事例と同様に大企業が優先されており、またエネルギー利用改善計画、火力発電所の削減および原子力発電所を閉鎖する意図が欠如しているという批判も受けている。以上のことから、一連の政策が生み出したRE電力システムも「電力会社利益優先モデル」であることがわかる。そして前述のとおり、自治州政府が立てた計画の脆弱さや地元の執拗な反対が要因となってカタルーニャ自治州では風力発電を含めたRE発電の普及は低迷している（Valls 2013）。

4　カタルーニャ自治州における「地域社会優先モデル」の取り組み

前節で示したとおり、カタルーニャ自治州政府はRE電力普及にあたって「電力会社利益優先モデル」による政策を進めているが、同時に「地域社会優先モデル」を進める市民と自治体による取り組みも見られる。カタルーニャ自治州ではスペイン最大のRE協同組合「ソム・アナルジア」（Som Energia, 邦訳名：我々はエネルギーである）が設立された[9]。そしてEU全体において2008年に設立された「市長協定」（Convenant of Mayors）と呼ばれる都市アソシエーションではREシステムの新モデルが掲げられ、この協定には積極的な自治体の参加が見られる。ここで言及する新エネルギーモデルとは、再生可能エネルギーを中心に発電し、そのエネルギーを効率的に

利用、またエネルギー政策、発電や消費に自治体と市民が積極的に参加するモデルである[10]。「市長協定」に加盟しているスペインの自治体は1477あり、その内カタルーニャ自治州の自治体は469である。また、1990年に設立された「エナジー・シティーズ」（Energy Cities）というEUレベルのRE普及協会にも、スペインの自治体が5都市参加し、カタルーニャ自治州の自治体がその内の2都市を占める（バルセロナ市とフィゲラス市）[11]。一方、カスティリア・イ・レオン自治州にはRE協同組合がなく、「市長協定」に加盟している自治体は6カ所のみであり、エナジー・シティーズに加盟している自治体はない。

4.1　協同組合「ソム・アネルジア」（Som Energia）の事例

2011年、カタルーニャ自治州北東部の町ジロナ市（Girona）で、新しい電力システムを目指し、REで発電した電力のみを小売りする協同組合として前述の「ソム・アネルジア」が、大学教員のイニシアチブよって設立された。この協同組合は電力市場で「電源におけるRE保証書」を持つ電力のみを購入して組合員に販売する。またカタルーニャ自治州に太陽光発電所5カ所とバイオガス発電所1カ所を建設して発電も行い、そして発電力2.7MWの風力発電所の建設も計画している。2014年時点で同組合のメンバーは全国で1万8092人を数え、契約件数は2万1863件で、販売した電力量は47ギガワット時（GWh）であり、その内2.3GWh（売電量の5パーセント）を本組合が発電した（Som Energia 2015）。

「ソム・アナルジア」の特徴は2つある。1つは発電所建設にいくつかの条件を課したことである。具体的には、地域における環境・社会・経済への影響をアセスメントして考慮すること（例えば、太陽光発電設置のために工場等の屋根をレンタルすること）、地域社会の意見を反映すること、電力が消費される近隣に設置すること、またスペインの大手電力会社5社も加盟している電力協会（Asociación Española de la Industria Eléctrica; UNESA）[12]や原子力関係会社とも取引しないという設置条件である。もう1つの特徴

は、組合員はインターネットを通じての総会参加にとどまらず、全国に点在する56の「ソム・アナルジア」の地域グループ、およびウェブサイトにて議論や勉強会、情報交換などの活動をすること、また発電所建設や地域での活動決定権を地域グループ自身が持っていることである。つまり、「ソム・アナルジア」は単なるRE電力消費者協同組合ではなく、利益を追求せず、環境・地域社会に考慮した発電や電力政策への市民参加を促して、新しい電力モデルを構築しようとする組織である。

「ソム・アナルジア」はカタルーニャ自治州で生まれた組織であるが、その活動が国全体に広がった。現在、南部のアンダルシア自治州で太陽光発電所の計画が進んでいる。さらにバスク自治州の同組合員が、この組織をモデルにしてバスク自治州で「ゴイエネル」（GOIENER）というRE協同組合を2012年に設立した。同様にガリシア自治州でも、同組織をモデルにして、2013年に「ノサ・エネルシア」（Nosa Enerxia）というRE協同組合を設立した。こうした事例からカタルーニャ自治州住民によるRE発電の取り組みは、「地域社会優先モデル」の先駆けであることが理解できる。

4.2　オルディス村の事例

オルディス村（Ordis）は、カタルーニャ自治州北東のアル・アンプルダ地域（Alt Emporda）に位置する。人口は340人であるが、自然環境に恵まれ、休暇期間には観光客が流入することによって人口が30パーセント増える。主要産業は畜産と農業である。

アル・アンプルダ地域の環境保護団体である「アル・アンプルダ地域の自然を守る会」（Institució Alt Empordanesa per a l'Estudi i Defensa de la Natura; IAEDEN）とオルディス村は協力してオルディス村が「分散発電」のモデル地区となるための「エコ村からエコ地域へ」（De l'ecopoble a l'ecorregió）という計画を2010年に作成した。このプロジェクトでは、オルディス村におけるRE資源や町のエネルギー消費を分析し、電気消費を20パーセント削減しつつも、RE割合を22パーセントまで上げる対策が提案された。

対策の中身として、エネルギー利用効率を上げ、太陽光発電所を建設することで年間9万6470kWhを発電し、小規模風車を6基設置して年間1万6092kWhの発電、またバイオガス発電所を1基建設して年間15万1000kWhの発電をすることで、村のRE電力自給を上げ、電気消費によるCO_2排出量削減を目的とした。

2010年末にオルディス村は「市長協定」に加盟し、前述の計画「エコ村からエコ地域へ」を基礎にして、同協定メンバーとして求められる「持続的エネルギー行動計画」を作成した。この計画で作成された2020年の目標では、エネルギー利用効率を上げ電力消費を2005年よりも20パーセント下げ、消費電力におけるREの割合を22パーセントまで上げ、CO_2排出量を2005年よりも41.9パーセント削減することが目指された。この目標が達成されるために、民間企業の太陽光発電所（1 MW）1基の設置、市営施設1カ所と民家4軒に太陽熱の暖房設置、小規模風車（1 kW）1基の設置、民家（2軒）にペレットストーブの設置、また市営設備の改造、ごみリサイクルシステムの導入、市営照明を省エネルギーのものに交換、路線バスダイヤの充実と高齢者の運賃無料化が行われた。これらの結果として、2012年までにCO_2排出量は28.19パーセント削減された（Ajuntament d'Ordis 2013）。

2020年までにCO_2排出量をさらに13.75パーセント削減する必要があるが、いくつかの課題に直面している。まず村の財政力の限界であり、村営発電設備をさらに設置するには外部からの援助が必要な状況である。もう1つの課題は、地域のRE設備をメンテナンスする専門家の不足である。現状においても、故障した風車が修繕されることなく放置されている。こうした問題を解決するために、地域の大学と協力体制を結ぶことが期待されている。またFIT制度が無効になったことでRE新設備事業が赤字になるのは確実であり、村もRE発電設備の新たな設置は行うことは難しい。それでも照明の新設備に関しては、太陽光発電パネル付を設置する計画や、住民に対して自宅の改築を行ってエネルギー利用効率化・節約を勧めるキャンペーンを行う計画もある。

オルディス村のエネルギー政策では「地域社会優先モデル」が採用され、自然環境保護を重視し、住民の協力を得たうえで、新しいエネルギーシステムの構築を目指した。ところが技術面や財政面で様々な困難に直面し、「地域・市民」を中心とする RE システムの促進の難しさを露呈した形となった。

5　結　論

　これまで見てきたとおり、スペインの電力部門自由化および RE 政策は、EU の電力部門自由化政策、また EU の RE 政策に基づいて実行されている。これらの諸政策、とくに FIT 制度は風力発電の普及を支えたが、2013 年に FIT 制度が廃止されて以来、RE 普及が低迷している。現状としては、EU が提唱する2020年の RE 目標、および CO_2 排出削減目標の達成は難しい。

　本稿ではスペインの RE 政策を中心に分析したが、EU の同政策方針も含めた上で言及すると、双方とも RE の量的目標を掲げているが、いずれも「地域社会優先モデル」の電力システムを主たる目的とはしていない。そしてスペインの RE 電力システムは、大規模な風力発電所や大手電力会社が中心となっていることも明確である。事実、カスティリャ・イ・レオン自治州、カタルーニャ自治州の両 RE 政策は「地域・市民」を中心する RE システムよりも大手電力会社を中心するシステムを促進している。しかしながら、カスティリャ・イ・レオン自治州では、大規模風力発電所への反対運動が比較的少なく、政策がスムーズに実行された結果、風力発電が普及した。その要因は早い段階に発電所建設の候補地が風力発電計画に明記されたことにあると考える。他方、カタルーニャ自治州では大規模風力発電所建設への反対運動は根強く、風力発電の普及は低く推移している。とりわけ反対運動が沈静化しなかった原因として、発電所建設の候補地が幾度となく変更されるといったように、計画内容が頻繁に転換され、また自治体や市民団体が計

画の意思決定に参加することができなかった点を指摘できる。

　すでに言及したとおり、スペインのRE電力システムは「電力会社利益優先モデル」が主体となっているが、カタルーニャ自治州北東部では、「地域・市民」を中心とする「地域社会優先モデル」の取り組みが行われている。しかしながら、RE電力システム普及に当たっては現状の施策だけでは不十分であると考えられる。EUやスペインのRE政策は、いずれの場合も地域住民と自治体の参加促進を目標としておらず、双方の参加の度合いはまだ発展途上の段階である。今後スペインのRE普及をさらに拡大させるには、大手電力会社だけでなく自治体と住民がRE発電所計画およびその開発に関与できる政策が必要であることは明らかである。

注
1) 訪問先の組織として自然保護団体に関しては、スペインの最大自然保護団体である「エコロヒスタス・エン・アクシオン」（Ecologistas en Acción）の各自治州局、企業・協会はカタルーニャ自治州で風力発電協会、カスティリア・イ・レオン自治州で風力発電企業一社と大手電力会社一社そして、両自治州政府エネルギー局のRE担当部を2013年2月・3月に訪問した。さらに、カタルーニャ自治州北東部の環境保護団体IAEDEN、フィゲラス市の環境エネルギー当局、オルディス市の市長、再生可能エネルギー発電協同組合「ソム・アナルジア」（Som Energia）本部と同組合の研究者であるバルセロナ大学経済学部の教員を2015年2月に訪問した。
2) 発電と電力小売りは法律上だけ分離され、発電会社と小売会社が同じ持ち株会社によって経営されることが多い。
3) この会社は1984年に設立され、配電網を運営し、電力需給調整を行っている半官半民の企業である（政府は株の20パーセントを所有している）。
4) Directive 2009/28/ECは、2001年のEU指令「EU内電力市場における再生可能エネルギーによる発電の振興にあたって」（Directive 2001/77/EC）と交通における再生可能燃料使用振興政策のDirective 2003/30/ECを廃止した。
5) 100万石油換算トン（Million tonnes of oil equivalent; Mtoe）
6) 再生可能エネルギー生産者協会（Asociación de Productores de Energías Renovables; APPA）、カタルーニャ風力協会（Associació Eòlica de Catalunya; EOLICCAT）、風力企業協会（Asociación EmpresarialEólica; AEE）。
7) EU委員会（COM（2013）175 final）"Informe de situación sobre la energía renovable"（「再生可能状態のレポート」）とEU委員会（2014）"2014 Country Reports: Spain"。
8) 1メガワット（MW）＝1000キロワット（kW）
9) EUにおける再生可能エネルギー関係協同組合の連合会（Renewable Energy Sources

COOPerative; RESCoop）にメンバーは297社があり、その中スペインの協同組合は6社だけある（rescoop.eu/）。
10) www.covenantofmayors.eu/index_en.html
11) ほかの自治体はバスク自治州の「サン・セバスチャン市」（San Sebastián）、アンダルシア自治州の「マラガ市」（Málaga）とナバラ自治州のパンプロナ市（Pamplona）。
12) UNESA の加盟会社は、「イベルドロラ社」（Iberdrola）、「エ・デ・ペ社」（EDP）（EDPR 社の親会社）、「ガス・ナトゥラル社」（Gas Natural）（Gas Natural Fenosa Renovables の親会社）、「エンデサ社」（Endesa）（ENEL Green Power España のグループのメンバー会社）と「ビエスゴ社」（Viesgo）である。

参照文献

和田 武（2011）『脱原発、再生可能エネルギー中心の社会へ』あけび書房。
――（2014）『市民・地域共同発電所の作り方』かもがわ出版。
AEE（Asociación Empresarial Eólica）（2014）*La eólica en España*, www.aeeolica.org/es
――（2015）*El sector eólico no ha instaladoni un solo megavatio en España en el primer semestre*, www.aeeolica.org/es
Ajuntament d'Ordis（2013）*Pla d'Acció per a l'Energia Sostenible*.
Allen, J., et al.（2012）"Community-based renewable energy in the Lake District National Park – local drivers, enablers, barriers and solutions" in *Local Environment*, 17: 3, 261-280.
APECYL（Asociación de Promotores de Energía Eólica de Castilla y León）（2015）*La eólica cubre todo el consumo eléctrico de Castilla y León*, www.apecyl.com/noticia/la-e% C3% B3lica-cubre-todo-el-consumo-el% C3% A9ctrico-de-castilla-y-le% C3% B3n
APPA（Asociación de Empresas de Energías Renovables）（2015）*Notas de Prensa 2015*, www.appa.es/11comunicacion/11prensa2015.php
Bagliani, M., et al.（2010）"Territory and energy sustainability: the challenge of renewable energy sources", *Journal of Environmental Planning and Management* 53(4), 457-472.
Corominas, C.（2014）*Cómo nos engañan las eléctricas*, Madrid: Ediciones Akal, S.A.
Couture, T.D.（2011）"Booms, Busts and Retroactive Cuts: Spain RE's Odissey", *Analytical Brief* 3(1).
――（2012）"FITS and Stops: Spain's New Renewable Energy Plot Twist and What It All Means", *Analytical Brief* 4(1).
Devine-Wright, P. and Wiwerma, B.（2013）"Opening up the "local" to analysis: exploring the spatiality of UK urban decentralised energy initiatives", *Local Environment: The International Journal of Justice and Sustainability* 18(10), 1099-1116.
EOLICCAT（Associació Eòlica de Catalunya）（2014）*Inversió zero en generació eòlica a Catalunya al 2013, 2014 i 2015 per la nova normativa*, www.eoliccat.net
――（2015）*EolicCat reclama al Ministeri d'Indústria que aclareixi la motivació econòmica de la retallada a les renovables*, www.eoliccat.net
EUROSTAT（2015）*Database*, ec.europa.eu/eurostat/data/database
Gallego, C.J. y Victoria, M.（2012）"Entiende el Mercado Eléctrico" in *El Observatorio*

Crítico de la Energía, observatoriocriticodelaenergia.org/
Generaltiat de Catalunya (1998) *Pla Director de Parcs Eòlics de Catalunya 1997-2010*.
—— (2002) *Pla Territorial Sectorial de la Implantació Ambiental de l'Energia Eòlica a Catalunya*.
—— (2006) *Pla de l'Energia de Catalunya 2006-2015*.
—— (2009) "DECRET 147/2009, de 22 de setembre, pel qual esregulen els procediments administratius aplicables per a la implantació de parcs eòlics i instal·lacions fotovoltaiques a Catalunya", in *DOGC núm. 5472 - 28/09/2009*.
—— (2012a) *Pla de l'Energia i CanviClimàtic a Catalunya 2012 - 2020*.
—— (2012b) *Pla de Determinació de les Zones de Desenvolupament Prioritari per a l'Energia Eòlica de Catalunya*.
IDAE (Instituto para la Diversificación y Ahorro de la Energía) (1999) *Plan de Fomento de las Energías Renovables en España*.
—— (2005) *Plan de Energías Renovables en España 2005-2010*.
—— (2010) *Plan de Acción Nacional de Energías Renovables de España 2011-2020. (PANER)*.
—— (2011) "Análisis del Recurso" in *Atlas Eólico de España*.
—— (2015) *Informe Estadístico Energías Renovables*, informeestadistico.idae.es
Junta de Castilla y León (1997) *Decreto 189/1997*.
—— (1999) *Plan Eólico de Castilla y León*.
—— (2002) *Las Energías Renovables en Castilla y León*.
—— (2012) *Estadística Energética en Castilla y León 2011*, N. 108.
Narbona, C. y Ortega, J. (2012) *La energía después de Fukushima*, Madrid: EdicionesTurpial, S.A.
Navarro, V., et al. (2012) *Lo que España necesita*, Barcelona: Deusto.
Rifkin, J. (2014) *The Zero Marginal Cost Society*, Palgrave Macmillan.
Som Energia (2015) *Fites i dates clau de Som Energia*, www. somenergia. coop/ca/qui-som/#quefem
Valls, Ll. (2013) "Políticas y desarrollo de la energía eólica en España. Una aproximación a los casos de Castilla y León y de Cataluña,"『スペイン語世界のことばと文化』III、京都外国語大学スペイン語学科。

第12章
EU・フィンランドにおけるイノベーション政策の新展開
―― 「進化プロセス・ガバナンス」型政策の出現とその可能性[1] ――

徳丸宜穂

1 はじめに

　イノベーションは、後発国の急速な発展の中で産業・雇用の空洞化に抗するためにはもちろんのこと、エネルギー、環境、高齢化、福祉、健康などの社会問題を解決する上でも、先進国経済が共通して追求する重要な目標となっている。例えば日本でも、2010年6月に閣議決定された新成長戦略では、「グリーン・イノベーション」「ライフ・イノベーション」がその柱に据えられている。こうして、イノベーション政策の対象が、公共政策によって多くのサービスが提供されてきた領域にシフトするにしたがって、政策が対象とするイノベーションが、規制・法制度や社会制度、ひいては文化的規範のあり方などから大きな影響を受けるようになると考えられるので、政策アプローチにも刷新が必要になることは十分予想される。後に見るように、この事態に対して最も果敢に対応しようとしているのがEUであり、北欧諸国、とりわけフィンランドはEUのイノベーション政策を先導する国の1つであると言える。

　また、新興国が技術・製品開発拠点として高度化してきていることも、徐々に明白になってきている。世界全体の研究開発投資に占める各地域の比率の推移（それぞれ1996年／2007年）を見ると、北米（40パーセント／36パーセント）、欧州（31パーセント／28パーセント）に対し、アジア太平洋（24パーセント／30パーセント）となっており、研究開発活動の重心がアジ

ア地域に移動しつつあることが確認される（National Science Board 2010）。その上、例えば徳丸（2014）は、インドIT産業はもはや安価なエンジニアの大量投入に依拠する段階にはなく、平均的な水準のエンジニアをうまく企業内に組織することによって、革新的な製品・サービスを生み出す段階に入りつつあることを示した。以上のことは、先進国が、技術知識・技術人材の供給力や、技術人材の組織能力によって後発国と差別化することが徐々に難しくなっていくことを示唆している（cf. Brown, Lauder and Ashton 2011）。加えて、技術人材育成政策や知的財産権政策、あるいは起業促進政策など、技術人材や技術知識の供給に焦点を当てた供給サイドの政策は、すでに後発国でも広く実施されるようになってきている。したがって総じて、先進国にとっては、イノベーション政策への新しいアプローチが早晩求められるに違いない。本稿が着目する「需要・ユーザ主導型イノベーション政策」は、欧州で展開され始めた新しいアプローチの1つであると位置づけることが可能である。

　そこで本稿は、フィンランドにおける需要・ユーザ主導型イノベーション政策を事例とした、仮説探索的な事例研究に基づき、欧州におけるイノベーション政策の変容の内実を明らかにすることを目的とする。本稿の主張は、少なくともフィンランドにおいては、政策文書が示唆するような単なる政策上の力点のシフトにとどまらず、政策主体がイノベーションプロセスに深く関与しガバナンスするという、これまでとは異質な実施プロセスを持つ政策が体系的に現れてきているということである。

　本稿の構成は以下の通りである。まず第2節では、需要・ユーザ主導型イノベーション政策の概念を簡単に検討し、イノベーション政策における位置づけを明らかにする。第3節では、政策文書の検討と、政策担当者への聞き取り調査に基づいて、フィンランドおよびEUのイノベーション政策が2000年代に入っていかなる変容を遂げてきたのかを明らかにする。続いて第4節は、こうした政策文書レベルでの変化が、実際の政策プロセスを実質的にどのように変質させているかを検討するため、少数事例に絞った深い聞き取り

調査に基づく事例分析を行う。以上の検討を踏まえ第5節では、フィンランドで新たに現れつつあるイノベーション政策は「進化プロセス・ガバナンス型」政策として理解しうることを論じる。また、政策担当者に新たな組織体制と能力を要請されること、および、固有の限界を有することも認識される必要があるが、政策が果たしうる1つの可能性を示唆していることを論じる。

2 需要・ユーザ主導型イノベーション政策

イノベーション政策への新しいアプローチとして本稿が着目するのは、需要・ユーザ主導型イノベーション政策（demand-and user-driven innovation policy：以下、「DUI政策」）である。そこでまず、イノベーション政策[2]におけるDUI政策の位置づけを確認しておきたい。

イノベーション政策を正当化する伝統的な基準は「市場の失敗」への介入であって、投資が過小になる基礎研究への公共支出がその典型例である（Nelson 1959；Arrow 1962）。しかし、複数主体間の相互作用からイノベーションが生み出されるという認識が、「イノベーションシステム」概念とともに定着するにつれて（Freeman 1987；Lundvall 1992；Nelson 1993；安孫子 2012）、イノベーション政策の基準も「システムにおける問題」への介入へと拡張されてきている（Chaminade and Edquist 2010）。Chaminade and Edquist（2010）は、①組織間のインタラクションの確保、②ネガティブ・ロックインの回避、③プロダクトイノベーションをより生み出す産業構造への変化の推進を具体的な政策対象として挙げているが、総じて、システムを構成する個別主体よりも、主体間の相互作用に問題を発見し、政策的に介入することが重視されている。

まさにDUI政策は、「システムにおける問題」を解決することを目指す1つの政策として理解されてきた。OECD（2011）による定義は、「イノベーションへの需要を増加させ、イノベーションの採用を助け、イノベーション

への需要を表明しやすくさせるための、一連の公的手段」である。またEdler（2010）は、「イノベーションへの需要を増加させ、製品・サービスの新しい機能的要求を定義し、ユーザーを開発に参画させることによって、イノベーションの創出・普及を促すすべての公的活動」という定義を与えている。両者の定義とも、イノベーションへの資源投入を促すことによってイノベーションを供給側から刺激するのではなく、イノベーションへの需要を刺激することでイノベーションの創出を促す政策であるという理解を共有している。DUI 政策の具体的手段として、Edler（2010）は、①イノベーションの公共調達（public procurement of innovation：PPI）、および②民間需要の促進（promotion of private demand）の2つを挙げているが、後者②はさらに、（a）イノベーション需要への金銭的支援、（b）イノベーションを受容する意識の向上、（c）規制の活用の3つに分かれるとされている。これらのうちでも本稿は、2000年代以降、欧州で盛んに取り組まれるようになった、①の「イノベーションの公共調達」を、以下で対象とする。

3　EU のイノベーション政策とその転換

　後に見るように、フィンランドのイノベーション政策は EU のそれと密接に連動して変容してきている。それゆえまずは、3つの重要な政策文書を通じて、2000年代後半における EU イノベーション政策の転換について見ておきたい。

3.1　2000年代における変容：DUI 政策の強調

　2000年代前半までの EU のイノベーション政策は、明確に供給サイドの政策に力点が置かれていた。しかし以下に見るように、2000年代後半になると、徐々に需要サイドの政策に力点が置かれるようになる。

「イノベーティブな欧州を創る（*Creating an Innovative Europe*）」（2006）

　本報告書は、フィンランドが EU 議長国であった年に、ハンプトンコート

サミットで任命された専門家チームが EU に提出した、これ以降の EU イノベーション政策を規定する文書である。議長であるフィンランド元首相のエスコ・アホ（Esko Aho）氏の名前をとり、通称アホ・レポートとも呼ばれる。

　まず彼らは、①研究開発（R&D）投資がグローバル化することにより、欧州には空洞化の危機があること、②市場統合が停滞し、欧州市場が国別に分裂しているために、R&D 投資のインセンティブを削いでいること、および、③需要サイドからイノベーションを促す仕組みに欧州の弱さがあるという 3 点を、欧州のイノベーションにおける問題点として提示する。それらに対する対応策として、(a) 革新的な製品・サービスの欧州市場を創出すること、(b) R&D 投資の対 GDP 比 3 パーセント超を目指すこと、(c) 人材・資金の流動化を促進することの 3 点を打ち出した。これらの対応策のうち、本報告書の力点は (a) にある。具体的には、イノベーション促進的な規制（例：環境規制）や公共調達を戦略的に利用することや、大規模な戦略的投資（例：e-Health 分野）によるイノベーション需要の創出が提案されている。

「知識を実践に生かす：EU の広範囲型イノベーション戦略（*Putting Knowledge into Practice: A Broad-based Innovation Strategy for the EU*）」（2006）

　上のアホ・レポートによる勧告を受けて作成された、EU のイノベーション政策が本文書である。「広範囲型（broad-based）イノベーション戦略」と称されているように、研究開発促進にとどまらず、イノベーションと相性がよい社会的環境を整備するという、より包括的な目標を提示したことが、この政策文書の新しさだと言える。また、前年の政策文書（Commission of the European Communities 2005）では、専ら研究開発投資の増大によるイノベーション促進を目指したという意味で「科学技術プッシュ型」政策が目指されていたが、本文書では一転して「需要プル型」政策が目指されているという点にも決定的な新しさがある。

　イノベーションと相性のよい市場と需要が必要だという認識をアホ・レポ

ートと共有した上で、以下のような手段を提案している。すなわち、①教育、②EU市場の潜在力の利用、③規制・規格設定の戦略的利用、④ステイクホルダー間の協力促進（産学官連携、クラスター政策、大学の現代化）、⑤研究・イノベーションへの投資増加、⑥公共調達の改善、である。具体的に②は、欧州市場統合を促進することによって、欧州内でのR&D投資を促進することを意味する。③では、規制や国際規格の策定で主導的役割を演じることにより、欧州企業がイノベーションの国際競争で優位に立てるようにする。また⑥は、いまだ市場で調達できない財・サービスに関する「商業化以前の公共調達」(pre-commercial procurement) を実施することでイノベーションを促進すること[3)]をその内容とする。

特に強調されているのは、世界を先導する革新的製品・サービスを生み出す「先導的市場」(lead market) をEU内部に創出するという政策である。具体的には、環境、ヘルスケアなど少数の有望分野に焦点を絞って[4)]、上記①〜⑥の諸手段を用いることによって先導的市場を確立し、EU外への輸出につなげるというものである。

「欧州2020基軸的イニシアチブ：イノベーション・ユニオン (*Europe2020 Flagship Initiative: Innovation Union*)」(2010)

EUの新たな成長戦略である「欧州2020」の基軸政策の1つが、本文書のイノベーション政策である[5)]。目下の経済危機からの脱出にはイノベーションが必須であるとの認識に基づいている。概ね、2006年の「広範囲型イノベーション戦略」を継承しており、目新しい強調点は次の4点であろう。①EU市場を統一的イノベーション市場とすること、②オープンイノベーションの促進、③社会的イノベーションの促進、④EIP (European Innovation Partnership) の設立。具体的には②は、組織間の連携によってイノベーションを生み出しやすい環境を整備することを意味する。③では、社会的な問題を解決する財・サービス・仕組みの創出を促進する。また④は、重要な社会的問題の解決に役立つイノベーションを素早く生みだし、EUに雇用と競争力をもたらすために、エネルギーや交通などの少数の社会的問題分野を指

定し、そこに開発リソースを集中する政策である。開発リソースを集中することにより開発速度を上げることが目的である。

　以上3つの政策文書より、2000年代後半以降のEUイノベーション政策では、大規模なEU統一市場での革新的需要創出を梃子にして、世界に先んじたイノベーションを生みだし、それによって国際競争力を維持するというロジックがその根幹にあることが分かる。またイノベーション政策の力点が、従来の科学技術プッシュ型政策から需要プル型政策へとシフトしていることが確認できる。

3.2 「イノベーションの公共調達」政策と制度改革

　先に第2節で見たように、DUI政策の主要手段の1つは「イノベーションの公共調達」（public procurement of innovation: 以下「PPI」）であるとされる。通常の公共調達は既存の製品・サービスを調達するが、未だ存在しない革新的要素を含む製品・サービスを調達する試みがPPIである。公共調達は、EUのGDPの約19パーセントを占めるとされるため、イノベーション創出に対する公共需要のインパクトは大きく、イノベーション創出への刺激効果が期待されている（European Commission 2014）。事実、成長戦略「欧州2020」に基づく研究・イノベーションプログラムであるHorizon 2020（2014-2021年：800億ユーロ）は、3つの重点目標のうちの1つとして「＜イノベーション指向の公共調達＞＜需要サイドイノベーション政策＞によりイノベーションの市場化を促進する」という項目を掲げている。これまでは、例えば公的な研究開発の民間委託など「商業化以前の調達（pre-commercial procurement）」が中心であったが、今後は革新的な製品・サービスそのものの調達に踏み込むべきことを目指している。

　PPI政策を含むDUI政策において、EUは、公共需要のインパクトが大きい次のような分野をターゲットにしている。①エネルギー効率的な建築、②エネルギー効率的なインフラ構築、③電気自動車向けのインフラ整備、④輸

送インフラ向けの ICT、⑤地域レベルでの DUI 政策。2011年1月以来、EU 企業の5パーセントが PPI 政策に参加しているとされる[6]。さらに、イノベーション政策そのものではないが、EU 構造基金による公共調達においても、PPI タイプの調達が占める割合は、6パーセント（2000年以前）から25パーセント（2007-13年）へと急増していると報告されている（European Commission 2014a）。

しかし現実には、次のような問題があると指摘されている。①行政側のリスク回避、②行政側の調達能力欠如、③調達実務と他の政策分野（例：福祉政策、環境政策、交通政策）の分断、④EU 市場内での分断、⑤中小企業の関与の少なさ（Procurement of Innovation Platform 2014）。EU における公共調達指令は競争入札が原則であるため、イノベーションに本来必要となる、特定企業との密接なコミュニケーションは、公共調達指令と相容れない可能性が高い。そのため行政側が PPI に二の足を踏んでしまう可能性が高くなる。この事実が、特に上記①の「リスク回避」の背景となっている。

こうした現実を踏まえた、EU レベルで実施された最も重要な制度改革は、新しい公共調達指令（The European Parliament and the Council of the European Union 2014）が出されたことである。その趣旨は「競争・透明性・公平性を確保しつつ、企業のイノベーション能力構築を促す」ことだとされる。そのために、競争入札原則を緩和し、調達主の公共機関と民間企業が積極的に対話する「競争的対話」（competitive dialogue）が、合事前に要件定義することが難しい大規模・複雑な公共調達において合法化された。従来の調達方法では、調達側が要件まで確定し、その要件を満たす製品・サービスの価格によって供給者が決められるが、競争的対話の方法においては、調達主はまずはニーズのみを提示し、具体的にそのニーズを満たす技術的方法（＝「要件」）は、調達主である公共機関と企業の対話によって徐々に決められていくという違いがある[7]。このプロセスによって、革新的な製品・サービスの調達が容易になることが期待されている。

なお EU 加盟各国は、この新しい公共調達指令に沿って、2016年4月まで

に各国での法制化を行う義務を負っている。

4　フィンランドのイノベーション政策とその転換

　次に、2000年代後半にフィンランドでイノベーション政策がどのように転換されたのかを、EUのイノベーション政策との連関に注意しながら、政策文書の分析より明らかにする。フィンランドは「ナショナル・イノベーションシステム（National System of Innovation）」の発想を明示的に採用したイノベーション政策のパイオニアとされる。それは1990年代初頭に端を発する。特徴的な政策としては、R&D支出の増大、企業R&Dへのサポート、フレームワーク政策、ネットワーキング政策が挙げられ（Lemona 2004）、特に産学官の諸組織を結びつける能力に強みがあるとされる（Edquist et al. 2009）。こうしたイノベーションシステムと政策が機能した結果、IT関連産業を中心とした産業構造への転換が可能になったとしばしば評価される（灘山 2010）。

　しかし2000年代に入ると、従来の政策アプローチが供給サイド（「科学技術プッシュ」）政策に偏していて需要サイドを等閑視していることや、政策プロセスが過度にトップダウン的であること（Miettinen 2012; Sabel and Saxenian 2009）、また中央集権的で地域のイニシアチブが軽視されていること（Jauhiainen 2008）などが批判されるようになった。イノベーション政策の転換がなされたのは、こうした背景の下においてである。

4.1　フィンランドのイノベーションシステム

　フィンランドのイノベーションシステム[8]を構成する諸機関を示したのが図12-1である。政府直轄の研究・イノベーション審議会が、科学・技術・イノベーション政策の方向性の決定、相互調整、評価を行い、政府に助言する。官庁の中でもイノベーション政策に関係が深いのが教育文化省と雇用経済省であり、それぞれ重要な機関であるフィンランド・アカデミー

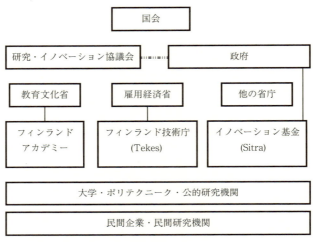

図12-1　フィンランドのイノベーションシステム

出所）www.research.fi より筆者作成

（AF）とフィンランド技術庁（Tekes）を傘下に有している。

　前者は基礎研究向けの競争的資金を提供し、後者は応用研究・開発向けの補助金を提供する。Tekes の補助金は、約3分の1が大学向け、3分の2が企業向けである。公的研究開発費の財源別比率を示した図12-2より、Tekes を経由した公的研究開発費の比率が24.4パーセントと、大学の基盤研究費（28.9パーセント）に次いで高いことが確認できる。

4.2　フィンランドにおける政策転換

　次に、フィンランドのイノベーション政策が2000年代後半にいかに変容したのかを、重要な政策文書をもとに検討しよう。

「国家イノベーション戦略への提案（*Proposal for Finland's National Innovation Strategy*）」（2008）

　この文書は新しいイノベーション政策の提案書である。EUイノベーション政策の画期となった、上記 European Communities（2006）作成の中心人

図12-2 公的 R&D 費の財源別比率（2015年）

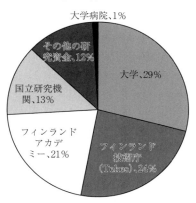

出所）Tilastokeskus（Statistics Finland）より筆者作成

物でもある元首相エスコ・アホを議長とした政労使の協議によって作成され、雇用経済省に提出された。上述 EU のイノベーション政策と同様に、「広範囲型」（broad-based）[9]イノベーション政策を採用することが提起されている。具体的には次の４点の「行動計画」が提案されている。すなわち、①国際的なイノベーション・ネットワークに影響力を行使するとともに、海外から研究開発を引きつける魅力的な環境を作ること、②グローバルなハブとなるクラスターを形成すること、③需要・ユーザ主導型イノベーション政策を実施すること、および、④イノベーション政策の全体を体系的に調整することである。中でも①は、EU レベルでの「欧州研究・イノベーション領域」（European Research and Innovation Area：ERIA）策定に影響力を行使し、ERIA の取り組みがフィンランドのイノベーションを支える状況を作り出すことが例示されている。また③では、EU レベルでの先導的市場創出政策との整合性をとることで、狭小な国内市場という悪条件を克服することが目指されている。

すなわち、この文書に顕著な戦略的意図は、フィンランドのような小国の

制約を克服する上で、EU 統一市場や EU イノベーション政策を「活用する」ことが重要な意味を持つということである。つまり、EU 統一市場は狭小な国内市場という制約を克服することを可能にし、国内のイノベーション政策を EU のそれと調整をはかり、また EU のイノベーション政策形成に影響力を行使することによって開発資源の効率的利用を可能にする[10]ということである。

本文書を踏まえて策定された新しいイノベーション政策[11]で特筆すべき点は、需要・ユーザ主導型政策の具体化である。雇用経済省による政策文書 Ministry of Employment and the Economy（2010）において、①知識・能力の形成、②規制改革、③インフラの刷新、④ユーザ主導型・需要主導型イノベーションに対するインセンティブ付与、という4つの柱に沿って政策が体系化されている。具体的には例えば、社会実験によってユーザ主導型イノベーションを生み出す試みである「リビング・ラボ（living lab）」での官民パートナーシップの推進と助成、イノベーションを促進する規制・規格の設定、公共調達によるイノベーション促進、政府が保有する情報の開示による革新的なビジネス促進[12]などが政策の例として列挙されている。

「国別小レポート：フィンランド（*Mini country report: Finland*）」（2011）

本文書は、イノベーション政策をベンチマーキングする EU の機関である「イノベーション政策にかんする欧州トレンドチャート」（European Trend Chart on Innovation Policies）が作成した国別レポートである。この文書によれば、これまでのイノベーション政策の弱点は「供給指向型」（supply-oriented）戦略だった点にあるが、近年は需要サイドも強調されるようになってきており、弱点は徐々に克服されているとしている。ただし、フィンランドは需要主導型政策のパイオニアであるため、モデルと政策ツールを自力で開発せざるを得ない点に難しさがあるとしている。また、国内市場が狭小であるという制約条件のために、EU のイノベーション政策、例えば主導的市場創出政策への積極的参画が必要であるが、半面、国内市場が小さいことは効率的なパイロット市場にもなり得るという肯定的な評価を下してい

る[13]。

　以上の分析より、フィンランドのイノベーション政策は、研究開発投資の促進や分野限定型のクラスター戦略といったこれまでの政策手法に加えて、新たに DUI 政策に力点を置くようになったことがわかった。また、それは EU のイノベーション政策の変容とも軌を一にしており、EU のイノベーション政策を先導し、それを自国に有利に「活用する」戦略的意図があることも確認された。その意味では、フィンランドの新しいイノベーション政策は、EU の文脈に位置づけて理解されるべきものであると言える。

4.3　新たな政策議論と PPI 政策

　イノベーション政策を所轄する雇用経済省では、2000年代までのトップダウン的なイノベーション政策に対する反省が進められている[14]。例えば、大々的に実施された「クラスター政策」については「失敗だった」という内部評価がなされている。その議論の中で「実験的イノベーション政策」(experimental innovation policy) というコンセプトを打ち出そうとしている。このコンセプトが打ち出された背景を示唆するのは、「伝統的な政策ツールは、予測可能性を前提としていて、もはや適切ではないと考えている」「計画を入念にするよりは、素早く実験をして学習する方がよいと考える」という発言である。

　PPI 政策は、この文脈の中で重要な位置を占めている。イノベーション政策を実施する中心機関である、雇用経済省傘下のフィンランド技術庁 (Tekes) は、PPI 政策の重点領域として次の6つを挙げている。①エネルギーと環境、② ICT、③ヘルスケア、④建設、⑤セキュリティ、⑥スマートシティ。Tekes ではすでに2008年以降、約70の案件が PPI 政策の対象となっている（以上、Tekes (2013) による）。

5 事例研究:「イノベーションの公共調達」(PPI) の実施体制・実施プロセス

以上のように、政策文書レベルで政策転換が確認されたとしても、政策実施プロセスでの変容が並行して観察されない限り、「政策が変容した」と評価することは出来ないし、また、政策実施プロセスがいかなる実質的変容を遂げたのかを明らかにすることによって初めて、新しいイノベーション政策の特質とその可能性・限界を明らかに出来るであろう。したがって、政策実施プロセスにかんする立ち入った分析が必要だと考えられる。本節では、仮説の探索を目的に実施した聞き取り調査 (exploratory case study: Yin 1994) の分析を行う。

5.1 政策実施に関与する公的・準公的機関の組織と行動

5.1では、PPI政策の実施に関与する公的・準公的機関を対象とした聞き取り調査結果の概要を述べる。聞き取り調査は2011年3月および9月に各1回ずつ (90-120分)、現実に政策実施に携わっているマネジャーに対して行った。以下で順に検討する3つの組織は、Tekesが政策を担当する政府機関であるのに対し、フォーラム・ヴィリウム (Forum Virium) およびカルミナトゥム (Culminatum) はいずれも非営利企業であるという点で相違がある。しかし、フォーラム・ヴィリウム、カルミナトゥムともに、政策を担当するヘルシンキ市などが政策実施のために戦略的に出資している企業であることから、政策を担当する機関に準ずる準公的な組織であると見ることができる。

Tekes (フィンランド技術庁)

選抜された案件に対して補助金を供与することがTekesの主要な任務であるが、政府のイノベーション戦略の柱の1つである需要・ユーザ主導型イノベーション政策はTekesが注力すべき分野となっている。その1つの具体的な取り組みとして、需要主導型政策の一大手段である「商品化前の調達」(pre-commercial procurement) を実施する中央・地方政府、および民

第12章　EU・フィンランドにおけるイノベーション政策の新展開　413

間企業に対して補助金を与えている。具体的には2008年から2013年の間におよそ70件に対して補助金を供与している。また2013年から2016年まで、「スマート調達プログラム」（smart procurement programme）の下で補助金供与が行われている。予算総額は3,000万ユーロであり、2015年9月時点ですでに48の案件に対して補助金が提供されている（https://www.tekes.fi/en/programmes-and-services/tekes-programmes/smart-procurement/による）。なお、Tekes の補助案件一般がそうであるように、プロジェクトのコスト全額が補助金でカバーされるわけではない。

　ヘルシンキ近郊の幼稚園の建物などで複数件あった「ゼロ・エネルギー建築」（zero energy building）プロジェクトの例を見てみよう。このプロジェクトの目的は、エネルギーを完全自給する建物を、すでに存在する技術を元に設計・建築することであるが、Tekes の最終目的は、ここで確立された建物のコンセプト・システムを普及させることにより「ゼロ・エネルギー建築」の市場を確立することであった。プロジェクトへの参加者はオーナーと Tekes、専門家（コンサルタント）、研究者（大学、国立技術開発センター（VTT））であった。建物の具体的な仕様を決めるのはオーナーであるが、仕様確定プロセスに Tekes が密接に関与し、どのような技術がどこから入手可能・使用可能なのか、また、そもそも何が実行可能で何が実行不可能なのかを示しながら議論をリードした。こうした密接な関与が可能なのは、Tekes がイノベーションプロセスを熟知しているためだと認識されており、それは、職員の約半数が民間経験者であるためだと考えられている。このプロジェクト自体は成功し、オーナーも満足を得たのだが、Tekes が問題視しているのは、最終的に普及させて市場を確立することに成功していないという点である。

　フォーラム・ヴィリウム
　フォーラム・ヴィリウム（以下、「フォーラム」）は、ヘルシンキ市と複数企業が出資する、社員24名の非営利企業である。デジタル技術を用いた新しいサービス（digital service）を開発することと、それにかかわる企業のネ

ットワーキングが主要な業務である。その開発の際にユーザ主導型アプローチをとることが基本原則とされている。つまり、当該サービスを実際に用いるユーザの関与を必ず得て開発を行うということである。フォーラムのビジョンは「2020年にヘルシンキを欧州のデジタルサービス首都（capital of digital services）にすること」である。ヘルシンキ首都圏は100万人の人口を擁するので、コンセプトをスケールアップして実証するには十分な人口規模だと考えている。

　フィンランドの公共サービスはほぼ公共部門によって担われるが、高齢化が進むと現行のモデルを維持することが困難であり、効率化が必須だとヘルシンキ市は考え、そのために官民パートナーシップを盛んに導入している。フォーラムへの積極的な関与はその一環である。具体的には、フォーラムがプロジェクトのプロポーザルを出し、市が資金を出す。フォーラムは参画企業を組織し、プロジェクトを実施する。

　ヘルシンキ市内で実施されたプロジェクト事例を見てみよう。「健康地域（Healthy Borough）プロジェクト」は、市民の健康維持目的にデジタル技術を有効活用する方途を創出するプロジェクトであった。運営はヘルシンキ市健康センターで、民間企業、NGOが参画した。メンバーには有力なICT企業が複数含まれている。フォーラムはデジタルサービスを開発することと、参画企業を組織することに責任を負っている。参画企業にとっては、そこで新たなデジタルサービス製品を開発・実験することができるという利点がある。また市は、市民が積極的・自発的に自身の健康を維持できる仕組みを作りたいと考えており、このプロジェクトはそのためのテストベッドとして有益であった。その成果の例が、電子化された個人の健康情報にアクセスする手段である「電子健康カード」や、その情報に基づいて予防医学的なアドバイスを受けられる地域拠点である「ヘルススタンド」という仕組みであった。

カルミナトゥム

　カルミナトゥムは、政府の地域クラスター政策である中核拠点（kansallinen osaamiskeskusohjelma: OSKE）プログラムを実施することを主目的として1995年に設立された、社員45名の非営利企業である[15]。首都圏の3つの市（ヘルシンキ、バンター、エスポー）、民間企業、サイエンスパーク、大学が出資しており、顧客は主にこれらの市である。これら3市があるフィンランド南部地域で産学官のプラットフォームを作ることがカルミナトゥムの任務であり、具体的には、プロジェクトデザインを実施し、パートナーを探して組織することである。

　市による公共調達プロジェクトはカルミナトゥムの一大事業領域である。上述の通り、EUでもフィンランドでも「商品化前の公共調達」はイノベーション政策として新たに重視されるようになったが、公共部門の調達制度はそれに適合した仕組みとはなっていないのが現実である。例えばヘルシンキ市も2011年に公共調達条例を制定したが、イノベーションとの関係については何も考慮されていないばかりか、市が提供するサービスを利用するエンドユーザの意見も聴取できない。また競争条件の公平性を維持することに力点が置かれているために、市とサプライヤとの意見交換も望ましくないとされている。

　さまざまな分野における現実の公共調達では、かつてのような、市がスペックを決めた財・サービスを企業がいかに安価に提供できるかをめぐっての「完成物の競争」から、その財・サービスの内容提案を競わせる「サービス提案競争」に変わってきている。しかし市は、そうしたユーザ指向のプロセスになれていないし、また可能なイノベーションの選択肢や、ユーザから必要とされているサービスも認識していないのが現状である。だからこそ、広範なネットワークと多様な能力を持ったカルミナトゥムのような非営利企業が必要だと認識されている。その意味で、公共調達における同社の役割は、企業・研究機関を組織し、サービス開発プロジェクトを実施することによって、市がよりイノベーティブなサービスを調達できるようにすることだと言える。

5.2 ナーンタリ市におけるパッシブハウス公共調達の事例[16]

　需要・ユーザ主導型政策の導入によって政策実施プロセスと公共部門の役割をどのように変質させたかを明らかにするために、フィンランドにおけるPPI政策の事例に焦点を絞って分析を行う。この政策の趣旨は、革新的要素を含んだ製品・システムを公共部門が民間企業から調達することによって、需要側からイノベーションを刺激することである。ここでは、フィンランド南西部の自治体であるナーンタリ（Naantali）市が行った、パッシブハウス集合住宅の公共調達プロジェクトの事例を検討し、この政策が現実に誰によって、どのように実施されたのかを見てみよう。なお、パッシブハウスとは、最低限の冷暖房利用のみで快適性が保たれる、機密性が高い住宅のことであり、フィンランド政府の規制により、2016年以降、全ての新築住宅はパッシブハウスの要件を満たす必要がある。

　公共調達の主体はナーンタリ市であるが、実質的な調達主体は、南西フィンランドの諸自治体が所有する住宅公社であるVaso（Varsinais-Suomen Asumisoikeus）である。Vasoは中・低所得者向けの住宅を所有しており、居住者は占有権（right of occupancy: ROO）のみを購入する。この際に居住者およびVasoのような地域住宅公社に融資を行ったり、あるいは補助金を供与したりするのが環境省傘下の住宅金融・開発センターARA（Asuminen Rahoitus- ja Kehittämiskeskus）である。ARAは、「社会住宅」（social housing: 中・低所得者層向け住宅）整備関連の政府融資・補助金供与を実施する機関であり、その目的は、福祉政策の一環として、国民に高質で安価な居住を保障することである[17]。行われている具体的な事業としては、第1に、中・低所得者向け公共住宅建設への融資・補助金供与と、居住者のROO購入向けの融資であり、第2に、住宅開発プロジェクトへの参画である。ARAは2008年に、住宅の計画フェーズ向け補助金事業を開始した。よい計画を立てさせて、建設費・維持費を抑制し、居住者の負担を減らすことが目的である。そこで、融資先の計画に関与するために、建築技術者を2008年からスタッフとして雇用し始めた。

第12章　EU・フィンランドにおけるイノベーション政策の新展開　417

図12-3　建設中のパッシブハウス集合住宅

出所）筆者撮影

　当該プロジェクトは、調達方法についてVasoがARAに相談を持ちかけたのが発端である。通常Vasoの調達方法は、住宅関連業者への依存度が大きい「ターンキー方式」であったから、コストが高くなりがちで、コスト管理も難しかった。ARAの融資を受けるためには、建設費や品質に関する厳しい条件をクリヤしていなくてはならない。つまり、「高機能・高品質だが高コスト」という案件は許容されない。現実にこの厳しい条件は、後の詳細設計段階の制約条件として厳しく効いたのである。そこでARAは、「イノベーションの公共調達」政策の中心的な実施機関の一つであり、革新的なプロジェクトに対するファンディング機関である、雇用経済省傘下のTekes（フィンランド技術庁）における「スマート公共調達」プロジェクトのファンドへの応募をVasoに勧めた。このファンディングは、イノベーションを促進することを目的とした公共調達プロジェクトの計画フェーズ向けになされるものである。Tekesが計画フェーズのみにファンディングを行うのは、

「計画フェーズですべての重要な意思決定が行われる」から、公共調達の方法自体を刷新するという政策目的からして「そのフェーズを押さえることが重要」で、かつ「少額の金額で大きなインパクトを与えられる」ためである。加えて Tekes には、公共調達においては、調達実行フェーズに比べて計画フェーズへの予算配分が過小になっているという問題意識があり、このことも、Tekes のファンディングが計画フェーズに限定されている理由となっている。

　この応募プロセスで興味深いのは、応募前に応募者である Vaso と Tekes とのインテンシブなディスカッションがなされ、応募前にすでに応募書類のブラッシュアップが図られていることである。具体的には、応募4カ月前に Vaso が Tekes にアクセスした段階で、早くも Tekes からは4名の専任スタッフが付き（技術系スタッフ3名、経済系スタッフ1名）、申請書作成のための議論が行われた。当初 Vaso が目標とした技術水準は高くなく、調達方法も従来型の「ターンキー」型でコスト基準によるものであった。換言すれば、「調達者が仕様を固め、業者はそれを実現する」という明確な分業が想定されていた。そこで、Tekes 側の担当者のアドバイスにより、高質で安価な住宅という ARA の要求を満たしつつ、技術的に高度なパッシブハウスの調達を目標とするとともに、インテンシブな対話を含む調達方法に挑戦することになった。このようにして、Tekes の担当者とのディスカッションにより、補助金応募の時点までに十分に野心的な応募書類を完成させてしまった。ここで強調すべきことは、Tekes の本質的な役割は、応募前に終わってしまっていると見ることが可能だということである。

　また、ここで重要なのは、Tekes が民間出身者を多く抱えているため、技術的代替案に関する専門的な知識を有していることである。そのため Vaso は、Tekes とのディスカッションを経て、技術的に現実的な応募書類を作成できるようになった。最終的には2009年10月に応募し、2倍の倍率を経て12月にファンディングが確定した。Tekes のファンディングは、原則通り、計画フェーズの半額分だけ行われた。同様に ARA もまた、計画フェ

ーズに対してファンディングを行った。

　またTekesは、応募書類作成時点で吊り上げられた要求水準を満たすのに必要なエンジニア、建築家、コンサルタントの紹介も行った。後出の、革新的な「調達クリニック」を運営する、不動産業を代表する業界団体Rakli（The Finnish Association of Building Owners and Construction Clients）もVasoに紹介した。Vasoは内部にもエンジニアや建築家を抱えているが、彼らでは必ずしも十分に野心的な目標を達成できないと考えたために、外部人材・企業・機関を紹介したのである。この紹介も応募前に行われ、応募書類に具体的な人名、企業・機関名が明記された。以上のことより、公共調達主に「リスクをとらせ」つつ、その高い目標をクリヤさせる具体的リソースを結節させることが、Tekesの役割の本質だと見ることができるだろう。いずれの役割も、補助金獲得競争以前に行われており、「競争」という要素は後景に退き、「協議」という要素が前面に現れていることに留意する必要があろう。

　計画フェーズには、Vasoに加えて複数の建設業者、建築士（Kimmo Lylykangas）、エネルギー・コンサルタント（Olof Granlund）、プロジェクト・コンサルタント（Pöyry）、ナーンタリ市が参画した。なお、ARAも計画フェーズに直接参画し、コストを下げつつエネルギー効率を維持するための専門的アドバイスを行ったが、Tekesは計画フェーズには参画せず、進捗のフォローを行うのみであった。この計画フェーズをマネージする上で重要な役割を果たしたのが、Rakliが提供した「調達クリニック」である[18]。良質・安価な建築物の調達方法を開発することは、産業の一般的利益になる。そこでRakliは、入札前に利害関係者を一堂に集めて、数ヶ月間の協議を行う、調達クリニックという討議手法を開発した。その目的は、調達主とサプライヤのコミュニケーションを徹底的に図ることである。

　Rakliは関連する当事者を一堂に集めた上で、2010年2月から11月まで続いたクリニックでの議論・交渉をマネージした。その議論のテーブルには、入札への参加を希望する、ライバル関係にある建設会社11社も、2010年6月

から参加していたことは特筆に値する。彼らを参加させた目的は、建築士のプレプラン通りに、コスト要求を満たして現実に建設できるかどうかを検討するためであった。もちろん予想される通り、「手の内」を見せまいとする建設会社は情報を十分に開示しなかったので、並行して Vaso は、建設業者と個々に協議を行った。その結果、当初計画に多くの提案がなされ、実際に変更された。それでも、施工業者を入札で決定する以前に企業を交えた議論を入念に行うことで、設計および実装方法の変更が相当行われ、安価にそれらを実現する方法が探ることができたのである。つまりここでも、「競争」よりも「協議」が前景に現れるようになったと見ることができるだろう。公共調達にかんする EU 指令を遵守しつつ、革新的な公共調達を実施するノウハウを得られたというのが、重要な結果であるというのが、当事者による評価である。

　その後の施工業者選定の入札は2010年11月に、11社の応札を得て行われたが、コストが25パーセント高かったため一度失敗した。建設業者側も、入札のために詳細な見積もりを実施してみて初めて、予想以上にコストがかかることを知ったのである。2011年に入ってプレプランのやり直しが行われ、元来は１階建てだった計画が２階建てとされるなどの変更が行われた。改めて入札は2011年３月に行われ、Hartela 社が受注した。その後2011年５月に詳細設計が開始され、11月には建設が開始された。また計画の確定後に Vaso は改めて、建設資金の融資を ARA に申請し、最終的に審査・選抜を経て融資が与えられた。

5.3　政策のインパクト

　以上のような PPI 政策は、当事者にどのようなインパクトをもたらしたであろうか。ここでは、受注した企業に対するインパクトに限定して検討してみよう。上記のプロジェクトでパッシブハウス建設を受注したのは、Hartela 社であった。同社は、ナーンタリ市の案件が技術的に難易度の非常に高い案件であったため、新しい知見を吸収できることを期待して、入札前

の協議（＝調達クリニック）に参加することにした。その際、「利益が出なくてもよい」と考えていた。実際パッシブハウスは、通常のエネルギー節約型住宅に比べて格段に技術的要求水準が高く、「トヨタにとってのＦ１カー開発に該当するものだ」とされていた。つまりトヨタがＦ１カー開発の過程で得られた知見を乗用車開発に活用しているのと同様に、パッシブハウス開発の過程で得られた知見は、一般のエネルギー節約型住宅開発に転用可能だと考えていたのである。

事実、プロジェクトに参加してみて、エネルギー計算の技術や、木造によってエネルギー節約を可能にする建築技術を獲得することができた。それらの技術はすでに、一般的な建築プロジェクト向けに展開されているという。その上で、今回のプロジェクト並みの、高水準・低価格のパッシブハウスが一般化するのは、5－10年後だと考えている。このことは、今回のPPIのインパクトは長期間持続すると言うことを意味するだろう。

次に、公共調達一般が企業のイノベーション能力構築に持つインパクトを、VTT（フィンランド国立技術研究所）による調査結果に依拠して検討しよう。図12-4は、当該企業で生み出されたイノベーションのうち、どの程度が公共調達を受注した結果生み出されたかを示す。「ヘルスケア・社会サービス」「教育」など、公共部門が主要な供給者である製品・サービスにおいて、「公共調達がきっかけとなって全てのイノベーションが生み出された」「公共調達がきっかけとなって生み出されたイノベーションが存在する」と答えた回答者の比率は50パーセント強であることが分かる。

また、公共調達契約受注企業が生み出したイノベーションが、当該企業に及ぼした影響を示したのが図12-5である。そのイノベーションのお陰で民間部門向け売上高が増えたとする回答は52.6パーセントに及び、新たに輸出を行うことが可能になった、もしくは輸出が増加したとする回答も26.5パーセントにのぼっている。図12-5の調査結果は、PPI政策が企業のパフォーマンス向上に寄与していることを示唆している。

図12-4 公共調達がイノベーション創出に及ぼす影響

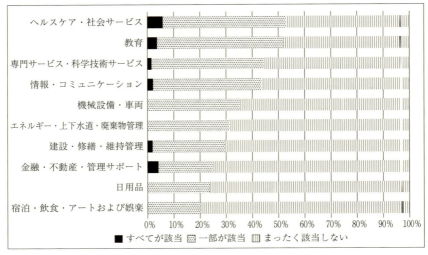

出所）Ville Valovirta 氏（VTT）発表資料

図12-5 公共調達契約で生まれたイノベーションの影響

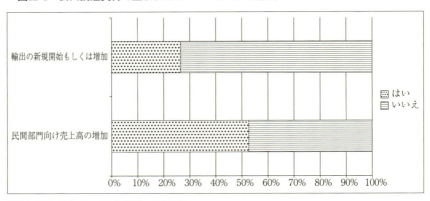

出所）Ville Valovirta 氏（VTT）発表資料

6　考察:「進化プロセス・ガバナンス」型政策の誕生とその含意

6.1 「進化プロセス・ガバナンス」型政策

　以上の事例には、次のような特徴がある。第1に、イノベーション政策担当機関もしくは関連する公的組織、さらには業界団体や地方自治体が所有するNPOなどのサードセクター組織が、イノベーションの統括者としての役割を担っていると言うことである。それは、彼らが重要な知見を提供するという意味でも、また関連する企業や研究機関、政府機関を結集させるという意味でもそうである。それゆえ第2に彼らは、政策実施プロセスに他ならないイノベーションのプロセスに積極的に関与していると言うことである。具体的に彼らがそこで行っていることは、知識や方法論を提供し、当事者間を結節させ、協議をマネージすることにより、イノベーションプロセスを促進することである。

　つまり、不確実性が高いイノベーションプロセスに、イノベーション政策担当機関自身が関与し、そのプロセスをガバナンスすることに、DUI政策、ひいてはDUI政策の代表例であるPPI政策の本質的な新しさがあると考えられる。このことは、1990年代以来現在まで重視されているイノベーション政策の基本手段が、政策担当機関が「最適」だと考える結果をもたらすための科学技術への資源投入や、特許制度のような制度構築によるインセンティブ付与であったことと対比することで明確になろう。ところがこれら事例で見られるイノベーションプロセスは、代替案を生みだすことと、選択のふるいにかけていくということとからなる試行錯誤を含むので、「進化プロセス」[19]として捉えるのが適当である（Nelson and Winter 1982）。政策担当者はその進化プロセスを統御（ガバナンス）しようとしているから、「進化プロセス・ガバナンス型」政策[20]と特徴付けうるだろう。「進化プロセス・ガバナンス型」政策は、プラグマティズムの観点から政治学者C.セーブルらが提唱する「実験的イノベーション政策（experimental innovation policy）」（Dutz et al., 2014）の、重要な1類型であると捉えることができる。

進化プロセスのガバナンスという観点から、改めてパッシブハウス公共調達の事例を解釈してみると、ガバナンスは３つの要素からなっていると言うことができる。第１に、進化プロセスの方向付けを行うことである。すなわち、Tekes は、計画段階で目標のハードルを上げるように促し、また ARA は福祉国家の理念を反映させ、「建設費が低く高質なパッシブハウス」という制約を課した。両機関によって、おおよそ進化プロセスの方向付けがなされたと言えるだろう。ただしそれはあくまで、パッシブハウスのイノベーションが目指すべき方向性が示されただけであって、具体的な技術的手段や調達・契約方法などの細部については討議と試行錯誤の余地が完全に残されていることを強調する必要があるだろう。第２に、公共調達の計画と実施に必要なリソース・主体を結節させることである。事実 Tekes は、野心的な計画を立案するのに必要な建築士やエンジニアリング企業をネットワーキングすることで、公共調達主である Vaso をサポートしている。第３に、利害関係者間の協議をマネージすることである。計画を具現化する協議プロセスをマネージしたのが Rakli の役割であった。

　政策文書を検討する限り、需要主導型イノベーション政策について、イノベーション政策担当者は単純に「供給プッシュから需要プルへ」という力点の変化として、表面的にしか捉えていない。しかし本稿の予備調査から分かることは、政策の新たな力点の変化が、政策のターゲットや実施プロセスといった政策の本質面における変化をもたらさざるを得ないと言うことである。つまり、政策における言わば「構想と実行の分離」という状態から離脱し、政策担当者もしくはそれに準ずる組織が、政策実施プロセスに積極的に関与するようになるという意味で、政策における構想と実行の「部分的再統合」が要請されざるを得ないと考えられる。

　それゆえに政策担当者には、技術的可能性と市場の両方を知り、イノベーションの進化的プロセスをマネージしうる能力が必要になっていると考えられる。しかも、政策的に新たに市場を作ることに関しては限界があることも事実である。加えて、不確実な進化プロセスのマネジメントに完璧は期し得

ない。だが、フィンランドで実践が重ねられつつある進化プロセス・ガバナンス型のイノベーション政策は、イノベーションに対して公共政策が果たしうる新しい1つの可能性を示唆していると言えるであろう。

6.2　社会制度的条件の影響

　上記5.1における公的・準公的機関の組織と行動に関する検討、また5.2におけるパッシブハウス公共調達の事例の両方に共通するのは、第1に、福祉国家の理念それ自体がイノベーションの方向付けとなっていることである。また第2に、公共調達を実施する中央・地方政府と製品・サービスを供給する民間企業が二者関係として対峙するという構図ではなく、公共調達を実施する中央・地方政府を複数の公的（例：Tekes）・準公的機関（例：フォーラム・ヴィリウム，カルミナトゥム，ラクリ）が取り囲み、民間企業との間での対話を方向付け、促進するという構図である。その結果、近年の「新公共経営」（NPM: New Public Management）が問題視されるように公共調達がコスト指向に偏ることなく、社会的・公共的な質を持つイノベーションを促すことを可能にしている。その意味で、PPIの進化プロセスは単一の機関によってガバナンスされるのではなく、異なる利害・法的ステイタスを持つ複数の機関の連携によってガバナンスされていると見ることができる。このことは、公共性を担う公的・準公的機関が分厚く存在することと、異なる原理で動くこれら機関・組織間を媒介する組織・人材の厚みが、PPIを促進する上で枢要な意味を持つことを示唆している。これらの存在こそが、EUが目指す、社会政策や環境政策と結合して、社会的な質を持つイノベーションを生み出すために必要な「社会的能力」の1つであると考えることができる。

　もちろんEUは、欧州全域でこれまで述べてきたようなイノベーション政策を展開しようとしている。しかしもし以上の考察が正しいとするならば、進化プロセス・ガバナンス型政策としてのPPI政策、あるいはそれを包含するDUI政策の実施にとって、福祉国家を担う強い公共部門を依然として

有する[21])とともに、分厚く活発なサードセクター組織を持ち[22])、ネオ・コーポラティズムによる社会的合意形成の慣行が根付いている北欧諸国は、一定の優位性を持っていると言えるのかも知れない。考察の準備は十分に整っていないので、この問題の検討は今後の課題としたい[23])。

6.3　EUイノベーション政策の＜地域化＞への含意

　近年のEUのイノベーション政策の重要な一動向は、地域政策との結合の深化である。最後に、この新動向に対して、本稿の分析が持つ含意を述べよう。この新動向はスマート・スペシャリゼーション[24])というコンセプトが代表していると思われる。地域政策に関する欧州委員会のコミュニケであるEuropean Commission（2010a）は、各地域が自らの優位性にしたがって、特定分野の研究開発活動に特化することで、EU内部での地域間重複投資をなくすことを可能にし、イノベーション政策および地域政策の効果を最大限引き出せるようになるとしている。またイノベーション政策に関する文書である既出のEuropean Commission（2010）においても「社会的・地域的結束を最大化する」という項目が立てられ、各地域はスマート・スペシャリゼーションのアプローチによってR&D投資の内容を検討すべきだと述べている。特にInnovation UnionのコミットメントNo.24と25は「研究・イノベーション向け構造基金の使用を改善する」という項目であり、そこでは、①加盟国・地域の戦略計画に、スマート・スペシャリゼーションに向けた研究・イノベーション戦略を含めること、②構造基金（European Regional Development Fund）の助成申請項目のうち「研究・技術開発・イノベーション」項目への申請の前提条件として、スマート・スペシャリゼーションに向けた戦略を立案することなどが具体的に求められている（European Commission 2014）。

　スマート・スペシャリゼーションというコンセプトに関連して、van Oort *et al.*（2015）は、研究開発投資分野の多様性は地域の雇用に正の有意な影響を持ち、研究開発分野の特化度は地域の生産性に正の有意な影響を持つとい

うことを、欧州レベルでの実証分析に基づき示した。同様に McCann and Ortega-Argiles（2015）は、スマート・スペシャリゼーション・アプローチが地域発展を生み出すためには、各地域内での研究開発活動を特定分野に特化させるのではなく、適切に多様化させることが必要であると論じている。つまり、地域間の重複投資を無くすという資源配分上の考慮から元来は構想されたスマート・スペシャリゼーション・アプローチだが、それをイノベーションによる地域発展を促し地域間格差を是正するように運用すれば、多様性を生み出し活用するという進化的なプロセスをマネージするという課題に直面することが予想されるのである。

　事実、スマート・スペシャリゼーション・アプローチを提示した上掲のコミュニケも、トップダウン的な計画という手段を採るのではなく、「企業家的発見」（entrepreneurial discovery）プロセスを重視するべきことを強調している。さらに Benner（2014）は、スマート・スペシャリゼーション・アプローチを適用するに当たり、当事者らによる「スマートな実験」（smart experimentation）を促す必要があると述べている。つまり、スマート・スペシャリゼーション・アプローチに基づく地域イノベーション政策は、本稿が言うところの進化プロセス・ガバナンス型イノベーション政策の特質を持たざるを得ないと予想されるのである。こうした「実験」プロセスで公的機関が果たしうる役割については、政策文書は具体的に述べていないし、また Benner（2014）は、公的機関が実験プロセスに参画することに対して懐疑的でさえある。しかし、進化プロセス・ガバナンス型イノベーション政策に関する本稿の検討は、公的機関は実験プロセスに有効な深い関与をなし得るということと、そこで必要になる技術的・組織的能力を具体的に示していると言えるだろう。

7　結　語

　本章は、2000年代後半になって、EU およびフィンランドで、需要・ユー

ザ主導型イノベーション政策という、イノベーション政策への新しいアプローチが登場していることを明らかにした。さらにその背後では、進化プロセス・ガバナンス型という、新しい政策実施プロセスが出現しつつあるという考察を、今後さらに検討を重ねるべき仮説として提示した。また、Nelson and Winter（1982）や Metcalfe（1997）が理論的な可能性として示し、Nill and Kemp（2009）や Dodgson et al.（2011）などが事例研究に基づいてその輪郭を明らかにした「進化的イノベーション政策」（evolutionary innovation policy）がフィンランドで本格的・体系的に現れつつあることと、それが政策担当者に質的な変容を要請することを明らかにし得たことは、イノベーション研究に対する本章の貢献であると考える。

　しかし、本章には次のような課題が残されている。第1に、この種の政策が実施された結果、民間企業側にはどのようなインパクトがあるのかを具体的に探究することである。このことは、政策の効果を考える上で重要である。第2に、進化プロセス・ガバナンス型政策の実施には、政府・公共部門にどのような条件が必要とされるのかを明らかにすることである。さらに第3に、制度的条件が異なる日本の場合と、同様の公共調達プロジェクトを対象として比較検討することは重要な課題となるだろう。以上の研究課題をすすめることで、進化プロセス・ガバナンス型政策の概念とその諸条件をより明らかにできるものと考える。

注
1）本研究が受けた、科学研究費補助金・基盤研究（B）「EU経済統合と社会経済イノベーション」（課題番号22402024）による助成と、共同研究者からの有益なコメントに感謝する。また、本稿のもとになったアイデアは、進化経済学会2013年大会（中央大学）、同2015年大会（小樽商科大学）、北ヨーロッパ学会2014年大会（立教大学）、研究・技術計画学会2014年大会（立命館大学）、および SASE 2014（University of Chicago）で口頭発表され、それぞれ有益なコメントを得た。それぞれの討論者、参加者に感謝する。
2）本稿では、イノベーション成果を高めることを目的とした政策をイノベーション政策と呼ぶことにする。したがって、Lundvall and Borrás（2005）が述べるように、イノベーション政策は科学・技術政策よりも広い概念であるし、また例えば労働政策がそうであるように、通常はイノベーション政策として意識されてはいないものの、事実上イノ

ベーション政策として機能する可能性がある政策領域も存在する。
3）カスタム化された製品・サービスの公共調達を行うことによって、政府は企業に、ある特定方向の開発努力を促すことができる。このように、公共調達にイノベーション政策としての意味を持たせようというのがここでの主眼である。
4）Commission of the European Communities（2007）によれば、この後EUは、e-ヘルス（e-health）、持続可能な建築（sustainable construction）、防護繊維（protective textile）、生物ベース製品（bio-based products）、再利用・再生可能エネルギー（recycling and renewable energies）などを先導的市場として指定した。なお、先導的市場の概念についてはBeise（2004）を参照。
5）紙幅の都合上、本稿では詳細に扱えない本文書については、伊地知（2012）が適切な要約と考察を行っているので参照されたい。
6）http://www.innovation-procurement.org/about-ppi/policy-support/ による。2015年3月15日アクセス。
7）つまり、Hirschman（1970）に倣っていえば、離脱（exit）オプションのみならず発言（voice）オプションの行使を法的に正当化されたということを意味するだろう。
8）紙幅の都合上、本稿ではフィンランドのイノベーションシステムについて十分に述べることはできないが、灘山（2010）が的確な整理を行っているので、参照されたい。
9）この概念の曖昧さは否定できない。例えば、フィンランド教育省および雇用経済省は2008年に、国内外の専門家チームに対して自国のイノベーションシステムの評価を依頼したが、その報告書で「広範囲型（broad-based）イノベーション政策」構想を評価したEdquist et al.（2009）は、「広範囲型」という概念の曖昧さに対して警告を発している。とは言え、イノベーションの供給サイド一辺倒だったこれまでの政策に比べて需要サイドの政策手段を強調することによってバランスを取っていることや、非技術的なイノベーションも含んだ包括的な政策思考であることなどが高く評価されている。
10）EUのイノベーション政策形成に対してフィンランドが影響力を行使しようとしていることは、政府および政府系機関への聞き取り調査でも繰り返し指摘された。「フィンランドは需要主導型イノベーション政策をEUの重点政策課題にしようとしている」（Tekes）。「EUの科学技術政策を需要・ユーザ主導型に変えさせるように働きかけることも（Sitraの）任務である」（Sitra）。「現政権が新しいイノベーション戦略を採用してから、EUへのコミットメントは深化している」（雇用経済省）。
11）Innovation Department, Ministry of Employment and the Economy（2010）による。なお、戦略的に選択された少数の産業で産学官連携を構築し、ラディカルイノベーションを起こすことを指向する政策（SHOK: Strategic Centres of Science, Technology and Innovation）や、戦略的に重要な産業分野を各地域に配置し産学官連携を図ることで地域振興とイノベーションを起こそうとする政策（OSKE: Centre of Expertise Programme）も新政策の目玉とされているものの、これまでのイノベーション政策との連続性が強いため、本稿の対象としては扱わない。なお後に触れるように、これらの政策を失敗だったとする認識も政府内にはある（雇用経済省での聞き取り調査（2013年3月8日）による）。
12）後出のフォーラム・ヴィリウムでの聞き取り調査によれば、蓄積された気象データの公開がその一例であり、それを用いたビジネスが起こってくることを期待しているとい

13) 例えば、政府系ファンド Sitra における聞き取り調査時の次の発言は、フィンランド政府が自国市場をパイロット市場として戦略的に用いようとしていることを強く示唆している。「フィンランドは（需要主導型イノベーション政策の）パイオニアだから、まずは国内で実験をし、それを EU にスケールアップしたい」「他の国よりも早く実験をして、早く失敗・学習をすれば、EU はフィンランドに注目せざるを得ない」「少数のテーマについて多くの実験をすれば、他国に対する説得力が増す」。

14) この項は雇用経済省での聞き取り調査（2013年3月8日）に依拠している。その後の同省での方向性、特に「実験的イノベーション政策」コンセプトがいかに具現化されつつあるのかという論点については、今後の調査を俟つこととしたい。なお、同じ名称の政策コンセプトは、プラグマティズムの観点から、政治学者 Sabel らによっても提唱されており、OECD の出版物にまとめられている（Dutz et al. 2014）。

15) ただし、政府の地域クラスター政策である「中核拠点（kansallinen osaamiskeskusohjelma: OSKE）プログラム」が2013年12月31日で終了したのに伴って、Culminatum も2014年6月30日に業務を終えた。

16) 7.5.2の記述は主に、各機関・企業への以下の聞き取り調査に依拠している（それぞれ90-120分）。Tekes（2013年3月5日、2013年5月27日、2014年11月26日）、ARA（2013年5月31日、2014年11月25日）、Vaso（2013年3月4日）、Rakli（2013年5月31日、2014年11月27日）、Hartela（2013年6月4日）。

17) ARA について、また当該プロジェクトへの ARA の関与については、プロジェクト記録である ARA（2013）も参照している。

18)「調達クリニック」に関しては、クリニックの実施記録である Rakli and Vaso（2011）も参照した。またラクリの当事者による事例研究である Kuronen and Vaara（2012）も参照。

19) なお、ここでは「進化」概念を、「変異」（mutation）と「淘汰」（selection）によって変化を説明する一般的な原理という意味で用いている。したがって、進化概念は生物学の領域以外にも適用可能だし、また進化は必ずしも望ましい方向への変化を意味しないことに留意されたい。社会科学の文脈で厳密に進化概念を適用した先駆的な分析として Nelson and Winter（1982）を、また社会科学への適用について詳細に論じた Hodgson and Knudsen（2010）を参照されたい。

20) ちなみに灘山（2010）は、政府系イノベーションファンドである Sitra がすでに、出資先へのコンサルテーションを強化していることを指摘している。この事実は、体系的に出現しつつある進化プロセス・ガバナンス型イノベーション政策の萌芽の1つであると見ることができるだろう。

21) 例えば、社会的支出の対 GDP 比（2012年）を見てみると、OECD 平均が21.4パーセントに対して、北欧4カ国（スウェーデン、デンマーク、ノルウェー、フィンランド）の平均は26.9パーセント、北欧を除く欧州平均は23.4パーセントであった（OECD Social Expenditure Database）。なおこの数値には、福祉国家の重要な公的支出項目である教育支出が含まれていないことに留意する必要がある。

22) いわゆる「サードセクター組織」の定義は国毎に差異があるため、厳密な国際比較は難しいとされるが、市民社会組織の代表的な国際比較である Salamon et al.（2004）に

よると、市民社会組織の規模（capacity）、持続性（sustainability）、社会的インパクト（impact）の3指数の合計において、北欧諸国はアングロサクソン諸国およびそれ以外の先進諸国を上回って首位であった。
23) コーポラティズムがイノベーションを促進するものに機能転換したという代表的な議論は、北欧3カ国（デンマーク、フィンランド、アイルランド）の研究を経て「創造的コーポラティズム」という概念を提示したOrnston（2012）であろう。またKristensen and Lilja（2011）やMiettinen（2012）は、2000年代の北欧福祉国家がイノベーション能力の増強を支える新たな役割を果たしたことに着目し、「可能性拡張型福祉国家」（enabling welfare state）へと機能転換したと論じた。彼らが主に着目しているのは、いわゆるフレクシキュリティ論と同様に、福祉国家が支える生活保障と技能形成の仕組みが、イノベーションを企業に促すという点である。しかし第1節で論じた通り、技術人材や技術知識といった供給サイドでの差別化は、早晩、新興国との競争に直面すると見込まれるから、「福祉国家→生活保障・技能形成→イノベーション」というネクサスの持続可能性は過大評価できない。これら先行研究に対して本稿は、福祉国家が、その理念を反映したイノベーション創出を促す別の枢要なルートを示唆することによって、「可能性拡張型福祉国家」論を拡張するものと位置づけられる。
24) 「スマート・スペシャリゼーション」アプローチの詳細については、本書第13章を参照されたい。なお、地域毎に特化する産業・技術領域を定め、集積効果を高めることを狙った地域イノベーション政策は、2000年代にすでにフィンランドで実施されていることにも留意される必要がある。その経験を批判的に総括する検討としてJauhiainen（2008）およびMiettinen（2012）を参照されたい。

参照文献

安孫子誠男（2012）『イノベーション・システムと制度変容：問題史的省察』千葉大学経済研究叢書8。
伊地知寛博（2012）「【解題】EUにおける成長戦略Europe 2020（ヨーロッパ2020）を実現するための研究・イノベーション政策の体系的展開」『調査報告書　国による研究開発の推進』国立国会図書館。
徳丸宜穂（2014）「インドIT産業における高度化と能力構築：新興国知識集約型産業における後発発展」植村博恭・宇仁宏幸・磯谷明徳・山田鋭夫編『転換期のアジア資本主義』（藤原書店）。
灘山直人（2010）「国家イノベーションシステムにおける構成要素の統制について：フィンランドの事例分析より」『イノベーション・マネジメント』7, 73-89。
ARA (2013) *Asumisen Uudistaminen 2009-2012: Loppuraportti.* ARA, Tengbcm Eriksson ArkkitehditOy, and Gaia Consulting Oy.
Arrow, K. J. (1962) Economic welfare and the allocation of resources for invention, in Nelson, R. R. ed., *The Rate and Direction of Inventive Activity: Economic and Social Factors.* NBER.
Beise, M. (2004) Lead markets: Country-specific drivers of the global diffusion of innovations, *Research Policy* 33(6-7), 997-1018.
Benner, M. (2014) From smart specialization to smart experimentation: Building a new

theoretical framework for regional policy of the European Union, *Zeitschrift für Wirtschaftsgeographie* 58(1), 33-49.

Brown, P., Lauder, H. and Ashton, D. (2011) *The Global Auction: The Broken Promises of Educaton, Jobs, and Incomes*. Oxford University Press.

Chaminade, C. and Edquist, C. (2010) Rationales for public policy intervention in the innovation process: A systems of innovation approach, in Smits, R.E., Kuhlmann, S., and Shapira, P. eds., *The Theory And Practice of Innovation Policy*. Edward Elgar.

Commission of the European Communities (2005) COM 488 Final, More Research and Innovation – Investing for Growth and Employment: A Common Approach.

—— (2006) COM 502 Final, Putting Knowledge into Practice: A Broad-based Innovation Strategy for the EU.

—— (2007) COM 0860 Final, A Lead Market Initiative for Europe.

Dodgson, M., Hughes, A., Foster, J. and Metcalfe, S. (2011) Systems thinking, market failure, and the development of innovation policy: The case of Australia, *Research Policy* 40(9), 1145-1156.

Dutz, M.A., Kuznetsov, Y., Lasagabaster, E. and Pilat, D. eds. (2014) *Making Innovation Policy Work: Learning from Experimentation*, OECD, IBRD and World Bank.

Edler, J. (2010) Demand-based innovation policy, in Smits, R.E., Kuhlmann, S., and Shapira, P. eds., *The Theory And Practice of Innovation Policy*. Edward Elgar.

—— (2013) *Review of Policy Measures to Stimulate Private Demand for Innovation: Concepts and Effects*. University of Manchester.

Edquist, C., Luukkonen, T., Sotarauta, M. (2009) Broad-based innovation policy, in *Evaluation of the Finnish National Innovation System: Full Report*. TaloustietoOy.

European Communities (2006) *Creating an Innovative Europe*.

—— (2010) COM 546 Final, Europe2020 Flagship Initiative: Innovation Union.

—— (2010a) COM 553 Final, Regional Policy contributing to smart growth in Europe 2020.

—— (2014) *Public Procurement as a Driver of Innovation in SMEs and Public Services*.

—— (2014a) *State of the Innovation Union: Taking Stock 2010-2014*.

The European Parliament and the Council of the European Union (2014) *Directive 2014/24/EU of the European Parliament and of the Council of 26 February 2014 on Public Procurement and Repealing Directive 2004/18/EC*.

European TrendChart on innovation policies (2011) *Mini country report: Finland*.

Freeman, C. (1987) *Technology Policy and Economic Performance: Lessons from Japan*. Pinter.

Hirschman, A. O. (1970) *Exit, Voice, and Loyalty: Responses to Decline in Firms, Organizations, and States*. Harvard University Press.

Hodgson, G.M. and Knudsen, T. (2010) *Darwin's Conjecture: The Search for General Principles of Social and Economic Evolution*. The University of Chicago Press.

Innovation Department, Ministry of Employment and the Economy (2010) *Finland's Innovation Policy*.

Jauhiainen, J.S. (2008) Regional and innovation policies in Finland: Towards convergence and/or mismatch? *Regional Studies* 42(7), 1031-1045.

Kotiranta, A., Nikulainen, T., Tahvanainen, A-J., Deschryvere, M. and Pajarinen, M. (2009) Evaluating national innovation systems: Key insights from the Finnish INNOEVAL survey, Discussion Papers No. 1196, ETLA (The Research Institute of the Finnish Economy).

Kristensen, P.H. and Lilja, K. eds. (2011) *Nordic Capitalisms and Globalization: New Forms of Economic Organization and Welfare Institutions*. Oxford University Press.

Kuronen, M. and Vaara, P. (2012) "Purchasing clinics" in public procurement and urban development, in *19th Annual European Real Estate Society Conference*, Edinburgh, Scotland.

Lemola, T. (2004) Finnish science and technology policy, in Schienstock, G. ed. *Embracing the Knowledge Economy: The Dynamic Transformation of the Finnish Innovation System*. Edward Elgar.

Lundvall, B-Å. ed. (1992) *National Systems of Innovation: Towards a Theory of Innovation and Interactive Learning*. Pinter.

Lundvall, B-Å. and Borrás, S. (2005) Science, technology, and innovation policy, in Fagerberg, J., Mowery, D. and Nelson, R.R. eds., *The Oxford Handbook of Innovation*. Oxford University Press.

McCann, P. and Ortega-Argiles, R. (2015) Smart specialization, regional growth and applications to European Union cohesion policy, *Regional Studies* 49(8), 1291-1302.

Metcalfe, S. (1997) Technology systems and technology policy in an evolutionary framework, in Archibugi, D. and Michie, J. eds., *Technology, Globalisation and Economic Performance*. Cambridge University Press.

Miettinen, R. (2012) *Innovation, Human Capabilities, and Democracy: Towards an Enabling Welfare State*. Oxford University Press.

Ministry of Employment and the Economy (2008) *Proposal for Finland's National Innovation Strategy*.

―― (2010) *Demand and User-driven Innovation Policy: Framework (Part I) and Action Plan (Part II)*.

National Science Board (2010) *Science and Engineering Indicators 2010*.

Nelson, R.R. (1959) The simple economics of basic scientific research, *The Journal of Political Economy* 67(3), 297-306.

Nelson, R.R. and Winter, S.G. (1982) *An Evolutionary Theory of Economic Change*. The Belknap Press of Harvard University Press.

Nelson, R.R. ed. (1993) *National Innovation Systems: A Comparative Analysis*. Oxford University Press.

Nill, J. and Kemp, R. (2009) Evolutionary approaches for sustainable innovation policies: From niche to paradigm? *Research Policy* 38(4), 668-680.

OECD (2011) *Demand-side Innovation Policies*. OECD

Ornston, D. (2012) *When Small States Make Big Leaps: Institutional Innovation and High-Tech Competition in Western Europe*. Cornell University Press.

Procurement of Innovation Platform (2014) *Guidance for public authorities on public procurement of innovation.*
Rakli and Vaso (2011) *Vaso/Soininen-hankintaklinikka: Tulosraportti 17.11.2011.*
Sabel, C. and Saxenian, A. (2009) *A Fugitive Success: Finland's Economic Future.* Sitra.
Salamon, L.M., Sokolowski, S.W., Associates (2004) *Global Civil Society: Dimensions of the Nonprofit Sector Volume 2.* Kumarian Press.
Tekes (2013) *Tekes Smart Procurement Program and the Innovative Procurement Funding Scheme in Finland.*
van Oort, F., de Geus, S. and Dogaru, T. (2015) Related variety and regional economic growth in a cross-section of European urban regions, *European Planning Studies* 23(6), 1110-1127.
von Hippel, E. (1988) *The Sources of Innovation.* Oxford University Press.
Yin, R.K. (1994) *Case Study Research: Design and Methods* (2nd Edition). Sage.

第13章
地域を基礎においた社会的・経済的イノベーション
——ソーシャル・イノベーションとスマート・スペシャリゼーション[1]——

八木紀一郎

1 イノベーション政策の領域拡大

　本書のモチーフは、欧州地域政策のような、広域市場統合政策の補完、ないし補償の政策として開始された政策が競争力強化を軸にした「発展戦略」に組み込まれてきた経緯を示すことにある。しかし、EUは市場統合を完成したドロール委員長時代に欧州社会モデルを打ち出し、それは現在の欧州発展戦略のなかでも「包摂的成長」（インクルーシブ・グロウス）という考えに残っている。また1990年代以降の環境保護と気候変動防止への意識の高まりを受けて、持続的成長のグローバル・リーダーとなることを決意している。したがって、その「競争力」政策にも、社会性と持続可能性が加味され、「競争力」の意味内容も政策の展開領域も拡大している。

　市場統合を果たしたあとのEUが痛感したのは、米国や東アジアの経済に比べてイノベーションを伴うダイナミズムの点で後れをとっていることであった。とくに経済成長の最大部分をもたらすのはイノベーションであるという認識が生まれるなかで、欧州の研究開発投資を対GDP比で3パーセントに引き上げることが提言された。そうしたイノベーション政策は、欧州委員会内では本来は研究・イノベーション総局（DG-RTD）の管掌事項であるが、一方ではイノベーションの内容によって、他方では実現の条件、実現の場にかかわって、1ダース近い総局が手がける業務になっている。産業・企業（とくに中小企業）のイノベーションとしては域内市場・産業・企業家精

神・中小企業総局（DG-GROW）、通信、情報、交通、エネルギーの各総局（DG-COMM, DG-INFO, DG-MOVE, DG-ENER）が関連し、人にかかわっては教育・文化総局（DG-EAC）や雇用・社会・均等総局（DG-EMPL）、人間資源・安全総局（DG-HR）の関心事項となり、また実現の場としての地域・農村および共通農業政策や構造基金の使用に関連しては農業・農村開発総局（DG-AGRI）と地域政策総局（DG-REGIO）が関わってくる。

　EUの多年度財政枠組でも、2007年にはじまる前期（MFF2007-2013）に、結束政策と農業政策よりも前に「成長・雇用のための競争力」という項目がおかれ、その主要費目として「競争力・イノベーション」が配された。今期（MFF2014-2020）もこの順序が引き継がれたが、競争力政策の内容と範囲はさらに拡大した。その目玉は、前期から取り組まれていた３つのプログラムを統合し資金額も増額（最終版カレントプライスで７年間計794億ユーロ）させて誕生させた研究開発・イノベーション促進「ホライゾン2020」である。（序章補論１の表０-３参照）

　この「ホライゾン2020」には３つの主要項目として、「Ⅰ　卓越した科学」、「Ⅱ　産業リーダーシップ」とならんで「Ⅲ　社会的課題（societal challenge）」があり、このⅢに、①健康、人口動態の変化と福祉、②食の安全、持続的な農林業、海洋研究、バイオエコノミー、③安定した、クリーンで効率的なエネルギー、④スマートでグリーンな統合された交通、⑤気候変動対策、環境資源効率、原材料、⑥変化する世界の中の欧州：包摂的・イノベイティブかつ思いやり深い社会、⑦安定した社会：欧州とその市民の安全と保護、の７項目が掲げられている。その配分金額も、ⅠとⅡがそれぞれ31.73パーセント、22.09パーセントであるのに対してⅢが38.53パーセントと最多額になっている。研究・開発・イノベーションが高度学術や産業競争力だけでなく、社会的な課題・分野への取り組みが重視されていることがわかる[2]。

　さらに「ホライゾン2020」や「教育・訓練・青年・スポーツ（Erasmus+）」、「企業・中小企業の競争力強化（COSME）」[3]と並んで「社会

変革・イノベーション（PSCI）」[4]という項目がこの大項目「成長と雇用のための競争力」（1a）の下に挙がっていることに注目すべきである。これは、前期には別個に走っていた雇用・社会経済関連の3プログラム（PROGRESS：雇用と社会的連帯のためのプログラム、EURES：欧州雇用（情報）サービス、欧州マイクロファイナンス・ファシリティ・プログラム）を統合して昇格させたもので、社会政策的な領域での「ソーシャル・イノベーション」を促進する予算である。

このプログラム（現在は「雇用とソーシャル・イノベーション」EaSI）に対して、2014-2020年の第5期MFF期間をつうじて2013年価格で総額9.19億ユーロの資金が計上され、そのうち60パーセントがPROGRESS、15パーセントがEURES、20パーセントがマイクロファイナンスにあてられる。PROGRESS予算の17パーセントにあたる97百万ユーロが、この領域でイノベイティブな政策を小規模試行する「ソーシャル・イノベーションと実験」と銘打った新しい特殊プログラムの開始に使用される。その資金額は決して多いとはいえないが、最も有望な政策と認められれば後に欧州社会基金（ESF）に引き継いでスケールアップして実施される[5]。

以上、予算配分からみても、イノベーションによって競争力を強化する対象は科学技術・教育だけでなく、地域経済の基盤に近い中小企業、そして社会と個人それ自体に拡がっている。

他方、地域政策の主要目標のなかにも、社会性をもったものがいくつかあるので、実質的な個々のイノベーション政策のプロジェクトは、「ホライゾン2020」と並んで当該領域で展開される地域政策予算によって推進されることが多い。

地域政策の側でも構造基金の支出優先目標のなかには、研究・イノベーション、中小企業支援、ICT、再生可能エネルギー、環境持続可能性などの項目があり、さまざまな領域でのイノベーション・プロジェクトが受け入れ可能になっている。そのなかでも今期MFFの実施にあたって目立つのは、スマート・スペシャリゼーション（日本語に訳せば「知的特化」であろう）の

手法が資金申請の「事前要件」とされるほど強調されていることである。それは、地域の諸主体（大学等の研究機関も含む）が当該地域で比較優位にたちうる分野を企業家的な学習・発見過程のなかでしぼりこみ、クリティカルマスを形成することを重視するものである。

　この章では、次の節でEUが「ソーシャル・イノベーション（社会的イノベーション）」をどのように位置づけて取り入れようとしているかを考察し、そのあと欧州地域政策に取り入れられた新しいアプローチとしての「スマート・スペシャリゼーション（知的特化）」戦略をとりあげる。

2　ソーシャル・イノベーション

　「ソーシャル・イノベーション」ということばは、通常の営利目的の資本主義的な企業活動や、家族・地域の伝統的な共同体的な扶助活動、そして政府財政による公的な経済・福祉活動とは異なる新しい創意的な活動を全体的にさしている。NPOやボランティアなどの非営利的な経済活動、ソーシャル・ビジネス、住民の協働活動や地域通貨、マイクロファイナンスなどの非営利的な金融活動等々はみな、この語の範囲に含まれる。フェアトレイドや排出権取引、社会的投資、CSRなども、社会的要素をもったイノベーションである。この語は、ピーター・ドラッカーがすでに1960年代に用いていると言われ、他にも用例があるようだが、広範囲にわたる実際の活動と結びつけて政策的な概念として用いられるようになったのは21世紀に入ってからであると言ってよいだろう。

　EUとしては、2002年に地域総局が都市の諸問題への対処法の相互交流の場としてたちあげたURBACTがソーシャル・イノベーションを促進する取り組みの先駆的な事例であろう。2007-2013年MFF期には、他の総局も関心をもつようになり、雇用・社会・包摂政策のなかでは、前節で言及したPROGRESSやマイクロファイナンスのプログラムによってソーシャル・イノベーションの援助を行うようになった。研究・イノベーション政策として

も、社会性をもったイノベーションを重視するようになり、2011年には「欧州ソーシャル・イノベーション（Social Innovation Europe）」のホームページ（SIE）[6]も開設されている。

欧州委員会の地域総局と雇用・社会・包摂総局は、2013年に『ソーシャル・イノベーションのガイド』（Eurpean Commission 2013）を作成している。これが、このコンセプトと地域政策の関係を良く示しているので、以下ではそれを摘要的に紹介しておこう。

この『ガイド』は、「1．ソーシャル・イノベーションとは何か」「2．行政はソーシャル・イノベーションをどのようにして支援できるか」「3．ソーシャル・イノベーションを構造基金によってプログラムにするための手引き」「4．ソーシャル・イノベーションを実行に移す実際的なステップ」の4部からなっているが、興味深いのはまず第1部で示されている欧州委員会周囲のこの政策の推進者たちのこのコンセプトの捉え方である。まずは、その定義を見ておこう。

> 「ソーシャル・イノベーションは社会的ニーズに答えるために新しいアイデア（製品、サービス、モデル）を発展・実施し、新しい社会関係や協力関係を築くことであると定義できる。それは社会的な相互関係に影響する深刻な社会的要求に対する新しい対応を表している。それは人々の生活状態を改善することを目的とする。ソーシャル・イノベーションは、その目的と手段のどちらにおいても社会的なイノベーションである。それは社会のためになるだけでなく、個人の行動する能力をも高めるイノベーションである。」（*ibid.*：6）

引き続いて、ソーシャル・イノベーションは市民社会、市場セクター、公共セクターの全体にわたって発明力、企業家精神、知識基盤社会を活気づけることによって個人的であると同時に集団的な欲求に答えるとされる。それは「欧州2020戦略の核心」と結びつくものとされている。具体的には、EUの政策と以下の3点で結びついている。

社会的需要のイノベーション：これは、伝統的なやり方では市場によっても既存の制度によっても対応できないでいた社会的需要に応え、社会のなかの弱い立場にある集団に向けられる。それは、若者、移民、高齢者、社会的排除にあっている人たちに影響を与えている問題に取り組む新しいアプローチを発展させる。欧州社会基金（ESF）とPROGRESSのようなプログラムが通常これに結びつく。

社会的変革の視角：これは、社会的、経済的、環境的な要素を統合することによって、全体としての社会のためのイノベーションを重視する。欧州地域開発基金（ERDF）のURBANプログラムやURBACTプログラムで行われている統合的なアプローチがこれに該当する。

システム変革の焦点：前2者を包括して、諸制度と利害関係者の関係を変化させ、組織的な発展をもたらす過程によって達成される最も野心的な変革。EUのプログラムでも、EQUALやLEADERなどの利害関係者をまきこんだプログラムは、そのようなシステム変革を志向している。

(*ibid.*: 6f)

ソーシャル・イノベーションは普通のイノベーションとどう異なっているのであろうか。

「それは、社会的ミッションという特別な動機によって推進され、それが生み出す価値は経済的であると同時にみなで分けあわれる社会的な価値でなければならない。」(*ibid.*: 7)

多くのソーシャル・イノベーションは、サービスをどう組織化するかにかかわっている。それは人々を配置し、そのサービスを組み合わせるソーシャル・デザインとともに実現される。

「ソーシャル・デザインは、ローカル・レベルで人々をエンパワーし、経済

的・社会的問題に対する解決法を共同して発明させることをも意味する。それは協働的な作業や実験的試行、プロトタイプづくりによって、行政の活動をガイドする新しい価値を生み出すことに寄与する。発展させられる手法は様々であるが、どれも、公式的会合が主たる活動であったり、専門家が直線的に解決策を出したりするような従来の公共サービス計画の形態とは似ても似つかぬものになるだろう。ソーシャル・イノベーションの実践は、より束縛のない、より多くの人々をまきこみ、活性化する手法をより多く用い、より学際的で、その使用者と市民が協働する新しいやり方を見つけ出し、箱の外に出るような思考を勇気づける。それはそれぞれの特殊的な領域で良いやり方を特定するために、証拠に基づく方法、しばしばベンチマーキングのような手法を用いる。」

(*ibid.*：7)

したがって、ソーシャル・イノベーションのアプローチは一般的に以下のような特徴を示しがちである。

- 知識を分けあい自分のものにする点で閉鎖的ではなく開放的
- 特定の部局、専門家による解決ではなく、多分野にわたって統合された解決法
- トップダウンや専門家主導ではなく、市民参加でエンパワー化
- 供給主導ではなく需要主導的
- どの解決法もローカルな状況に合わせて個人に適したものにしなければならないので、マス規格型ではなく個性にあわせて調整される。

(*ibid.*：8)

以上のように描き出されたソーシャル・イノベーションは、社会的ニーズにより効率的に応え、地域の主体を動員して社会的課題の挑戦に応え、多様な利害関係者を統合するような形で、「欧州2020」の諸目的の達成に貢献するよう期待されている。

これまでの説明から、ソーシャル・イノベーションが地域的な協働とすぐれて親和的なコンセプトであることがわかる。この『ガイド』の後半では、地域自治体の行政がソーシャル・イノベーションを支援する仕方が説明されているが、基本は地域政策の構造基金を利用することである。そのような視点から、基金を利用して取り組まれているソーシャル・イノベーションの事例が、「社会的包摂」、「移民」、「都市再生」、「ソーシャル・エコノミー」「マイクロファイナンス」「健康と高齢化」「インキュベーション」「職場イノベーション」「地域戦略」の9項目にわたって紹介されているが、それについては、欧州地域開発基金（ERDF）や欧州社会基金（ESF）への申請の説明や、実質的にその採択基準とみなされる「社会的に最もイノベイティブとされるプロジェクトの選定基準」の説明と併せて、直接『ガイド』に当たられることを勧めたい。ここでは、この『ガイド』の結論部にある地域（自治体および地域社会）への7つの、これも非常に具体的な推奨項目を紹介するにとどめる。

1. 地域のスマート・スペシャリゼーション戦略と結びついたソーシャル・イノベーションの戦略と行動計画を準備すること。
2. 新しい組織を支援し、旧い組織を適応させることでソーシャル・イノベーションの能力を構築すること。これはソーシャル・イノベーションのための独立した第3セクター・エージェンシーを支援することや、公的セクター内部にユニットを設けることを含むこともある。アイデア創出・問題構成といった新しい手法や金融モデルについて研修をおこなうことも役に立つ。
3. 公共調達の権限をイノベイティブで分野横断的なアプローチを奨励するために用いることによって、ソーシャル・イノベーションの市場を拡大し分野横断的な協働を促進する。
4. ビジネス支援の方法を用い、また職場イノベーションを奨励することでイノベイターが事業を開始し育っていくことを助ける。
5. イノベーションの過程の各段階、とりわけパイロット、実行、そしてスケールアップのための新しい金融モデルに投資すること。新しい金融手段

第13章　地域を基礎においた社会的・経済的イノベーション　443

が（たとえば、ソーシャル・インパクト・ボンドや成果連動支払モデルなどの）成果をベースにしたアプローチを支持するかどうかを検討する。
6．既存の、および提案された政策およびプロジェクトの比較、ベンチマーキング、評価を行い、ソーシャル・イノベーションの成果を測定する構造を改善する。
7．ソーシャル・イノベーションのアプローチについての学習と交流を欧州全体に求める。

(*ibid.*：71)

この第1項目に現れた「スマート・スペシャリゼーション」というのは、地域における経済的な競争力を、協働的な学習・発見の過程をつうじて、知的な要素を取り入れて発展分野を絞りこんで達成しようという地域政策の新しい手法である。これが次節のトピックである。

3　スマート・スペシャリゼーション

「スマート・スペシャリゼーション」というのは、EU の科学技術総局（DG Research）が、欧州の科学技術基盤の不足の打開策を検討させるために2005年に設置した専門家グループ（K4G Expert Group）が生み出した用語で、はじめは科学技術政策の領域の概念であった。2010年3月の成長戦略「欧州2020」の文面にはまだこの語は登場しないが、この成長戦略が唱導したスマート成長との対応が意識されていたことは明らかである。スマート・スペシャリゼーションが EU で公認された戦略となったのは、この年10月の欧州委員会のコミュニケ「欧州2020におけるスマート成長に貢献する地域政策」（COM（2010）553 final）で、そこでスマート成長を達成するために地域政策（構造基金）を充用する際の基本的な考え方とされた。

「地域の競争力を強化する最善のチャンスを与える高付加価値的なアクティビティが何であるかを見極めるには戦略的な知性が必要とされる。最大のインパクトを生み出すためには、R&D およびイノベーション資源のクリティカルマス

が必要であり、また技能・教育水準と知識基盤を増進するための施策が伴わなければならない。

したがって、各国および地方政府は、地域政策がEUの他の政策と結びついてインパクトを最大化するために、スマート・スペシャリゼーションの戦略を発展させるべきである。

スマート・スペシャリゼーション戦略は、公的ファンドのより効果的な使用をもたらし、民間投資を促進することができる。それは地域が、投資をエリアやビジネス・セクターに薄く広くばらまくのではなく、少数の優先目標に資源を集中することを助ける。それは統合されたイノベーション政策のマルチレベル・ガバナンスを発展させるために枢要な要素となりうる。さらにそれは他の政策領域と密接に連携しなければならないだけでなく、他の地域と比べての当該地域の強み、地域あるいは国家横断的な協働によって可能になる利益についても理解しなければならない。

スマート・スペシャリゼーションは上から課された戦略というより、地域が最も有望な専門化の領域とイノベーションを妨げる弱点を見つけ出すために協働する企業、研究機関及び大学を含むものである。それは地域経済がイノベーションを実現する能力に格差があることを考慮に入れなければならない。先導的な地域は汎用的技術やサービス・イノベーションの増強に投資できるが、他の地域にとっては、特定のあるいは関連セクター部面でそれらを応用することに投資することがより有益な場合が多い。

この戦略の持続可能性は政策手段が時宜良く調和してとられること、また利害関係者の関与のさせ方を含むガバナンスが確保されることに依存する。それは、政策学習の仕組み、とりわけ、公務員や実践家、地域の利害関係者を含むピアレビュウによってそれが行われる仕組みを持たなければならない。スマート・スペシャリゼーションは、地域の多様性を活用し、国及び地域間の境界を超えた協働を促進し、EU全体での知識のフローをより自由にして断片化を回避して、新しい機会を開くものでなければならない。」

(European Commission 2010)

ここで、このコンセプトは、EU 内の管轄区分で言えば、科学技術を担当する DG Research から地域政策（関連構造基金）を管轄する DG Regio に手渡されたことになる[7]。

　翌2011年には、この戦略にしたがったプロジェクトの構想手法、遂行手順、評価基準などの検討（RIS3：Research and Innovation Strategies for Smart Specialisation）がはじまり、それをさらに各分野に具体化するための専用のプラットフォームが開設された。OECD の専門家もこのコンセプトに関心を示すようになり、EU の専門家との協力のもとに、世界的規模でのその推進に乗り出した。EU 内では、2013年に欧州議会および欧州評議会の決定によって法的な根拠も得られ、現在では RIS3にしたがったプロジェクト計画を事前に実施可能にしておくことが、構造基金（ERDF）の11の助成申請項目のうち「研究・技術発展およびイノベーション」および「ICT 利用およびアクセスの改善」の 2 項目、および EAFRD（農村開発基金）での「知識普及・イノベーション促進」助成を得るための事前充足要件となっている。欧州地域政策（および共通農業政策）の全領域をカバーしているとはいえないが、現段階の地域政策（および共通農業政策）の使途のうちで戦略的な重要性が付されている政策である。

　以下では、まずこのスマート・スペシャリゼーションのコンセプトについて検討し、次に欧州地域政策のなかでのその具体化の意義について考えてみる。

3.1　「成長のための知識」グループとドミニク・フォレイ

　スマート・スペシャリゼーションの概念が生み出されたのは、リスボン戦略の目標達成のために科学技術知識研究の専門家のアドバイスが必要だと考えた研究分野担当のコミッショナー、ヤネス・ポトシュニク（Janez Potočnik）によって2005年 3 月に設けられた「成長のための知識」（Knowledge for Growth 略して K4G）という専門家グループの討議の中からであった。このグループは2009年11月に同題の報告書（K4G 2009）を提

出して解散しているが、ポトシュニクはこの報告書に寄せた序文のなかで、このグループが生み出した成果とアイデアが2010年「リスボン戦略」後のEU後継戦略の形成にとっても重要な意義をもつとしている。

　ポトシュニクは自らこのグループの座長になって討議に参加したが、専門家グループをリードしたのは当時ローザンヌ連邦ポリテク経営学科長であったドミニク・フォレイ（Dominique Foray）である。彼は「知識の経済学」という分野を構想した著書を2000年にフランス語で、その4年後に英語で公刊（Foray 2004）してこの分野のリーダーと目されるようになっていた。彼は所与としての「情報 Information」と意味あるものとして「知り」また「用いる」主体を想定した「知識 Knowledge」を区別する。「所与」としての「情報」だけを取り出すならばその複製費用はゼロに近いが、それを「知り」「用いる」（研究・教育、学習・応用）には投資と費用が必要である。したがって「情報の経済学」に還元されることのできない、より総合的な「知識の経済学」が必要とされるのである。

　フォレイは2008年に、Paul A. David（スタンフォード大学）、Bronwyn Hall（UCバークレイ、マーストリヒト大学）と連名で「スマート・スペシャリゼーション：そのコンセプト」という討議用メモを提出し、これは最終報告書にその第3章として収録された。この討議メモでフォレイらは、主要な科学技術領域で先導者といえない国や地域にとってR&Dやイノベーション活動において専門特化をはかることが枢要な意義をもっているが、多方面に投資を分散しても効果が得られないとして、「より有望な戦略は、当該国の他の生産的な資源を補完し、将来の在地の能力と地域間の比較優位を創出するプログラムへの投資を促進すること」であるとして、それを「スマート・スペシャリゼーション」と名付けている。

　「スマート・スペシャリゼーションでは、地域がまねしあって大なり小なり同じことをやろうとするような仕組みの中にいる以上に地域ごとの多様性を生み出すことが期待されている。そのような仕組みは、ほぼ確実に、R&Dや教育投

資プログラムに過剰な類似と重複を生み出し、欧州の知識基盤における補完性の能力を削減することになる。スマート・スペシャリゼーションは地域や国に対して、知識経済において自らがどのような有益（かつユニーク）なポジションを有するかという問いに答えることを助けるアイデアであると同時にツールである。」(K4G 2009：20)

どのようなアイデアであるかについては、それが既存の大計画をトップダウンで押し付けるやり方とは正反対で、地域の科学技術面で強みを発揮できる領域の「企業者的発見プロセス」を重視するものであることが強調されている。それは、地域内に蓄積された情報や社会関係資本の上で行われるプロセスであるが、地域内の企業心をもった主体の参加がカギになり、その参加を支援する公的施策の拡充が要請されるとしている。そのツールについては、フォレイらは1国の経済全体に影響する汎用技術（GPT）の開発のフレームワークと対比して、汎用技術の開発はその応用部面における「並行イノベーション」とのフィードバック関係があることを指摘する。世界あるいは1国全体の全般的なイノベーションの進展のなかでは、並行的な専門特化的な資産やイノベーションを実現することが要請される。それは、たとえば、先進産業はあきらめてロウテクで成り立つ観光に特化するということではなく、観光産業に汎用技術を取り入れて新しい魅力や便宜を実現することである。

政府の科学技術政策は、発見プロセスと企業者的なイノベーション活動を軸にしたスマート・スペシャリゼーションを支えるために、その参加者にインセンティブを与えそれを維持すること、単純といえない応用分野でのR&D活動・イノベーション活動に対する評価、先進地におけるGPT開発だけでなくそれを応用しうる技能訓練や高等教育などの補完的な投資、さらにGPT開発と応用のネットワークを拡充して、旧型とみなされがちな産業、後進地域とみなされがちな地域においても、最新技術の導入・応用を促進する必要があるだろう。

フォレイはK4Gのエキスパート・グループが解散したあとも、スマート・スペシャリゼーション戦略の発展とEUやOECDの政策としての具体化のために活動を続けて現在にいたっている。2011年11月の所属大学のワーキング・ペーパーでは、この概念が短期間に政治家に受け入れられたものの学術的には厳密性があるものとはいえず、それに関する主張も経験的な研究による裏付けが乏しいことを承認していて、「政策が理論を追い越した」状態にあることを率直に認めている。(Foray, David, Hall 2011)

4　EU 地域政策への採用

　理論も実証も不十分なままに政策の前面に掲げられてしまったというフォレイの正直な告白にもかかわらずEUは地域政策においてスマート・スペシャリゼーションのコンセプトを受け入れ、2014-2020年の第5期多年度財政枠組（MFF）期間における構造基金（の一部部門）の事前充足要件とした。そのため、RIS3に多分野にわたるプロジェクト具体化のためのガイドラインが次々に掲載され、また各国・各地でこの戦略を説明する文書が生まれている。

　この第5期の結束政策では、「研究とイノベーション」「ICT」「中小企業の競争力向上」「低炭素経済への移行促進」がトップ優先領域とされ、各地域が受け取る構造基金がこれらの優先領域に向けられる割合の最低限（低発展地域5割、過渡的地域6割、発展地域8割）を決めている。そのうち、最初に来る「研究とイノベーション」がスマート・スペシャリゼーションに最も密接に関連している。

　その背景には、「知識基盤経済」の目標を提起して以来、欧州委員会が抱き続けているこの領域における立ち遅れの意識である。地域政策でこれを優先課題とすることを説明した委員会のリーフレットでは、先進国における経済成長の8割はイノベーションによる貢献であるとして、欧州での研究開発支出（2011年で対GDP比2パーセント）が米国、日本、韓国等の競争者よ

り低いことに警鐘をならしている。新興の中国ですら、研究開発投資を急速に増大させているなかで、欧州経済が成長するためには、研究の成果を活用し、それを販売可能な製品・サービスにしなければならない。

研究開発の振興は、2007-2013年 MFF の期間にすでに地域政策の主要課題にされていた。この期間の構造基金による支出の25パーセントにあたる860億ユーロが研究およびイノベーション促進に投じられてきた。さらに今期 MFF の目玉である「ホライゾン2020」の前身である「第7期研究促進枠組プログラム枠組」と「競争力・イノベーション枠組プログラム」によって、536億ユーロがそれを補完していた。

2014-2020年の MFF 期間の EU 予算においては、前期 MFF 以上の資金がホライゾン2000にあてられ、地域政策における研究イノベーション振興事業もそれと連携してシナジー効果を生み出すことが奨励されている。地域政策として研究・イノベーション促進のためにおこなわれる事業としては、以下のようなプログラムが想定されている。

－イノベーションの担い手である研究機関や中小企業に対する、助言・支援サービスの提供、直接投資、金融アクセスを可能にする補助する
－応用研究やイノベーション活動、さらに将来のイノベーション能力を生み出すテクノロジーに必要とされるインフラ、設備、試作ラインや高度の製造設備へ投資する
－同じ領域で働いている異なったイノベーション・アクター（大学、研究・技術センター、中小企業、大企業）のあいだの協働・ネットワーク・パートナーシップをシナジー効果と技術移転が起こるように活用する
－中小企業によるイノベーションに投資してその競争力を強化する
－研究者の研修、研究および起業者スキルに向けた大学院コースの発展を重視する

しかし、この重点領域で ERDF 資金を得るためには、まず国および地域

が「スマート・スペシャリゼーション戦略」を立案しなければならない。この国別・地域別の「戦略」にしたがって個々のプログラム、プロジェクトが審査されることになる。

「スマート・スペシャリゼーション戦略は、地域が自らのイノベーション潜在力にめざめ、他と違った長所と資産を築くことを助ける。それぞれの地域が、既に比較優位を有している限られた数の優先分野に焦点をあてるのである。」

これまでのイノベーション戦略との違いについては、以下のように説明されている。

− 地域に既に存在している資産や強みの上にローカルなノウハウを活用して築きあげられる。地域に得意な分野で差別化をはかり、国内外の市場で地位を得ることを許容する。
− 新しいテクノロジーだけでなく、既存の知識の新しい活用法、競争力を高めるための新しいビジネスの手法に着目する。
− 枢要な利害関係者（研究者、ビジネス、イノベーション集団、公的機関など）を積極的にまきこんだ「企業者的発見」の過程をつうじて進み、ローカル経済の現実のニーズを知ることができる。

（European Commission 2014a）

次に、スマート・スペシャリゼーションが構造基金助成の事前要件とされたということは、実際には何が行われなければならないということであろうか。RIS3のガイドでは、次のように説明されている。

「国別の改革プログラムと整合性のある国別あるいは地域別のスマート・スペシャリゼーション戦略が策定されていることが目的テーマ１（研究・技術開発・イノベーション強化）のもとでの投資優先事項の特殊な諸目的のすべてを効果的かつ効率的に達成するための前提条件である。それは民間の研究・イノベー

ション支出をてこ入れし、良好に機能している国民的あるいは地域的研究・イノベーションシステムと両立しなければならない。」

(Eurpean Commission 2014b)

スマート・スペシャリゼーション戦略の具体的な策定ガイドとして RIS3 が加盟国と地域に提示している必要要件は次のようである。

当該国ないし地域のスマート・スペシャリゼーション戦略は、
－限定された研究・イノベーション関連優先事項のもとで資金を集中的に用いるために、SWOT 分析その他類似の手法を用いて基礎づけられる。
－民間の研究・技術・開発（RTD）投資を喚起するための施策の概略を記す。
－モニタリングとレビュウのシステムを含む。
－加盟国が研究・イノベーションのための資金を予算化した財政枠組を採択していることを確認する。
－加盟国が EU 優先事項（研究インフラにかかわる欧州戦略フォーラム：ESFRI）と連携した投資のための多年度優先財政プランを採択していることを確認する。

したがって、まず策定されるのは EU からの資金の中間配分者となる国および地域のスマート・スペシャリゼーション戦略で、それに合致する形で個々の助成プログラムが採択されることになるのである。

2014年7月に公表された第6次結束政策報告書では、研究開発・イノベーションのテーマ目的にかかわる ERDF 基金受取の事前要件を図13-1のように説明している。

図13-1 研究開発・イノベーション促進領域での事前要件の充足基準

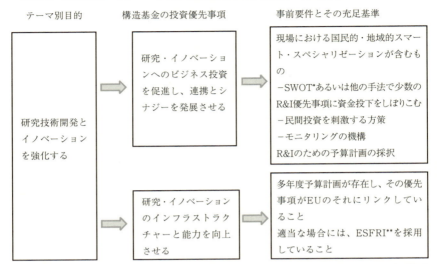

*プロジェクトや政策について、その強み（Strengths）と弱み（Weaknesses）、機会（Opportunities）と脅威（Threats）の2軸にわけて要因分析を行う選択の手法。
**European Strategy Forum on Research Infrastructures（欧州研究基盤戦略フォーラム）は、科学研究における欧州統合とその国際展開を発展させるための機構。高い質の研究インフラに競争的にオープンアクセスさせて、科学者に研究活動の支援とベンチマークを提供する。
参照／ec.europe.eu/research/Infrastructures/Index_en.cfrr?pg=esfri
Eurpean Commission（2014d）p.243の図に注を付加修正

5 「新自由主義」的市場統合に対応する「埋め込み」？

　住民参加やボランティアの動員、NPOの非市場的な活動、市場は相手にするが営利は求めないソーシャル・ビジネス等々の「ソーシャル・イノベーション」は、徴税権・執行権をもつ政府が行う公的な事業ではない。規格化された形式的な平等を確保する公的責任はそこには存在しない。それは、既存の社会的ニーズをより柔軟に、あるいはより効果的に充足させるものであるにせよ、あるいは従来、その存在が認識されていなかったニーズを発見して対応するものにせよ、そこにはニーズの充足を保障するという責任型のコ

ミットメントは存在しない。それは公共政策に格上げされた場合の課題である。しかし、ソーシャル・イノベーションが生まれたのは、公的なニーズ充足保障の体制が非効率でありかつ抜けおちた領域が多すぎるという理由によるものであった。また多くの場合には、公的なセクターによる充足の経費節減の穴埋めとしてソーシャル・イノベーションが要請されてきたのである[8]。

　スマート・スペシャリゼーションについても、フォレイらとは別の道をたどってこの戦略を検討したチャールズらも、この戦略が長期の試行錯誤をともなう困難な過程であることを強調している。彼らによれば、すでにある程度の強さをもった地域を別にすれば、多くの地域で重要なのは選択的な特化よりも、そのような選択を可能にする前提条件であるヒューマンキャピタルの強化が課題なのである。(Charles, Gross, and Bachtler 2012：46-48)

　私は、「スマート・スペシャリゼーション」戦略による地域の競争力育成の政策にせよ、「ソーシャル・イノベーション」による社会的ニーズの充足にせよ、責任をもって保障するという要件を欠いている点で、基本的に「新自由主義」的な地平を共通にしているのではないかと思う。それは、広域市場統合・市場競争による効率化をもっぱら追求する「剥き出しの新自由主義」に対して、「市場統合」「競争的効率」に背反しない形で、社会性や地域的連帯性を結びつける方策で、その意味で「新自由主義」に適応した、その「社会的埋め込み」の形態ではないだろうか。

　1982年にJ・ラギーが用いて以来、頻繁に用いられるようになった「埋め込まれた自由主義 embedded liberalism」という言葉がある。元来は、自由通商の原理を守りながら、急激な変動が生じたり、適応が必要な産業をかかえたりする国に対しては一時的な保護措置を認めるGATT体制を特徴付ける用語であった[9]。その後、さらに適用範囲を拡大して自由な市場的競争を認める資本主義の経済体制に社会保険・生活保護制度などのセーフティネットを備えた経済体制を指して用いられることもある。「社会的欧州」を標榜したドロール時代の欧州委員会や、EUのコンセンサスとされる「社会的

市場経済」の思想に対してもこのことばをあてはめようという誘惑にしばしば駆られる。しかし、この語は EU の経済体制に対してはあてはまらず、適用するとすればせいぜい「埋め込まれた新自由主義」と表現するのが適当であろう[10]。

　というのは、GATT 体制の基本単位は主権をもつ国民国家であるのに対して EU は超国家的組織であり、さらに自由な通商は対内・対外の二分法が廃棄されて広域的な競争的市場が目指されているので、それはかつての国民国家単位の「自由主義」の概念を超えているからである。国家を超えた広域市場における競争をつうじた効率化という政策思想自体が、「新自由主義」なのである。また競争的市場経済の「埋め込み」も、国民国家単位のそれと比べるとはるかに希薄である。国民の生活保障をどのような方式でどのようなレベルでおこなうかは、主権を有する加盟国の管掌事項であり、それに合わせるようにして社会福祉負担を含む税制が構築されているのである。「新自由主義」EU が与えるのは、競争的な市場に対する対等な参加権・参加機会であって、実質的な保護ではない。EU で「結束 cohesion」と呼ばれているのは、欧州統合のための協力を妨げるような不利や格差の解消のために協力しようということにすぎず、後進地域にせよ社会的弱者集団にせよ、それらに対して何かを与えるものではないからである。

補　地域政策へのスマート・スペシャリゼーションの導入の実際；ポーランドの場合

　欧州地域政策へのこの戦略の応用はまだはじまったばかりなので、今の段階では個々のプログラムやプロジェクトの成果までをみわたした紹介はできない。この概念を組み入れた加盟国および地域レベルでの発展戦略のレベルでの紹介にとどめざるをえない。

　すでに加盟国政府のほとんどが国別のスマート・スペシャリゼーション戦略を策定しているが、そのうち結束政策予算の最大の受取国になっているポ

ーランドを取り上げよう。

4000万人近い人口をもち、まだ失業率は高いものの、経済成長を持続的に続けているポーランドは2000年代の新加盟国のリーダー格と目されている国である。しかし、その研究開発に向けられる資金額は対GNP比でみて欧州平均を下回り、欧州委員会が作成している「イノベーション・ユニオン・スコアボード」での順位もEU28カ国中23位と低迷している。しばしば政治家たちが口にする「反欧州」的な言辞にもかかわらず、ポーランドの成長とキャッチアップのかなりの部分は、欧州の結束政策による援助によるところが大きい。

第5期のMFFの事業については、ポーランドは2014年1月に欧州委員会に対してEUの構造基金の執行にかかわるパートナーシップ協定（PA）と各分野ごとの実施プログラム案（OP）を提出し、5月に認可を得ている。その期間総額は11のテーマ目的[11]総計で818億ユーロ、それにテクニカル支援ほかを加えて852億ユーロでこれは前期に引き続き加盟国で最大になる。そのうち、スマート・スペシャリゼーションに最も密接にかかわるテーマ目的1の「研究・技術開発・イノベーション」には99億ユーロが割当られているが、分野別実施プログラム（OP Smart Growth）では86億ユーロになっている。しかし、国ではなく16ある県がそれぞれに作成・提出した地域単位の

図13-2 欧州イノベーション・スコアボードにおけるポーランド

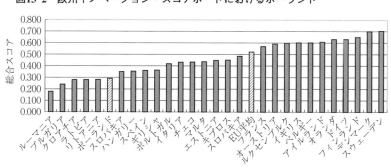

出所）European Commission（2015）p.2

OPが総額313億ユーロを獲得している。1県あたり約20億ユーロである。そこには、テーマ目的1への割当も含まれている。

　ポーランドは欧州2020の成長戦略と同時期に「ダイナミック・ポーランド」という名称のイノベーション・経済効率化戦略を策定しているので、ポーランドの国別スマート・スペシャリゼーション（NSS）戦略もそれを大枠として作成され2014年4月に政府によって認証された。ポーランドのスマート・スペシャリゼーションにとっての「企業者的発見」のプロセスは2011年にポーランド産業の将来予測をするInSight2030のプログラムを2011年にたちあげたことから開始され、また同時に全国研究開発センター（NCRD）がクラスター形成に向けて企業に研究テーマを発見させることを促進する活動をおこなった。企業をまきこんでおこなった探索の結果、「健康な社会」「農林業・環境・バイオ」「持続可能エネルギー」「自然資源と廃棄物処理」「革新的技術・産業プロセス（水平的アプローチ）」の5部門18項目からなるスマート・スペシャリゼーション対象技術（事業）が選定され、2014年秋からそれぞれに対応する研究グループと執行委員会が成立して活動を開始している。ある専門家のプレゼンテーションによれば、2007-2013年に経済イノベーションOPのもとに助成を受けた6200強のプロジェクトが分析され、その分野ごとの比較をおこなうとともに地域特化のマップが作成された。

表13-1　ポーランドにおける構造基金の配分表

実施プログラム（OP）	テーマ目的（TO）	構造投資基金	配分（百万ユーロ）
OPインフラ・環境	TO 4, 5, 6, 7, 9	ERDF, CF	27,413
OPスマート成長	TO 1, 3	ERDF	8,613
OP知識・教育・発展	TO 8, 9, 10, 11	ESF	4,436
OP　デジタルポーランド	TO 2	ERDF	2,172
OP東部ポーランド開発	TO 3, 4, 7	ERDF	2,000
OPテクニカル支援	NA	CF	0.7
16の地域OPへ	TO 1-TO 10	ERDF, ESF	31,276

出所）Eurpean Commission（2014c）

第13章　地域を基礎においた社会的・経済的イノベーション　457

マウォポルスカ県[12]

しかし地域政策としては、国家レベルでの指導よりも地域レベルでのスマート・スペシャリゼーションの追求が重要である。国家レベルで策定される実施計画も実施の場になると地方が多くなるであろう。しかし地域レベルの文書のほとんどでは、行政機関などのホームページも、その国の言語が用いられていて、現場の文書を直接読み解くことは困難である。幸い、OECDがスマート・スペシャリゼーションの事例紹介をおこなったなかに、そこでポーランド南部のマウォポルスカ県の英語による事例紹介があったので、それを頼りにして資料を参照して実態を探ることにする。

この県は面積約1.5万平方キロであるが、人口は約320万人でポーランドでは5番目に多い。南はカルパチア山地を隔ててスロバキアと接しているが、古都クラカウ（75万人）が中心になっていて、旧い歴史をもっている。しかし、所得水準としては国内の中位であってけっして高いとはいえない。EU

図13-3　ポーランドの地域別1人当たり GDP の変動（2007-2009年）

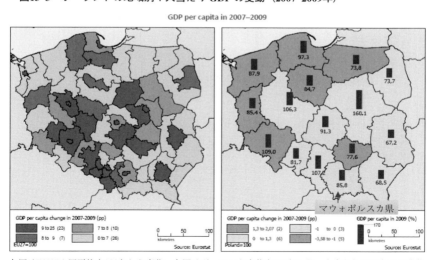

左図はEU27カ国平均を100とした変化、右図はポーランド全体を100とした一人当たりGDPとその変化
出所）Poland（2012）p.13

の区分では低発展地域であり、第5期の欧州結束政策でもERDFから28.8億ユーロ、ESFから8.1億ユーロの配分が認められている。

この県では、在来産業としては食品、化学産業がプラスチック、化粧品、ライフサイエンスに移行し、鋳物業、製鉄、鉱業などが現代化を迫られていた。また古くからの資源であった岩塩坑があり、その一つは観光地にもなっている。県は2006-2008年と2010-2011年の2回の技術予測をへて、地域経済の発展にとって3部門10領域のテクノロジーを選定した。それは県の2011-2020年発展戦略の改訂版に取り入れられ、さらにそれをアプデートして地域イノベーション戦略（RIS2014-2020）も策定されている。（Małopolski 2014）

地域当局が用いることのできる政策手段は、EU結束基金によるマウォポルスカ地域実施プログラムとクラカウ経済特区である。地域実施プログラムでは、優先軸の1、2、5が採用されている。経済特区はクラカウ・テクノロジーパークによって運営されすべてのビジネスおよびサービスに開放されているが、地域的特化を強化しようとしている領域はICTで、2008年にICTのインキュベーターを2008年に設立し、2012年にはITパークを整備完了した。この事業はERDF基金のイノベーション経済実施プログラム（OP-IE）によって支えられた。

これらの活動は県が任命した専門家を含むワーキング・グループがその企

表13-2　技術予測によって選定された技術分野

i 生活の安全・利便	エネルギー的に自己充足的な建築 クリーンエネルギー技術 素材技術（特殊的応用） ナノテク　（特殊的応用）
ii 医療・健康	ティシュウ・エンジニアリング 局所的ガン治療薬品および技術 医療状態・回復状態の監視・制御システム
iii 情報・映像	タッチ不要コンピューター・インターフェース インテリジェント・システム 情報へのユニバーサルアクセス

出所）Kardas（2013）p.134より筆者作成

画・調整を担当し、スマート・スペシャリゼーションの方式で多様な関係者をまきこんでおこなわれている。ワーキング・グループの到達した結果は、適宜、関連ないし上位の理事会組織で審議されて承認されている。また活動の成果と影響を計測するために、マウォポルスカ発展オブザーバトリー他の監視機関が設けられるとともに、成果の計測・評価のための指標が開発されている。

また、国境を超えた発展として、クラカウ科学技術大学がコーディネイターとなったクリーン・カーボン技術の計画、クラカウ市域を中心に32の大学・研究機関が結集し、グローバルな連携を発展させているクラカウ・ライフサイエンス・クラスター、ノーヴィ・ソンチノマルチメディア・インフォメーション・クラスター、ICT領域で国外展開を果たしたComarch GroupとEricpol Telecomの活動がある。

表13-3 マウォポルスカ県での公的支援事業

	優先軸	支出対象
地域実施プログラム（結束基金）	優先軸1：教育と情報社会へのアクセス	教育設備、継続教育インフラ、情報社会インフラへの投資 ICT、化学および医学のR&Dプロジェクト。
	優先軸2：中小企業の投資支援・制度的環境整備・研究成果の商品化	企業の研究部門による産業調査、企業内R&D遂行のための有形資源の確保 競争前段階の研究の金融支援による革新醸成
	優先軸5：研究センターの活動支援	マウォポルスカ・イノベーションセンター
経済特区（ERDF）	自動車、ICT、R&D、金融・会計の方面の参加企業が多い 地域的特化を強化しようとしている領域はICTで、2008年にICTのインキュベーターを2008年に設立、2012年にはITパークを整備完了	

出所）Kardas（2013）p.135より筆者作成

表13-4 2013年以降の重点戦略

1）公的資金の投入分野しぼりこみ	ライフサイエンス、持続可能エネルギー、ICT、化学
2）3つの旗艦プロジェクト	a）学生および大学人に対する企業者教育の支援、 b）初期段階テスト用の共通イノベーション・ボンドの創設、 c）情報・サービス提供のマルチチャンネルシステム、
3）イノベーション・プロジェクトのための提案収集制度	

出所）Kardas（2013）p.137より筆者作成

このマウォポルスカ県の事例報告を行った著者は、経験から学んだ教訓として、「地域経済の変貌を支える大学の役割」、「優先領域の設定における技術予測、モニタリング、そして評価のシステムの役割」、そして最後に、適切な「テーマのしぼりこみ」をと記している[13]。

この事例報告の後に作成された「マウォポルスカ県地域イノベーション戦略2014-2020」では、SWOT分析の手法が用いられRIS3の手法の模範的応用例となっている。それによって選定されたスマート・スペシャリゼーションの分野としては、「生命科学」、「持続可能なエネルギー」、「ICT」、「化学産業」、「金属・金物および非金属製品」、「電機および機械製造」、「創造的レジャー産業」の7つがあげられている。最後のものはこれまで言及されていなかったが、南部の山岳地帯などの保養地としての開発も考慮されたのであろう[14]。

注
1）本章は八木（2016）を利用している。
2）ジェトロ・ブリュッセル事務所/海外調査部欧州ロシアCIS課（2014）の紹介を参照した。
3）中小企業に対してはCOSMEの競争力プログラムだけでなく、「ホライゾン2020」中の「産業リーダーシップ」でも重視されている。
4）2013年6月にMFFが正式採択されたときには、「雇用とソーシャル・イノベーションのプログラム（EaSI：EU Programme for Employment and Social Innovation）」というあたりさわりのない名称に変えられた。
5）"New programme paves the way for innovative thinking"(21/02/2012)
http://ec.europa.eu/social/main.jsp?langId=en&catId=370&featuresId=137.
6）htpps://webgate.ec.europa.eu/socialinnovationeurope/
7）それ以前には地域総局はsmart specialisationという語は用いていなかった。しかし、バルカ・レポート（Barca 2009）で提案されていたplace-based approachには前者と似た発想があり、smart specialisationの説明の中でplace-basedといった表現が用いられることもある。なお、Charles, Gross, and Bachtler（2012）は、この概念を欧州地域政策の経験をさかのぼって検討している。
8）ソーシャル・イノベーションにかかわるこのような問題の批判的検討としては、MacCallum, Moulaert, Hiller, and Haddack（2009）を参照。
9）Ruggie（1982）.
10）Yagi（2008）、中村（2015）。
11）テーマ別目的は、11あって（1．研究・技術開発・イノベーション強化、2．情報通

信技術のアクセス改善とその利用および質の向上、3．中小企業の競争力強化、4．低炭素経済への移行支援、5．気候変動への適応促進・リスクの防止および管理、6．環境保全と資源効率の促進、7．サステナブルな輸送手段とネットワーク・インフラの改善、8．サステナブルで良質な労働と労働移動の促進、9．社会的包摂の促進、貧困・差別との戦い、10．教育・訓練・継続教育への投資、11．公共行政の効率化）、そのうち1から4がEU成長戦略にとっての主要優先目的となっている。

12) 以下は、OECD（2013） pp.124-140に収録されているMarcin Kardasの事例報告による。
13) Kardas（2013), p.139.
14) （Department Rozwoju Gospodarcyzego UMWM 2014）

参照文献

ジェトロ・ブリュッセル事務所/海外調査部欧州ロシアCIS課（2014）「EUによるイノベーション政策の動向」JETRO　2014.5。

中村健吾（2015）「『欧州2020』戦略とEUによる危機への対応」福原宏幸・中村健吾・柳原剛司編『ユーロ危機と欧州福祉レジームの変容』明石書店。

八木紀一郎（2016）「欧州地域政策における＜ソーシャル・イノベーション＞と＜スマート・スペシャリゼーション＞」『摂南大学地域総合研究所報』創刊号。

Barca, F. (2009) An Agenda for a Reformed Cohesion Policy, Brusels

Charles, D., Gross, F., and Bachtler, J. (2012) 'Smart specialisation' and Cohesion Policy - A strategy for all regions? IQ-Net Thematic paper No.30 (2), European Politics Research Centre.

Departament Rozwoju Gospodarczego UMWM (2014) Program Strategiczny Regionalna Strategia Innowacji Województwa Małopolskiego 2014-2020.

European Commission (2010) Regional Policy contributing to smart growth in Europe 2020, SEC(2010)1183 / Brussels 6.10.2010/COM(2010)553 final

――― (2013) *Guide to Social Innovation.*

――― (2014a) EU Cohesion Policy 2014-2020, Targeting Investments on Key Growth Priorities, Priority: Strengthening research, technological development and innovation (EC leaflet: Regional and Union Policy)

――― (2014b) National/Regional Innovation Strategies for Smart Specialisation (RIS3) (March 2014)

――― (2014c) Summary of the Partnership Agreement for Poland, 2014-2020. (3 May 2014)

――― (2014d) 6th Report on Economic, Social and Territorial Cohesion (adopted by the EC on 23rd July 2014) Investment for jobs and growth: Promoting development and good governance in EU Regions and cities (short version pdf EN, EBook EN version, Presentation)

――― (2015) Innovation Union Scoreboard 2015. Executive summary.

Foray, D., David, P. A., and Hall, B. H. (2011) Smart specialisation: from academic idea to political instrument, the surprising career of a concept and the difficulties involved in its implementation, *MTEI Working Paper* 2011-001.

Foray, D. (2004) *The Economics of Knowledge*. The MIT Press.

K4G (2009)　Knowledge for Growth: Prospects for Science, Technology and Innovation. Selected papers from Research Commissioner Janez Potočnik' s Expert Group (November 2009)

Kardas, M. (2013) Małpolska Region, Poland: Priority Setting and Governance for Smart Specialisation in OECD (2013), pp.134-140.

MacCallum, D., Moulaert, F., Hillier, J. and Haddock, S. V. (2009) *Social Innovation and Territorial Development*, Ashgate e-Book.

Małopolskie (2014) Regional Innovation Strategy for Małopolska Region 2014-2020.

OECD (2013) Innovation-driven Growth in Regions: The Role of Smart specialisation (/st/inno/smart-specialisation.pdf)

Poland (Ministry of Regional Development) (2012) Strategic Report 2012 - Summary.

Ruggie, J. G. (1982) International Regimes, Transactions, and Change: Embedded Liberalism in the Postwar Economic Order, *International Organization* 36(2).

Yagi, K. (2008) EU's Cohesion Policy in the Age of Globalization; Shifting Balance in the ' Embedded Neo-Liberalism', in Mizobata, S. Ed., *Varieties of Capitalisms and Transformation*. Center for Advanced Economic Analysis, Kyoto University.

あとがき

　現在の欧州は、経済危機と、難民・移民の受け入れをめぐる対立という、2つの危機に襲われている。現在の欧州統合への関心が、これらの危機に対する時々刻々の対応という、枢要だが短期的な問題に集中することはやむを得ないだろう。それはまたすぐれてハイレベルの政治経済的問題でもある。これに対して本書は、欧州統合が地域レベルでどのような実質的変化をもたらしているのかという、中長期的、かつ「現場レベル」の政治経済的問題に焦点を当てた。両レベルの問題は連関し合っているものの、別個の力学で動いていると考えられるからである。

　第1部の総論に続き、地域間協力、社会保障・労働政策、労働市場統合、エネルギー政策、イノベーション政策、地域政策を扱う第2部各論の各章は、対象も力点も異なっている。しかしおよそ共通して示しているのは、社会的なニーズを新たな社会的手段の創出によって満たすという意味で、本書のタイトルにある「社会経済イノベーション」のボトムアップ的な試みが、地域レベルで根付きつつあるという事実である。本書の議論の説得性については読者の判断に委ねる必要があるが、少なくとも、社会性をともなった経済発展という、日本、米国では明確に打ち出されていない欧州の政策目標が、地域レベルに根付きつつあるといえるのではないだろうか。

　残された、非常に大きな現実的問題の1つは、こうした地域レベルでの政策進化を推し進めるための、EUおよび各国の財政支出が持続的に行われるかどうかである。現在の経済金融危機と、それに対応するEUおよび加盟各国の緊縮財政政策は、この問題に対して悲観的な見通しを抱かせるものだが、反面、そもそも社会イノベーションという項目自体、緊縮財政下で社会政策の見直しを行う必要性から登場してきた面もある（*Europe 2020*

Flagship Initiative Innovation Union)。その意味では現段階で将来を占うのは早計であり、欧州らしいプラグマチックな進化がみられるかどうかに注目する必要があるだろう。

　本書は2010-2014年度に実施された科学研究費補助金（「基盤研究 B（海外学術調査）」・課題番号22402024・研究代表者　八木紀一郎）「EU 経済統合と社会経済イノベーション」の成果を基礎にして編集されました。刊行についても、平成28年度科学研究費補助金（研究成果公開促進費「学術図書」・課題番号16HP5146）を受けたことを記して感謝します。また日本経済評論社の鴇田祐一氏には、欧州事情の急展開によって必要となった大幅な改稿や多数の図表の処理などで、ひとかたならぬお世話になりました。心よりお礼申し上げます。

　　　　　　　　　　　　　　　　　　　　　　　　　　　　編者一同

索　引

【数字・欧文】

2020年再生可能エネルギー目標　380-382, 384
AR　→　地域アーキテクチュア
CADSES　→　中央部・アドリア海沿岸・南東ヨーロッパ地域
CAP　→　共通農業政策
CBC　→　越境地域間協力
CEF　→　欧州接続機構
CF　→　結束基金
CLLD　→　コミュニティー主導の地域開発
COPIT　248
CPR　→　共通条項レギュレーション
CSF　→　共通戦略フレームワーク
DUI 政策　→　需要・ユーザ主導型イノベーション政策
EAFRD　→　農村開発欧州農業基金
EAGGF　→　欧州農業指導・補償基金
EAQUAL　136
EEA　→　欧州経済領域
EGTC　→　欧州地域間協力団体
EGTC グレートリージョン　245
EGTC サルダーニャ病院　246
EGTC レギュレーション　251
ERDF　→　欧州地域開発基金
ESDP　→　欧州空間開発構想
ESF　→　欧州社会基金
ESI ファンド　→　欧州構造投資基金
ESI ファンドの利用における総合的アプローチ　152
ETC　→　欧州地域間協力
EUSDR　→　ドナウ地域戦略
EU の基軸的イニシアチブ　142
EU の地域政策　127
EU 予算の「再分配」手段　127
FIT　→　フィード・イン・タリフ
INTERACT　146, 270, 292-293
Interreg　6, 11, 136, 172, 218, 221, 264, 268, 271
Interreg Ⅱ　222, 224
Interreg Ⅱ A　269
Interreg Ⅱ C　269
Interreg Ⅲ　226, 228, 233
Interreg Ⅲ A　226-227
Interreg Ⅲ B　226, 229, 270
Interreg Ⅲ C　226, 230, 270
Interreg Ⅳ A　231
Interreg Ⅳ B　231
Interreg Ⅳ C　232
Interreg Ⅴ　→　地域間協力
IRC　→　広域間協力
ISPA　136
ITI　→　総合地域投資
K4G　成長のための知識
LEADER　136, 240
LGTC　248
MFF　→　多年度財政枠組
MLG　→　マルチレベル・ガバナンス
MRS　→　マクロリージョン戦略
N+2ルール　137, 234, 239
N+3ルール　239
NHS　→　国民健康保険
NORVISION　225
NUTS 2　23, 132, 134-135, 138
NUTS 3　132, 134, 138
One-side Investment　→　片側地域のみへの投資
PA　→　優先領域
PBA　→　プレイス・ベイスト・アプローチ
PHARE　136
PPI　→　イノベーションの公共調達
REGEN　219, 223
RE 電力システム　388, 390
RIA　75

RIS 3	75-76, 79
RIS 3 プラットフォーム	79
RITTS	75
SAPARD	136
SEA → 単一欧州議定書	
SPD → 単一計画書	
TEC → マーストリヒト条約	
TEN-T → 欧州横断交通網	
TNC → 諸国横断的地域間協力	
URBAN	136
WTO ルール	32
YEI → 若者の就業支援	

【ア行】

アジェンダ2000	129, 135
アジェンダ2020	141, 153-154, 239
アジェンダ2030	66
新しい移民	209
アディショナリティー原則	5, 128, 130
域内地域間協力	223
イギリス減額	30
イギリスのEU離脱	27, 33, 212, 323
イタリアの年金制度	332
イノベーションシステム	401
イノベーション政策	399, 435
イノベーション戦略	450
イノベーション同盟	74, 76
イノベーションの公共調達	402, 405, 442
移民問題	27
移民労働者	208
ヴォート・リーヴ	28
埋め込まれた自由	453
エウレギオ	217
エコロジー的近代化	9, 51-55, 58
エコロジー的構造転換	38, 45, 51-57, 59, 62, 64-66, 77, 80-81
エコロジー的社会的市場経済	55-56, 59, 80
エコロジー的文明戦略	55
エコロジー文明	81
エタティズム	46
越境自治体連合恒久会議 → COPIT	
越境地域間協力	136, 138, 221, 223, 226, 237
越境通勤	347
越境通勤労働市場	12
エネルギー2020	171, 174
エネルギー政策	10, 12, 165, 169-171, 173, 176, 179, 183
エネルギー同盟	10, 169, 177, 183, 185
欧州2020戦略	3-4, 9, 33, 37-39, 51-52, 57-59, 61, 63, 65-66, 68-71, 73-74, 77-78, 80-82, 129, 141, 173, 266, 270-271, 405, 439, 441, 443
欧州委員会	58-59, 64-65, 69, 71, 76, 294
欧州移民危機	256
欧州横断交通網	153, 232
欧州環境政策	169
欧州議会	44, 65, 295
欧州空間開発構想	223
欧州グローバル化調整基金	146
欧州経済領域	31
欧州憲法条約	45
欧州構造投資基金	22, 33, 147, 149, 151-152, 239
欧州社会基金	16, 127, 147, 440, 442
欧州社会モデル	136, 233, 435
欧州接続機構	20
欧州戦略投資基金	65, 76
欧州地域委員会	172-173
欧州地域開発基金	16, 76, 127, 138, 147, 180, 440, 442
欧州地域間協力	130, 138, 146, 150, 153, 218, 231
欧州地域間協力団体	11, 146, 151, 218, 229, 233, 241, 250-253, 256, 264, 283
欧州地域間協力団体のタイプ	244
欧州地域間協力プログラム	236
欧州地域政策	435, 445
欧州中央銀行	45, 70
欧州統計局	38, 59, 63
欧州投資基金	40
欧州投資銀行	40, 65, 149
欧州投資計画	65
欧州農業指導・補償基金	16
欧州理事会	39, 42, 45, 51
欧州連結投資	178

オーバーライン地域	347
温室効果ガス	166, 175

【カ行】

科学技術政策	443, 447
家計の要素	348
片側地域のみへの投資	230, 238, 243, 254
片側投資 → 片側地域のみへの投資	
加盟前構造支援 → ISPA	
加盟前農業支援 → SAPARD	
環境・エネルギー問題	182
環境政策	10, 12, 165, 167, 170, 173, 176, 183
環境政策統合	180
簡素な技術	64
企業家的発見	73-74, 76
「基金なし」「新立法なし」「新制度なし」	267
基金の支援条件	146
キャメロン, D	2
競争力	435
共通移民政策	203
共通条項レギュレーション	150-151, 240
共通戦略フレームワーク	146, 149, 151
共通地域政策	8
共通難民政策	1
共通農業政策	2, 15, 17-18, 21, 23, 445
共通庇護政策	190, 194
協同組合	390-392
共同体イニシアチブ	6, 130, 217
国別勧告	148
グリーン・ニューディール	55
クロススケールガバナンス	271-272
クロスボーダー	67, 71
経済的・社会的結束	269, 286
結束基金	16, 18, 21-22, 147, 180-181
結束政策	2, 4, 7-8, 127, 130, 208, 263, 436, 455
結束政策2014-2020	149, 151
「結束の友」グループ	18
広域間協力	139, 221, 226, 238
構造基金	5, 18, 128, 437, 445, 449, 455
構造基金改革	145
広範囲型イノベーション政策	409
コーポラティズム	50
コーポレート・コーポラティズム	56, 67
国民健康保険	27
国民投票	27
コック報告	42-44, 49-52, 65
固定価格買い取り制度 → フィード・イン・タリフ	
コミュニティー主導の地域開発	11, 151-152, 156, 239-240, 256
コミュニティー主導 RE	378

【サ行】

再生エネルギー	38
再生可能エネルギー	167-168
サッチャー, M	29
サピア・レポート	17, 25
サルコジ, N	18
産業構造	352
シェンゲン領域	2, 12
事後評価報告書	224, 228, 233
事前コンディショナリティー	23, 148-149, 450
持続可能な成長	141, 145
持続的成長	137, 233
市長協定	390-391, 393
実験的イノベーション政策	411, 423
質的成長	80
社会関係資本	67, 78, 83
社会経済のイノベーション	296-297
社会主義市場経済	67
社会的イノベーション	54-56
社会的欧州	37, 41-42
社会的市場経済	9, 58, 80, 82
社会的統合	204-205, 209
社会的包摂を進める成長	141, 145, 153
社会民主主義	308
自由市場的発展国家	67
収斂	138, 233
「収斂」予算	139-140
需要・ユーザ主導型イノベーション政策	400
循環経済	66

小国経済論　　　　　　　　　　　38
小国モデル　　　　　　　　　　　39
職業教育訓練　　　　　　　　　361
諸国横断的地域間協力　139, 221, 223, 226, 238
進化的イノベーション政策　　　428
「進化プロセス・ガバナンス型」政策　　　　　　　　　　　　401, 423
新自由主義　　　　　　　308, 453-454
新自由主義的な賃金政策　　　　336
新リスボン戦略　　44-45, 51-52, 65, 69, 82, 173
スイス・タイプの2国間協定　　　32
スマート・スペシャリゼーション　8-9, 12, 23, 38, 71, 154, 426, 442-444, 446-448, 450-451, 453-454, 456-457, 459
スマート・スペシャリゼーション・プラットフォーム　　　　　　　　　　74
生産性　　　　　　　　　　　　352
成長と雇用への投資　　　　130, 150
『成長の限界』　　　　　　　　　53
成長のための知識　　　　　　　445
積極的労働市場政策　11, 37-38, 41, 49-50, 57, 61, -62, 82, 306-307, 313, 318-320, 322
選択的移民政策　　　　　　202, 208
選択的産業政策　　　　　　　　 82
総合地域投資　　　　　　　151, 239
ソーシャル・イノベーション　8, 12, 20, 437, 438-443, 452-453
ソーシャル・コーポラティズム　 55
ソフト・コーオペレーション　229-231, 255

【タ行】

第5期多年度財政枠組　　　　　 18
第5期中期財政計画　　　　　　 15
第3期教育　　　　　　　　 57, 68
第3の道　　　　　　　　47, 49, 308
多年度財政枠組　4-5, 15, 19, 128, 264, 436, 448
ダブリン・システム　190, 196-197, 199
単一欧州議定書　　　　　　127, 217
単一計画書　　　　　　　　　　134

弾力的な統合的枠組み　　　　　267
地域アーキテクチュア　264, 275, 277, 279, 283, 294-295
地域アジェンダ　　　　　　　　129
地域委員会　　　　　　　　　　129
地域イノベーション戦略　　　　458
地域間協力　　　　　　　　　　 11
地域間協力プログラム　　　　　217
地域間協力プロジェクト　　　　 11
地域社会優先モデル　378, 390, 392, 394
地域政策総局　　　　　　　　　127
地域の競争力と雇用　　　　138, 233
「地域の競争力と雇用」予算　　139
地域を基礎にしたアプローチ　　 10
地球温暖化問題　　　　　　　　175
知識基盤型経済　　　　　　　　 1
知識基盤型社会　　　　　　　　136
知識基盤型成長　　　　　　　　232
知識基盤経済　　　　　173, 202, 448
知識の経済学　　　　　　　　　446
知的な成長　　　　　　　　141, 145
中央部・アドリア海沿岸・南東ヨーロッパ地域　　　　　　　　　　　269
超国家機関　　　　　　　　　　360
電力財政赤字　　　　　　　381, 386
電力市場　　　　　　　　　178-179
電力システム　377, 383, 386, 394-395
ドイツ公共職業安定所　　　　　364
ドイツ連邦雇用機関　　　　　　349
ドナウ川　　　　　　　　　284-285
ドナウ川流域プログラム　　　　255
ドナウ地域戦略　263, 287, 289-290, 293-296
ドナウ・マクロリージョン　　　288
ドロール委員会　　　　　　　　 15
ドロール・パッケージⅠ　　 15, 128
ドロール・パッケージⅡ　　　　 16

【ナ行】

ナショナル・イノベーションシステム　407
難民危機　　　　10, 190, 193, 199, 212
難民問題　　　　　　　189, 199, 212
ニュー・エコノミー　　　　　　 41

農村開発欧州農業基金　　　　　　127

【ハ行】

パートナーシップ協定　　　146, 149, 152
パートナーシップ契約　　　　　　　5
パートナーシップ原則　　　　128, 130
排出権取引市場　　　　　　　　　168
パフォーマンス基金　　　146, 148-149
パラダイム・シフト　　　　　264, 273-274
パラレル・プロジェクト　　　226, 254
バルカ・レポート　　　　　　156, 239
ハルツ改革　　　11, 305-307, 309, 311-313, 317, 321, 339-340, 342-343
バルト海プログラム　　　230, 232, 255
バルト海マクロリージョン戦略　286, 289
被差別意識　　　　　　　　　　　207
ファンロイパイ, H　　　　　　　　18
フィード・イン・タリフ　　　12, 168, 380-383, 386-387, 393
フェイジングアウト地域　　　　　138
フェイジングイン地域　　　　　　138
フォルネーロ, E　　　　　　339-341
フォレイ, D　　　　　　　　　　72
付加的な価値　　　　　　　　266-267
複数年度主義　　　　　　　　　　70
複数年プログラム　　　　　　　　130
フランス雇用センター　　　　　　367
フリーマン, C　　　　　　　　　57
プレイス・ベイスト・アプローチ　154, 156, 239, 254, 274
フレクシキュリティ　　　　　　45, 57
分散発電システム　　　　　　　　378
ベンチャー・キャピタル市場　37, 42, 48
包摂的成長　　　　　　　　　　　435
補完性原則　　　　　　　　　　5, 129
北海地域スペーシャルヴィジョン → NORVISION
ボトムアップ・アプローチ　　240-241
ホライゾン2020　　8, 20-21, 76, 436-437, 449

【マ行】

マーストリヒト条約　　　129, 222, 269
マクロ経済コンディショナリティー　　3
マクロ経済的不均衡手続き　　　　　69
マクロリージョン（戦略）　11, 70, 148, 221, 225, 231, 255, 263, 265-266, 268, 273, 286, 296
マルチレベル・ガバナンス　　6-7, 9-11, 56, 68, 156, 217, 241, 254, 264
ミクロリージョン　　　　　　　　273
メルケル, A　　　　　　　　　　18

【ヤ行】

優先領域　　　　　　　　　　290-291
ユーロピアン・セメスター　　3, 69, 71, 148, 152
ユーロ・プラス条約　　　　　　　69
ユーロメトロポールLKT　　　244, 247
ユーロリージョン　　　　　　　　223
ユンケル委員会　　　　　　　　　82
ヨーテボリ戦略　　　3, 129, 135, 227
ヨーロッパのためのデジタル・アジェンダ・イニシアチブ　　　　　　74
「よりよい支出の友」グループ　　　18

【ラ行】

ライン川　　　　　　　　　　　284
リスボン条約　　　　　　　　　170
リスボン条約第50条　　　　　　　33
リスボン戦略　　3, 9, 37-45, 47-52, 56-57, 65, 69, 71, 74, 78, 81-82, 129, 135, 173, 227, 446
緑色成長戦略　　　　　　　　　55, 81
労働市場の統合　　　　　　　　347
労働生産性　　　　　　　　　　353
ローマ・クラブ　　　　　　　　　53
ローマ条約　　　　　　　　　　127

【ワ行】

若者の就業支援　　　　　147

執筆者紹介 （執筆順、＊は編者）

＊八木紀一郎（やぎ・きいちろう）序章（共同執筆）、第4章、第5章、第13章
1947年生まれ。1988年京都大学にて博士（経済学）号取得。
現在、摂南大学経済学部教授、同大学学長。
主要業績：『社会経済学―資本主義を知る』名古屋大学出版会、*Austrian and German Economic Thought*, Routledge ほか。

＊清水耕一（しみず・こういち）序章（共同執筆）、第3章、第6章
1950年生まれ。1989年パリ・ドフィンヌ大学にて博士（経済学）号取得。
現在、岡山大学名誉教授。
主要業績：『労働時間の政治経済学―フランスにおけるワークシェアリングの試み』名古屋大学出版会、*Le toyotisme, Repères* / Editions La Découverte ほか。

長尾伸一（ながお・しんいち）第1章
1955年生まれ。2002年京都大学にて博士（経済学）号取得。
現在、名古屋大学大学院経済学研究科教授
主要業績：『緑の産業革命』昭和堂（共編著）、『複数世界の思想史』名古屋大学出版会ほか。

住沢博紀（すみざわ・ひろき）第2章
1948年生まれ。1988年 J.W.ゲーテ大学（ドイツ連邦共和国）にて博士号（Dr. Phil）取得。
現在、日本女子大学家政学部教授。
主要業績：『グローバル化と政治のイノベーション』ミネルヴァ書房（共編著）、『脱成長の地域再生』NTT出版（共著）ほか。

田中宏（たなか・ひろし）第7章
1951年生まれ。2006年京都大学にて博士（経済学）号取得。
現在、立命館大学経済学部教授。
主要業績：『ハンガリー経済図説』東洋書房、『欧州新興市場国への日系企業の進出―中欧・ロシアの現場から』文眞堂（編著）ほか。

保住敏彦（ほずみ・としひこ）第8章
1941年生まれ。1986年京都大学にて博士（経済学）号取得。
現在、愛知大学名誉教授・愛知大学国際問題研究所客員研究員。
主要業績：『社会民主主義の源流』世界書院、『ドイツ社会主義の政治経済思想』法律文化社ほか。

平野泰朗（ひらの・やすろう）第9章
1948年生まれ。1997年名古屋大学にて博士（経済学）号取得。
現在、摂南大学経済学部教授。
主要業績：『日本的制度と経済成長』藤原書店、『転換期のアジア資本主義』藤原書店（共著）ほか。

土井康裕（どい・やすひろ）第10章
1973年生まれ。2008年名古屋大学にて博士（経済学）号取得。
現在、名古屋大学大学院経済学研究科准教授。
主要業績：Doi, Y. and Oohama, K., 2011, Difficulties of One-Dimensional Fiscal Policy in the EMU: Applying Optimal Fiscal Policy to Multiple Countries, *EU Study in Japan*, No. 31、「経済統合による労働生産性への影響―ヨーロッパの産業別パネルデータ分析」『経済政策ジャーナル』第5巻第2号ほか。

ユイス・バユス（Valls, Lluis）第11章
1965年生まれ。2002年立命館大学にて博士（社会学）号取得。
現在、京都外国語大学外国語学部准教授。
主要業績：『EU経済統合の地域的次元―クロスボーダー・コーペレーションの最前線』ミネルヴァ書房（共著）、『スペイン語圏のインクルーシブ教育と福祉の課題―スペイン、メキシコ、キューバ、チリ』クリエイツかもがわ（共著）ほか。

＊徳丸宜穂（とくまる・のりお）第12章
1971年生まれ。2004年京都大学にて博士（経済学）号取得。
現在、名古屋工業大学大学院工学研究科准教授。
主要業績：*Servitization, IT-ization, and Innovation Models*, Routledge（共編著）、『世界の工場から世界の開発拠点へ』東洋経済新報社（共著）ほか。

欧州統合と社会経済イノベーション
——地域を基礎にした政策の進化——

2017年1月24日　第1刷発行　　定価（本体5600円＋税）

編著者　八　木　紀一郎
　　　　清　水　耕　一
　　　　徳　丸　宜　穂

発行者　柿　﨑　　　均

発行所　株式会社　日本経済評論社
〒101-0051　東京都千代田区神田神保町3-2
電話　03-3230-1661　FAX　03-3265-2993
E-mail：info8188@nikkeihyo.co.jp
URL：http://www.nikkeihyo.co.jp/

装幀＊渡辺美知子　　　印刷＊藤原印刷・製本＊誠製本

乱丁落丁本はお取替えいたします。　　Printed in Japan
Ⓒ K. Yagi et al. 2017　　ISBN978-4-8188-2449-2

・本書の複製権・翻訳権・上映権・譲渡権・公衆送信権（送信可能化権を含む）は、㈱日本経済評論社が保有します。
・JCOPY 〈㈳出版者著作権管理機構　委託出版物〉
本書の無断複写は著作権法上での例外を除き禁じられています。複写される場合は、そのつど事前に、㈳出版者著作権管理機構（電話 03-3513-6969、FAX 03-3513-6979、e-mail: info@jcopy.or.jp）の許諾を得てください。

通貨統合の歴史的起源
――資本主義世界の大転換とヨーロッパの選択――
　　　　　　　　権上康男著　本体 10000 円

欧州統合とスウェーデン政治
　　　　　　　　五月女律子著　本体 4600 円

ヨーロッパ社会史
――1945年から現在まで――
ハルトムート・ケルブレ著／永岑三千輝監訳　本体 5500 円

ヨーロッパ統合とフランス鉄鋼業
　　　　　　　　石山幸彦著　本体 5600 円

欧州統合の半世紀と東アジア共同体
　　　　　　　　廣田功編　本体 3800 円

欧州建設とベルギー
――統合の社会経済史的研究――
　　　　　　　　小島健著　本体 5900 円

現代ヨーロッパの社会経済政策
――その形成と展開――
　　　　　　　　廣田功編　本体 3800 円

ヨーロッパ統合と国際関係
　　　　　　　　木畑洋一編　本体 3800 円

市民社会民主主義への挑戦
――ポスト「第三の道」のヨーロッパ政治――
　　　　山口二郎・宮本太郎・小川有美編　本体 3200 円

ヨーロッパ統合の社会史
――背景・論理・展望――
　　　　　　　　永岑三千輝・廣田功編著　本体 5800 円

欧州統合史のダイナミズム
――フランスとパートナー国――
　　　　　　　　ロベール・フランク著／廣田功訳　本体 1800 円

日本経済評論社